東京裁判

第二次大戦後の法と正義の追求

戸谷由麻

みすず書房

THE TOKYO WAR CRIMES TRIAL

The Pursuit of Justice in the Wake of World War II

by

Yuma Totani

First published by Harvard University Asia Center, Cambridge, MA, 2008

東京裁判・第二次大戦後の法と正義の追求

目次

まえがき

本書は、もともと英語で出版され（*The Tokyo War Crimes Trial: The Pursuit of Justice in the Wake of World War II*, Cambridge, MA: Harvard University Asia Center, 2008）、それを筆者自身が邦訳し一部改訂をくわえたものである。翻訳するにあたって留意した点はつぎのとおり。

1　資料について

東京裁判の法廷では日本語と英語のふたつが公用語として使われたが、連合国各国から参加した判事たちが理解できたことばは英語のみであって、最終の判決書を作成するときも英文の記録を使っている。このことから本書の原書にあたる英語版では、英文の公判記録を基本的な分析の対象にしている。翻訳版である本書でも、公判記録を引用するときには基本的に英文のものを筆者自身が日本語訳する形式をとり、日本語の裁判記録そのものに対訳をもとめていない。ただし本文中、日本人による法廷証言や、もともと日本語だった書証などを分析・引用する場合、日英の公判記録を比較検討し、英訳と内容がほぼ合致していると判断できれば日本語の速記録を採用するようにした。もし比較の結果、翻訳に不明瞭さがあったり、翻訳版の文体が訳として不自然だったり、あるいはめだった誤差があったりするときには筆者自身の訳をもちい、問題があったことを脚注か本文中で言及するようにした。

戦争犯罪の立証段階と関連した証言や書証を引用するときには（第五―七章）、日本語の公判記録の史料価値を重視し、日・英がほぼ一致していれば日本語の速記録にふくまれる対訳を「定訳」とみなして、それを基本的に利用するようにした。なお、第五章から第七章は、部分的に拙著論文「東京裁判における戦争犯罪訴追と判決」（二〇〇六年）と重複するところがある。

東京判決書とパル反対意見書、国際法の基本文書、ポツダム宣言をふくむいくつかの外交文書については信頼性の高い日本語の定訳がすでに刊行されているか、あるいはオンラインの情報で容易にアクセスできるようになっているので、それらを利用するようにした。他方、英語で書かれた東京裁判関係の研究書など二次資料を引用するときは、日本語訳が出版されているものもいくつかあるが、基本的には筆者自身による日本語訳をもちいた。

2　文体について

旧仮名づかいで記述された日本語の文献を引用するときは、現代仮名づかいに書きかえた。漢字についても旧字体を新字体にあらためたため、たとえば「東條」「廣田」「條約」はすべて「東条」「広田」「条約」とした。

3　人名について

中国人名は、裁判当時に一般化していたウェード式（Wade-Giles system）にしたがって音読みをふるようにした。ただし蔣介石や毛沢東など、すでに日本語読みが定着している中国人名には音訳をくわえなかった。本文で言及する人名はすべて敬称を略した。

4　略語表記について

略語で言及する英文・日本文の資料はつぎのとおり。

『速記録』	『極東国際軍事裁判速記録』
『判決書』	『東京裁判判決：極東國際軍事裁判所判決文』
AWM	Australian War Memorial, Canberra, Australia
DA	*Documents on Australian Foreign Policy, 1937–1949*
DJ	*International Military Tribunal for the Far East: Dissentient Judgment of Justice Pal*
DNZ	*Documents on New Zealand External Relations, Vol. II: The Surrender and Occupation of Japan*
FRUS	*Foreign Relations of the United States*
NAA	National Archives of Australia, Canberra, Australia
NARA	National Archives and Records Administration, College Park, MD, U.S.A.

TKK 『東京裁判と国際検察局——開廷から判決まで』

TSM 『東京裁判への道——国際検察局政策決定関係文書』

TWC *Trials of War Criminals before the Nuernberg Military Tribunals under Control Council Law No.10*

Nuremberg Judgment
"Judgment of the International Tribunal for the Trial of German Major War Criminals," in *The Trial of German Major War Criminals, by the International Military Tribunal Sitting at Nuremberg, Germany* (*Commencing 20th November, 1945*

Tokyo Judgment *The Tokyo Judgment: The International Military Tribunal for the Far East* (*I.M.T.F.E*), *29 April 1946–12 November 1948*

Transcripts *The Tokyo War Crimes Trial*

序章　なぜ今東京裁判か

はじめに

裁判が終了して六〇年が過ぎ去ろうとしている今日、東京裁判は国内での戦争責任論争の要《かなめ》でありつづけている。東京裁判が戦後史に重要な位置をしめているのは、ある意味では必然といえるだろう。なぜなら、敗戦直後に戦争の全貌を一般公開のかたちであきらかにする努力がなされたのはこの裁判がはじめてで、これに匹敵する訴追努力は、規模のうえでも太平洋地域ではこれが最初で最後だったからだ。この点で、戦後の課題となってきた「過去の克服」の追求は東京裁判に始まったといっても過言ではない。六〇年たった今でも、この裁判が避けてとおれない歴史的重大事件でありつづける理由のひとつはここにある。

それでは、東京裁判は戦争責任の問題を解決していくうえでどのような貢献をしたのだろうか。この問いに対する答えはさまざまで、国内的合意がいまだ達成されていないのが現状だ。これは、日本人にとって歴史的な重要事件のひとつであるはずの東京裁判の大きな逆説といえよう。ただ、ここ二〇年あまりの研究で、主要戦争犯罪人やいくつかの戦争犯罪が訴追をまぬかれた事実が指摘され、このことを中心とした裁判批判が主流となってきている。とくに七三一部隊関係者が免責されたこと、毒ガス戦が訴追をまぬかれたこと、従軍慰安婦問題をふくむ日本軍による戦時下性犯罪が軽視されたこと、アジア人に対する戦争犯罪も捕虜虐待ほど重要視されなかったこと、天皇をはじめとして政界・財界の戦時指導者が不起訴になったことなどが批判の対象としてあげられてきた。これらの指摘のうち、戦時下におかされた性暴力と対アジア人の残虐行為については、近年の研究から各国検察官がじつは訴追に力を入れていたことがわかり、いままでの解釈に修正がくわえられている。とはいえ法廷で重要な戦犯問題が一部棚上げされたのは事実で、これを根拠に、東京裁判は連合国の利害を反映した政治的裁判だったとする見方は根強い。

本書は、東京裁判がある種の政治性をもっていたことは争わない。実際、古今の国際刑事裁判でなんらかの政治性を帯びていないものはひとつもなく、東京裁判もその点で例外ではない。けれども裁判の政治性を強調するあまり、それが司法事件の側面をも備えている事実を度外視することにはかならずしも賛成しない。拙著論文(「東京裁判における戦争犯罪訴追と判決」二〇〇六年)でも指摘したように、国内での評価如何にかかわらず、東京判決は近年ハーグ法廷などの国際刑事裁判所で有効な判例として引用され、国際人道法の発展に具体的な貢献をしている。また今日の国際法学者や人権研究家のあいだでは、東京裁判をニュルンベルク裁判と同様、先駆的な国際司法事件とみるのが一般的になっている。こうした国際的流れを視野にいれてみると、東京裁判の政治的側面をあえて否定する必要はないまでも、この裁判が国際法史上にもつ意味あいもバランスよく、また多角的に分析・評価するべきではないだろうか。本書では、国際法史と日本現代史の過去六〇年の流れをたどりながら、裁判関係資料をあらためて調べて再評価をこころみる。

そのほかに本書は、東京裁判についてのさまざまな史実を正していくことも目的にしている。東京裁判を論じた本は多いが、それらのなかには一次資料でかならずしも確証できないことがらが史実とみなされていることがある。たとえば先にのべたように、日本軍による性暴力や対アジア人戦争犯罪が無視ないし軽視されたという見方は、八〇年代以降急速にひろまったが、近年の研究からこの解釈が実際に史実に即していないことがわかり、従来の歴史評価は部分的な修正をせまられてきた。本書では東京法廷での戦争犯罪訴追の全体像をさらに掘りさげ、近年の修正論が適切であることを具体的にあきらかにしていきたい。

さらに、天皇不起訴の経緯も分析する。東京裁判がおこなわれて以来、裕仁天皇が不起訴になった理由はマッカーサーが政治的判断をくだして免責したからだといわれており、主要な概説書もこれを史実と論じてきた。本書では、天皇が訴追をまぬかれたこと自体は事実であり争わない。しかし不起訴にいたった経緯については、一般の通念にかならずしも同意しない。というのは、これからあきらかにしていくように、一次資料には「マッカーサーによる免責」という見解にむしろ反駁する証拠がすくなからず存在し、それらによると、実際アメリカをふくむ連合国は当初から天皇の免責をゆるさず、天皇訴追の可能性を東京裁判が開廷するまえの一九四五年夏から占領軍が撤退した一九五二年四月まで、方針として基本的には保ちつづけたことがわかるのだ。では、天皇が不起訴におわったというこの歴史的事実をどう説明したらいいのだろうか。この問題をふくむ天皇不起訴をめぐる事実関係を、一次資料の分析をもとにさぐってみたい。そして分析の結果をもとに、東京裁判を歴史的にどう評価していくべきかを考えていく。

主要文献の紹介

本題にはいるまえに、本書で利用した歴史資料をかんたんに説明しよう。分析対象となった資料は大きく三つに分けることができる。

第一の部類にふくまれるのは、東京法廷での公判そのものにかんする記録文書である。具体的には、東京裁判の法原則を定めた東京裁判所憲章、起訴状、公判記録（英文で四万八二八八頁）、五一八四通の書証（分量としてはマイクロフィルムで四八リール）、裁判所判決書、五つの賛成と反対の別個意見、国際検察局の内部文書（マイクロフィルムで七七〇リール）、判事たちによる判決書の草稿、判事間の内部文書、そして弁護団関係の文書だ。いままで刊行された東京裁判関係の本でこれらの膨大な裁判記録を部分的に調べたものはあるが、裁判記録すべてを包括的に研究したものは、日本でも国外でもいまのところ皆無である。本書では、これら裁判記録を幅ひろく研究する努力ははらったものの、けっきょくはさまざまな制約上（とくに時間と資金面の制約）、裁判資料のうち氷山の一角を調べられたにすぎない。そのため、裁判の全体像を解明したというよりは、むしろ将来への研究課題を多く残す結果となっている。この事実は、はじめに率直に認めておきたい。

裁判の公判記録は、日本文・英文両方で出版されているが、研究者にとってもっとも使い勝手がいいのは、R・ジョン・プリチャード他が編集した *The Tokyo War Crimes Trial*（全二二巻、一九八二年）だろう。この刊行物の大きな魅力は、英文の公判記録をほぼ完全なかたちで複製・復刻しているほか、徹底的な公判記録の目録（全五巻）を提供していることにある。この補助資料は、公判記録のなかに埋もれた膨大な資料を体系的に研究できるよう多くの画期的な工夫がこらしてあり、日本語の公判記録ではなかなかむずかしい作業が容易にこなせるようになっている。ただし本書では、日本語版の速記録『極東国際軍事裁判速記録』（一九六八年）も、ところどころ併用している。東京裁判所の判決については、日本語訳の『東京裁判判決』（一九四九年）を定訳とみなして利用した。五つの別個意見については、それらを引用するときには筆者自身が英文から日本文に訳すようにした。パル判事の反対意見書は、別途すでに日本語訳が刊行されているのでそれを利用した。

法廷で提出された五二〇〇通弱の書証については、その公刊資料がないので、各国資料館に請求する必要がある。日本国内では、東京大学の社会科学研究所の図書館や、国立国会図書館の憲政資料室、早稲田大学図書館などに所蔵されている。国外では旧連合国の主要な公文書館にそれぞれ保存され、たとえば、日本現代史家がよく利用するメリーランド州カレッジパークにある米国公文書館には、書証や公判記録をふくむ公式・非公式の裁判記録文書がすべてマイクロフィルム化して保存されている。オーストラリアの戦争記念館に付属する図書館には書証の複写が所蔵されており、筆者が研究過程で訪れる機会があったので、本書ではその資料を利用している。また同図書館とオーストラリア公文書館には、判決書の草稿や判事間の内部文書も所蔵されており、これらも利用した。判事関係の文献資料は、裁判所の首席判事がオーストラリア代表だったことから同国に求めるのがいちばん適当だが、そのほかの旧連合国にも多く関係文書が所蔵されていると思われる。本書では、オーストラリアで収集したもののみを利用している(1)。

検察局の内部文書(米国公文書館所蔵)については、マイクロフィルムの数だけからもあきらかなように、数十年かけても読みつくせない膨大な量で、それらをどのように使いこなすかは研究者にとって大きなチャレンジである。その主要な部分は、立教大学教授の粟屋憲太郎らの尽力により国内で紹介・出版されている(刊行資料については巻末の引用文献を参照)。本書ではそれらの資料をおもに利用した。弁護側の内部記録については、一九七四年に宮内庁から日本国立公文書館に移管された被告人側の覚書・書簡がある。けれども本書を準備する過程では、筆者は残念ながらその存在を知らなかったため、利用するにいたっていない。そのほかには、一九六〇年代はじめに法務省が旧被告、弁護人、証人から面接調書をとり、その記録が残っていることが研究者のあいだでひろく知られている。これらの面接調書も国立公文書館に現在所蔵されている。しかしこれらの記録はいまだに非公開のとりあつかいにあるため、ほかの資料館に複写が所蔵され、公開されていないかぎり利用できない。このような弁護側内部資料の欠落を埋めあわせるため、本書では東京裁判の弁護人、被告、弁護側法廷記者団らが裁判後に出版した回想録をいくつか使ってみた。

本書で分析した第二種の資料は、東京裁判に参加した旧連合国間の外交文書ならびに各国政府の内部文書である。右にのべた第一種資料が裁判そのものの実態を解明するときに有用なのに対し、第二種は、東京裁判の設立、訴追の開始、裁判の終了をめぐる政治的・軍事的文脈をとらえるのに必須である。裁判参加国は一一にのぼるが、本書では英語圏から参加した国々の外交・政府文書収集に重点をおいている。この種の文書には政府編纂の公刊資料が豊富であり、本書ではとくに、*Foreign Rela-*

tions of the United States（『合衆国外交』）、*Documents on Australian Foreign Policy*（『オーストラリア外交文書』）、そして*Documents on New Zealand External Relations*（『ニュージーランド外交文書』）を使った。公刊資料でカバーしきれない事項を追求するさいには、各国公文書館を直接おとずれて関係文書をあつめるようにした。追加資料を収集するために訪問したのは、米国、オーストラリア、インド、日本である。

　最後に第三種の資料として、東京裁判にかんする学術書、概説書、研究論文、新聞記事などをあげたい。これらはふつう、「二次資料」とみなされる文献資料だが、本書では東京裁判が終了したあとの裁判論動向そのものも研究対象としたので、これらの刊行物を、ときに一次資料的に利用している。ただし本書は、東京裁判関係の文献を包括的に紹介することが目的ではないので、主要刊行物をかならずしも網羅していない。そのかわり、裁判をめぐる議論の特徴を知っていくうえで重要と思われる出版物を選択的にとりあげて論じている。東京裁判にかんする文献の全体像を把握したい場合には、住谷雄幸他編「東京裁判・BC級戦争犯罪・戦争責任関係主要文献目録」（一九八五年）、日暮吉延『東京裁判の国際関係』（二〇〇二年）巻末の文献資料一覧、John R. Lewis ed., *Uncertain Judgment*（『不確かな判決』一九七九年）、ジニー・M・ウェルチ編『東京裁判――英文文献・研究ガイド』（邦訳、二〇〇五年）などを参考にしていただきたい。

本書の構成

　本書は基本的には、歴史的流れをたどりながら東京裁判を論じる形式をとっているが、それぞれ章ごとに一テーマをとりあげて、ひとつひとつのまとまった論を展開するようにも構成してある。

まず、第一章「ニュルンベルクから東京へ」では比較研究の観点から、ニュルンベルクと東京両裁判のあいだにどのような政策上の共通点、あるいは相違点があるかを分析している。とくに、対独戦犯裁判が東京裁判に先行したことに着目し、極東裁判を設立するさい、ニュルンベルク裁判所設立の経験を参加国がどのように生かしたかを考える。

第二章「裕仁天皇の起訴をめぐって」は、さきに言及した天皇の不起訴問題に注目し、分析する。日本が降伏する前後、極東では政治的・軍事的状況が複雑だったが、そのとき戦勝国である連合国諸国は裕仁天皇の責任問題をどのように処理しようとしたのだろうか。この章では、外交文書および各種政府内部文書を検証しながら、連合国の基本方針をあきらかにしていく。争点はおもに、天皇訴追問題の政策を決定する権限がどこにあったのか、はたして従来からいわれているように、マッカーサーに法律上ないし実質上、政策決定をする権限はあったのか、そして決定された政策の内容はどのようなものだったのか、という問題だ。

天皇の起訴をめぐる諸問題を調べたあとの第三章、「東条その他の戦犯容疑者」では、天皇以外の主要戦犯容疑者に対する連合国の処置方針を調べる。降伏後マッカーサーの指示により、いわゆる「A級戦犯」が逮捕されて巣鴨拘置所に拘留されたが、これらの戦犯容疑者の起訴・不起訴を決定する要因はなんだったのか。この問題を検察局と占領軍の内部文書を分析しながらあきらかにしたい。以上三つの章で、東京裁判開催にいたるまで連合国諸国がどのような基本政策を打ちだしたか、そのおおまかな枠組みがあきらかになるだろう。

つづく四つの章は本書の中核をなしていて、法廷での審理そのものと判決をクローズアップする。各章は公判中の基本的論点をテーマ別に分析するようになっている。まず第四章「戦争史をどのように語るか」では、いわゆる「平和に対する罪」、つまり侵略戦争の計画・遂行に関係する訴追努力に焦点をしぼる。第一章とおなじように、この章では比較研究の観点を利用し、ニュルンベルク法廷ではじめて導入された法概念が東京法廷でどのように適用されたか、両裁判所の法的見解にはどのような共通点や相違点があったのか、などをあきらかにしていく。同時に、この章では東京判決の事実認定を要約し、そこから浮かびあがる戦争史観をあきらかにしたい。「平和に対する罪」にかんする訴追内容の分析はこの章でいちおう完結するが、判決の評価をめぐる戦後論争の分析は第八章、第九章、そして最終章につづく。

第五章から第七章までは「通例の戦争犯罪」の訴追努力に目をむけ、多角的な視点から研究をこころみる。先陣を切る第五章「戦争犯罪に対する指導者責任」では、検察側の立証戦略についてその大枠を説明する。ここでは検察側の適用した国家指導者の個人責任にかんする法理、とくに「不作為責任」の解説を主眼としている。第六章「南京事件と泰緬「死」の鉄道」では、ふたつの代表的な戦犯事件に注目し、前章で論じた国家指導者責任の法理がこれらの事件にはどう適用されたかをあきらかにする。第七章「日本軍残虐行為の記録」では、南京事件と泰緬鉄道関係以外に各国検察官が立証した戦犯事件へ眼を転じる。ここでは検察側の立証戦略がどのように法廷で展開されたかをたどるとともに、提出された膨大な証拠資料から浮かびあがる日本の対外戦争と軍政の実体を追求する。

残る三章（終章をふくむ）は、東京法廷での公判と判決の研究からふたたびズームアウトし、過去六〇年間の研究の大きな流れを時代にしたがって追ってみる。第八章「初期の裁判研究家たち」は、同時代的（一九四六―五三年）に裁判の意義を論じた国内の法学者、歴史学者、政治学者たちの研究論文を分析し、当初、国内でどのような裁判評価が形成されたかをあきらかにする。第九章「パル判事の反対意見とその波紋」は、サンフランシスコ講和条約が施行された一九五二年以来、保守勢力が展開してきた東京裁判否定論をたどってみる。焦点は、インド代表判事のラーダビノード・パルによる反対意見書が、戦後の裁判論議にどのような影響をおよぼしてきたかを追うことにある。そして終章「勝者の裁きを越えて」は、近年の東京裁判研究（一九八〇年代―現在）に光をあてて、将来の研究課題と方向性を考える。

つぎに、東京裁判の基本的な流れ、裁判所の諸機関、参加国を説明したい。

東京裁判の概観

日本敗戦の半年後、連合国は焼け野原と化していた首都東京に国際法廷を特設した。裁判所は「極東国際軍事裁判所」（International Military Tribunal for the Far East, 略してＩＭＴＦＥ）と名づけられ、ここですすめられた審理は、周知のとおり「東京裁判」として知られるようになった。この法廷のほか、連合国はかつて日本軍の支配下にあったアジア太平洋各地に五〇あまりの戦犯法廷を国別に設立し、ここでも極東における戦犯容疑者の訴追をすすめた。本書では東京法廷での訴追努力のみをとりあげ、後者の各国法廷――いわゆる「ＢＣ級法廷」――については、前者と関係する事項についてのみ限定的に論じることにしたい。(2)

東京法廷と各国法廷を設置する法的根拠は、直接には一九四五年九月二日に調印された降伏文書にもとめられる。この文書によると、日本政府は「ポツダム宣言［一九四五年七月二六日］の条項を確実に実行すること」を約束し、その第一〇条では、「吾等の俘虜を虐待せる者を含む一切の戦争犯罪人に対しては［、］厳重なる処罰加えらるべし」と連合国が日本政府に要求している。日本政府はポツダム宣言を受諾すると明言した文書に調印することにより、あらためて正式に、連合国側に戦争犯罪人を処罰する権限があることを再確認したのだった。この合意がどのように実現されるのかについての詳細は降伏文書には明記されていなかったが、調印時にはすでにヨーロッパ各地で対独戦犯裁判がはじまっており、その先例が極東で生かされるのは必然的だった。(3)

東京法廷を建設するにあたって、占領軍はその原型を、一九四五年八月にヨーロッパで設立宣言されていたニュルンベルク法廷——公式には「国際軍事裁判」(International Military Tribunal)、略してIMT——にもとめた。実際東京法廷は、内部の建築構造上ドイツのそれとたいへん似ている（図1）。ある逸話によると、法廷の建設を担当した業者は、「ドイツの（ニュールンベルク）裁判の写真を見せられましてね。こんなのを設備するんだ」と占領軍当局のスタッフに指示されたという。(4)けれども、法廷を収容する建造物の外観に目を転じてみると、ドイツのものとはかなりちがっていた。ニュルンベルク法廷は「正義の宮殿」と呼ばれる建物のなかにあり、もともとその地域の上告裁判所として機能していた場所だった。それに対して東京法廷の建設された場所は、かつて陸軍士官学校があった東京都心の市ヶ谷台である。ここには、戦時中に陸軍省と参謀本部として機能した建物があり、東京法廷はその内部に建設されたのだった。東京空襲以来、このビルのように荘厳な外観と高い収容

図1　通訳ボックスの上部から見た法廷．写真奥の2階席は一般傍聴席．2階の向かって左側，混みあっている席は日本人の専用席．1階席奥は報道陣用．1階左端は被告席，右端は判事席．法廷中央部の奥から手前へ：被告弁護団デスク，演壇，検察局デスク，証人席．Courtesy National Archives, photo no. 238-FE.

能力をもつものがほとんど残っていなかったため、このビルの利用価値は高かったと考えられる。そのほか、この建物がかつて軍の中枢をなしていたことから、日本敗戦の事実と軍国主義終焉を日本の一般庶民に印象づける意味でもおそらく理想的だっただろう。ちなみに対独国際裁判のおこなわれたニュルンベルクも、かつてナチ党が例年集会を開催した場所だった。この点では、やはり似たような象徴的意味をもっていた(5)。

法廷の場所が決まると、占領軍当局はビルの二階にある大講堂を改造させ、ニュルンベルク法廷の極東版である史上第二の国際刑事法廷をつくった。おおがかりな内装・外装工事も建物全域にわたって施された。日本人弁護団のメンバーだった島内龍起の回想によると、陸軍省の大ビルはかつて「アメリカの空襲を避けるため、戦争中外面を黒く塗られていたが、裁判が始まってから真白に塗りかえられた」という。黒から白への強烈な色彩上の転換は、当時の日本国民にどのような印象をあたえただろうか。建物内部については、やはりおなじように新しく塗装してタイル、カーペット、家具が入れられ、市ヶ谷台ビルはすっかり一新したのだった。

ビル内には多くの分室があって、それらは法廷の諸機能に割りあてられた。おもなものとしては、法廷書記室、チェンバー（判事、検察官、弁護団が法廷外で処理すべき事項を合議する部屋）、弁護人事務室、法廷通訳者室、言語裁定官事務所、翻訳室、タイピスト事務所、印刷室、速記者控え室、日本政府連絡員事務所、報道関係者室、警備関係事務所、食堂があった。また島内によると、日本人勤務者たちのためには、「医務室や売店、靴屋、理髪店、洗濯屋、裁縫店まであった」という。この記述から、裁判所関係者のさまざまなニーズに応えられる小世界が市ヶ谷ビル内に形成されていたことが想像できよう(6)。

もうひとつの空間上の特徴として、法廷が首都東京に設立された点も注目される。この国際法廷は主要戦争犯罪人を処罰するだけでなく、そこでの審理を一般公開し、戦争の事実関係を日本国民の眼前であきらかにすること——つまり、日本の庶民に対して歴史教育の機能をはたすこと——も目的としていた（図2）。もし法廷が、たとえば戦勝国の中国やアメリカ、もしくは近年の国際裁判のようにオランダのハーグにでも設置されていたら、国内の記者たちが公判過程を報道するのは、物理的にも経済的にもたいへん困難となっただろう。おなじ理由から、一般のひとびとが裁判をみずから観察

することもまず不可能となったことだろう。(7)

東京法廷での審理は一九四六年五月三日にはじまったが、当初参加者が予想していたよりはるかに時間のかかるプロセスとなった。裁判が長期化した一因は、法廷の公用語だった日本語と英語を同時通訳するのが非常にむずかしいことにあった（図3）。ニュルンベルク裁判でも関係者はおなじ問題に直面したが（法廷での公用語は英語、フランス語、ドイツ語、ロシア語の四カ国語）、英語と日本語のようにまったく異なる語族に属する言語を同時通訳するむずかしさはひときわだったようだ。(8)この問題について判事たちは、「日本語と英語の間の翻訳では、西洋の一つの国語を同じ西洋の他の国語に翻訳するときのような速さと確実さをもって、翻訳を行うことができな」かった、とのちに判決書でのべている。また法廷で中国語、フランス語、モンゴル語、

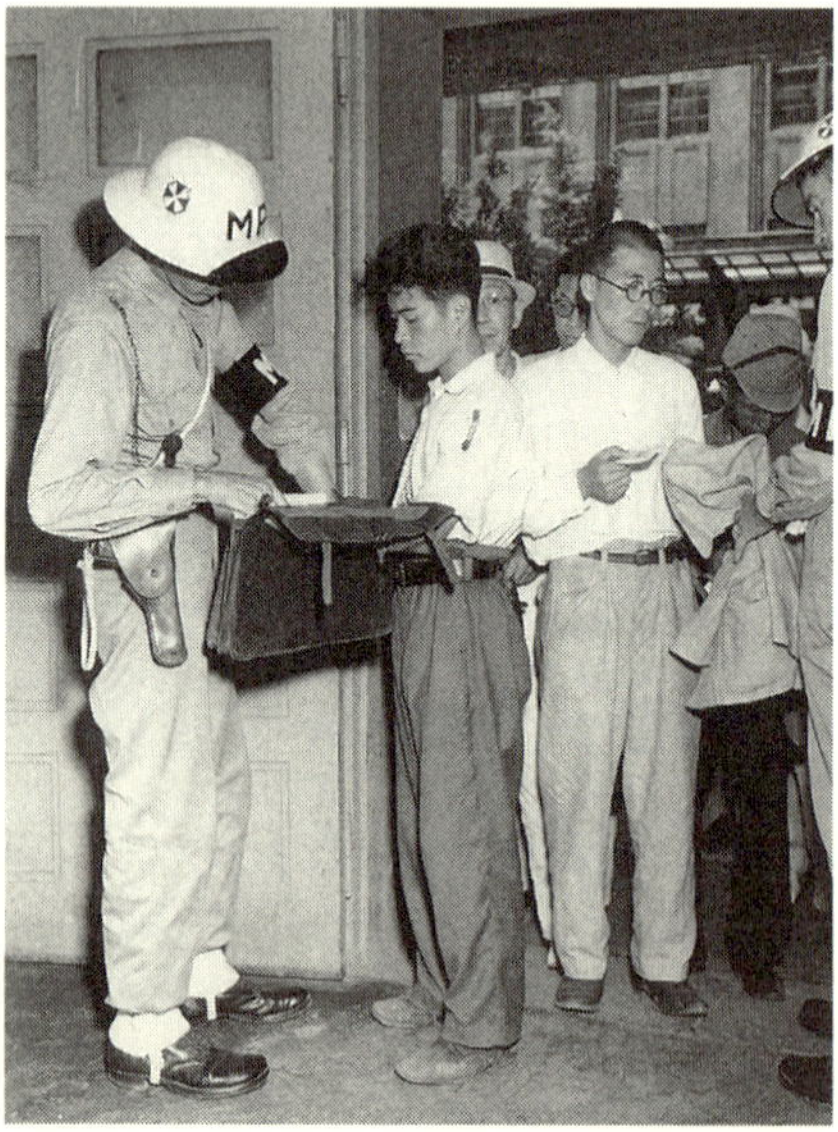

図2　日本人傍聴人．陸軍省ビルの入口で，武器やカメラを隠し持っていないか，セキュリティー・チェックを受けている．1946年7月23日．Courtesy National Archives, photo no. 238-FE.

図3　法廷通訳席にて．Courtesy National Archives, photo no. 238-FE.

ロシア語で証言する人物もあったため、同時通訳のむずかしさはこの点でも深刻だった。そのうえ、「検察官や弁護人や証人は、冗長であったり、関連性を欠いたりする傾向」があったことも、裁判延長の原因となったという。このように、当初じゅうぶん予測していなかったことばの問題が、開廷するやいなや続出したため、判事たちは「この時間の空費を防ぐために、特別な規則を実施」したが、けっきょくはニュルンベルク裁判が一年以内に終了したのに対し、東京裁判の審理は二年半かかってしまった。(9)

検察側の立証そのものがはじまったのは一九四六年六月四日で、最終日は翌年一月二四日、弁護側の反証は同年二月二四日にはじまり、翌年一月一二日に終了した。そのあとは反駁と最終弁論が展開され、一九四八年四月一六日に閉廷となる。半年後の一一月四日になってふたたび開廷、首席判事は判決書を読みあげたが、長文だったため同月一二日までかかった。このあとは特別な終了式典などは開かれなかったようで、しばらくたってから東京裁判所は公式に解散となった。

東京法廷では一一名の判事が審理にのぞんだ。裁判長はオーストラリア代表のウィリアム・F・ウェッブ卿（図4）で、母国ではクイーンズランド州最高裁判所の首席裁判官だった人物だ。ウェッブは戦犯問題について幅ひろい知識と経験をもちあわせており、当時ではまれな法曹家だった。もともとは戦犯問題を専門にしていた法学者だったわけではない。しかし太平洋戦争が勃発したのち、南太平洋地域で日本軍がおかした残虐行為の事実究明をするよう自国政府から依頼があり、その任務を三度にわたって負ったのだった。第一回目の調査は一九四三年六月から四四年三月までで、ウェッブは、オーストラリアとニューギニアで合計四七一人もの証人をみずから審問し、調査の結果を一〇〇種

図4　裁判長ウィリアム・F・ウェッブ卿．National Archives, photo no. 238-FE.

の証拠物件と四五二頁におよぶレポートにまとめた。この報告書は、日本軍が南太平洋に侵攻した一九四二年一月から、連合軍捕虜、宣教師、その他の居住者に対して広範囲にわたる残虐行為をおかしたこと、またそれらの暴虐が戦争法規に違反した戦争犯罪であることを確立する内容だった。一九四四年になると、政府の要望によりウェッブはあらためて第二次調査をすすめ、一九四五年には第三次委員会をひきいた。三度目の委員会については、調査をはじめて数カ月たったころ政府がウェッブを東京裁判所の判事に指名したため、委員会の活動を最後まで見とどけることなく、翌年の一九四六年に東京へわたった[10]。

　ウェッブが戦犯調査の経験をもっていたという事実は、東京法廷の弁護側が知るところとなり、公判がはじまるやいなや争点となった。弁護側によると、日本の戦争犯罪を調べてきた経歴がある以上、ウェッブはすでに被告に対してかたよった見解をもっている可能性があるので判事職をつとめる資格がない、ということだった。しかし、これに対して裁判所の判事たちは、判事の任命や解任を決める法的権限が裁判所自体にないことを根拠に、弁護側の異議をしりぞけてウェッブの続行を認めた。つまり、ウェッブが退任すべきかどうかの問題にあえてとりあわなかったのだ（ウェッブは当事者だったので、この裁決に票を投じていない）。この問題について、じつはウェッブ自身も来日以前、過去に戦犯調査をした経験があることを自覚し、指名を受け入れるべきかどうか決めかねていた。けれども、そもそも戦時中におこなった調査は、東京裁判の被告となった特定の個々人を告発するためのものではなかったことから——つまり本件と直接には関係ないことから——判事任命を受け入れることにしたのだった[11]。

二〇〇四年に開廷したシエラ・レオーネの特別国際法廷でも、これと似たような事態が生じており、ウェッブ指名の妥当性を考えるうえで参考になる。シエラ・レオーネの首席裁判官、ジェフリー・ロバートソン判事はイギリスの勅撰弁護士であるほか、人権弁護士としてもひろく活躍してきた人物だったが、一九九九年に出版した *Crimes against Humanity*（『人道に対する罪』）のなかで、被告一名をふくむシエラ・レオーネの反乱軍（Revolutionary United Front［RUF］）が内戦中に「異様極まりない人道に対する罪」をおかしたという見解をあきらかにしていたのだ。弁護団はこのことに言及し、現法廷で裁かれつつある人物にロバートソンが公平な判決をくだすことは望めないと主張した。異議をうけた上告裁判所は、やがてロバートソンをこの起訴事件から外す決定をしたが、ところが同時に、同判事が上告裁判所に留任できるとものべ、被告が反乱軍側の人物でないかぎり裁決にのぞむことができるとした。特別法廷によるこれらの措置は、東京裁判所がウェッブに対してくだしたものよりややきびしいが、ロバートソンが完全な退任をもとめられなかった点をふまえると、ウェッブの留任は現在の国際法廷が適用する基準に照らしあわせても、まったくの異例ではなかったと考えられる[12]。

戦犯問題にくわしい法曹家として当時名を馳せたウェッブだが、東京法廷では概して威圧的な印象をあたえ、それを尊敬する者もあれば嫌う者もあった。とくに、ほかの判事たちが発言もせず判事席に静かに座っているのに対して、ウェッブのしばしば無遠慮な発言は法廷でひときわ目立ったようである（裁判所を代表して発言する権利をもっていたのは基本的に裁判長だけで、これはニュルンベルク法廷でもおなじだった）。とはいえ、ウェッブの判事ぶりには公正な審理を実現するための配慮がしばしばみられ、とくに、検察団・弁護団双方がより効果的な法廷尋問をできるよう助言をすることもあっ

図5　判事たち．前方の左から右へ：パトリック（イギリス），クレーマー（アメリカ），ウェッブ（オーストラリア），梅（中国），ザリヤーノフ．後方の左から右へ：パル（インド），レーリンク（オランダ），マクドーガル（カナダ），ベルナール（フランス），ノースクロフト（ニュージーランド），ハラニーニョ（フィリピン）．Courtesy National Archives, photo no. 238-FE.

た。本論でも、ウェッブのそうしたあり方の事例をいくつかとりあげていこう。(13)

東京裁判所には、そのほかに判事が一〇名いて、それぞれの国で裁判官、法学者、政府法律顧問などのさまざまな経歴を積んでいたひとたちだ（図5）。けれども、戦争犯罪にかんしてはウェッブほど豊かな知識と経験をもっていた者はなかった。ただしアメリカ代表のマイロン・クレーマーとフランス代表のアンリ・ベルナールは、東京裁判に参加するまえ、それぞれの国で戦犯裁判に関係した仕事をしている。クレーマーはかつて米国の法務総監をつとめ、ドイツ戦争犯罪人の訴追計画に関与した。ベルナールは、ナチス戦争犯罪人とナチス協力者訴追にかかわってきた。残りの判事は戦犯にかんする実務経験がなく、東京裁判がはじめてということになる。このうち、フィリピン代表のデルフィン・ハラニーニョのように、判事として参加をゆるされるべきかどうか問題のある人物もいた。ハラニーニョはかつてフィリピンのバターン陥落後に日本軍の捕虜となっており、バターン死の行進にはじまる日本軍による暴虐を個人的に体験し、目撃してきていた。この事実を意識したためか、公判中かれは、戦争犯罪立証の段階にはいると席を外すなどの配慮をしたようだが、捕虜虐待の犠牲になった人物が判事に指名されるのは、やはり公平性をたもつ意味で問題があったといえよう。しかも、裁判終了時の判決にさいしては、多数派判事よりはるかにきびしい判決と処罰を主張しており、そのなかに正論もあるかもしれないが、やはり公平性に疑問が残るのは否めない（ハラニーニョの別個意見は、正式な東京判決にあたる多数派意見に反映されていない）[14]。ハラニーニョのほかにインド代表のラダビノード・パルも、別の意味で問題をかかえた判事だったが、パルにかんする問題はたいへん複雑なので、ここでは論じないで第九章でふみこんだ分析をしよう。

今日では国際刑事裁判を開催するのはめずらしいことではないが、六十余年まえにニュルンベルクと東京裁判が開催されたときにはまだ先例がなかった[15]。そのため、ウェッブをふくむ一一人の判事たちは、予期していなかった手続き上の問題につぎからつぎへと直面し、それに対応するすべを自分たちの判断に頼りながら見極めていかなければならなかった。判事たちが対処をせまられた問題のまずひとつに、先にのべた言語と法廷技術上のギャップがあった。それぞれの母国では裁判参加者はおなじ言語を話し、裁判の方式についても共通した理解があるのが大前提だったが、東京法廷ではちがった。ここでは聞き慣れないことばを話す者たちが被告と弁護団を構成しており、しかもかれらの多くは英米の法廷技術をまったく知らないか、知っていても実務体験が皆無に等しかった。これらの基本問題は、米国政府が二〇名ほどのアメリカ人を補佐弁護人として提供したことでやや緩和されたものの（図6）、少人数の助っ人では完全な問題解決になりえなかった。

やがて公判がはじまると、法廷尋問や書証提出上のあらたな問題も生じ、判事たちは適宜細則を決めなければならなかった。裁判所は、検察官と弁護団双方に公正な措置をとるよう尽力する一方、公判が迅速にすすみつづけるようにも心がけねばならなかった。しかし、このふたつの目標をバランスよく達成するのは容易ではなかった。裁判の終盤になると、四万八〇〇〇頁以上におよぶ公判記録と何千通もの書証すべてを分析し、迅速に判決文を書くという大きな役目も残っていた。

東京裁判の検察局の構成についても一一、三

図6　日米弁護団．法廷の弁護団デスクにて．本書で言及されているのはブルックス（左から3番目）とローガン（そのとなり）．Courtesy National Archives, photo no. 238-FE.

図7　国際検察局．前方の左から右へ：ゴルンスキー（ソ連），コミンズ＝カー（イギリス），キーナン（アメリカ），ボルヘルホフ＝ミュルダー（オランダ），マンスフィールド（オーストラリア）．後方の左から右へ：クィリアム（ニュージーランド），チュウ（中国），オネト（フランス），ロペス（フィリピン），ノーラン（カナダ）．Courtesy National Archives, photo no. 238-FE.

点指摘しておこう。検察チームは正式には「国際検察局」といい、当初はアメリカ人弁護士、速記者、その他秘書をふくめた合計三九名からなる規模の小さい団体だった。しかし、やがて連合国各国を代表する検察官が来日し、米国と日本側からも追加スタッフがくわわり、公判中のもっとも人数の多いときには約五〇〇名の大所帯となった[16]（図7）。はじめの三九名が東京に着いたのは一九四五年一二月の上旬で、都内の明治ビルに事務所を構えた。アメリカ代表の検察チームをひきいたのはジョセフ・B・キーナン、米国司法省の刑事部局長および司法長官の補佐をつとめた経歴がある。かれは、当時の米大統領ハリー・S・トルーマンの発した行政命令（一九四五年一一月）により、東京裁判の検察官に任命された

のだった。(17)

アメリカ代表チームが来日した二カ月後、他国からの代表も東京に到着しはじめ、検察局は多国籍化した。各国の検察官は米国代表とちがってわずかな補佐を随行するのみで、カナダ、ニュージーランド、フィリピン代表検事の場合は一人で来日したようだ。こうした少人数単位での参加にかかわらず、各国検察官は裁判準備の流れを大きく変えはじめた。とくにイギリス代表のアーサー・S・コミンズ＝カー（勅選弁護人）と、オーストラリア代表のアラン・J・マンスフィールド（クイーンズランド州高等裁判所の裁判官・ウェッブ第三次委員会の委員）が頭角をあらわし、検察局の指導的役割をになっていくようになる。このことはキーナンと各国検察官とのあいだの不和をもたらすことになるが、それについては後述する。

東京裁判には、対日戦に参加した大小国あわせて一一カ国が参加し、国際色の豊かな法廷となったが（先例であるニュルンベルクでは、イギリス、フランス、ソヴィエト連邦、アメリカ合衆国の四カ国のみ）、各国間の政治的利害、訴追努力の優先順位、人材の良し悪しも多様だった。そのため、協力体制を確立するのは困難をきわめた。次章以降からもあきらかになるように、一方で各国検察官のあいだの不和がはやくから顕在化し、裁判が長期化してしまう遠因となった。また他方では、判事のあいだにもチームワークの精神がじゅうぶん育たず、裁判が終了するときにはなかば公然と裁判所の正統性を否定する判事（インド代表）が出てくるなどの重大事件まで発生した。これは、ニュルンベルクの判事たちが相互の政治的対立にかかわらず、世界初の国際刑事裁判を成功させようと結束し、統一判決を書きあげたのとは対照的だ。(18)

極東裁判に参加した国々の内訳は、まずポツダム宣言を発したイギリス、中国（中華民国）、アメリカ合衆国、ソヴィエト連邦（ただしソ連は一九四五年八月に宣戦布告したあとになってポツダム宣言に加盟）である。この四カ国のうち、米国が裁判計画の中核をなした。イギリスの自治領だったオーストラリア、ニュージーランド、カナダは、戦時中に対独・対日両戦線で連合国側に多大な軍事協力を提供していたが、ニュルンベルク裁判には招かれていない。そのため、この三カ国にとって、東京裁判がはじめて参加する国際裁判となった。ヨーロッパからはそのほか、フランスとオランダが参加している。大英帝国と同様、この二カ国は東南アジアに植民地をもち（それぞれ現在のヴェトナムとインドネシアを中心にした地域）、太平洋戦争中、日本の軍事侵攻をうけ、軍政下におかれた。残りふたつの参加国は、やはり連合国側に多大な軍事力を提供してきた国々、インドとフィリピンである。参加当時、この二カ国はまだ米英の属国で、主権国家となるのはそれぞれ一九四七年と一九四六年である。これらの国が参加をゆるされた事実は、植民地主義構造が転換期にあったことを示しており、その点で興味ぶかい。

ところで極東裁判において、アメリカやソ連などのいわば「大国」だけでなく、いくつもの「小国」が参加した事実は注目される。というのは、東京裁判が「勝者の裁き」という意味あいのほかに「被害者による裁き」という特徴も帯びたといえるからである。[19] フィリピンの参加は東京裁判のこのような側面を示唆する一例である。フィリピンは、形式上はたしかに戦勝国だが、日本軍政下の実情は過酷きわまり、日本軍の撤退当時はとても「勝利に満ち満ちた」という状況ではなかった。もちろん対日ゲリラ闘争から生ずるヒロイズムの逸話も多くあっただろうが、フィリピン一般庶民の戦争体験はおもに日本軍による圧政と残虐行為だった。この意味で、フィリピンにとって東京裁判は、戦時中にうけた日本軍の暴虐を訴え、「加害国日本」の指導者たちに正義を問う、という重要な国際的な場となったのだった。同様のことはビルマやインドネシアについてもいえる。この一カ国は、裁判当時まだ独立をはたしておらず、裁判の公式参加国でもなかった。けれどもイギリスとオランダを代表する検察チームに補佐官がそれぞれ一名ずつ参加し、日本による侵略戦争と戦争犯罪にかんする証拠収集に一部協力している(20)。参加形式が限界的だったとはいえ、日本軍による対アジア人の蛮行を被害民の立場からあきらかにしていくという意味で、やはりビルマ・インドネシア人の参画は注目されよう。

さらに、中国、インドをふくむアジア諸国からの代表が参加したことから、東京裁判を多民族・多人種の画期的な国際司法事件とみなすことも可能かもしれない。しかし従来の裁判論議では、東京裁判を「人種差別と植民地主義の象徴」とするのが一般的であって、アジア諸国はむしろ疎外されたとみなされている。このような歴史認識は根拠がないわけではなく、たとえインドとフィリピンの参加があるとはいえ、西洋植民国家の支配下にあった東南アジア諸国の多くは代表者を東京に送る権利をもたなかった（ただし実際問題として、すでに一一ある参加国をどこまで増やせたかという疑問はあるが）。また、日本の植民支配下にあった朝鮮人と台湾人は裁判に参加しておらず、これは近年あがってきた人種差別と植民地主義批判の論拠をなしている。朝鮮と台湾についての指摘は、東京裁判の歴史的意義を決定していくうえで今日とても重要になっているので、ここですこしその是非を考えてみたい。

朝鮮と台湾は、明治維新後早くから大日本帝国の支配下におかれ、被植民地として差別的処遇を数十年にわたってうけてきたのは周知のとおりだ。第二次大戦が勃発すると、多くの台湾人と朝鮮人は日本の戦争に動員されるようになり、太平洋戦争中には両国の青年男子はなかば強制的に徴集され、戦線に送られたり、日本に連行されて過酷な労働に従事させられたりした。一九四五年八月になって日本が降伏し、やっと戦争が終結すると、連合国は日本の植民地問題の解決をはかった。その具体的処置として、カイロ宣言（一九四三年）とポツダム宣言（一九四五年）で言明したとおり、朝鮮・台湾を日本の支配から解放させた。[21] そののち朝鮮半島は米ソ間で分断統治され、台湾は中国大陸でつづく内乱の結果、国民政府の移転地になるなど、両国では政治的にも軍事的にも危機がふかまっていったが、とにかく基本方針上、連合国は両国を日本から独立させた。そして一九五一年調印のサンフランシスコ講和条約にも、この方針を再確認する趣旨の条項がふくまれた。

ところがこれらの処置とともに、連合国はもうひとつ逆説的な処置を朝鮮・台湾に対して日本敗戦直後に実行している。それは、かつて日本陸海軍に動員されていた朝鮮・台湾人——おもに軍属——に対して戦犯調査をすすめ、BC級法廷で訴追し処罰することだった。起訴理由の多くは捕虜虐待に関係し、訴追人数は朝鮮人合計一四八人と台湾人一七三人だったことがわかっている。[22]

以上のように、一方で日本の植民地支配からの解放、他方で戦争犯罪人処罰という一見矛盾したふたつの戦後処置をとった連合国だが、ここから戦勝国が朝鮮と台湾をどのように認識したのかが浮き彫りになろう。連合国は二カ国のひとびとを植民地主義のあきらかな「犠牲者」と認知しつつも、同時にかれらを、日本の戦争遂行に参加して連合軍兵士や市民を非人道的にあつかった「加害者」ともみなしたのだ。そのため、二国民が日本から独立を達成できるよう助力しながらも、連合国の企画する戦犯裁判に参加をうながす可能性は考えず、むしろ朝鮮・台湾出身の戦争犯罪人に対して、日本人の戦争犯罪人同様きびしい処罰をくだす、という行動にでたのだった。そして東京法廷とBC級法廷においては、これらが戦犯法廷だったので、日本による植民地主義の事実究明をする措置はここではなんらとられなかった（植民地支配は戦争犯罪をなさない）。つまり植民地問題の史実解明はこれらの法廷ではおこなわれず、けっきょく朝鮮と台湾は、日本現代史上の二大暴力——植民地主義と第二次大戦——について、歴史的清算をじゅうぶんはたせないまま戦後をむかえたのだった。

しかし、では朝鮮・台湾人に対する戦時中の暴力が当時すべて不問にならざるをえなかったのかというと、近年の研究で指摘されているように、かならずしもそうとはいえない。とくに朝鮮・台湾人女性を「従軍慰安婦」の名のもとで日本軍が性奴隷化した事実については、「人道に対する罪」の概念をもちいて訴追することは理論的には可能だった（人道に対する罪の法的意味は、第五章で論じる）。けれども周知のとおり、東京法廷でそのような訴追努力はみられず、これは東京裁判の歴史的負債とみなされよう。ただし後述するように、各国検察官は中国・オランダ・インドネシア・ヴェトナム人女性が性奴隷を強いられた事実——つまり慰安婦問題——について積極的に立証努力をはかっているので、「従軍慰安婦にかんする問題が東京裁判で問われなかった」という批判はなりたたない。

東京裁判のあと、朝鮮・台湾人女性にかんする従軍慰安婦問題は長く不問のままだった。しかし一九九〇年代にはいって、韓国の民主化、女性史研究の発展、そして人権運動の浸透などと相まって、ようやく国際的に注目されるようになった。やがて国際的な調査が執りおこなわれ、従軍慰安婦制度がじじつ、戦時中の日本政府が国家規模で組織した性奴隷制であったと判断がくだり、これが人道に対する罪だったことが確立される。[23] 二〇〇〇年になると、内外の歴史家、法律家、その他人権活動家の努力により、日本軍性奴隷制をあきらかにする女性国際戦犯法廷が東京に設けられ、慰安婦問題への関心を国内外で高めていくうえで大きな役割をはたした。またこの法廷は、かつて日本軍に性的隷属を強いられた女性たちが相互に連帯し、心傷と立ちむかう勇気を提供しあった点でも、意義ぶかい事件だったといえよう。[24] 本書では慰安婦問題の研究動向や市民運動の展開をくわしくとりあげないが、近年多くの研究書や論文などが発表されているので、読者はそれらを参考にしていただきたい。

では、いよいよ東京裁判の歴史探求にはいろう。

アメリカがドイツの戦争犯罪人を裁くための本格案を作成しはじめたのは、ドイツの敗戦が色濃くなりつつある一九四四年秋からだった。作成に指導的役割をはたしたのは、ヘンリー・L・スティムソンのひきいる陸軍省だった。省内にはスティムソン自身をふくむ革新的な国際法感覚をもつ法律家がおり、そこからいわゆる「ニュルンベルク思想」が生まれた(1)。

陸軍省計画案で基軸をなす法概念——そしてのちのニュルンベルク裁判の基本方針——となったのは、ナチス最高指導者たちを「侵略戦争をおかした罪」で訴追するという考えだった。この提案の基盤は、一九二八年に調印された「戦争の放棄に関する条約」、略して不戦条約あるいは一般的にケロッグ＝ブリアン条約、またはパリ条約として知られる国際文書である。陸軍省案では、この条約に違反して平和的な近隣諸国に軍事攻撃をしかけた場合、それは国際犯罪をなし、そのような行為をおかした者は個人的に刑事責任を負うとみなした。ただし不戦条約は、国際紛争の手段としての戦争を不法行為とはみなしたものの、はたしてそれが国際犯罪をなすのかどうか、明確な条文をふくんでいなかった。しかしスティムソンは、侵略戦争を犯罪とみなす法概念は国際法上成立しうるとみなし、フランクリン・D・ルーズヴェルト大統領に提言した。これをうけた大統領は支持を表明、侵略戦争を起こした者を裁くという案はドイツ戦争犯罪人の訴追にかんする米国政府の基本方針に決定した。(2)

そののち、ドイツが降伏する約一カ月まえの一九四五年四月一二日、ルーズヴェルトが予期せず病死すると、ハリー・トルーマン副大統領がひきついだ。戦犯問題についてトルーマンは前任者の方針をそのまま継続し、1対独戦犯裁判を追求すること、2侵略戦争を訴追事項にふくむこと、これらを中心にした米国案を連合国各国と交渉しはじめた。この任務に直接あたったのは、米国最高裁判事の一人であるロバート・H・ジャクソンで、ルーズヴェルト政権下で司法長官をつとめた経験もある人物だった。同判事はドイツ降伏後の六月に大統領指令のもとロンドンに送られ、主要連合国――イギリス、フランス、ソヴィエト連邦――の代表者たちと協議にはいった。四カ国代表は、ここでニュルンベルク裁判の基本原則を作成する共同作業をはじめたのである。ジャクソン判事が米国代表として選別された背景には、かれが以前から、侵略戦争の犯罪性を不戦条約を根拠に主張してきた事実がある。判事の立場は、この点でルーズヴェルトが選びとった戦犯裁判の基本方針と一致しており、米国にとってはジャクソンのような法曹家は理想的だったと考えられよう。

ロンドン会議の当初、ほか三カ国の代表者は米国案、とくに侵略戦争にかんする提案に難色を示し、協議は難航した。数週間におよぶ議論をかさねた結果、四カ国代表は米国案を改訂した議定書になんとか合意したが、侵略戦争については、国際法廷の管轄を枢軸国の起こした戦争に限るという但し書きをふくみ、これはソ連代表の見解に妥協した結果だった。ジャクソン自身は、侵略戦争にかんする法原理は普遍性をもたなければならないと考えていたが、四カ国の協力体制を達成するためにはやむをえぬ譲歩だった。こうして国際裁判の基本原則が決定され、四カ国代表はこれを「裁判所憲章」として同年八月八日に公表した。侵略戦争にかんする法原則は、この憲章で「平和に対する罪」と命名され、通例の戦争犯罪と人道に対する罪とならんで起訴が可能になった。そののちジャクソン判事は米国代表の首席検事として、そのままニュルンベルク裁判にのぞむことになる。(3)

極東戦争犯罪人の訴追にかんする政策案の作成は、すこし時期をくだった一九四五年三月に米国政府内であらためて提言された。この問題をとりあげたのは、「国務・陸軍・海軍三省調整委員会」とよばれる機関で、相互の政策協議をより円滑にする目的で三省長官が一九四四年末に設立したものである。対独戦での勝利がほぼ明確になり、太平洋地域でも日本側の戦局が悪化の一途をたどるころ、三省調整委員会は対日終戦対策にも着手しはじめ、戦犯裁判の政策案はその一環として位置づけられたのだった。しかし、実際に草案をねりはじめたのはだいぶあとの同年八月九日、つまり広島・長崎原爆投下とソ連参戦の直後で、日本の降伏が突如さしせまった可能性となってからのことだった。ともあれ、草案に着手したときには対独戦犯政策の基本方針がすでに完成していたので、作業はそれを手本にしながら迅速にすすめられた。そして同年九月上旬には基本方針が完成した。三省調整委員会の用意した文書は、その後改訂がいくらかくわえられ、米国政府の正式案と決定されたあとの一〇月中旬、連合国各国に伝えられた。(4)

「極東の戦争犯罪人逮捕と処罰についての米国の方針」と題されたこの文書は、太平洋地域全域での連合国戦犯訴追方針を提案したもので、国際法廷と連合国各国の管轄下にはいる小法廷の設立にかんする基本原則を論じている。[5] この案は、連合諸国の管轄でおこなわれる裁判がどのような形式をとるべきかなどについてはこまかく規定せず、国際・国内裁判が基本的に「戦争犯罪裁判と処罰に関してヨーロッパで吟味されている、あるいはすでに適用されている手続きと方針を極東に大概適用する」ことのみを提案している。[6] のちに「東京裁判所」として知られるようになった国際裁判所は、米国案によると、極東で複数設立される国際法廷のひとつとみなされていたようだ。けれども周知のとおり、実際には国際法廷ひとつが設立されただけである。また同案によると、複数の国際法廷中ひとつ——これが東京法廷にあたる——は、「平和に対する罪」をおもにおかした戦争犯罪人の訴追をすすめると指定していた。[7] これは、ルーズヴェルト政権以来の基本方針が極東でも継続しており、侵略戦争の犯罪性を確立することが、アメリカの対日戦犯裁判の目標に据えおかれつづけたことを示している。つまり、不戦条約に違反して侵略戦争をおこなった者は、国際法にもとづき個人刑事責任を問われるという方針で、これを日独両方の戦争犯罪人訴追についてトルーマン政権が適用したと読みとれる。

ところで、平和に対する罪をおもにおかした戦争犯罪人は、米国案で「「一A」級戦争犯罪人」ないし、「A級戦争犯罪人」などと称されている。これはなぜかというと、米国案の第一段落「A」セクションに平和に対する罪の定義が示してあるからだ。[8] いわゆる「A級戦犯」という言いまわしはここに起源をもつ。つまり、この名称でよばれた者たちは、「主要な容疑が侵略戦争にかんする罪である」と米国当局から認知されたということになる（ニュルンベルク裁判の設立計画では、被告を主要な罪状ごとに分別するという提案はなかったため、このような用語は発達せず、ヨーロッパの戦犯裁判では

「A級戦犯」ということばはなんの意味ももたない)。

「A級戦犯」という用語は、当時の裁判関係者だけでなく日本の一般庶民のあいだでもひろまったが、この言いまわしがいったいなにを意味したのか、当時の日本人はじゅうぶん理解していなかったかもしれない。このことを示す事例として、被告の一人だった佐藤賢了にまつわる逸話がある。児島襄の著書によると、佐藤はA級戦犯容疑者となったことについて、「私は、A級に指名されて非常に名誉に思うとった。私ごとき者がA級とは望外の喜びで、昇進したような気持だった」と語ったという(9)。第二次大戦中、佐藤は閣僚になったこともなく、陸軍省でも軍務局長になったほかは高い地位をしめたことがなかった。いっしょに起訴された主要な被告にくらべると、あまり際立ったキャリアをもってないことを自覚し、佐藤は自分が身分不相応にも「A級」に指名されたと考えたようだ。このエピソードに、佐藤が「A級」ということばをなにか階級性をあらわす用語とまちがって理解していたことがうかがわれる。補足事項として、極東での裁判関係者は主要な犯罪が「平和に対する罪」ではない人物を、一般に「BC級戦争犯罪人」とよぶようになった。理由はかんたんで、米国政府案の第一段落「B」・「C」セクションに、それぞれ戦争犯罪と平和に対する罪の定義が示してあったからだ。ただ、これとちがった説明も各種概説書にあり、「B」・「C」は階級のちがいを示す記号であって、それぞれ上官と従属兵を指すとされている。この見方のほうがむしろ一般化しているかもしれない(10)。

米国案の分析にもどろう。先にのべたように、この文書はすでにニュルンベルクで適用されていた方針を極東でも利用することを提言しており、適用法や裁判手続きについてはとくにあたらしい政策をうちださなかった。けれども、国際法廷の設立過程にかんする具体的な段取りをかなりくわしく指定している。それによると、戦犯調査・訴追を遂行する特別機関の設置、国際判事の任命、ニュルンベルク裁判の先例にしたがった適用法と裁判手続きの制定など、一連の裁判準備の任務は、日本占領軍の最高指揮官であるマッカーサー元帥に一任することを提言していた(11)。

マッカーサーの統帥権を利用するという提案の背景には、東京裁判の準備を迅速にすすめようという三省調整委員会の意図があり、さらにその背景には、ロンドン会議におけるジャクソン判事のにがい体験と教訓があった。本章のはじめにのべたように、ジャクソンは裁判所憲章作成のために同年六月から八月にかけて四カ国協議にはいったが、各国代表、とくにソ連代表と対立し、多国間で統一議定書を作成することのむずかしさを身をもって知った。一時は国際裁判をあきらめて米国だけの裁判を開くか、それともソ連をぬきにしてイギリス、フランス、アメリカ三カ国だけの法廷を設立するほうが賢明だとし、そういう提案をトルーマン大統領に進言してみるほどだった。けれどもトルーマンが米国の基本方針を四カ国共同法廷としていたため支持を得られず、けっきょくソ連代表との協力を余儀なくさせられたのだった(12)。

極東戦犯処罰方針に着手するにあたって、三省調整委員会はジャクソンの体験をふまえ、第二の国際法廷設置には多国間協議を必要としない手順をととのえるべきだと考えた。なかでも三省調整委員会のメンバーで陸軍次官補のジョン・J・マックロイは、国際法廷の迅速な設立を重視し、ほか二省とこの点について統一見解に到達する努力をはらった。このことは、つぎのエピソードからもあきらかになる。

一九四五年九月、極東裁判について国務省の高官たちがあらたな多国間協議の開催を推奨していることを陸軍省は知った。マックロイはこれを不策と考え、当時国務次官だったディーン・アチソンに連絡をとり、説得をはかった。マックロイによると、陸・海軍両省は、マッカーサーに裁判準備をすべてまかせる方針を全面的に支持しており、そうすれば「ジャクソンがドイツで遭遇した多くの遅れやいらだちを免れることができる」と考えている、とのことだった(13)。

同時期に、ジャクソン判事からもアチソンに対しておなじような助言が伝えられた。アチソンから問いあわせをうけた判事は、「他国と協力しながら原則・手続き・定義について合意にいたるのは非常に困難を極めるとか多大な時間を要するとかいうわけではないが……マッカーサー元帥に先にのべた処置をとってもらうのよりは、はるかに長い時間がかかるだろう」と答えた。つまりジャクソンは、多国間協議をするな、とはかならずしもいわないが、マッカーサーの統帥権を利用すれば準備を迅速にすすめられるだろうとし、遠回りに陸・海軍省の提案を支持したのだった(14)。さらにジャクソンは、「裁判への準備や立証をひとつのまとまった指示にしたがって遂行する統一検察局」を設立するのも望ましい、とも提言し、ドイツで目下適用されつつある並立型の連合国参加方式よりも、統一・階層型の参加方式をすすめた(15)。ここにも、ロンドン会議でのむずかしさがジャクソンの国際裁判に対する姿勢に影響していることが読みとれよう。最終的には、三省調整委員会は判事の助言を尊重したプランをまとめ、マ元帥を利用して極東裁判にさらに統合性をもたせる提案におちついたのだった。

ただし米国政府案は、マッカーサーに裁判準備の権限を無制限に認めたわけでもない。たしかに準備全般を元帥にまかせるとはしたものの、A級戦犯を裁く特別国際法廷――つまりのちの東京法廷

——については元帥の完全な自由裁量を認めていない。むしろ政府案は、マッカーサーがまずワシントンからの指示を仰がなくてはならず、それなしでは東京法廷の設立に着手してはいけないという制約を明記していた。この制約は、元帥に対する「指令」というかたちで政府案にふくまれている。引用すると、「[米国]統合参謀本部からさらなる委託があるまでは、最高司令官は第一段落Aセクションにのべられた種の犯罪[平和に対する罪]の容疑者を裁くための国際法廷を設立しないこと」[16]とのことだった。この指令に反映される米国政府の意図は、ロンドン会議のような多国間協議はおこなわないものの、外交ルートをつうじて米国案を連合国各国と直接協議し、個々の国々から国際法廷設立の承諾を得ていこうというものとみられる。この方針はニュルンベルク法廷の設立経緯とはやや手順がちがうものの、侵略戦争の犯罪性をとりあつかう法廷についてまず国際承認をとりつける、という米国政府の基本方針を反映している。トルーマン政権が多国間協調主義を重視したことは、つぎのエピソードからもあきらかになる。

マッカーサーは、右の指令をふくめた政府案を一九四五年九月下旬にうけていたが、この内容をこころよく思わなかった。というのは、連合国最高司令官として日本の民主化と非軍事化を推しすすめるなか、主要戦犯裁判の訴追をいち早くはじめたかったからだ。そのため、政府案の指令をそのまま受け入れるかわりに、反対の意思をすぐに表明した。元帥によると、国際法廷の設立をめざそうとすれば、太平洋地域でもっとも重要な戦犯裁判の開催がいちじるしくおくれてしまい、その歴史教育の機能が失われるおそれがあるという。東条英機をふくむいわゆる「パールハーバー内閣」の閣僚らの裁判がこれに該当し、「このグループ[東条内閣]の即時裁判を逃してしまえば、心理的効果上、おそらくもっとも深刻な誤りのひとつとなるだろう」とワシントンの政府高官に伝えた。[17] つづけてマッカーサーは、政府案そのものを変えろとまでは主張しないものの、代替策を提案している。それは、東条らパールハーバーの襲撃を裁可した一連の日本政府指導者を米国管轄下の法廷ですぐさま裁判にかける、というものだった。元帥によると、東条内閣による犯罪はそもそも「米国のみに対して」だったのだから、「アメリカ人から構成される」軍法会議で裁判することができるというのである。起訴内容は、東条らが「不法にも宣戦布告以前、日本軍の一部に交戦国としての権利を発動することを許可し、アメリカに対してそれ［軍事力］を動員、その結果、和平の関係にあった国［つまりアメリカ］の市民を謀殺した」ことを中心にするよう提案した。[18] つまりマッカーサー案は、東条内閣閣僚たちの主要な犯罪行為をA級（平和に対する罪）からB級（戦争犯罪）ないし謀殺の罪に定義しなおし、かれらを東京「A級」国際裁判の容疑者リストからはずそうとしたのだった。そうすれば、国際法廷設立をめざす自国政府の基本方針をいちおうは尊重しながらも、東条らについては、マッカーサーが個人的に影響をおよぼすことのできる米軍法廷ですぐ裁判がはじめられるという計算だった。

この提案は理論的には一応筋がとおっており、政府案と整合性もあった。しかしトルーマン大統領とほかの米政府高官は、マッカーサーからの説得にとりあわなかった。理由は、東条内閣の閣僚をアメリカ人の手で裁く案は、トルーマン政権がすでに決定していた政府の基本方針と合致しないからだった。米国政府の立場は、マックロイが一九四五年一一月一九日付でマッカーサーに宛てた手紙に説明してある。関連部分でマックロイはつぎのようにのべている。

東条の裁判については、元帥の見解をこちらにいるすべての高官に説明した。国務省と大統領は、東条及びその内閣の裁判に他の国々を招待することを望みつづけている。かれらは、アメリカ裁判だとかアメリカに対する犯罪、という設定に転じるまえに、各国に［裁判参加の］少なくとも申し出だけは、必ずしたいとの考えだ。東条らに対して、パールハーバー関係の訴追を実行する有力な論拠があることは、かれらもわかっている。しかし、理不尽な遅滞がないかぎり、ニュルンベルク法廷で適用されているものと同じ基準で東条に対する手続きをとりたいとの希望だ。わたしたちは、ドイツのポーランド攻撃や日本によるパールハーバー・マレー攻撃に結果した共同謀議の類《たぐい》に対して国際責任を問う、という立場を政府の方針としているのだ。(19)

右の記述から、トルーマンが日本の主要戦争犯罪人に対して即決処罰を望んでいなかったことがわかる。マッカーサー自身はむしろそのつもりだったようだが、かれの上官であるトルーマンは、米国政府が目的とするのは、第一に侵略戦争の犯罪性を国際法廷で確立することとみなし、東条たちを米国の司法制度のもとで殺人罪で裁いてしまっては、本来達成しようとしていた法的・歴史的目標が達成できないと考えたのだった。すくなくとも右の説明によると、国際法廷設立が非現実的とでも判明しないかぎり、マッカーサーの提案は採用しないということだった。

さて米国政府は、一九四五年一〇月中旬以降、連合国八カ国に戦犯裁判基本案を送り、参加をつのりはじめた。連絡をうけたのは、オーストラリア、イギリス、カナダ、中国、フランス、オランダ、ニュージーランド、ソ連である（のちに裁判参加国となるインドとフィリピンについては、この時点では招待状を受けとっておらず、数カ月おくれて正式に招待される）。米国案を受けとった連合国諸国は、マッカーサーが危惧したとおり、なかなかすぐに返事をよこさなかった。しかし、一カ月たったころから好意的な返信が届きはじめた。たとえばアメリカの最大同盟国だったイギリスは、米国案を全面的に支持している。ロンドン会議に暗に言及しながら、「英国政府は裁判が迅速に始まることをもっとも重要視し、ニュルンベルク裁判の時のようなだらだらと延長した準備はさけたい」と伝えている。これは、イギリスもあらたな多国間協議を望まない方針だったことを示している。つづけて、「それゆえ英国政府は、手続きや検察局設定に関する諸問題を米国政府に委託する準備がある」と伝え、マッカーサーに設立準備を一任することに賛意をあらわした[20]。

ロンドン会議に参加したほかの二カ国、フランスとソ連も、基本的に米国政府案に賛成の立場をとった。ただ、自国の推薦する判事と検察官が米国主導型の法廷で従属的な立場におかれることを懸念し、おもにこの問題について米国側の立場をよりあきらかにするよう求めた。とくにソ連政府は米国案をすぐには受け入れず、数カ月にわたって諸事項のもっと詳細な説明を求めつづけた。その結果、ソ連代表の判事と検察官の来日はおくれ、開廷直前になってようやく到着したのだった。とはいえ、米ソ交渉の延滞を政策上の根本的な対立とみる必要はかならずしもない。ソ連政府はマッカーサーが国際法廷を設立すること自体には反対しておらず、ソ連代表が米国と同等の参加権限を保証されれば、米国案を支持する用意があった[21]。

ロンドン会議に参加していない国々についても、米国案は大きな反対にあうことはなかった。一例として、オーストラリア政府は米国案をうけるとすぐ九名の法曹家を自国代表判事の候補者としてリストアップし、アメリカの提言した国際法廷に参加する準備をはじめた[22]。ただし、オーストラリアはどちらかというと「主要戦争犯罪を多国間で処理する」ことを優先するほか、米国政府案に即刻賛意を示すような行動を外交上避けたいことから、公式な推薦はひと月ほど延期した[23]。もしオーストラリアがロンドン会議を体験していたならば、これとはちがった行動をとったかもしれない。ともあれ、けっきょくいち早く代表判事を決定して東京に送りこんだのはオーストラリアとその近隣国ニュージーランドだった。ここに、オセアニア諸国がアメリカ主導型であれ、史上第二の国際裁判に積極的に参加することを望んだようすがうかがわれる。

一九四六年の一月下旬までには、米国から連絡をもらっていた八カ国すべてが、推薦する判事の名前を提出した。これをうけてはじめて、マッカーサーは政府案に指示されていた特別「A級」国際法廷の設立に踏みきることができ、同年一月一九日に極東国際軍事裁判所の設立を宣言、その一カ月後には、米国代表をふくむ合計九名の各国判事を正式に任命した。このとき判事のほとんどはまだ来日していなかったが、オーストラリア代表のウェッブとニュージーランド代表E・H・ノースクロフト（ニュージーランド最高法院判事）はすでに到着していた[24]。

こうして、各国の賛意をとりつけて東京法廷設立を実現したあと、米国政府はあらためて自国案を極東委員会に提出し、そこでの協議と承認をもとめた。極東委員会とは連合国代表から成り立った国際組織で、占領下日本にかんする政策決定をくだす権限をもつ最高機関だった。極東委員会が承認した政策はたいてい米国政府から発せられており、米国など数カ国に拒否権があったことから、この国際委員会を形ばかりの国際機関とする見方もあるが、形式上とはいえ、極東委員会の承認は東京法廷が国際合意にもとづく法廷である点を確認する意味で重要だった。それまで米国政府は、外交ルートで各国の賛意を得ていただけであって、国際組織による公式な裁可というものはまだなかった。アメリカが極東委員会に承認をもとめたのはイギリスからの助言も一部あったようだ。数カ月まえに米国案に賛意を示したとき、英国政府は注記事項として、「[米国の]統合参謀本部が裁判の計画を調整する適切な機関かどうか」疑問であり「何らかの他の機関がこの任務を負った方が良いのではないかと考える」と伝えていたのだ。(25) つまり、東京裁判が国際法廷としての体裁をもつためには国際機関がマ元帥に指令を出すべきであって、米国政府ではおかしいのではないか、というのだった。

極東委員会は一九四六年四月三日に会議を開き、米国案を討議した結果、一一、三の修正事項以外は全面的にこれを支持し承認した。(26) 修正事項のひとつには、裁判参加国として、外交交渉中に追加候補にあがってきていたインドとフィリピンも認めることがふくまれた。この決議がなされた三週間あと、米国政府は、極東委員会の承認した対日戦犯裁判方針をあらためてマッカーサーに通達した。こうして極東戦犯裁判にかんする政策の最終決定権は、米国政府から極東委員会に正式に移ったのだった。(27)

マッカーサーの不満

右のような段取りが国家間でとられているあいだ、占領下の日本では、マッカーサーが政府案の手順にしたがって裁判所憲章の準備をすすめ、裁判所の設立とともにそれを公表した。この文書は裁判の基本原則と手続きを示したもので、内容はニュルンベルク裁判所憲章と一致するところが多い。とくに裁判所の管轄、個人刑事責任についての法理、被告の権利、証拠にかんする規則、裁判手続きの規則について、ほぼおなじ内容だった。[28]

他方、判事と検察局の構成にかんする規定については目立った相違点がある。とくに顕著なのは、裁判所の設立についてのさまざまな権限がマッカーサーに集中している点だ。ここには、極東での国際法廷にニュルンベルクより統合性をもたせようという、米国の基本方針が反映されている。具体的には、１各国の推薦した候補者から判事を選択・任命する権限、２首席判事を任命する権限、３首席検事を任命する権限、そして、４判決と量刑を審査し、刑を承認あるいは軽減する権限、これらすべてをマッカーサーに認める条項をふくんでいた。[29] これらの規定をもとに、マッカーサーはオーストラリア代表のウェッブとアメリカ代表のキーナンを首席判事と検事として任命した。そのほかの各国を代表する検察官については、裁判所憲章によると「参与検察官」の立場に甘んじなければならないことになっていて、要するにかれらは首席検事を補佐する地位におかれたのだった。

これに対してニュルンベルク裁判所憲章では、極東でマッカーサーに集中する任務が参加国のあいだに分散・並立していた。たとえば、各参加国は判事一人と代替判事一人ずつを推薦できるだけでなく、任命する権利を保持していた。その結果、四カ国代表の判事たちは自国政府に対してそれぞれ責任を負ったのであって、連合国最高司令官という占領軍の一将官に対してではなかった。同様にして、参加国はそれぞれ一人ずつ首席検事を指名する権限をもち、その結果ニュルンベルク法廷では、四つの独立した各国検察局をひきいる四人の首席検事が生まれた。これは、東京法廷で統一検察局を構成することが主眼とされ、首席検事が一人に限られたことと対照的である。さらに首席判事をどのように決定するかについては、判事たちが自分たちのあいだで協議し決めることになっていた。ここには連合国最高司令官が介入することは許されていなかった。刑の承認・軽減の権利についても、それは占領下ドイツに四カ国が設立していた対独連合国管理理事会にあって、やはり四カ国での並立・協力型が保たれていた。

このように、ニュルンベルク裁判所憲章と比較してみると、東京裁判所憲章がマッカーサーに多大な権限を託したことがわかる。けれども実質的には、その権限のほとんどは名目上のものだった。たとえば憲章によると、マッカーサーはだれを判事に任命するか、また何人任命するかを決定する権限を託されていたが、実際、一将官が——それがたとえマッカーサーといえども——各国政府の指名した判事を拒否する選択肢をもっていたかどうかは議論の余地がある。じじつ、マッカーサーは指名された各国判事すべてをそのまま承認したにすぎず、だれも拒否していない(30)。同様に、キーナンが首席検事になった理由は、トルーマンが大統領令を発してキーナンを任命していたからであって、マッカーサーが自発的に指名したわけではない。他方、ウェッブが首席判事に任命された経緯はいまひとつはっきりしないが、太平洋戦争中、オーストラリア政府とマッカーサーが親密な軍事協力関係を築いていたことが一因だったかもしれない。しかし仮りにそうだとしても、ウェッブはその資質からいって、マッカーサーのイエスマンと呼ぶにはほど遠い人物だった。後述するように、むしろウェッブは司法の独立を守ることにつよい信念をもち、元帥が裁判所の決定に介入しようとするならば、それを阻止するための確固たる立場をとる準備があった(31)。

刑を承認・軽減する権限についても、マッカーサーの権力は無制限ではなかった。当初の米国政府案では、マッカーサーだけに決定権を認める内容になっていたが、極東委員会が米国案を審議したときに改訂がくわえられ、「対日理事会とその他日本に代表を駐在させる列強並びに極東委員会のメンバー」と協議することがマッカーサーに義務づけられることになった。対日理事会とは、占領下のドイツに設立された連合国管理理事会の極東版である。東京に本部をもち、英連邦、中華民国、ソ連、アメリカ合衆国の代表からなっていた。マッカーサーはこの機構が占領軍の活動にふかく介入することを嫌ったため、実質的な政策決定権をもたせないようにしたが、東京裁判の判決について、すくなくとも形式上は対日理事会との協議を義務づけられたのだった。

このように、マッカーサーは実質的というよりも名目上の東京法廷監督者にすぎず、元帥自身このことを自覚し、不満に思っていたようだ。すでに、東条一派を自分の管轄下の軍法会議で即刻裁判にかけたいと望みながらも、それを本国政府から否定された経緯がある。いちおう自国政府の支持どおりに特別法廷を設立する任務をはたしたものの、その後マッカーサーは現地においてなんらかの影響力をもてるよう、裁判所そのものに働きかけはじめたのだった。

そうした努力のひとつは一九四六年二月下旬にみられた。ある日、来日したばかりのウェッブとノースクロフト判事は、マ元帥が東京裁判の開廷時に「何らかの開廷演説」をしようと考えている、という情報を得た。そのような演説は本来の裁判手続きでは求められておらず、ここに、開廷を機会に自分の権威を日本人の眼前で誇示しようというマッカーサーの意図が見え隠れしていた。すくなくともウェッブとノースクロフトはそのように理解し、これを問題視した。ノースクロフトいわく、「元帥自身がなんと言おうが、こうした状況下で彼が列席すれば、彼があたかも法廷の支配者であって、法廷が彼の言いつけに従っているかの印象を——とくに無学の東洋人に——あたえかねない[32]」。両判事の懸念はすぐに元帥につたえられ、再考を余儀なくさせた。けっきょく「開廷演説」案は立ち消えになり、法廷で演説はおこなわれなかった。

けれどもその数週間後、判事たちは不可解な提案があらたにマッカーサーからあがっていることを知った。ある情報によると――これはキーナン検事から伝わった情報である――「時々機会があれば、憲章の解釈について裁判所に指示を与える」意向をマッカーサーがもっているということだった。なぜなら、そもそも自分が「憲章をもたらしたのであって、その解釈をする資格がある」のであって、判事に対して法解釈のガイドラインを自分が定めるのは当然の権利、と考えたらしい。このようなマッカーサーの姿勢に、判事はみなすぐに大反対した。この時点ではオーストラリアとニュージーランド代表判事のほか、カナダ、オランダ、アメリカ代表の判事も来日していた。かれら五人は「この件にかんして、マッカーサー元帥となんらの提携をくむのは絶対拒否するべきだし、憲章は他の文書あるいは議会の決議と同様、文言そのものを解釈しなくてはならない」という意見で一致した。そして「裁判所は正義の原則によって律されなくてはならず、軍の干渉を何ら認めてはならない」、つまり法の独立をあくまで守るべきだと判事たちは合意・結束した。(33)

右の意見を全判事と確認したあと、ウェッブはマッカーサーに対してつぎのような意見書を提出した。

日曜日のキーナン氏との会話によると、もし憲章の解釈について「名詞が抜けている」が何か疑問をもった場合、憲章の意味がどうあるべきと貴官自身が意図したか、裁判所に指示を出す意向で裁判所はその解釈に拘束されるそうですが、私はたいへん懸念を抱いています。はっきり申しますが、私をふくむ東京裁判所の構成員は、裁判所以外の者が憲章を解釈する権限をもつという見解には賛成できません。もしキーナン氏が貴官の見解を正しく述べており、貴官がそのように行動をとるつもりならば、これは首席判事としての私の見解と相容れず、私は辞職せざるを得ません。(34)

この意見書でウェッブは、最高司令官が法適用の諸問題に干渉することに判事全員が反対している点をあきらかにし、辞任の可能性をちらつかせながら、占領軍当局と国際法廷とのあいだにはっきりとした境界線があることを認めるよう元帥に求めたのだった。

ウェッブからきびしいことばをうけたマッカーサーは、事態が重大であることを察知したのだろう、すぐ裁判長と協議する機会をもうけた。ウェッブと会見した元帥は、自分はむしろ「裁判所構成員と同様、法廷の独立を守ろうと心を砕いている」とのべ、判事たちがキーナン検事から知ったという情報は自分の立場を正しく反映していないという見解を表明した。ウェッブをともなって会見にのぞんだノースクロフトは、「どうやら元帥の見解と意図について誤解があったようです。当初の立場がなんであったにしろ、ウィリアム卿と私は、もう元帥からの干渉を恐れなくてよいと納得して去っていきました」と、のちに本国政府へ報告している。(35)

この対面のあと、マッカーサーは裁判所に対して表立って口出ししなくなった。開廷後は審理を早めるよう検察官や判事にせかすことはあったが、たいていの場合は元帥の思いどおりに裁判はすすまなかった。最終的に東京裁判は、マッカーサー個人の影響力がほとんどおよばないという、占領下日本でもめずらしい一事件となったのだった。

怠慢なアメリカ

以上、東京法廷を設立する過程でニュルンベルクの教訓がどう活かされたのかを追ってみた。あきらかになったのは、1極東でも「侵略戦争の罪」の訴追が基本方針となりつづけたこと、2マッカーサーの権限を利用した統一・階層型の裁判準備がすすめられたこと、3連合国各国がこれらの方針に賛同したこと、4これらの目標がほぼ実現したことだった。

ただ、裁判の準備をすすめていくなかで、米国が当初いだいていた方針のうち達成にいたらなかった点がひとつだけある。それは、「統一された検察局を設立する」という目標だった。これはジャクソン判事が早くから三省調整委員会にすすめていた構想であって、前述のとおり、東京裁判所憲章にもこの方針が具体的に組みこまれていた。そして実際、アメリカ代表を中心とした統一機関が形成されはした。しかし問題は、首席検事に任命されたキーナン（図8）に指導力がいちじるしく欠けていたことだった。この問題は、開廷以前から国際検察局内で露呈し、はやくから統一チームを設立したことの意義が見失われてしまったのだった。すくなくとも、英連邦代表の検察官たち――オーストラリア、イギリス、カナダ、ニュージーランド代表――は来日してまもないときから、そのように結論せざるをえない一連の事件に直面した。

英連邦代表が日本に到着しはじめたのは一九四六年二月になってからで、アメリカ代表チームが東京で戦犯調査をはじめてから、すでに二カ月たっていた。かれらがまず気づいたのは、日本政府から

図８　首席検察官ジョセフ・B・キーナン．Courtesy National Archives, photo no. 238-FE.

公文書を収集する努力をアメリカ人捜査官たちがじゅうぶん払ってきていない事実だった。そのかわりに、ではなにをやってきたのかというと、戦犯容疑者やそのほかの証人を集中的に尋問することで、このことに多くの貴重な日々を費やしていたのだった。このことをニュージーランド代表のロナルド・ヘンリー・クィリアム准将は、「だらだらと長引き、結果的には非生産的」と批判している(36)（クィリアムは本国では最高裁判所法廷弁護士で、戦時中はニュージーランド軍に所属していた）。かれをふくむ英連邦代表の検察官たちは、当座さしせまった作業は、証拠価値のある文書をできるだけ多く、かつ組織的に探求・調査・確保し、それらと戦犯容疑者の関連性をあきらかにしたうえで訴追内容を決定、そして迅速に裁判開始への準備をすすめることだった。ところがこの基本作業を、キーナン指導下では準備段階の基軸としていなかったのだった。目標をはっきりと見極めず、いつまでも尋問をつづけるアメリカ代表チームを、クィリアムは「機械の奴隷」のようなものだと表現した。(37) この「機械」は、裁判での利用価値の有る無しをじゅうぶんに自覚しないまま大量の情報を生産しつづける機械だった。

開廷前の調査段階に、利用価値の高い証拠文書の確保を怠ったことは、中長期的に検察局の作業に影響をおよぼしたようだ。開廷後まもなく、クィリアムは本国政府への報告書でつぎのように伝えている。

当初から、検察局に組織性および計画性が欠落していたため（この責任はキーナン氏が負わなくてはならないと思いますが）、貴重な証拠は米国に送りかえされ、欠かすことのできない証人も復員・帰国を許されたと私は知りました。これらの証人や証拠をふたたび呼び戻すことに私はたいへんな苦労をしています。……以前私は［アメリカ代表チームによる］尋問過程を批判しましたが、時間が経つにつれて、これがまったく適切な批判だったことがはっきりしてきました。何ヶ月もの時間が尋問に費やされましたが、今となってはそのほとんどが無益だったことがあきらかになっています。

他方、日本側の公文書を調査するというわかりきった作業を当初に怠ったため、多くの困難が生じています。もっとも貴重な証拠がこれらの文書にふくまれているのはあきらかですし、また明白だったように思うのですが、検察局は文書収集の作業を遅れて――しかも［英連邦代表検事から］圧力をかけられてから――やっと取りかかったのでした。証拠文書を調査し翻訳することが遅れたため、非常に多くの混乱や困難が生じたのです。

クィリアムは、アメリカ人調査官のしたことをすべて無益とまではいわず、かれらは実際「たくさんの重要な作業を達成」したとは認めた。けれども、首席検事が裁判準備の基本方針を見極めず、証拠文書の確保に早くからとりくまなかったことを大きな失策とみなした。この点について、「根本的な誤りはキーナン氏を首席検事に任命したことにあり、この誤りに私たちの苦労の多くが起因しています」とまとめている(38)。

キーナンの指導力をめぐる問題は証拠収集に限られなかった。首席検事という重職にあるにもかかわらず、かれは長期にわたって東京を不在にすることがあり、裁判への準備に支障をきたすのだった。はじめにそのような事態になったのは、各国代表の検察官が日本に到着した数週間あとの一九四六年三月中旬だった。キーナンは、中国代表チームの証拠収集を手助けするとの理由で突然中国にわたってしまい、あとに残った参与検察官やアメリカ人スタッフを困惑させた(39)。とくに当時、起訴状の作成や書証・証人準備の具体的段取りなどについて協議中で、最終的な政策決定の権限をもつ首席検事がいなくなってしまったため、参与検察官は思いどおりに作業をすすめることができなかった。

東京裁判での審理がはじまってからすぐにも、またおなじようなことがあった。同年六月四日に冒頭陳述をおえた数日あと、キーナンは突如消え失せてしまった。その行方を知っているのは一、二人程度のかぎられたアメリカ代表検事補たちだけだった。各国代表検事のほうは、「いつものように」新聞の報道からキーナンの居場所をはじめて知ったという。報道によると、首席検事は追加証拠文書の収集と東京裁判にかんする実務処理のためワシントンへ行ったとのことだった。けれどもワシントンに裁判関係の急務があるとは初耳で、参与検察官はその内容が何なのか見当がつかなかった[40]。この当時、キーナン失踪の折には、各国代表検事とアメリカ人スタッフのあいだにはすでに作業の分担ができていたので、法廷での立証努力そのものに直接大きな影響はおよぼさなかった。しかし、キーナンは不在でありながらも参与検察官たちを悩ませつづけた。というのは、しばしばかれは参与検察官との協議なしで、報道陣に確定していない事項を決定方針として公表したり、国際検察局の内部情報をリークしたりすることがあったからだ。キーナンは米国に帰ってからもこのような行動をとったため、東京で補佐をつとめるアメリカ人弁護士たちは英連邦代表検事たちと協議した結果、かれの退陣を求めることに決めた。というのは、自分たちは「キーナン氏よりも［東京法廷での］裁判に対してより大きな忠義を負っている」のであって、裁判での任務を達成するためにはキーナンを指導者として仰ぎつづけるのは賢明ではないと判断したからだった[41]。

ひきつづきアメリカ人補佐官たちは本国政府とマッカーサーにそれぞれ働きかけ、キーナンの辞任をすすめる旨を陳情した。けれども、なぜか政府も占領軍当局もこれを支持せず、かれらはかえって米国当局から孤立してしまったようである。具体策を講じることができないうちにキーナンは東京にもどり、けっきょくアメリカ代表検事補たちは現状維持の姿勢にもどってしまった。一連の事件を追っていたクィリアムは、「アメリカ人スタッフが、キーナンの復帰をほとんど悲劇だと受けとったのはあきらか」と本国政府に報告している[42]。

ところでキーナン辞任騒動のあいだ、英連邦代表はある懸念すべき事実を知った。それは、キーナンが数年にわたってアルコール中毒に悩まされているという事実だった。アメリカ人検事補たちの説明によると、キーナンは東京への任務が決定する一年ぐらいまえから飲酒をやめていたらしいのだが、「去年の一二月中旬、東京に到着した二、三日あとから過剰に飲酒していた」とのことだった。各国検察官は以前から疑念をいだいていたものの、それまで真実がはっきりとわかっていなかった。たまたまキーナンの補佐官たちが、「もし彼が酒から完全に手を引くと誓約するのだったら」国際検察局に残ることを認めないか、と提案したため、このような情報を手にいれたのだった。[43] キーナンがもどってきたとき、はたしてそのような誓約を部下にもとめられたかどうかははっきりしない。

法廷で、最終段階である戦争犯罪の立証がはじまった一九四六年一二月、キーナンはふたたび米国に帰り、今度は七カ月ものあいだ東京にもどってこなかった。しかしこの長期不在中、検察官たちはあらためてキーナン辞任計画をむしかえそうとはしなかった。そのかわり、キーナンなしで効率よく作業をすすめられる共同体制を相互に確立し、首席検事の不在を自分たちの強みにしていった。また、首席検事の代理をつとめはじめたアメリカ人検事補のフランク・S・タヴェナー（図9）が有能な人物であることがわかり、それを喜ぶようになった。クィリアムは、この発見を好意的に本国政府へ報告している。たとえば一九四七年三月付の手紙によると、「タヴェナー氏は指導者として一流の頭角を現しはじめ、スタッフ全員の忠誠を勝ちとっています」と伝え、検察局の作業が急速に向上していることを知らせた。[44] 二カ月あと、クィリアムは本国宛の手紙であらためてタヴェナーを高く評価し、「タヴェナー氏はたいへん機転のきく能力ある指導者で、全員の忠実な協力を得ています」と伝えた。あたらしい指導者のもと、検察局内部では「頻繁に協議があり、真のチーム精神が培われた」とも報告している。(45) こうしてジャクソン判事がかつて提言していた「統一・階層型の国際検察局」のよさを、各国検察官たちは裁判が一年近く経過してからやっと体験できたのだった。ただ皮肉なことに、この体験は首席検事の代理であるタヴェナーの指導下ではじめて実現したのであって、本来の首席検事キーナンがいるあいだではなかった。

やがてキーナンが東京にもどってくると、検察局内での作業にふたたび緊張と困難が生まれた。長い不在で権威が弱まってしまったためか、キーナンは法廷内外の作業に積極的にかかわろうとし、ときには参与検察官を妨害するような行動までとりはじめた。かれはまた、英連邦代表が指導的立場にあることに不安をおぼえたようで（開廷以前はかれらを重用していたのだが）、なかでも国際検察局のブレーンとなっていた英代表コミンズ＝カー（図10）に警戒心をいだいた。キーナンの言動を観察するクィリアムは、これを「悲劇的」と評している。というのは、じつはコミンズ＝カーは、検察局内で孤立化しつつあったキーナンをいまだに指揮者として支持しつづけた数少ない忠実な参与検察官の一人だったからだ。「実のところ、私のカーへの批判のひとつは、彼がたいへん有能な弁護士であろうにもかかわらず、キーナンに対してもっと強い態度をいまだとっていないことです」とクィリアムはのべている。(46) けれどもキーナンは英代表の配慮に気づかず、むしろ必要とあれば、かれをさしおいてでも自分の権威を回復するつもりだった。

首席検事のそのような姿勢は、コミンズ＝カーが法廷で木戸幸一（図11）を尋問しようとしたときに露呈した。木戸は戦時中天皇の主要輔弼者をつとめた人物で、もっとも重要な被告の一人だった。かれの尋問はもともとコミンズ＝カーが担当することになっていたが、当日キーナンは、突然この尋

図9　首席検察官代理フランク・S・タヴェナー．法廷の検察局デスクにて．Courtesy National Archives, photo no. 238-FE.

図10　イギリス代表検事アーサー・コミンズ゠カー．法廷の演壇にて．Courtesy National Archives, photo no. 238-FE.

図11　木戸幸一．証人席にて．1947年10月14日．Courtesy National Archives, photo no. 238-FE.

問を自分がおこなうつもりであることを法廷に知らしめた。裁判所はこれ以前、一人の被告に対して検察官一人までしか尋問できないという規則を定めていたので、キーナンの決断の結果、コミンズ＝カーは木戸の尋問ができなくなってしまった。検察局のスタッフは、コミンズ＝カーが長いあいだ「木戸の特別研究」をしてきたことを知っており、また、「彼が木戸を反対尋問することが少なくとも一二カ月前から決まっていた」と理解していたので、予期せぬ事態に当惑したことだろう[47]。他方キーナンは東京に長く不在だったこともあり、審理の詳細をじゅうぶん把握していなかったほか、木戸についての「特別研究」などという準備はなかった。最終的には、頭脳明晰な木戸をまえに効果的な尋問をおこなえないという失態を演じたのだった。

同様の過ちは東条英機（図12）の法廷尋問のさいにもくりかえされた。時は一九四七年一二月、木戸尋問がおわってから約二カ月たったあとで、裁判も大詰めにはいったところだった。以前の過ちを教訓にしたキーナンは、こんどは事前に弁護側に働きかけて、「被告一人対検察官一人」という法廷規則を東条被告にかんしては例外的に適用しないという合意をとりつけていた。そうすれば、東条問題にくわしいアメリカ人調査官のジョン・フィーリーと自分の合計二人で共同尋問にのぞむことができる、と計算したのだ。

しかし、いざ法廷尋問の日がくると、前もって内々に弁護団と了解していた特別措置を裁判所自体が許可しなかった。ウェッブ裁判長は例外を認めてもよいという立場だったが、ほかの判事はそれを認めなかったのだ[48]。そのため、検察側は東条尋問の担当者がだれになるか即決しなくてはならず、キーナンはけっきょく自分自身を選んだ。これが賢明な判断ではなかったことはだれの眼にもあきらか

図12　東条英機．証人席にて．1948年1月7日．Courtesy National Archives, photo no. 238-FE.

だった。キーナン自身、かつての「老練な師匠」（フィーリーのこと）の助力が必要だからと嘆願して、いったん米国に帰っていたフィーリーをわざわざ呼びもどしていた経緯がある(49)。ところが、一人しか東条を尋問できないとわかるやいなや、フィーリーの尋問する権利を無効にしてしまったのだった。この決断の結果、フィーリーを東京に呼びもどしたことも、そのあと数カ月にわたってフィーリーが尋問の準備をしたことも無意味になってしまった。この皮肉な事態に直面したフィーリーは、「それ以来法廷に現れなかった」とクィリアムは伝えている。なお、東条被告の弁護を担当した日本人弁護人の一人、塩原時三郎は、当時の様子をすこしちがったふうに記憶している。一九六一年に法務省捜査官に語った回想によると、フィーリーは「キーナンの馬鹿野郎と云って怒って帰米してしまった」という。[50] 塩原が実際このような発言を耳にしたかどうかは確かでないが、この回想にフィーリーの正直な気持ちが的確にとらえられているとみなしても、あながちまちがいではないだろう。

キーナンによる東条尋問は、検察側の訴追努力のなかでも関係者を失望させた。たとえば共同通信記者のフランク・L・ホワイトは、この事件を「アメリカ人納税者に最も高くついた宣伝活動上の失策」と評している。[51] また、ニュージーランド代表判事の補佐をしていたハロルド・エヴァンズは、それほどセンセーショナルな批評はしないまでも、やはり似たような結論にいたっている。かれが本国政府に伝えたところにでは、この法廷尋問のまえ、国際検察局は東条被告にかんする膨大な証拠文書を提出してきたが、キーナンはそれらをつかって「意図的かつ持続性のある尋問」をおこなうことができなかったという。のみならず効果的な尋問ができないと気づいたキーナンは、この問題を克服するため被告と「論争」をはじめてしまった。「結果は、東条がより上手に切り抜けました」とエヴァンズはのべ、尋問の様子をつぎのように報告している。

キーナンは漠然と質問をするのですが、これは意図的に漠然としているのです。どうしてかというと、かれは事実関係をよく知らないからです。そうすると、東条が「つまりあなたは何々のことを言っているのですか」と尋ねる。キーナンは通常「そうです」とこたえるので、そこで東条は答えをのべる。このようなやりとりがあったことから、これをひとびとは「東条によるキーナン尋問」と語るようになったのです。[52]

東条の証言はかならずしも検察側の証拠をくつがえす内容ではなく、むしろ自分の刑事責任を確立するような証言もしている（これはとくに「通例の戦争犯罪」にいえることで、後章であらためて論じる）。しかし、東京裁判の教育的意義という見地からは、この法廷尋問は検察局にとってあきらかな失態だった。終戦直後、東条は自殺に失敗し、国民から敗戦の屈辱を象徴する人物のようにみられてきていた。しかし、キーナンによる法廷尋問で「日本無罪を弁明する愛国者」として自分をあらためて国民にアピールする機会を得、それに成功したのだった。キーナンと東条の法廷対決は、いまでも東京裁判にかんする本や映画などで語りつがれるエピソードのひとつになっている。(53)

ただ、法廷でのキーナンの一見理不尽な行動は、たんに自分の権威を回復したいという利己的な理由から起きたわけでもない。どうやらかれは、マッカーサー元帥や米国政府が裕仁天皇の訴追を望まないと早々に理解し、天皇有罪を証拠づけるような証言が主要証人から発せられることがないよう配慮したのだ（天皇の起訴をめぐる連合国の政策については次章で論じる）。木戸と東条は戦時中天皇に近かった重要人物で、天皇の責任問題の論議に歯止めをかけるとしたら、とくにこの二人について注意ぶかい尋問が必要だった。キーナンはこの任務にみずから当たろうとしたのだった。しかし、この二人の尋問でキーナンはかえって天皇有責の可能性を判事たちにアピールしてしまったのである。

キーナンの失態は、木戸尋問のときにとくに目立った。法廷においてキーナンはパールハーバー攻撃の決断をめぐる天皇の権限に拘泥し、あまりに執拗に質問をつづけるので、ウェッブ裁判長が「首席検事殿、私たちは天皇を裁判にかけているのでないのです」とわざわざ忠告しなければならないほどだった。(54)このことについてクィリアムは、「こういった場合、天皇についてのすべての言及を避けるあらゆる努力をキーナンがはかるだろうと普通予測するところですが、木戸を反対尋問するに当たり、かれは天皇の無罪を立証しようとしたのです。これは完全な失敗におわり、天皇の立場に注意を引くことで害をおよぼしたと思われます」と本国政府に報告している。(55)

このように、さまざまな問題をかかえた人物が東京裁判の首席検事をつとめたわけだが、ここでひとつ疑問が浮かびあがる。トルーマンは、そもそもなぜこの人物を米国代表として東京に送りこんだのか。アルコール中毒など私生活面での問題は、トルーマンも知らなかったかもしれない。けれども、すくなくとも履歴のうえでキーナンがニュルンベルクの米国代表のジャクソン判事に劣ることくらいは承知していたと推測される。先にのべたように、キーナンは司法省刑事部局長と司法長官の補佐をつとめてきたが、これは連邦政府内では二級か三級職である。これに対してジャクソン判事は合衆国最高裁判所の判事だったほか、ルーズヴェルト政権下では司法長官をつとめており、米国法曹界ではエリート中のエリートだった。しかもジャクソンはアメリカ史上でも希有な法律家の一人にかぞえられ、かれのすぐれた資質と知性はいまでも米国社会で語りつがれている。肩書きだけでは、もちろん本来の才能や力量をじゅうぶん測定することはできないが、資格のうえではジャクソンをはるかに下回る二流弁護士を選んだところに、東京裁判に対するトルーマンのある種の無関心さを読みとれないだろうか。もし、東京裁判がニュルンベルク裁判同様に重要な事件だったならば、トルーマンはそれが成功するようジャクソンに匹敵する優れた人材――すくなくとも履歴のうえで匹敵する人材――をまちがいなく指名していただろう。

判事の選択に目を向けてみても、類似した状況がみられる。当初に米代表としてトルーマンが指名したのはジョン・P・ヒギンズという法律家で、マサチューセッツ州最高裁判所の裁判長だった。これに対してニュルンベルク法廷にトルーマンが任命した判事は、ルーズヴェルト政権下でやはり司法長官をつとめたことのあるフランシス・ビドルと、連邦第四区域の上告裁判所の裁判官であるジョン・J・パーカー（ビドルの代替判事）だった。[56]ここで、州裁判所の判事（ヒギンズ）と司法長官（ビドル）・連邦裁判所判事（パーカー）とのあいだに資格上差があるのはあきらかだ。もちろん、ヒギンズが判事として有能だった可能性がないわけでもない。しかし、その判事ぶりをじゅうぶん発揮するまえに東京裁判所から辞任してしまったため、かれの資質がどういうものだったのか知ることはできない。当時の報道によると、法廷で二カ月つとめたあとヒギンズは東京裁判に関心がなくなり、マサチューセッツに帰りたくなったから辞任したということだ。[57]真実がなんであれ、もし米国政府がニュルンベルク同様に東京裁判を重要視していたら、このようなかたちの辞任は許されなかったのではないだろうか。トルーマンが、じじつ東京裁判に対して「ある種の無関心さ」をもっていたかどうかについてここでは判事や検察官の人選を中心に考えてみたが、今後さらに実証的な研究が望まれよう。

ヒギンズが突然辞退してしまったため、米国政府はすぐに代替策としてマイロン・クレーマーを任命した。クレーマーの参加は、裁判所憲章に判事交代についての規定がなにもなかったことから当時多くの批判があがったが、他方、これはアメリカが東京裁判にまだコミットしていることを公的にアピールする意味で重要な措置だったともいえよう。

このように米国政府のある種の無関心さが人選に見え隠れする一方、ほかの参加国、とくにオーストラリアの人選は、資質の高さの点で注目される。先にのべたように、代表判事のウェッブは、戦犯問題について幅ひろい知識と見識を実地調査をつうじて身につけてきた、当時は数すくない法曹家だった。検察官のマンスフィールドにもおなじことがいえる。かれはクイーンズランド州最高裁判所の裁判官の一人だったほか、ウェッブ第三次委員会でウェッブの右腕として活躍した人物だ。委員会につとめるあいだ、マンスフィールドはかつての戦線や日本軍に占領されていた太平洋各地をみずから訪れ、多くの被害者や戦争犯罪の目撃者から事情聴取した。こうした実地調査をつうじて、マンスフィールドは日本の戦争犯罪の実態をひろく知るようになっていた。[58] かれはまた連合国戦争犯罪委員会にも派遣され、オーストラリア代表次官をつとめた経験もある。連合国戦争犯罪委員会とは、ロンドンに設置された国際機関で、設立された一九四三年から解散する一九四八年まで、日独両方の戦争犯罪人にかんする捜査・逮捕・裁判の協力体制を国際的に促進する機能をはたした機構だ。マンスフィールドの任期は約一カ月と短かったが、裕仁天皇の戦犯処理にかんする政府案を提出するなど重要な任務をはたした（第二章参照）。また、ヨーロッパのひとびとに太平洋戦線での戦争犯罪の実態を知ってもらうための展示会を提案するなど、連合国戦争犯罪委員会がより積極的にアジア・太平洋の戦犯問題にかかわるようにも努力した。[59]

　このように豊かな経験と指導力をもつウェッブとマンスフィールドが、当時の極東地域で第一級の戦犯問題専門家だったことは疑いないといってよい。そして、この二名を指名したことに、オーストラリア政府が東京裁判をどれほど重要視していたかも読みとれよう。こうした姿勢の背景には、東京裁判がオーストラリア史上はじめて参加する国際法廷だったことが関係しているかもしれない。あるいはオーストラリアが対日戦で多大な兵力を犠牲にしたことも、同国政府が戦犯問題に高い関心をもつようになった理由かもしれない。いずれにせよ、アメリカが史上初の国際法廷ニュルンベルクの成功のために尽力したように、オーストラリアも極東国際裁判が成功するよう積極的に参加したのだった。そしてウェッブ判事とマンスフィールド検事は、次章からもあきらかになるように、法廷での審理と判決内容に大きな影響をおよぼし、東京裁判に「オーストラリア」の刻印をふかく残していったのである。

第二章　裕仁天皇の起訴をめぐって

極東裁判を計画するにあたって連合国がまず解決しなければならなかった問題は、裕仁天皇（一九〇一―一九八九）に対する処置をどうするか決定することだった。天皇は国家主権者・国家元首・陸海軍総司令官として、一九二六年以来日本に君臨していた（図13）。そして一九三一年、関東軍の謀略により満州事変が勃発すると天皇は軍の行動を追認し、中国大陸における日本の軍事・政治的介入の続行を認めた。一九四一年末には日本はパールハーバーを襲撃、英米蘭を巻きこんだ太平洋戦争を開始したが、天皇はこのころには戦争計画をふくめた政策決定に積極的にかかわるようになっていた。そして一九四五年夏になって降伏する最終決定をくだしたのも、やはり裕仁天皇だった[1]。これらの基本事実をふまえると、連合国側が天皇に対して戦後すぐに戦犯調査をすすめると予想されえた。しかし連合国指導者は天皇を通常の戦犯容疑者と同等あつかいせず、むしろ特殊な容疑者として、あえて別個の方針をもうけた。なぜだろうか。

この背景には、一九四五年の敗戦色濃い状況にありながら、天皇が日本国民に対して絶大な権威を

図 13　日本政府組織をあきらかにしたもの．検察側が書証として提出した．「Emperor・天皇」が国家の最高位に位置づけられている．1946 年 6 月 13 日．Courtesy National Archives, photo no. 238-FE.

保持しつづけていたことが関係していた。日本敗戦後の極東で、その秩序と安全を再構築し保全していく責任と政治的利害のあった連合国は、日本の国家元首を戦争犯罪人として即刻断罪するわけにはいかなかった。そのかわりにこころみたのは、この人物が法のみならず政治・軍事すべての分野におよぼす影響を見定め、そのうえで天皇処置というデリケートな問題にとりくむことだった。

本章では、日本降伏から占領終了までの約六年半（一九四五年八月―五二年四月）、連合国が天皇訴追問題にかんしてどのような基本方針を形成・合意していったのかをたどってみる。従来の研究では、マッカーサーの見解と行動がおもな分析の対象となってきていて、時間的ひろがりでは終戦前後から東京裁判開廷までの一年ほどに光があてられてきた。ここではマッカーサー中心主義からすこし距離をおき、分析の枠組みを時間的にも空間的にも大きく設定している。その根拠は、天皇の訴追にかんする政策決定の権限が形式上も実質上もマ元帥になく、むしろその上官にあたる米国ならびに連合国の指導者たちにあったことにもとめられる。また実際問題として、太平洋全域の安全保障を左右しうる極東最大の重要事件にかんする政策決定を、トルーマン米大統領をふくむ各国指導者が一将官――それがたとえマッカーサーとはいえ――に委託したとは常識的にも考えにくい。しかもトルーマンは大統領就任後、早くからマ元帥に不信感をいだいており、朝鮮戦争（一九五〇―五一年）には彼を最高司令官職から解任するにいたっている。[2]このような力関係を視野にいれると、天皇不起訴にいたる経緯を解明するには、マッカーサーを越えたもっと高次の連合国外交に注意をむけなくてはならないことになるだろう。

天皇起訴問題を調査するうえで、ここでまず分析の対象とするのは、一九四五年七月から八月にかけての日本降伏をめぐる連合国間の外交である。これまでの天皇にかんする研究から交渉の経緯はあきらかになっているが、ここで裕仁天皇の戦争責任問題に着目しながらあらためて迫ってみよう。[3]

初期の政策

ドイツが降伏してから二カ月以上たった一九四五年七月二六日、イギリス・中華民国・アメリカの三国はいわゆる「ポツダム宣言」を発し、日本に降伏を要求した。この宣言で三国は、現在「日本国に対し最後的打撃を加うるの態勢を整えたり」と伝え、連合国の軍事力が日本総攻撃のために結集していることを明言した。そして、こうした軍事力動員の動きは「日本国軍隊の不可避且完全なる壊滅」と「又同様必然的に日本国本土の完全なる破壊を意味すべし」と警告し、日本を敗戦にいたらせるために、日本軍のみならず日本全土の徹底的な破壊を遂行する準備と意図が連合国側にあることをあきらかにして、この危機を回避するために日本に残された唯一の道は即時降伏であると知らしめた。さらに、降伏時に日本が受け入れるべき諸措置として連合国側は、1日本を「世界征服」戦争にみちびいた軍国主義者の除去、2軍国主義の駆逐と平和主義の確立を目的とした連合軍による日本本土の占領、3本土四島と近隣諸島をのぞいた植民地をふくむ日本占領地の放棄、4日本軍の完全な非武装化、5戦争犯罪人の処罰と民主化の促進、6軍需産業の除去、そして7「日本国国民の自由に表明せる意思に従い平和的傾向を有し且責任ある政府が樹立せらるる」こと、以上を要求した(4)。

ポツダム宣言が通達された当時、日本政府はソ連を介して休戦する可能性を模索しており、ポ宣言を「黙殺」して降伏の勧告にしたがわない姿勢を示していた。けれどもその一一日後、極東の軍事状況は急変し、日本政府指導者は方針の再考を余儀なくされた。同年八月六日、トルーマンの裁可により米軍は原子爆弾を使用して広島を破壊、「日本国本土の完全なる破壊」の警告がたんなる詭弁ではないことを日本側に身をもって知らしめた。そしてその二日後の八月八日、ソ連がヤルタ協定（一九四五年二月）で秘密裏に結ばれていた米英との合意を実現するべく日本に宣戦布告、満州に進撃しはじめた(5)。翌九日、米軍は第二の核爆弾で長崎を廃墟と化し、日本降伏がないかぎり、その国土を新兵器で破壊しつづける意図がじゅうぶんある姿勢を示した。

ここではじめて、日本政府側からポツダム宣言を受け入れる準備があるとの公式通達が発せられた。

八月一〇日、日本政府はスイスとスウェーデン政府をつうじてイギリス・中国・アメリカ・ソ連の四カ国に対し、宣言受諾の意向を伝えた。ただし、「日本国天皇の主権はこの宣言［ポツダム宣言］によって侵害されないと理解する」という補足があるとスウェーデン政府は指摘、「ポツダムの無条件降伏条項は、この点についての日本政府側の理解のうえに受諾する」とのいわば「条件つき」の降伏を受諾する趣旨であることを、スウェーデン政府は米国に伝えた(6)。右の記述から、ソ連参戦と米国による原爆投下で国民・国土が壊滅の大危機に瀕したとき、日本政府指導者がもっとも憂慮したのは天皇制の存続如何だったようすがうかがわれる（ただし原爆について、政府は別途アメリカに抗議文も発している(7)）。

日本政府から「条件つき無条件降伏受諾」の意向をうけた四カ国は、返答内容を決定するためすぐに協議をはじめた。なかでも米国とイギリス政府は四カ国が政策決定をすすめるうえで中核をなしていたので、ここでこの二カ国の反応を追ってみよう。

ロンドンでは、日本政府の伝達をうけるとすぐに閣議が開かれた。当時の首相は労働党首クレメント・R・アトリーで、ウィンストン・チャーチルは前月の総選挙で自由党が労働党にやぶれたため、首相職をしりぞいている。閣議後アトリーは米国政府に連絡をとり、イギリスの基本方針はアメリカの政策決定にしたがうことであって、この立場から米国側の見解を知りたい旨を伝えた。これは、イギリスが自国をアメリカのジュニア・パートナーとみなし、米国との協調を選ぶ方針だったことを示している。ただしアトリーはつづけて、イギリス側としては「天皇の存続を受け入れるほうを志向している」とのべ、天皇が君臨しつづけるという考えに積極的な姿勢をみせ、「ポツダム宣言に照らし

てより明確な留保の定義が必要」と提案した。(8)

一方、同時期にワシントンでも緊急協議が開かれていた。トルーマン大統領が召喚したのは、国務長官ジェームズ・F・バーンズ、陸軍長官ヘンリー・L・スティムソン、海軍長官ジェームズ・V・フォレスタル、大統領の首席補佐官ウィリアム・D・レーヒー提督の四名である。全員集合すると、トルーマンはつぎのような質問をした。

東京からのこのメッセージを、ポツダム宣言の受諾と我々はみなすべきだろうか。我が国では、天皇を我々が滅ぼすべきと誓った日本体制の一環だと考える者が多い。天皇の存続を許しながら、日本の軍国主義を撲滅することができるだろうか。これほど目立った「但し書き」のついたメッセージを以て、これを我々が今まで戦い勝ち取ろうとしてきた無条件降伏だとみなせるだろうか。(9)

大統領の質問に対し、スティムソンとレーヒーは日本政府に肯定的な返答をしてもよいという立場をとった。というのは、天皇は「すべての日本人が認知する唯一の権威の象徴」だとスティムソンは考えたからであり、レーヒーもおなじように、天皇は日本の降伏を確保するにあたり利用価値があるとの見解をもった。これに対して国務長官のバーンズは、日本政府の希望を受け入れるような返答はすすめられないと提言した。理由は、「現在の状況で条件を提示するのは米国政府であるべきで、日本ではない」と考えたからだった。もう一人の会議参加者だった海軍長官フォレスタルは、いわば中道の立場をすすめた。それは、「我々は［日本政府の意向を］受けいれる意思があることを示してもよいと思うが、ポッダム宣言の決意と目的がそのとおり達成されるように降伏条件がはっきりと定義された方がよい」との提案だった。(10) フォレスタルの提言は、裕仁が天皇位を保つことを許容する点でスティムソンとレーヒーと基本的には同意見だった。けれども、ポツダム宣言の要求事項について妥協するような返答をしてはならないという点で、バーンズの見解も一部ふくんでいた。

四人の見解を聴いたあと、トルーマンは最終的にフォレスタルの案を政府方針とすることに決定、これにもとづいて日本政府への返答の草案を準備するようバーンズに指示した。バーンズはすぐさま指示にしたがい、完成した米国返答案は、イギリス、中国、ソ連に即日伝達された。伝達内容の主要部分には、日本に対する答えがつぎのようにまとめられている。

天皇および日本国政府の国家統治の権限は、降伏の時点から連合国最高司令官に従属するものとし、同最高司令官は、降伏条項実施のため適当と認める諸措置をとる。

天皇および日本大本営はポツダム宣言の諸条項実施のため必要な降伏条項に署名することを要求される。さらに、すべての日本軍隊に対して、戦闘行為を停止し、武器を引き渡し、かつ降伏条項実施のため最高司令官が要求する命令を発するよう命じるものとする。(11)

この返答案で特徴的なのは、日本側のもとめた天皇存続の問いあわせに対して「認める、認めない」というような直接回答をふくんでいない点だ。そのかわり、降伏後に天皇は連合国最高司令官の統制下にはいるとのべるにとどまり、解釈の余地を残していた。このため、一方では裕仁天皇が従属的な地位におかれながらもさしあたって君主の地位にありつづけると約束をしている、と理解することができ、けれども他方で、従属的立場にあることの法的意味あいを明言していないので、これを日本側のもとめる形式の天皇存続と同等にみなせないと解釈することも可能だった。さらに返答案は、連合国最高司令官が「降伏条項実施のため適当と認める諸措置をとる」権限をもつとし、たとえ裕仁が天皇位に残ることが許可されたとしても、いつまでその地位をたもちつづけられるか、なんの保証もしなかった。また米国案は、天皇——あるいは天皇制そのもの——が将来的にも存在しつづけるかどうかの約束もふくまず、たんに返答案の最終部分には、「日本国の最終的政治形態は、ポツダム宣言にもとづき、自由に表明される日本国国民の意思によって確定されるものとする」と記されていた[12]。つまり、天皇制を残すべきかどうかの問題は日本国民がみずから民主的に決定すべきだとして、日本人の意思次第では制度廃止の可能性がありうることを暗に示した。右の見解はポツダム宣言の一条項ですでに発せられていた方針であって、四カ国返答案はそれをあらためて確認したのだった。

　米国案をうけたイギリス政府はその内容にほぼ賛成したが、一部だけ修正を提案した。イギリス側の見解では、「天皇みずから降伏文書に調印するよう要求するのが賢明であるかどうか疑念があることから、いくつか修正を加えたい」というのだった。代替案として、天皇自身に降伏文書に調印させるかわり、日本政府と軍司令部代表に天皇が調印権限を「許可する」ことを要求しようとすすめた。この提案の背景には、天皇個人に敗戦・降伏受諾を義務づけないことで、かれの威信を日本人の面前で保たせつづけようというイギリスの意図があった。こうして保持された天皇の権威を利用すれば、「すべての辺境地域で日本の即時降伏を確保でき、その結果アメリカ、イギリス、その他連合軍の命を救」えるというのだった。これは、アトリーのみならずチャーチル前首相も支持する方針で、後者によると「ミカドを利用すれば辺境地域の命を救える」との意見だった。[13] つまりイギリスは、戦争を即刻中止させ、これ以上連合軍兵士が無駄死にするのを避けるために天皇を利用することをつよく望み、この立場から、天皇にとってより有利な降伏条件を認めようと米国政府に進言したのだ。

　この提案を肯定的にとらえた米国政府は、イギリスの修正案をそのまま受け入れて返答案に適用している。その結果、該当部分は「天皇は、日本国政府および日本帝国大本営に対しポツダム宣言の諸条項実施のため必要な降伏条項に署名する権限を与え」ると書き換えられた。[14] この改訂をくわえた文書は、翌一一日に連合国側からの正式回答として日本政府に伝えられた。

　さて、イギリスとアメリカがこうして返答をめぐって緊密に連絡をとりあうあいだ、英国政府は別途、英連邦の各国に対しても、日本が条件つきポツダム宣言受諾の意向をもっていることを知らせていた。この情報につよい関心を示したのはオーストラリアで、すぐさま四カ国交渉に自国の立場を反映させる努力をしはじめている。この時期に豪州政府がとった行動は、のちに連合国が形成していく天皇戦犯問題の方針を理解するうえで重要なので、すこしくわしく見てみよう。

　オーストラリアは、第二次大戦において英米の重要な軍事同盟国であり、とくに南太平洋地域ではオーストラリア兵士たちの抜きんでた軍事貢献があったことで、はじめてニューギニア地域での日本侵攻を食いとめることができていた。[15] けれども大戦中、オーストラリアは英米などの大国から外交上は軽視されがちで、ポツダム宣言をふくむ高次の多国間協議にも招かれていなかった。これを不満に思い、英連邦の首長たるイギリスに何度も苦情を申し入れていたが、チャーチル首相はオーストラリアをないがしろにしつづけ、アトリー政権になってようやく改善がみられはじめていた。このような経緯があったことから、日本がいよいよ降伏せんとの情報をうけたオーストラリアは事態を重視し、英国をつうじて自国の見解を連合国側政策にはっきりと反映させようとしたのだった。[16]

当時オーストラリア政府の最大の関心事は、日本降伏を目前にして、天皇と天皇制の責任問題に連合国がどのような方針を決定するか見定めていくことだった。オーストラリアの基本見解は、降伏という重大な歴史的分岐点にあって、天皇と日本政府に戦争責任としっかり対峙させるべきであり、それを怠れば日本の軍国主義が後々まで存続するおそれがあるというものだった。つまり、現時点で天皇の無問責をゆるせば、中長期的に太平洋の安全保障をあやうくするかもしれないと危惧し、それだけに日本政府は降伏にさいして天皇の責任問題をはっきりと認めるべきだと考えたのだった。

この点の重要性を印象づけるため、降伏交渉がはじまったと知るやいなや、オーストラリア政府は何通もの電報を英国政府にたてつづけに送り、天皇責任問題を交渉の一環とみなすようにすすめた。以下はそのうちの一通である。

もし現行制度がそのまま存続すれば、日本人は敗戦を十分認識できないままでいるでしょう。天皇の名において多くの残虐行為をおかしてきた日本人にとって、この制度を明確な形で引きずりおろされることが、天皇を神聖視する信心を弱める主要な手段なのです。この制度が残りつづけるかぎり日本人は今のままでありつづけ、太平洋地域での侵略の再発は後の世代までたんに先送りされるだけになります。[17]

右の記述から、英・米政府が天皇を日本の即決降伏を獲得するための便宜的手段とみなしたのに対し、豪州政府はおなじ人物を、後世における侵略戦争と残虐行為再発の火種になりかねない軍事的脅威とみなしたことがわかる。こうした見解のちがいから、オーストラリアが英米指導者と天皇処理問題で異なる方針を提言するのは必須であった。じじつ日本政府に対する具体的な返答として、つぎのような趣を異にする提案をする。まず第一に、日本政府に降伏の時点で裕仁天皇の戦争責任を公的に認めさせるようにし、連合国側は免責を約束するような返答はしないこと。第二に、天皇は降伏をみずから受諾する義務を負うこと。第三に、天皇制そのものについては、これを存続するべきかどうかの決定は連合国ではなく日本人自身の判断にまかせること[18]。以上三つの「要件」のうち、オーストラリアは英・米政府と第三点は共有していた。つまり、戦後日本がどのような政治体制を築いていくかの問題は日本人自身が民主的に決めることだとし、これはポツダム宣言で言明された規定を再認する内容だった。けれども裕仁個人に対してはきびしい処置をもとめ、天皇の戦争責任を認めるなんらかの処置が、降伏時にあるべきだと主張した。

　従来の外交慣例にしたがい、オーストラリアは自国案をイギリスに伝え、そこから四カ国の政策に影響をおよぼそうとしたが、事態の重大性をふまえ、この時期にはアメリカにも直接よびかけをこころみている。しかし、最終的に日本政府に通達された四カ国の返答文書にはオーストラリアの主張が反映されなかった。返答には天皇の戦争責任についてなんら明言がなく、裕仁が降伏文書調印式に直接参加しなくてよい、という一種の妥協までふくんだのだった。

　おそらくイギリスはオーストラリア政府の反発を予期したのだろう。アトリーは、オーストラリア首相のJ・B・チフリーにみずから事情を説明する文書を用意して送っている(同年八月一二日付)。アトリーによると、「我々は、辺境地域での日本軍降伏を確保するために絶対必須である天皇の権威を利用する必要性を印象づけられ」たとのべ、英国政府が優先したのは、まず日本の降伏を確保して戦争に終止符を打つことだった点をあらためて強調した。他方オーストラリアの主張については、「天皇の責任問題にかんする特別な言及をふくむために返答を遅らせるのは、正当化できない」とし、「完全な降伏確保を無効にする危険性がある」からだと説明した。アトリーはつづけて、「日本人の運命論的心的傾向と宗教信心をかんがみると」ここで天皇の権威を利用しそこねれば「みずからの命を大きな犠牲にする用意のある人間たちを相手に、困難な掃討戦」を余儀なくされ、日本降伏どころか連合国軍はさらなる軍事力を動員することとなり、戦争続行の事態が発生しかねないとの懸念を示した。(19) イギリスは、そのようなリスクを負ってまで裕仁の戦争責任問題に拘泥する妥当性を見いだせないのであって、ここにオーストラリア案がとりあげられなかった理由の理解をもとめたのだった。

四カ国の正式な返答は、アトリーからの手紙が届くまえにすでに日本側に伝達されていたので、オーストラリアには、歯止めをかけるための行動を起こす余地はなんら残されていなかった。けれどもオーストラリア指導者はここで悲観論におちいってはいない。というのは、四カ国の返答内容はたしかに天皇の責任問題に言及していなかったが、「天皇を免責する」という類いの約束ないし保証もふくんでいなかったからだ。この点に着目し、同日の八月一二日、オーストラリア政府はふたたびイギリスに電報をうち、「日本政府への通達[四カ国返答]とポツダム宣言の条件から、天皇の戦争犯罪にかんする責任と裁判は、降伏後に連合国当局が決定を下す問題だと我々は理解しています」が、これが正しい理解かどうか回答をもとめた[20]。

これに対してイギリスは即答しなかったが、日本が正式にポツダム条項を受諾したあとの八月一七日付で、英自治領省の長官であるアディソン子爵から回答が通達された。その文書はオーストラリアの理解が基本的に正しいことを認めた内容だった。回答の関連部分を字句どおり引用すると、「質問にあった諸声明は、それら自体、裕仁天皇の処置問題についてなんら予断するものではなく、それ［天皇戦犯問題］は連合国によって考慮される事態となるでしょう」とのことだった[21]。つまり、天皇の戦争責任にかんする政策決定について四カ国は当面は棚上げしただけであって、ポツダム宣言も四カ国返答文書も、この問題について将来的に制約を課さないということだった。

ただアディソンは、イギリス政府にかぎっては天皇の裁判を支持しない点、同回答であきらかにしている。というのは、イギリスは「天皇を、日本国民を統制する道具として利用し、人的労働力およびその他の供給を限定的に投入する」ことを希望していたからだった[22]。この記述から、イギリスが天皇を日本の即時降伏を確保するための便宜的手段だけではなく、中期的ないし長期的に占領下日本の秩序と安定に利用しようと考えたことがわかる。このような見解から、天皇処罰を追及するのは「致命的な過ち」である、とオーストラリア側に警告した。けれども、この時点ではほかの連合国がイギリスの見解をどうとるかはまだあきらかではなく、後述するように、イギリスの警告をまえにしてオーストラリアがかんたんに引きさがるわけでもなかった。

四カ国からの返答をうけて、日本政府はとうとうポツダム宣言受諾を決意し（八月一四日）、二週間あまり後の九月二日、日本政府は降伏文書の調印式にのぞんだ。式は東京湾に停泊するアメリカの戦艦ミズーリ号の甲板でとりおこなわれ、四カ国代表のほか、オーストラリア、カナダ、フランス、オランダ、ニュージーランド代表も参列した。日本側は、四カ国返答で約束させられたとおりに裕仁天皇から命令をうけた日本政府と軍司令部の代表者一人ずつが出席し、天皇自身は欠席をゆるされた。調印の任務を負った日本代表は外務大臣の重光葵《まもる》と参謀総長梅津美治郎《よしじろう》だった。この二名はやがて国際検察局によってA級戦犯に指名されて巣鴨に拘禁され、東京法廷で訴追されることになる。

オーストラリアのリスト

こうして連合国側は、天皇戦犯問題にかんする政策決定を日本降伏時に保留したが、まもなく米国政府は、この「棚上げ」方針を具体化するための指令をマッカーサーにいくつか出している。ひとつはマッカーサーが東京に司令部を設置してまもない九月下旬に伝えられたもので、前章で論じた対日戦犯裁判米国案の最終部分にふくまれていたものだ。それによると、マ元帥は「天皇の処遇に関する特別な命令があるまで、天皇を戦争犯罪人とみなすような行動を何らとらないこと」と命じている。(23)この指令はもともと、国務・陸軍・海軍三省調整委員会の小委員会に起源をもつ。一九四五年八―九月に政府案を作成しているとき、小委員会は天皇のデリケートな立場をどのように政策案に反映させるか、議論を重ねていた。さまざまな案を検討したあと、小委員会は「アメリカが天皇問題についていかなる限定的な行動を確約するのは望ましくない」と結論し、それらすべてをけっきょく却下した。(24)そして代替措置として、右の指令を政府案草稿におりこんだのだった。つまり、「天皇の処遇に関する特別な命令があるまで、天皇を戦争犯罪人とみなすような行動を何らとらないこと」だ。この指令は、政府方針が確定するまで天皇処罰問題にかんする具体的な行動をなにも起こさないようマッカーサーに釘をさすことを趣旨としており、そののち米国政府の推しすすめる戦犯裁判にかんする正式方針の一環となったのだった。

右の指令を発した数カ月あと、米国当局はマッカーサーに追加の通達を送っている。この文書は政府基本方針に改正をくわえるものではなく、むしろその維持を前提としたうえでの追加指令だった。それによると、裕仁の戦争責任にかんする証拠収集をマッカーサーは極秘にはじめなくてはいけないとのことだった。具体的にはつぎのように説明されている。

貴官も知っているように、裕仁を戦争犯罪人としていずれ裁くかどうかの件に合衆国は大きな関心をもっている。合衆国政府は、裕仁は戦争犯罪人として逮捕・訴追・処罰されることから免除されていないとの立場をとっている。彼なしで占領を十分進められるように見受けられたその時、彼の裁判問題が提案されると予想されよう。また、そのような提案から何らかの目標が達成できるのならば、我々の同盟国のうち一国あるいはそれ以上からそうした提言がされると予想されたい。(25)

右の伝達は、アメリカが政府方針上、けっして裕仁を免責にしてはいないことを言明している。これは先に論じたイギリス政府のアディソンからオーストラリアに宛てた文書の内容とも一致しており、重要である。

米国政府からの通達はつづけて、「それゆえ、いずれにしても証拠収集を遅らせてはいけないのは明らかだろう」とのべ、マッカーサーに、天皇の戦争責任にかんする証拠を集めはじめるよう指示をくだした。また、仮りに天皇を裁判にかけないとしても、その根拠は「取得可能なすべての事実に基づいて」いなければならないとものべ、証拠収集はどちらにしても必須だと強調している。[26]

ワシントンからこのような指令が東京に送られているあいだ、オーストラリアも自国の方針を追求する具体的な行動を別途とりはじめた。そのころロンドンには連合国戦争犯罪委員会が事務局をかまえていたが、オーストラリアはとくにその場を利用し、天皇を主要戦争犯罪人に指名するという案をすすめた。この委員会は一九四三年末に設立され、九つの欧州亡命政府とそのほか六つの連合国代表からなりたった機構である。[27] たまたま一九四五年はじめから、オーストラリア代表のライト卿が議長をつとめており、豪州政府はかれをつうじて、天皇問題を国家間の正式な議題にしようとしたのだった。自国政府の意向をうけたライト卿は、日本が降伏を受諾した翌日の八月一五日という早い時期から、裕仁天皇を戦犯容疑者に指名する提案を出しはじめ、翌年三月まで委員会の決議をもとめる努力をつづけたのである。[28]

ロンドンでオーストラリアが展開した活動でとくに重要な事件は、アラン・マンスフィールド（当時、ウェッブ第三次委員会に所属）の参加だった。かれは、オーストラリア代表次官として一九四五年末に派遣され、本国の戦争犯罪局が準備した極東主要戦争犯罪人のリストを提出する任務にあたった。委員会は通常、各国からそのような戦争犯罪にかんするリストないし報告書を受けつけ、指名された人物を戦犯容疑者として逮捕する一応の証明があるかどうか判断したあと、最終リストを作成しなおして各国に通達する機能をはたしていた。マンスフィールドの提出したリストはこれら参加国からの報告書のひとつに数えられるが、指名した六二名の戦犯容疑者のなかに裕仁天皇をふくんでいた点で異例だった。天皇に対する起訴事由としては、「平和に対する罪」と「人道に対する罪」が提案されていた。(29) さらにマンスフィールドはこの名簿の添付文書として、日本の政治体制における天皇の権限を説明した覚書も提出した。これは、英米代表をのぞく委員会の参加者たちが「日本の事情についてまったく無知もしくは無関心」なことを憂え、マンスフィールドみずから準備したものだった。かれは、天皇の指名問題にとりかかるまえにまず委員会が日本の戦前・戦中史の基礎知識をもつ必要があると判断し、「日本の政治体制が過去一〇〇年間、とくに過去四五年にどのように発展してきたのか概略を提供」したのだった。(30)

オーストラリアからの提案は一九四六年一月九日に開かれた会合で正式に提出されたが、委員会はそれをどう処理するかで二分し、その場で合意にいたることができなかった。会議の争点は、おもな起訴事由が通例の戦争犯罪でない人物（つまり平和に対する罪と人道に対する罪）について委員会が審議をすすめる権限があるかどうかであり、より具体的には、裕仁天皇のように特殊な戦犯容疑者の処置について、委員会が政策決定をくだす権限があるかどうかだった。

そのあと約二カ月にわたって、各国代表者は公式・非公式に意見交換をつづけたが、論争の中核にあったのはイギリス、アメリカ、オーストラリアの三カ国だった。前者二カ国の代表は、それぞれ政府からの指示にしたがいオーストラリアの提案に反対し、ライト卿に委員会の決議延期を余儀なくさせつづけた。打開策を見いだせないライト卿は、さいごにはリストの審議をあきらめ、そのかわりほかの国際機関に任務を託することを決定、これをもっていちおうの問題解決とした。委任先に指定されたのは、東京に事務所をかまえる国際検察局と対日理事会のふたつの組織だった。ライト卿はこの二組織に問題の主要戦犯リストを送りつけ、「このリストに指名されている人物に対する告訴内容の証拠は、ロンドンではなく東京にある」ことから最終審査を委託する旨を説明した。[31] この処置から、米英代表の執拗な反対にあったライト卿が、天皇指名問題について決定をする権限が委員会にはなんら存在しない、あるいはしえないと暗に認めたと理解できよう。

さて、ロンドンで以上の議論が重ねられてしばらくのち、ワシントンの極東委員会ではあらたな発展がみられた。前章でのべたように、一九四六年四月三日、極東委員会は米国政府の提出した戦犯裁判案を審議したが、じつはそのときに天皇の起訴問題も話題になっていた。この件を率先して議題にしたのはニュージーランド代表のカール・ベレンソン卿である。委員会の議事録によると、ベレンソンはつぎのように問題を提起した。

マッカーサー元帥に対する指令のなかに、あらたな指令があるまでは天皇に対して行動を起こしてはならないという指示があります。[他方] この文書 [米国政府案] によると、この会合に出席しているどの政府代表も戦争犯罪人を訴追できることになっています。私自身は、天皇をもっとも悪質な戦争犯罪人だと考えており、かれに対して何らの心痛を抱いていない点、強調しておきます。しかし、あらたな指令があるまでは天皇に対して行動を何ら起こさない、これが了解事項であると私は理解したいと考えております。[32]

この発言から、ベレンソン卿自身は裕仁天皇を有責と確信しながらも、米国政府がマッカーサーに伝達していた方針の継続を、ニュージーランド政府が支持していたとわかる。

この発言をうけて、米国代表かつ極東委員会議長であったジョン・マックロイはベレンソンの発言に賛同し、「その点については何の変更もありません。彼［マッカーサー］には、ある包括的な指令が適用されています」と婉曲に答えた。委員会は引きつづき天皇の処理問題にかんする議論をつづけたが、ここで議事録の継続を意図的にやめているので公式記録は残っていない。そのため議論の具体的な内容はあきらかではないが、議論の結果はわかっている。[33]それは、アメリカの政策を極東委員会が字句どおり同委員会の正式な方針と決定すること、つまり「天皇の処遇に関する特別な命令があるまで、天皇を戦争犯罪人とみなすような行動を何らとらないこと」という連合国最高司令官に対する指令をそのまま継続することだった。この決定をふくんだ極東委員会の戦犯裁判政策文書は、しばらくあとに米国政府をつうじてあらためてマッカーサーに通達され、一九四五年八月以来つづいていた天皇戦犯問題の保留・棚上げ方針は、英・米・オーストラリア代表をふくむ極東委員会の正式な基本方針となったのだった。

極東委員会が米国案をこの会議（一九四六年四月三日）で承認したことは、研究者のあいだではひろく知られているが、この事実を歴史的にどう解釈するかについては、本書の見方は従来の概説書が提言しているものとはことなる。これまでは、委員会の決定を正式な天皇免責の承認と解釈するのが主流であって、天皇を裁判にかける可能性がこの時点で連合国の政策上封じられてしまったとされている。[34]しかし、極東委員会が決定したのは、当面裕仁天皇の戦犯問題になんの確定的な決断もくださないという従来の棚上げ方針の追認にすぎず、これは天皇免責の決定とはちがうのではないだろうか。実際、後述するように、東京裁判がすでに終了している一九五〇年になって、連合国各国はふたたび天皇を裁判にかけるかどうか協議しており、極東委員会の政策下で訴追が可能であることを認めている。こうした史実をふまえると、「棚上げ方針」という解釈はじゅうぶんに真実性を有するのではないかと考えられる。

極東委員会が右の決議をしたしばらくのちの同年四月八日、東京で裁判の準備をすすめていた国際検察局内でも、裕仁天皇を主要戦争犯罪人に指名するかどうかが議題にあがった。これはオーストラリア代表検事として入京していたマンスフィールドが、天皇を被告グループに入れる提案をし、採決をもとめたことにある（先にのべたライト卿からの依頼も、すでに検察局にとどいていたとも予想される）。マンスフィールドの提案は、しかし一様に不評だった。首席検察官のキーナンはこれにつよく反対し「天皇をふくめることに上層部が賛成しない」とのべ、そのほかの参与検察官もマンスフィールドの提案を支持しなかった。ただ興味ぶかいことに、国際検察局はオーストラリアの案を正式に否決しようともしなかった。そのかわり裁決を無期延期する決定をしている。[35] この措置から、国際検察局もライト卿と基本的におなじ立場をとったことがわかる。つまり、天皇の起訴如何について政策決定をする権限を自分たちはもちあわせていないと考え、確定的な決断はあえてくださないとしたのだった。

他方、ライト卿から依頼をうけていたもうひとつの国際機関である対日理事会もなんら政策決定をしていない。あるいは厳密にいうと、リスト自体、マッカーサーの介入があったため、じつは対日理事会にわたらなかった。この行動を正当化するべくマッカーサーが本国政府に説明したところによると、「この分野にかんして［対日理事会は］権限をもっていない」ので、さしおさえたということだ。では、オーストラリアのリストを元帥自身はどう処理したのだろうか。答えは、かれはそれを同年四月三〇日付でワシントンの米国統合参謀本部に転送、「問題事項は政府の最高レベルで考慮されるべきもののようです」と但し書きをつけて政府高次レベルでの処理をもとめたのだった[36]。つまりマッカーサーは、天皇の戦犯指名問題を処理する権限が、対日理事会のみならず連合国最高司令官たる自分自身にもないことを認め、リストにいっさいタッチしないことにしたのだった。

　右のような発言と行動を、マッカーサーが極東委員会による棚上げ方針決定の数週間あとにとっている点は重要である。というのは、このことからマッカーサーが、天皇訴追の可能性は高次レベルの政策方針上いまだに存在しつづけていると理解していたと読みとれるからだ。今日、「マッカーサーが東京裁判開廷以前に天皇に免責を約束した」という論はほぼ常識として定着しているが、オーストラリアの作成した戦犯リストをめぐる史料を検証してみると、マッカーサー自身がそれに反駁する言動を残していることがわかる。

　とはいえ「マッカーサーによる免責」という見方は、元帥自身が、自分こそが天皇を訴追から守ってきたという類いの発言をたびたびしてきたため、史実確定を困難にしている。たとえばマッカーサーの回想録に、そのような発言の一例がみられる。

> 同盟国の中で、彼［裕仁天皇］をこの部類［主要戦争犯罪人］にふくむべきだと激しく抗議するも

のがあり、とくにソ連とイギリスがそうだった。事実、これらの国が当初提案したリストには天皇の名前が先陣を切ってのせてあった。そのような不当な行為から悲劇的結果が生じかねないと憂慮した私は、そのような努力に頑固に反対した。ワシントンがイギリスの見解に流されつつあるようにみられたとき、そのような行動がとられれば私は少なくとも一〇〇万の追加兵力を必要とするだろうと忠告した。もし天皇が戦争犯罪人として起訴され、仮りにも処刑されれば、日本全国に軍政をしく必要性が生じ、ゲリラ戦が始まるだろうと私は確信していた。こうして天皇の名前はリストから除去されたのである。(37)

右の回想録のうち、マッカーサーが裕仁天皇を訴追しないよう自国政府に進言したのは、これは事実である。一九四六年一月下旬、元帥はそのころ陸軍参謀総長だったドワイト・D・アイゼンハワーに電報を送り、天皇を裁判にかけた場合に起こりうる深刻な影響について警告している。たとえば元帥は、「彼［天皇］を訴追すれば、日本国民のあいだで激しい動乱が起こるのは疑いなく、その波紋を過小評価することはできない」とか、「彼を破壊すれば［日本］国家は崩壊するだろう」とか、また「その結果、何世紀ものあいだ継続するあるいは終結のない復讐闘争が始まるだろう」という、破滅的な将来を予見したのだった。(38)しかし、元帥の警告をうけた米国政府側がそれにもとづいて裕仁免責の方針を決意したというあきらかな証拠は見あたらない。むしろ一次資料はその反対を示唆している。すなわちマ元帥の警告後、政府当局は現行方針の改正を示すような新しい指令をなんらくだしていないばかりか、約二カ月後に開催された極東委員会の協議のあと、従来の棚上げ方針の続行を再確認する指令をあらためてマッカーサーに通達したのである。

そののちオーストラリアのリストはどうなったのだろうか。マッカーサーが対日理事会宛のリストをさしおさえてワシントンの上官に転送したのは先にのべたとおりだが、これを最初に受けとり審議したのは米国統合参謀本部で、その適切な処置を見定める任務を「総合民政委員会」という従属する小委員会に課した。小委員会の回答案は、「極東委員会から承認されている米国政府方針――天皇の処遇に関する特別な命令があるまで天皇を戦争犯罪人とみなすような行動を何らとらないという最高司令官に対する指令――の修正を示唆するような新しい事実は何ら提出されていない」とし、豪州リストの提案を現時点でとりあげる必要はないとの見解にたどりついている。つづけて、「また、日本の主要戦争犯罪人は、一九四六年四月二九日に起訴されており、東京法廷で裕仁の起訴を必要とするあきらかな証言が提出されないかぎり、この遅い時期に彼を起訴するのは的外れ」とものべ、現状をふまえても、今天皇を主要戦犯容疑者に指名するのは賢明ではないとした[39]。ただしこの回答案には、天皇免責が既存の政府方針であるというような前提がなく、むしろ天皇有責を証明する事実が東京法廷で出てくれば訴追をまぬかれないことを暗に認めている。ここからも、米国代表をふくむ極東委員会が、東京裁判の開始後も天皇戦犯問題についての「棚上げ方針」を続行した――すくなくとも基本的な政策方針としては――と理解したことが読みとれよう。

統合参謀本部はつぎに、右の返答案を国務・陸軍・海軍三省調整委員会に伝達し、意見をもとめた。三省調整委員会はそれを即承認する用意があったが、ではどの機関がオーストラリアのリストの最終処理にたずさわるべきか、という問題になかなか決着をつけることができず、しばらく立ち往生の状態におちいってしまった。秋も深まる同年一〇月二一日になって、ようやく問題のリストを東京に送りかえし、そこで処理させるという決定にいたった。三省調整委員会はマッカーサーに対して、「貴官に従属する国際検察局が権限のある機関」であるのでそこにリストを委託することにしたと伝え、「ライト卿には、指名された人物に対する処置をとった旨、適正な過程に従って報告するように」と指示した。(40) しかし、国際検察局はすでに天皇を戦犯容疑者として指名する権限がみずからにないことを認める旨の決定をしていたので、リストを送りかえしても解決につながりえなかった。こうして豪州リストは、最終的な処理の場をみつけることなく東京―ワシントン間を堂々めぐりし、ここに連合国の天皇起訴問題の棚上げという政策が象徴されており興味ぶかい。

ソ連からの提言

そののち、連合国のいずれも具体的な議論をはじめようとせず、天皇の戦犯問題の保留状態はつづいた。けれども一九四八年なかばになって、太平洋側の戦犯裁判の方針一般についての政策修正が極東委員会で検討された。発議者はニュージーランド代表のG・R・ポールズで、太平洋地域での裁判終了をすすめる案を提出したのだった。具体的には、すべての訴追努力に連合国共通の期限をもうけることを提起し、暫定的に一九四九年六月三〇日を期限日に指定した。(41) 極東委員会がこの案を承認すれば、それまで逮捕・訴追をまぬかれていた戦争犯罪人は、期限後一律に免責をゆるされることになる。この案は、もし通れば天皇にも適用される可能性もあるので、極東委員会がその後どのような判断にいたったか、ここで追ってみよう。

極東委員会はニュージーランド案を受けてその審議にはいったが、参加国間に切迫した意識が欠けていたのだろうか、なかなか最終決定をくださなかった。ようやく翌年一九四九年になって、もとの提案を二分して修正をくわえたふたつの方針が合意にいたった。ひとつは、同年二月二五日に決定され、「極東委員会の政策決定にある一段落Aセクション下に類別してある犯罪に関しては日本の戦争犯罪人裁判をこれ以上追及しない」という決定である[42]。つまり、太平洋地域では東京裁判以外のA級戦犯裁判、いいかえると、「平和に対する罪」にかんする訴追努力はこれ以上おこなわないということだった。但し書きがとくに付されていないので、この政策は戦犯容疑者に一律に適用されると考えられよう。その場合は、裕仁天皇がA級戦犯として訴追される可能性も、極東委員会の政策上なくなったとみなせる。

第二の方針はB級とC級犯罪にかんするもの、つまり通例の戦争犯罪と人道に対する罪に関係するもので、すこしおくれて同年四月七日に決定している。政策文書によると、極東委員会のメンバーはBC級戦犯容疑者の調査すべてを一九四九年六月までにおえ、裁判そのものも同年九月までにおえるよう提言した。ただA級裁判にかんする政策決定とちがって、極東委員会はこれらの期限を義務としなかった。むしろ、各国が期限日を「できることなら」尊重するようにと要請するにとどめた。つまり、もし提案が達成できそうもない場合は、各国はBC級裁判を期限後も続行できるという余地を残したのだった[43]。BC級裁判に対する政策上の柔軟性は、そのころまだ戦犯リストをじゅうぶん消化しきれていない極東委員会参加国があり、その実情に配慮したと考えていいだろう。

ふたつのうち後者の政策決定は、「BC級容疑」があれば、天皇の訴追も一九四九年九月以降でも理論的にはまだ可能とみなせる点で重要である。そして実際に、連合国内でこの可能性を模索する国が出てきた。それは、日本敗戦時は天皇の処罰問題にあまり関心を示さなかったソ連で、一九五〇年になってから天皇を裁判にかけることを提言しはじめたのだ。ソ連は前年一二月末、極東のハバロフスクで特別軍事裁判をとりおこない、戦時中に日本軍が細菌戦をした事実をあきらかにしており、天皇の訴追案はこの裁判で収集された証拠にもとづいていた。ハバロフスク裁判では七三一部隊と一〇〇部隊に所属していた一二名の日本軍将官らが訴追され、ソ連、中国、外モンゴルの兵士たちに対して日本軍が細菌戦の実験・準備をし、部分的にそのような戦闘を実地利用したことが被告の自白を中心にあきらかにされた。さらに公判中、天皇が細菌部隊を設置することに個人的に関与したとされ、これを根拠にしてソ連から天皇の訴追案が発せられたのだった。(44) 起訴事項としては、通例の戦争犯罪と人道に対する罪——つまりBC級戦争犯罪——があげられた。この案を、ソ連政府は極東委員会の参加国に対して外交ルートをつうじて伝えはじめたのだ。

ソ連から連絡をうけた各国の反応は一様に否定的だった。たとえば、イギリスの外務省はこれを「あきらかな宣伝行為」とコメントし、その動機をうたがう姿勢をあきらかにした。(45) おなじように米国政府は、ソ連が三七万六〇〇〇人の日本人捕虜をいまだに送還していないことを指摘、天皇訴追の提案は、たんにそうした事実から国際社会の注意をそらし、日本国内の共産党を煽動し、米国のアジア・太平洋地域における主導権を揺るがそうとする政治的動きだと批判した。これらの理由からアメリカは、ソ連の提言に返答しないという立場を公的にあきらかにした。(46) しかし、じつは米国当局はみずからの調査で七三一部隊の実態をすでに知っており、しかもその指導者の石井四郎を訴追から保護していた事実をかかえていた。けれども冷戦の最大敵国であるソ連が、天皇を切り札に太平洋地域の権力構造に影響をおよぼそうとしている以上、米国は証拠隠匿の事実を公開できないのが当時の実情だっただろう。(47)

このとき、かつて天皇問題について英米と対立していたオーストラリアも、ソ連の提言に否定的な態度をとった。(48)この背景には、やはり大戦後の東アジアで強国間の勢力均衡に大きな変化があったことが指摘されよう。とくに一九四九年は、毛沢東ひきいる中国共産党勢力が蔣介石指導下の国民政府を排し、中国大陸で共産主義支配が確立された要《かなめ》の年でもあった。内戦に敗れた蔣介石は台湾への退却を余儀なくされ、極東での冷戦構造はあらたな局面をむかえていた。こうした状況下、オーストラリアは英米との協調体制を強めていったのだった。

ソ連から提言をうけた西側諸国は、どう対処すべきかを相互に協議した。基本的には、ソ連の提案に反対する点で意見が一致していたが、ソ連が極東委員会に実際政策決定をもとめた場合にどのような処置に出るべきか、この問題についてなかなか方針を見定めることができなかった。当面ソ連は外交ルートをつうじて各国に案を伝達していただけなので、高次レベルで政策決定の審議をする義務は多国間で生じなかった。しかし、極東委員会にソ連案の正式な提出があれば、委員会は現行の基本方針と照らしあわせてその是非を検討しなければならなくなる。この問題についてオーストラリア代表のデーヴィッド・マックニコルは、このころ米国政府高官と非公式に協議している。そのときマックニコルは、自国政府が「戦犯問題はむしろ再開しない」と望んでいることをあきらかにしながらも、一九四六年四月三日に決定した極東委員会の政策決定は「天皇が絶対に裁判にかけられないというような声明と同等ではない」と指摘、そのため「ソ連あるいは他のどの極東委員会の参加国も、いま彼［裕仁天皇］を裁くべきという提案を阻害される要因は法的にいって何もない」とのべた[49]。この発言は、東京裁判が終了してすでに一年以上経過していたにもかかわらず、連合国の基本方針上は天皇訴追の可能性があると認めており、重要である。

そののちソ連政府は、米国政府に対して同年五月三一日と一二月一五日と、すくなくとも二度にわたって天皇起訴案にかんする返答を催促している。けれども、そのほかの西側諸国にはそのような伝達をしていないようで、ソ連案が冷戦とふかくかかわった政治的行動と印象づける結果となっているのは否めない。これに対して、米国の方針はとりあわないことだったので、二カ国間になんら外交上の発展はみられなかった。しかし一二月の伝達以後、ソ連政府は天皇の裁判案にふれなくなり、また西側諸国の予測に反して極東委員会に正式な審議を要請することもなかった。そのため天皇を裁判にかけるかどうかの問題は、国家間の外交交渉から立ち消えになった（ただし武田清子の研究によると、前英首相チャーチルが翌年の一九五一年八月一五日に天皇訴追を主張する発言をしたという）[50]。

極東委員会内で天皇裁判案を提唱する国はそののち現われず、やがて連合国が日本から占領軍を引きあげるときがきた。一九五二年四月二八日、前年九月に結ばれていたサンフランシスコ講和条約が効力を発し、連合国による戦犯裁判をふくむ占領政策が正式にすべて終了した。その結果、極東委員会の承認下で戦犯裁判はこれ以後起きることはなかった。例外的に、極東委員会の正式参加国ではなかった中国共産党の新政権が一九五六年に独自の対日戦犯裁判を開いたのみだった[51]。

まとめ

本章では以下の二点があきらかになった。1連合国は天皇のとりあつかいについて方針上はじめから免責を決定しなかった、2天皇が不起訴になったのは、極東委員会がいわば不作為による保留・棚上げ方針を擁立しつづけたからだった。では、これら二点を特徴とする不起訴の経緯にはどのような歴史的意義があるだろうか。ここでは、解釈の可能性を三つ考えてみよう。

まず第一に、連合国が天皇の起訴問題を無期的に棚上げしたことから、これを事実上の免責とみなすことが解釈上可能である。英・米国政府の立場をもう一度ふりかえってみると、この二カ国は政治・軍事的理由から天皇訴追の可能性にはじめから消極的な立場をとっており、イギリスの場合はとくにそれが顕著だった。アディソンの覚書からもわかるように、占領政策を貫徹するための便宜的な理由から、イギリスは天皇に事実上の免責をゆるしてもよいとみなしていたような感もある。しかし、天皇を訴追するかしないかの決定が内外におよぼすであろう波紋にも、英米両国は慎重で、それは天皇の戦犯指名を主張するオーストラリアとのデリケートなやりとりに色濃く反映されている。そうした複雑な軍事・外交の現状をふまえ、英米は反対・賛成両勢力を説得できる無難な「棚上げ方針」を政策上はすすめ、しかし実質的には天皇免責を達成しようとしたのではないか。なお、林博史の研究によると、オーストラリアは終戦以前から天皇を自国の裁判にかける可能性を検討しており、強国アメリカが免責方針を追求するのではないかと懸念していたことがわかっている。この事実からも、天皇の処置をめぐって早くから国家間——とくに英・米・豪——に緊張関係が生じていたことがわかる。(52)

第二に、しかしおなじ歴史的事実に対して、ややちがった解釈をすることもできる。連合国は、天皇の免責も裁判も約束しない立場をはじめからとり、政策上の保留状態をつづけ、天皇の訴追問題が再浮上しかねない余地を残した。この事実に着目し、「裁判は方針上いちおう可能」、つまり免責はなかったとする見方も可能だ。この解釈をとると、東京法廷でキーナンがどうしてあれほど木戸と東条の尋問にこだわったのかの説明ができ（第一章参照）、その点で説得力を帯びてくる。すなわち天皇の起訴が極東委員会の方針上は不可能ではなく、他方米国政府は天皇裁判を望んでいないとキーナンは自覚し、だからこそ、天皇の戦争責任を裏づけるような証言が東京法廷で引き出されないよう努力した、と考えられないことはない。実際英国代表の検察官コミンズ＝カーは、天皇の訴追は「おそらくありえない」としながらも、「技術上はかれが継続裁判にふくまれる」可能性がないわけではない、と裁判が開始してから数カ月もたった後にのべている。(53)

第三に、天皇の起訴をめぐる方針が「棚上げ」だった、という点に着目したもうひとつの解釈をあげたい。それは、天皇を裁判するかしないかという問題は、当初から連合軍が保留したことから、これが占領政策の枠外におかれたとみなし、さらに転じて、この未決問題は、そののち主権を回復した日本人みずからがいずれ立ち戻って最終処理しなければならない占領政策の未決問題となった、という解釈だ。これは、天皇の起訴問題を日本の民主化政策の一環とみなした解釈であって、直接的な論拠は一九四五年八月一一日に発せられた四カ国返答文書にある。その最終部分によると、連合国は「日本国の最終的政治形態は、ポツダム宣言にもとづき、自由に表明される日本国国民の意思によって確定されるものとする」と約束し、天皇制を保持するかどうかの最終決定権を日本人の民主的判断にたくしている。あるいはこれとおなじ原則が——連合国の意図如何にかかわらず——天皇個人の起訴問題にも適用される結果となったとみなすことはできないだろうか。すくなくとも東京裁判を同時代的に追ってきたひとびとのなかには、このような見方をする者がいた。この第三の解釈が、実際どのようなかたちで当時展開したのかは、第八章で初期の裁判研究家を論じるときにふたたび考えたい。

第三章　東条その他の主要戦犯容疑者

アメリカ代表検察チームが来日した一九四五年一二月上旬、すでにA級戦犯容疑者一〇〇名ほどが逮捕あるいは自宅監禁されていた。拘置所は「スガモプリズン」の名で知られるようになった施設で、戦間期の巣鴨刑務所にあたる。戦後に進駐軍はこれを接収し、戦犯容疑者と受刑者の収容に利用したのだった。A級戦犯容疑者の逮捕は、マッカーサーの指令により段階的にすすめられた。通常、米陸軍省が主要容疑者リストを作成し、それをもとに占領軍当局が逮捕状を準備する流れになっていた。[1]

いちばんはじめの逮捕令は九月一一日に発せられている。合計三九名が指名され、そのなかでは東条英機と「パールハーバー内閣」閣僚の名前が目立っていた。[2] 東条は逮捕令が実行されるまえに自殺をこころみたが、胸めがけて撃った銃弾は致命傷にいたらなかった。多量に出血する東条は、かけつけた米軍医からすぐさま治療をうけ、やがて回復すると国際検察局による尋問をうけることになった。そののち連合国による戦犯容疑者逮捕に対する目立った妨害や抵抗運動はなかったが、自殺や逃亡の例はいくつかある。A級容疑者については、たとえば重要人物の一人だった近衛文麿を占領軍当局は失っている。身柄引き渡しまえの一二月一六日早朝、近衛は毒をあおって死んでいる。近衛は戦時中三度にわたって総理大臣をつとめた（一九三七—四一年）人物で、蔣介石政府との全面戦争を推しすすめたほか、ドイツ・イタリアと三国軍事同盟を締結して英米との軍事的対立の危機をふかめるなど、戦争拡大の原因となる重大な政策決定をしてきた。戦後になって近衛は日本の再建に意欲をもっていたが、自分が主要戦争犯罪人に指名され占領軍の手がまわってきていると知り、自殺を選んだ。

一二月以降に東京に結集した各国検察官は、占領軍当局がすでにA級戦犯として逮捕した人物について、自分たちが調査の責任を負うと理解し、巣鴨拘留者を中心に起訴・不起訴を決定するための調査をすすめていった。しかし、検察官みずから容疑者を指名することもあった。たとえば、米ソ交渉長期化のためにおくれて来日し、起訴状の準備にほとんど貢献できなかったソ連代表のS・A・ゴルンスキーは、入京するなりA級容疑者五名を追加指名するように提案している。開廷が間近になったその時点ではすでに被告二六名が確定していたが、各国検察官はソ連の提案を検討することにした。その結果、過半数票を得た二名——重光葵と梅津美治郎——を被告グループにくわえると決定、二人はすぐ巣鴨に拘留された。(3) 最終的に東京法廷で起訴されたのは全部で二八名となったが、このうち二名は裁判がはじまってまもなく病死したため、被告リストからはずされている。永野修身《おさみ》（前海軍大臣［一九三六—三七年］、前軍令部総長［一九四一—四四年］）と、松岡洋右《ようすけ》（第二次近衛内閣の外務大臣、三国同盟の締結を実現した人物）である。さらに、戦時中にアジア主義を唱道し、政府・軍部内外で大きな思想的影響をあたえてきた大川周明は、開廷当初から不審な挙動があり、精神鑑定をうけたあと、裁判に不適とみなされて起訴状からはずされた。そのため東京裁判所で審理の対象になったのは二五名に減った。

当初被告に指名された二八名は、陸海軍将官一八名、政府官僚九名、そして政府に属さない個人一名からなっていた。米国検察チームの一人、ソリス・ホーヴィッツが裁判後に書いた裁判の概説論文から、被告を決定するとき国際検察局がふたつの選定基準を適用したことがわかる。その内容をみておこう。

第一に、選んだ容疑者たちが全体として「日本の侵略戦争計画上、重要な役目を果たした」政府・軍部の高級機関を代表するグループを形成するよう、検察局は注意したという。(4) 具体的には、内閣・枢密院・陸軍参謀幕僚・外務機関など、戦争政策決定の中核と考えられる諸機構が、被告グループにすべてふくまれるよう努力をはらっている。延べ人数にすると、被告を構成したのは総理大臣四名、外務大臣四名、陸軍大臣五名、海軍大臣二名、大蔵大臣一名、文部大臣二名、拓殖大臣二名、大東亜大臣二名、内閣の企画院総裁二名、内大臣一名、枢密院議長一名、大使四名だった。被告はたいていふたつ以上の「代表機関」を戦時中にひきいた経験があり、たとえば木戸の場合、一九三七年に文部大臣をつとめたほか一九三九年には内務大臣、一九四〇年から四五年までは内大臣をつとめた。同様に東条被告は一九四〇年から四一年まで陸軍大臣、四一年から四四年のあいだには総理大臣と陸軍大臣を兼任した。太平洋戦争中は内務大臣と陸軍参謀総長を兼任したこともある。このように、たった一人で政府と軍部の中枢たる地位をいくつも兼任してきた点で、木戸や東条などは国際検察局の「代表グループ」構想には好都合な人物だったといえよう。

第二に、国際検察局は、戦争の主要な「段階」も被告グループにバランスよく体現させようとした。

ホーヴィッツによると、「日本の侵略戦争の長さ」を考慮にいれて、「重要な段階がひとつひとつ適切に代表されるよう」注意をはらったという。(5) 代表機関の場合とおなじように、たいていふたつ以上の「段階」を代表できるような人物が被告に選定されている。このようにさまざまな機関と段階にふかく関与してきた人物を選ぶことで、国際検察局は被告の人数をできるだけ少なく押さえながらも、戦争の諸相をできるかぎり包括的にカバーしようとしたのだった。

国際検察局が主要な段階とみなした事件は、起訴状の付属文書から知ることができる。それによると、1一九三一年からの満州侵略、2一九三七年からの中国全土に対する侵略戦争、3中国とアジアの広範囲にわたる経済的侵略、4中国占領、5軍事・生産・金融上の戦争準備、6日本政府機関の軍部による支配と政治反対勢力の抑圧、7タイと仏領インドシナの軍事占領後のドイツとイタリアとの軍事同盟、8ソ連に対する侵略戦争、9アメリカ・フィリピン・英連邦に対する侵略戦争、10オランダとポルトガルに対する侵略戦争、以上一〇段階である。(6)

このほか、国際検察局は残虐行為も一種の「段階」とみなして、何人かの被告がこの「段階」を代表するよう配慮したように見うけられる。松井石根《いわね》被告はその一例だ。日中の全面戦争が勃発したあと松井は中支那方面軍の最高指揮官をつとめ、南京攻略を指揮したが、一九三七年一二月に南京が陥落するやいなや、日本占領軍は広範囲にわたって残虐行為をおかし、日本軍史上の大スキャンダルと化した。起訴状によると松井はほかにいくつかの戦争「段階」も代表していたようだが、訴追努力で南京事件に大きな比重がおかれたことは公判内容からもあきらかである（立証内容の詳細は第六章を参照）。武藤章も、おもに残虐行為「段階」を代表した被告といえる。武藤は南京事件のとき中支那方面軍の参謀副長だったほか、一九四四年おわりから四五年にかけて、いわゆる「レイプ・オブ・マニラ」が発生した折に、フィリピンに派遣されていた山下奉文《ともゆき》大将の参謀長をつとめた。これらふたつの大残虐事件が起こったときに軍トップ層の将官だった武藤が、これらの残虐行為「段階」と関連して被告に選定されるのは避けられなかったといえる（マニラ事件については第七章で論じる）。

ところで、代表グループを訴追するという考えは東京裁判がはじめてではなく、ニュルンベルク国際裁判でもすでに適用されていた。一九四六年から四九年まで開催されたニュルンベルク継続裁判でもこれは同様で、おもに代表グループから構成される容疑者を合同で裁判にかけている。この方式が採用された背景には、主要な戦犯裁判が個々人の戦争犯罪人を処罰するだけではなく、戦争の全体像を法廷であきらかにしていくという歴史教育の目的も兼ねていたことに一部起因していると考えられる。また、何十万人――あるいは何百、何千万人か――におよぶドイツの戦犯容疑者すべてを訴追することが事実上不可能なことから、その代替措置としてもっとも「代表的な人物」に訴追をしぼるという戦略がつかわれたともいえる。東京裁判でもおなじ思想が代表グループ選定の根底にあったことは、つぎに説明する開廷以前の一連の事件からもあきらかになる。

代表グループ案を東京ではじめに提言したのは英連邦代表の検察官たちだった。提案にいたった直接の動機は、キーナン指揮下の米国代表チームが、容疑者の尋問に多大な時間と労力をついやしながら、被告選定にも起訴状の準備にもほとんど着手しておらず、英連邦代表がそれを懸念したためだった。米国チームの非効率な作業をやめさせて裁判開始へむけた具体的準備をすすめようと考えた英連邦代表は、あたらしい案を提出したのだった。提言の中心人物は英国代表のコミンズ＝カーで、かれ

は意見書をみずから作成し、一九四六年二月二五日にそれをキーナン首席検事に提出した。(7)

意見書のはじめにまず、東京国際法廷の根本目標が「日本のおかした特定の行為が犯罪であることを確立すること」だとコミンズ＝カーは指摘、これを訴追準備の指針とするべきであるとの見解を示した。この理解にもとづいて、いま国際検察局のなすべきことは「一五人あるいは多くても二〇人」程度の主要戦争犯罪人を訴追することであって、巣鴨に収容されている容疑者の全員に対して起訴状を準備する必要はないとした。裁判にのぞむときには、少数の被告グループが国際法上の諸犯罪に責任を負う「代表者を構成するようにし、また構成していると言明され」るであろうとものべ、法廷でも検察側の基本目標をあきらかにしてよいとする。さらに、裁判を早いうちに開始できれば、日本人に対する教育上の効果もおおいに期待できる点を指摘した。いわく「今現在、日本人自身は裁判を支持していると我々は理解している」が、「もし裁判が遅れたり長引いたりすれば、彼らは同情心から動揺し、今は有罪宣告を見届けたいと思っている人物を、あとで殉教者とみなしかねない」と忠告した。英連邦代表らは日本の国内世論が気まぐれに変化する可能性を危惧し、主要戦争犯罪人の裁判はとにかくいち早くすすめるべきだと考えたのだった。そのほか、「純粋に日本人の関心とはまた別に、世界の関心はニュルンベルク裁判が終わるちょうどその日から、一気に消滅点に向かうだろう」ともそのべ、東京裁判がニュルンベルク裁判ほど国際的に注目されていない点についても首席検事の注意をうながした。ニュルンベルク裁判はそのときすでに後半戦にはいりつつあり、判決のくだされる日はそれほど遠くなかった。そのため、東京裁判の開始を一刻も早く実現しなければならない、と英連邦代表は危機感をつのらせていた。こうして事態の切迫性をキーナンに強調したうえで、コミンズ＝カーは、現在実行されるべきは容疑者の尋問を適当なところで切りあげ「すべての訓練された頭脳と大量のまとまった材料をなんらかの運営委員会の指揮下に置く」ことだとし、迅速に少数代表グループ選出に移るようすすめた(8)。

英連邦の提案をうけるとキーナンは柔軟な姿勢をみせ、それを実行する意志があることをすぐにあきらかにした。けれども、キーナンをとりまくほかのアメリカ人調査官たちは難色を示した。米陸軍省派遣のジョン・W・ブラブナー＝スミスは、すぐに反対意見を表明した一人である。根拠は、「もし、純粋に地位を理由にして一五人選ぶのならば、A級戦争犯罪人の多くは、我々は処罰の責任を負っているにかかわらずそれを達成しないでしまうでしょう」とのことだった(9)。かれの見解では、選考基準となるべきなのは個々人の容疑者がおかした戦時行為の実質であるべきで、特定の人物がたんにある機関や事件を「代表」できるかどうかなどであってはならないというのだった。

来日当時、首席検察次官の立場にあったノースカロライナ州検事カーライル・W・ヒギンズも、英連邦の案に批判的だった。かれはキーナンに別途意見書を用意し、そもそも自分たちは本国政府の指示により巣鴨拘留者全員に対して調査をすすめる責務を負っている、と指摘した。にもかかわらず、もし英連邦案を受け入れて「代表」を選考基準にしては、本来の任務を達成できないと主張したのだった(10)。

米検察チーム内に生じた意見の対立はすぐに解決されず、一週間後の三月二日に開かれた検察局会議でもひきつづき協議された。この会議でコミンズ＝カーの補佐をつとめたT・クリスマス・ハンフリーズは、英連邦の案をさらに具体化した被告選定方法を説明した。これをうけてヒギンズは、それ自体にはとくに反対意見はのべなかったものの、代表グループ戦略がもたらすだろう未処理の問題について質問した。それは、もし少人数の被告を選定する方針を適用すれば多くのA級戦犯容疑者が告訴されることなく巣鴨に残されることになるが、かれらがどう処置されるのか、その点をあきらかにしてほしいという質問だった。ヒギンズの発言を字句どおり引用すると、「仮りに代表リストを作成する方針を適用するとし、訴追を、そうですね、二〇人に限定するとしましょう。その場合、拘置所に残る五〇人をどうするのか、どのような助言がありますか」。これに対してハンフリーズは、残りの容疑者について国際検察局はなんら責任を負う必要がないとの立場をとった。その理由は、1被告の選定からもれる容疑者は、考慮の対象になるほど重要でない、あるいは、2それなりに重要かもしれないが、どちらにしても「かれらを収容する余裕はない」ので考慮の対象にならない、ということだった。[11] この説明が、しかし巣鴨拘留者全員の調査をすすめる責務を負っていると確信するヒギンズが納得する内容ではなかったのはいうまでもない。

ここでキーナンが介入し、英連邦案を支持するあらたな説明をくわえた。かれによると実際問題、「一〇〇人同時に裁判にかけて、その全員に適切な弁護と反対尋問の権利を保証できないのは明白」であって、「もし限界があって、その事実を認識すれば、一回の審理ですべての容疑者を処理することができないと私たちはわかっています」というのだった。つまり、検察局が負っている責務が本来なんであれ、訴追人数にはもともと限界があり現実的に考えなければならないというのだった。つづけてキーナンは、東京裁判はそもそも「法の原則にもとづき、伝統にもとづき、さらに条約に違反して世界平和を乱す国の人間は犯罪をおかしているとみなされるのであり、そういった人間はA級戦争犯罪人の部類に入り、そうした人物による文明社会の法則の侵害のせいで世界戦争がおこったという事実関係にもとづ」いて訴追をすすめる趣旨である点、ややことばを混乱させながら強調し、これが「マッカーサー元帥、トルーマン大統領、その他多くのひとびとの意見です」とのべた。[12] このような理由から、英連邦代表の案は受け入れるべきだという論だった。

とはいうものの、キーナンはヒギンズの見解にも一理あると認め、「たしかに私たちは巣鴨に拘留された者たちと、今後追加される者たちに対して責任を負っています」とのべた。そして、「私たちは残りの者たちに対してしなければならないことはしなければなりません」、とヒギンズの見解が妥当であると基本的に賛成した。さらにキーナンは、「もしかしたら一回以上の裁判があるかもしれません」といい、第一回目の東京裁判で起訴できないA級戦犯については、「第二あるいは第三リスト」が将来作成されるかもしれないと指摘したのだった。[13]

右の発言は、おそらく国際検察局内でA級戦犯の継続裁判の可能性にはじめて言及するもので、その点重要といえよう。東京裁判が開始されるころ、ヨーロッパでは占領国の四カ国があらためて「対独管理理事会法第一〇号」を発し、ヘルマン・W・ゲーリングら二四名の国際裁判のあとに訴追努力をつづける手はずをととのえはじめていた。そして、やがておなじニュルンベルク法廷で一二の継続裁判を米国指導下ですすめたのである。もしA級「継続裁判」[14]が東京でも起こるとしたら、ニュルンベルクのそれと対をなすかたちでの開催ということになろう。ただ一九四六年三月の時点では、キーナンは極東継続裁判の具体的なプランをもっていたわけではないようだ。すくなくともこの会議中には巣鴨拘留者の処理問題をそれ以上論じていない。むしろヒギンズの批判を回避するため、漠然と継続裁判の可能性に言及したような感がある。けっきょくヒギンズに納得のいく回答をあたえないまま少数グループ案を承認し、コミンズ＝カーの提案にしたがって運営委員会を設立、かれにそのまま委員会指導を一任した。これらの処置により、国際検察局はとにかく被告選定を迅速にすすめはじめることができ、二カ月後には開廷にのぞんだのだった。

A級戦犯継続裁判の計画

このような経緯から、巣鴨に残ったA級容疑者の処理問題は被告選定がおわった時点では解決していなかった。ただ、裁判開始前に英連邦代表は今後の指針として、1証拠不十分の容疑者は即時釈放し、2起訴の可能性が残る人物については、国際検察局ではなく米国当局が引きつづき調査をすすめるようキーナンに進言している。もともとA級容疑者は米国政府からの指令で逮捕され、基本的にアメリカの管轄下にあった。それゆえ、今後のかれらの処置について米国管轄下にとどめおこうというのだった。けれどもそののち、巣鴨拘留者のうち一五名は占領軍当局の特別決定により漸次釈放されたものの、ほかの者たちに対して継続捜査はすすめられず、ただそのまま巣鴨に拘留されつづけた(15)。

英連邦代表検事たちはこの事実を開廷後一年たったころに知り、失望したようだ。クィリアムが当時本国政府に伝えたところによると、かつて英連邦代表たちは、「もしかれら［巣鴨拘留者］を何の処置もとらず無制限に拘留しておけば、強い批判を受けることになる恐れがあります」とキーナンに忠告しており、米国指導下で調査を続行するよう勧告していた。しかし、どうやらキーナンはその助言をただ聞きながしていたのだった(16)。

　A級容疑者が裁判・釈放の決定のないまま巣鴨に残っているという事実は、このころマッカーサーにも伝わった。元帥も英連邦代表らと同様、これをキーナンの職務怠慢とみなし、「すべてのA級戦犯容疑者の裁判と訴追の準備は、そのために特別設置された首席検事の責任と理解」していた、と本国陸軍省に説明している(17)。けれどもこの報告には、A級容疑者の逮捕と拘留を指揮してきた元帥自身の責任については言及がない。たんにマッカーサーは、「個人の自由を理不尽な期間束縛してなんら積極的な処置をとらないのは、常識的正義の概念に反するばかりでなく、占領政策全体に有害となるでしょう」と忠告し、この問題を早く解決しなければ占領軍の威信にかかわるという見解を表明したのだった(18)。

　事態の打開策として、ここでマッカーサーはふたつの処置を提言した。ひとつは残る容疑者を国際裁判にかけることで、これはA級戦犯を特別国際法廷で裁くという極東委員会の方針に沿う内容だった。ただし元帥自身は個人的には、この選択肢をすすめなかった。というのは、「そのような訴訟手続きは扱いにくく、のろのろし、費用がかかり、概して満足のいかない規定により組織されているため、深刻な批判にさらされやすい」からだった。もうひとつの提案は、「BC級戦争犯罪人に対して是認されているものと同じ基準で残りの容疑者の処理を図る権限を、連合国最高司令官に与える」ことだった(19)。つまり、残る容疑者はマッカーサーの指揮下にある米軍法廷にて裁く、という提案だ。この選択肢は、まだ発達段階にある国際刑事裁判所のかわりにすでに制度のととのった軍事法廷で巣鴨拘留者を処理できる点でより現実的であり、マッカーサー自身はそれを支持した。

右の報告をうけた米陸軍省は、しかし「はっきりした政策を作成するのは不可能」とのべ、当面は政策決定を保留する立場をとった。理由は、拘留されている残りのA級容疑者がだれなのかなど、基本的な情報を持ちあわせていなかったからだった。そこでまず国際検察局に協力をもとめ、巣鴨拘留者のリスト確保にとりかかることにした[20]。そのころキーナンは米国に帰っていたが、陸軍省から要請をうけたのだろう、陸軍省経由で、東京で首席検事代理をつとめるタヴェナー宛に急きょ電報をうった。そのなかでキーナンは、巣鴨拘留者の審査を再開し「すべてのA級戦犯の氏名、肩書、そして告訴案の簡単な陳述」を早急に陸軍省に伝達するよう指示した。また、自分が東京にもどる予定の一九四七年七月二七日までに「完全な［個々容疑者］関係書類を準備し、私が検討できるようにしておくよう」に、とも指示した[21]。

首席検事から追加作業をもとめられた東京の検察局スタッフは、すでに東条ら二五名に対する訴追努力で手一杯の状態だったので、これを歓迎しなかった。しかも、A級容疑者の審査をなぜ今ごろ再開しなければいけないのか説明がなく、このこともこころよく思わなかった。各国代表の参与検察官たちは、おそらく「第二次裁判が考慮されているのだろうと推測した」が、キーナンがなにも説明しないので「なんら断定的情報はなかった」という[22]。こうした首席検事の態度について、クィリアムは本国政府宛の手紙でつぎのようにのべている。

これらのファイルを準備する仕事を手伝うことについては、疑念があるものの頼まれたことをしようと思います。けれども他［の検察官］同様、私が助力していることを、私の政府が追加裁判に賛成の意思表示をしているとか、あるいは遅延と不作為の責任が何ら私の政府にあると勘違いされないよう、はっきりさせておくつもりです。

右の記述に、キーナンに対するクィリアムら各国検察官の不信感が読みとれよう。つづけて、仮りに継続裁判が計画されているのなら、現在進行中の東京裁判が長引いていることから、第二次裁判は個人的に「過ち」で反対すべきと考える、とクィリアムはのべ、継続裁判は支持しないつもりであることも本国政府に伝えている(23)。

こうした検察局内の不満をよそに、キーナンはすでに継続裁判をすすめるつもりになっていた。準備にとりくむため一九四七年八月一〇日にふたたび東京へもどり、すぐさまその旨を発表するための記者会見を開いた。八月一三日付で共同通信は、「A級容疑者、じきに裁かれるとキーナン宣言」と題してこれを報道している。記事によると、「首席検事ジョセフ・B・キーナンは、月曜日、スガモプリズンに現在拘留されているいわゆる日本A級戦犯容疑者の多くを、「適切な合法的裁判所」で早期裁判すると約束した」という。また「かれ［キーナン］の指揮する国際検察局は現在、巣鴨容疑者――うち幾人かは二年近く拘留されている――に対する証拠の「集中調査」に没頭しているとのべた」と伝え、継続裁判にむけて具体的な準備活動がすすんでいるという趣旨の報道をした(24)。

この記者会見が各国検察官から不評を買ったのはいうまでもない。報道内容によると、あたかも代表検事全員がすでに継続裁判の合意にいたったような印象をあたえるが、そのような協議も合意もなかったのが現実だった。それどころか、継続裁判をするという案自体、検察局に伝わっていなかった。

各国検察官はキーナンにすぐに苦情を申し入れたが、けっきょく公表をとり消すにはいたらなかった。こうして継続裁判にむけた巣鴨拘留者の再審査は、国際検察局をなかば強引に巻きこんだかたちで一九四七年夏からはじめられたのだった。(25)

国際検察局は、同年一〇月下旬まで審査をすすめつづけ、容疑者のうち一九名については継続裁判の可能性ありとし、残りは証拠不十分を理由に釈放するべきだと決定した。これをうけてマッカーサーは、証拠不十分と認定された者たちをすぐに釈放、指名された一九名については指示されていたとおり、その情報を陸軍省に転送した。(26) これら一九名を最終的にどう処理するかの方針は、占領軍当局、米陸軍省、キーナンの三者間で協議がつづけられ、翌年一月になってようやくキーナンの正式処理案がまとめられた。これはマッカーサーをつうじて陸軍省に伝達された。

興味ぶかいことに、キーナンの最終勧告は残る容疑者の告訴はやはりすすめない、という内容だった。かれによると、「極東国際裁判での審理が急速に終結しつつある今、そのような容疑者［A級戦犯］をひとりでも国際法廷で裁くのは、かなりの的外れになるでしょう」ということだった。つまり、国際裁判に対して内外からの関心をこれ以上得られないだろうと考えたのだった。つづけて、「A級戦犯の継続裁判は［開催されれば］非常に長引くのは不可避であり、また、現在進行中の裁判と多分に同内容を踏襲するため、すでに提出された多くの証拠を再度提出しなければならなくなるでしょう」とのべた。つまり、A級戦犯人をつづけて裁判にかけても東京裁判のくりかえしにおちいる可能性があり、歴史教育上あたらしい意義が見いだせず、すすめられないというのだった。(27)

けれどもキーナンは、だからといって巣鴨拘留者の即刻釈放もすすめなかった。そのかわりに、A

級容疑者をマッカーサー指揮下の法務局の管轄に移し、ひきつづきBC級犯罪について――つまり通例の戦争犯罪と人道に対する罪について――告訴が可能かどうか調査をつづけるべきだと進言した。これは、巣鴨問題を迅速に処理する方法として半年まえにマッカーサーが陸軍省に推薦した案とおなじであり、占領軍当局の意向に沿ったものだといえよう。また、クィリアムによる発言からもわかるように、各国検察官が継続国際裁判をもはや支持していない以上、米軍法廷が巣鴨容疑者を処理していくことのできる唯一の司法機関だったともいえる。

キーナンの勧告をうけて、法務局長のアルバ・C・カーペンター大佐はそれをすぐ実行に移している。このことから、A級容疑者を米軍法廷でBC級処理することを陸軍省が承認したとわかる。ところが法務局は、この任務にあたるやいなや困難に直面した。それは、国際検察局からひきついだ証拠文書のほとんどが「A級」の部類にはいる犯罪、つまり「平和に対する罪」にかんするものであって、BC級犯罪訴追をめざす法務局にはほとんど役に立たないとわかったからだ。カーペンターいわく、「裁判がなんらかの合法性を帯びるとすれば、あたらしい独自の調査方針を開拓しなければならないだろう」ということだった[28]。利用できる証拠文書が手元に少ないため、法務局は当面、継続裁判の可能性についての暫定的な意見書を準備することに専念し、一九四八年四月中旬、マッカーサーに中間報告を提出した。

この報告書で、カーペンターはひとまず四つの裁判の可能性を提示した。ひとつは、いわゆる「パールハーバー内閣」の閣僚八名の合同裁判で、訴追の根拠は、1戦争犯罪や人道に対する罪を承認する政策決定をした、2被告みずから残虐行為をしたか、あるいは部下に許可した、もしくは3残虐行為をおかす日本軍の行動を制御し、犯罪をやめさせる責務を果たさなかった、以上三つのうちいずれかの法理が適用できると提案した。ただし閣僚責任の「厳密な先例が欠けている」ことをふまえて、当面は東京裁判所の判決を待ち、そのあとに本格的な調査ないしは訴追準備をするよう進言している。市ヶ谷の法廷では、「パールハーバー内閣」の閣僚だった人物数名がすでに訴追されており、平和に対する罪のほか通例の戦争犯罪と人道に対する罪についても起訴されていた。そこで、まず東京裁判所がどのような判定をくだすかを見定め、それにもとづいて閣僚裁判を検討するのが懸命だとカーペンターは考えたのだった。

報告書の提案する第二の裁判は、かつて横須賀鎮守府司令官、連合艦隊司令官、そして軍令部総長をつとめた豊田副武《そえむ》海軍大将に対するもので、この裁判は「指揮官責任」の法理、つまり豊田に従属した海軍がおかした戦争犯罪――具体的には太平洋戦争終結の年に、インド洋において「撃沈した連合軍船の生存者を殺したり救護船を意図的に爆撃したり」などの行為――に対して刑事責任を問おうというものだった。調査をすすめれば「この容疑者をBC級犯罪のもと告訴する十分な証拠がでてくるだろう」とカーペンターは予測した。

残りふたつの裁判に指名されたのは児玉誉士夫と笹川良一である。報告書によるとこの二人は戦時中、一般大衆を戦争に煽動したり中国で軍需産業に関与したりしていたという。この二名を告訴までもっていけるかどうかはこの時点でははっきり言明できないとしつつ、児玉については「綿密な調査をすれば、この容疑者を何らかの正当な罪状に関して有罪を立証する十分な証拠を用意できるだろう」とのべた。笹川については、「BC級犯罪に対する有罪をはっきりと立証する積極的な証拠は今のところない」としながらも、かれは「危険人物になるだろう」から今のところ釈放はすすめないとした。[29]

法務局による巣鴨拘留者に対する調査はつづき、より具体的な継続裁判案、「A級容疑者のBC級犯罪訴追」が同年九月二五日に完成した。この案はひきつづき閣僚裁判を提唱したほか、豊田副武と児玉誉士夫の裁判もふくんでいたが、笹川裁判の可能性は外されていた（豊田・児玉裁判のうち後者は、証拠不十分が原因か、やはりのちに外されている）。そしてあらたに田村宏陸軍中将が継続裁判の候補にあげられている。田村は太平洋戦争の終盤に陸軍省の俘虜情報局長官と俘虜管理部長をつとめた人物で、連合軍の捕虜虐待について個人刑事責任を問える人物として名前が浮上したのだった。[30]

継続裁判の被告リストを一部修正する一方、九月の案は裁判がいつ開催されるべきかについても具体的な指定をした。カーペンターは裁判の開始日を一律に同年一〇月三一日かそれ以前としたが、これはマッカーサーが米陸軍省長官のケネス・C・ロイヤルから別途うけていた指示を遵守するものだった。九月の修正案完成以前、ロイヤルは「一九四八年一〇月三一日以降は貴官の戦域でこれ以上裁判をはじめないよう希望するが、これはBC級犯罪で訴追される可能性のある旧A級容疑者をふくむ」と通達しており、期限設定の根拠は、「戦犯裁判が長く続くことを世論が支持しない、あるいは支持すべきではない」と考えたためで、「私はすべての戦犯裁判を実行可能なできるだけ早い日に終えることを長らく望んでいた」とのべている。[31]ヨーロッパ方面の戦犯裁判はそのころ終結に近づいており、太平洋地域での戦犯裁判をおえる案もあがってきていたという。こうした状況のもと、ロイヤルは「今年中」にすべての戦犯裁判を完了するべきだと考え、また、翌年の予算案では太平洋地域でのアメリカ戦犯裁判をもはや考慮していない旨も、マッカーサーに知らせていた(32)。ただし法務局の案にある閣僚裁判は、東京判決がくだるまでは開始できないので、これについては特別措置を許可した。そのため、この裁判にかぎっては開始予定が一九四九年一月とされた(33)。

継続裁判の具体案が固まったところで、カーペンターは占領軍当局の外交局に対し、連合国各国に参加をよびかけるよう委託した。A級容疑者の継続裁判は基本的に米軍の管轄であり、連合国を招待する法的義務はアメリカになかった。けれども、連合国の市民で「被告のおかした戦争犯罪の犠牲者」になった者があるかもしれないことに配慮し、法務局は判事の指名をつのったのだった(34)。また、「［予定された］三つの裁判で、被告のおかした戦争犯罪にソ連国民が犠牲者だったと示すような証拠は提出されないと予想されているが、それでもこれらの裁判にソ連が関心をもつかもしれないから」と、ソ連政府にも参加をよびかけている(35)。これは、冷戦構造の深化にかかわらず、主要戦争犯罪人の訴追については米国が国際協調主義をとりつづけたことを示唆しており、興味ぶかい。

各国に参加をつのりはじめた当時、すでに豊田裁判についてはオーストラリア陸軍准将J・W・オブライエンの判事任命が決まっていた。閣僚裁判については、やはり同陸軍のC・J・プレース中佐とイギリス陸軍のアルフレッド・D・イェーツ中佐（のちに辞退）が推薦されていた。そのほか招待された国々は参加に関心を示さず、唯一ソ連が参加する意志を表明した。しかしソ連代表の判事二名は、豊田・田村裁判がはじまって二カ月も経ったころに来日し、しかも法務局が英語に堪能な人物を推薦するよう要請していたにもかかわらず、英語を解さない人物たちだった。そのため法務局はソ連判事の却下を余儀なくされ、けっきょく田村と豊田両裁判は米豪代表判事のみにより開催されることとなった[36]。

他方、一九四九年一月に開始予定の閣僚裁判は、極東裁判所が有利な判決をくださなかったとカーペンターが判断したため、お流れとなってしまった。基本的には「閣僚が官職上の責務を果たさなかった場合、刑事的不作為で有罪とされるべきという原則を裁判所の判決書は表明した」とカーペンターは認めたが、この法原則の適用により東京裁判所から有罪宣告をうけたのは、東条内閣で起訴された五名の閣僚のうちたった一名、重光外相（一九四三―四五年）だった。しかも裁判所が重光にくだした刑は寛大で、七年の禁固刑だった。これは先例としてはあまりに頼りないと、カーペンターは第三の継続裁判をとりやめることにしたのだった（重光判決の妥当性と歴史的意義は第六章を参照）。その結果、裁判を待っていたはずの八名の閣僚は、すでに釈放の決まっていた一〇余名のA級容疑者とともに巣鴨から解放されることになったのだった[37]。

こうして、豊田と田村をのぞいたA級容疑者はみな自由の身になったが、ここでかれらが釈放された根本的な理由をあらためて考えてみよう。従来の概説書によると、A級継続裁判がおこなわれなかった背景には、米ソ間の冷戦構造の深化とそれにともなうアメリカの政治的決断があったとされている。この見方はある意味で真実性をもつものの、三つの継続裁判が実際に予定された、という事実をじゅうぶん説明できない。しかも占領軍当局からソ連の参加をつのるなどの配慮もあり、冷戦を理由にA級戦犯を全部とりやめてしまおうという意図がアメリカにあったわけでもなさそうだ。では、継続裁判が中途半端になってしまった理由はなにか。それは、1早くから顕在化した首席検事の指導力のなさ、2マッカーサー元帥のA級戦犯問題に対する無関心さ、そして同様にして、3アメリカ政府当局の、極東におけるA級戦犯問題に対するある種の無関心さ、この三つが大きく影響したといえるのではないだろうか。もしこれら三者がそれぞれの職務を遂行していたならば、東京継続裁判はもっと早く大規模にとりおこなわれ、ニュルンベルクのそれにもっと近いものとなっていたかもしれない。

余談になるが、一九四八年の冬に釈放された「パールハーバー内閣」閣僚八名のなかには、周知のとおりかつて商工相をつとめた岸信介がふくまれていた。岸は戦後早ばやと政界に復帰し、一九五七年には首相に就任する。岸政権下での事件としていまでも語られるのは、一九六〇年の日米安全保障条約の更新である。岸首相の交渉相手となったのはドワイト・D・アイゼンハワー（第三四代大統領）、第二次大戦中に北アフリカとヨーロッパの対枢軸戦で連合軍の最高司令官をつとめ、戦後は陸軍参謀総長として一時マッカーサーを配下におく人物だった。安保条約の更新は、極東における米国の「新帝国主義」を助長していると当時国民のあいだでたいへん評判が悪かったが、かつて「アメリカのおかげ」で命拾いしてきたA級戦犯容疑者がこの更新にあたったことも不興を買った。岸首相がやがて国会に警官を動員してまで条約の批准を強行すると、国民は日本史上空前といわれるデモでそれに応え、岸内閣の総辞職を余儀なくさせた。これはある意味で、占領期以来鬱積していた対日戦犯政策の不徹底に対する国民の不満のあらわれ、と読むこともできるのではないだろうか。

第四章　戦争史をどのように語るか

侵略戦争を国際法上の犯罪行為とみなす考え方は、今日の国際社会はそれを受け入れる方向にむかっているが、侵略戦争をおかした者を犯罪人として国際法廷で告訴するという思想は、ひろく認められていない。ニュルンベルク・東京裁判が終了して以来、侵略戦争の犯罪性を確立し、それを実用的な法概念にしていくさまざまな努力がたしかにはらわれてきている。けれども現時点では、そうした努力の目標は部分的に達成されたのみである。すなわち一方では侵略戦争が違法行為をなすという認識は国際社会の一般常識になり、法制化もすすんでいる。けれども他方では、その不法行為をおかした人物を裁判にかけるかどうか、もし裁判にかけるならどのような法的手続きをもっておこなうべきか、という基本問題は未解決なのだ。[1]このような国際法上の複雑な現状から、侵略戦争にかんするニュルンベルク・東京両裁判の判決が、判例として将来的にどう適用されていくのか言明するのはむずかしい。本章では、この問題についての最終評価を将来の国際法学者にゆだねることにし、ふかく追求しない。そのかわり、侵略戦争にかんする法概念――「平和に対する罪」――が両裁判でどう定義され、また解釈されたのか、それ自体を分析してみる。そのほか、東京判決が提供する戦争史観の諸側面も掘りさげてみたい。

「平和に対する罪」の定義

過去六〇年あまりのあいだに侵略戦争の違法性を成文化してきた国際文書は、おもに三つあげられる。国連憲章は、なかでももっとも早い時期に着手された国際合意（一九四五年）である。この憲章によると、平和に対する脅威・平和の侵害・侵略行為は国際社会で禁止となっている。これにつづき一九七四年の国連総会決議三三一四号では、侵略戦争の定義づけがされ、国際社会で禁じられる形態の軍事行為が明確化された。そして一九九八年、ハーグ常設の国際刑事裁判所設立の基本文書であるローマ規程が完成し、ハーグ裁判所でジェノサイド、戦争犯罪、人道に対する罪のほか「侵略の罪」も考慮の対象になった。(2) 二〇〇七年に、日本はこの原則をふくむローマ規程を批准している。

これら三文書のなかで、ニュルンベルク・東京裁判との関係上もっとも意義ぶかいのは、おそらくローマ規程だろう。というのは、この文書は六〇年まえのニュルンベルク・東京法廷で適用された法理を常設国際刑事裁判所が継承し、それに普遍性をもたせているからだ。とはいえ侵略戦争を遂行した者が実際にハーグ法廷で裁かれる見通しは今のところ立っていない。なぜかというと、侵略者訴追にかんする適用法の合意に調印国がまだいたっていないからだ。このため、「侵略戦争を裁く」というのは理念的な提言にとどまっており、ローマ規程に改正がないかぎりは訴追がないといっていい。二〇〇九年に、国連はローマ規程を再検討する予定になっているので、修正案があがるとしたらその

図 14　1940 年と 1941 年に日本の領土となった地域を示した地図．検察側が書証として提出．Courtesy National Archives, photo no. 238-FE.

年以降ということになるだろう(3)。

侵略戦争を違法化するという考えは、ニュルンベルク・東京にはじまったわけではなく、じつはそれ以前に結ばれていたさまざまな国際合意に基本理念を見いだすことができる。そのひとつは一八九九年に締結されたハーグ条約である。締盟国は、国際争議が起こった場合、武力に訴えるまえにまず平和解決を模索することを誓った。一九〇七年締結のハーグ条約はこの同意を再確認している。さらに第一次大戦後に国際連盟が設立されたとき作成された盟約文書には、国際争議の解決のために武力を行使することを禁じた具体的な規定がふくまれた。戦前の日本政府は、これらの国際合意すべての締盟国だった。

第二次大戦以前に結ばれた国際合意でもっとも画期的だったのは、一九二八年の「戦争の放棄に関する条約」、いわゆる不戦条約だ（日本も締盟国）。これは提唱者だった米・仏代表者の名前にちなんでケロッグ＝ブリアン条約、または合意の結ばれた都市名にちなみパリ条約としても知られる。この文書により締盟国は、国際争議の解決についてただ武力行使を禁止するだけでなく、これを糾弾し放棄した(4)。不戦条約はニュルンベルクと東京裁判所憲章の基盤となったほか、日本国憲法第九条の中核となる思想も提供しており、日本現代史にとってもたいへん重要な文書なので、主要部分をここに字句どおり引用しておこう。

第一条　締約国は国際紛争解決の為戦争に訴うることを非とし［、］且其の相互関係に於て国家の政策の手段としての戦争を放棄することを其の各自の人民の名に於て厳粛に宣言す。

第二条　締約国は相互間に起ることあるべき一切の紛争又は紛議は其の性質又は起因の如何を問わず平和的手段に依るの外之が処理又は解決を求めざることを約す。(5)

この条約を締結したのは、当初日本政府をふくむ八カ国だったが、第二次大戦前までには五六カ国が加盟していた。

さらに時代をくだりドイツ敗戦が明白になってきた一九四五年、米国政府が対独戦犯裁判を準備するとき、不戦条約の適用をふくんだ裁判案を決定したのは第一章でみてきたとおりだ。米国案はニュルンベルク裁判所憲章にもりこまれ、侵略戦争行為はこの憲章で「平和に対する罪」と命名された。その定義はつぎのようなものだった。

平和に対する罪、すなわち、侵略戦争若しくは国際条約、協定若しくは誓約に違反する戦争の計画、準備、開始若しくは遂行又はこれらの各行為のいずれかの達成を日的とする共通の計画若しくは共同謀議への参加。(6)

右の記載から、「平和に対する罪」に該当する行為が大きく分けて二種類あると理解できる。ひとつは侵略戦争を達成するための具体的な諸行動をおこすこと、つまり『計画・準備・開始・あるいは遂行」すること、もう一種類は、これらの行動のいずれかを実現するために「共同計画あるいは共同謀議に参加する」ことだ。すくなくともニュルンベルク法廷の検察官らは右の規定をこのように二部に分けて解釈し、「侵略戦争の計画・開始」云々と、「共同謀議」にかんする訴因をそれぞれ別個に作成した(7)。後述するように、東京法廷の検察局もおなじ法解釈のもとで訴因を作成している。

ニュルンベルク裁判所憲章の規定は、ほぼそのまま東京裁判所憲章にひきつがれた。微妙な修正が二点くわえられているが、それらは定義内容を変えるものではなく、むしろニュルンベルク版に内在する法理論をより明確にする役目をはたしている(8)。修正部文はつぎの引用中に傍点で示した。

平和に対する罪、すなわち、宣戦を布告し、若しくは布告しない侵略戦争若しくは国際法、条約、協定若しくは誓約に違反する戦争の計画、準備、開始若しくは遂行又はこれらの各行為のいずれかの達成を目的とする共通の計画若しくは共同謀議への参加(9)。

ニュルンベルク憲章の規定に「法」の一語を挿入することで、東京裁判所憲章は、侵略戦争の犯罪性が国際条約や合意などだけではなく「国際法上」認められている点を強調している。これは、ニュルンベルク思想の提唱者だったスティムソン、ルーズヴェルト、およびジャクソンが大前提としてきた考え方だが、ニュルンベルク憲章は不戦条約などの法的拘束力を明言していなかった。東京裁判所憲章はこれを補足したといいえよう。

もうひとつの修正事項は、「宣戦を布告し、若しくは布告しない」という節の追加である。これは、戦争の開始形式それ自体は戦争の法的性格を確定する要件ではないことを示している。つまり宣戦布告の有無にかかわらず、問題にあがっている戦争が犯罪性をもっているかどうか、国際法に照らしあわせて考慮することができるというのだった。この補足がくわえられた背景には、第二次大戦中、日本が正式な宣戦布告をしないまま武力行使をしたことが多かった事実があると考えられる。宣戦布告がなかったことを根拠に、日本の武力行使は国際法上に定義される「戦争」をなさず、よって東京裁判所の管轄外になる、と被告側が法廷で論じる可能性があったのだ。そして実際、そのような弁論が法廷で展開されたのだった。

この主張は中国大陸における武力紛争についてとくに展開された。被告側によると、中国で起こった武力対立は宣戦布告をともなわない事変、いわば地域的な動乱にすぎず、これは二国間の武力紛争とみなされないとした。この主張は戦時中に日本政府が一貫して発してきたもので、東京法廷の被告も同様の立場をとったのだった。さらに被告側は、日中が正式に交戦状態にはいっていなかったという論を根拠に、中国人兵士は捕虜としてあつかわれる国際的権利を有しなかったとも主張した。これも戦時中に日本政府がとってきた方針であって、被告側は市ヶ谷法廷でそれを再確認したのだった。[10]しかし後述するように、東京裁判所は日中間にじじつ戦争が存在したことと、日本が戦争法規にしたがう国際責務を中国人兵士に対して負ったこと、これらふたつを確定し、弁護側の主張を全面的に却下している。

さて、国際検察局は「平和に対する罪」について三六の訴因を作成した。そのうち五つの訴因は共同謀議にかんするもので、残りの三一は侵略戦争の達成にむけた実質的な行動（計画・準備・開始・遂行）に関係した。ここで内容を解説していこう。

共同謀議の第一訴因は、日本による「平和に対する罪」を総括したもので、検察側がもっとも重きをおいた。この訴因によると、日本に一九二八年から一九四五年までのあいだ、アジア太平洋地域で侵略戦争をおかす共同計画あるいは共同謀議が存在し、被告二八名全員がこれに関与していたという。訴因中の文面を一部引用すると、この共同謀議は「宣戦を布告し、若しくは布告しない侵略戦争あるいは侵略戦争若しくは国際法、条約、協定若しくは誓約に違反する戦争の遂行」を主眼とし、その目的は「東アジア、太平洋、インド洋、またそれらの地域内および境界にあるすべての国々と島々を陸海双方において軍事的、政治的、経済的に獲得する」ことにあったとした。また、被告は「他の［告訴されていない他の］人々と協力し、指導者、組織者、先導者、あるいは共犯者として共同の計画若しくは共同謀議の形成若しくは遂行に参加」したとされた(11)。文面がまわりくどいが、検察局が裁判所憲章の規定をできるだけ忠実に適用しながら訴因作成をこころみた結果である。

残り四つの共同謀議にかんする訴因はこれとほぼおなじ内容だが、第一の訴因が単一の目標を達成するためのひとまとまりの共同謀議があったと主張するのに対して、残り四つの訴因は、別個の目標をもつ四つの共同謀議があったとしている。これは第一の訴因がほかの四つと補足関係にあることを示しており、前者が確立されなかった場合、後者のひとつひとつを裁判所が考慮するような仕組みになっていた。

ところで、そもそも共同謀議とはなんだろうか。英米の刑法によると、これは二人以上の人間が不法行為をおかすとの合意にいたることに発し、そのような合意に参与した者に刑事責任を問える、という法理論である。情況証拠で被告の刑事責任が立証できるため共同謀議論は検察側に有利で、英米法史上ではマフィアによる殺人、企業詐欺、テロ行為など、さまざまな犯罪行為と関連させてひろく適用されてきた。ニュルンベルク・東京裁判では、侵略戦争を計画・準備・開始・遂行する行為との関係においてのみ適用がゆるされた。

共同謀議論が東京法廷で適用された事実は、従来の裁判論議から国内でもひろく知られるところだが、この理論は東京裁判の欠点として指摘される問題点でもある。この法理の適用により、被告二八名があたかも陰謀をたくらむ犯罪組織をなしていたかのような印象をあたえるが、実際、被告たちのなかには政治的に対立していた者も多く、戦後までたがいに面識のない者もあった。これらの実情を無視して被告を一括りに共同謀議者あつかいするのはおかしいのではないか、これが共同謀議論に対する批判の論旨だ(12)。

この指摘は被告の人間関係にかんする史実と合致しており、筋がとおっているが、刑法で適用される共同謀議論の批判としては、かならずしも適切とはいえないようである。一九八三年に開催された東京裁判の国際シンポジウムで、国際法学者の奥原敏雄がこの点を指摘している。いわく、「一般に共同謀議という言葉をききますと――私も共同謀議を研究するまえはふつうの日本人として漠然と理解していた――おそらく陰謀という概念に近いものとして理解」されるけれども、刑法上は「共謀共同正犯」と理解されるべきであって、一般にいわれる陰謀という概念とは区別されるという。また、奥原は一九八三年に上映された映画『東京裁判』についてもコメントし、「そのなかでも、お互いに顔も知らないものが共同謀議の罪で訴追されている「のはおかしい」という「趣旨」の解説」があったが、「英米法にいう共同謀議とは、まさに顔も名前もなにも知らなくていい」のだと指摘、「このへんを混同しますと、大変問題になると思います」とのべている(13)。被告が相互に見知っていた・いないという事実関係は刑法上無意味であり、被告らが犯罪行為の合意達成にむけてそれぞれなんらかのかたちで関与した、と立証できればそれでじゅうぶんというのだった。

残り三一の訴因は平和に対する罪の実質的な犯罪行為にかんし、「計画準備」「開始」「遂行」の三つの部類に分かれる。検察側は、訴追内容を詳細にすることで、被告がそれぞれ侵略戦争のどの段階にかかわったかをはっきりさせ、また多くの訴因をつくることにより、被告の刑事責任を立証できる複数の手段を用意したようだ。しかし、これをうけた東京裁判所は告訴内容の細分化を好まず、重複も多いと考えたため、訴因の大部分を却下してしまった。具体的には、侵略戦争の「計画準備」にかんする訴因は、実質的には共同謀議にかんする訴因に内包されるとみなし、これを根拠に前者の訴因は考慮する必要がないと決定した。同様に、侵略戦争の「開始」にかんする訴因は侵略戦争の「遂行」の訴因に内包されるとみなせるので、前者もすべて切りすてることにした。こうして平和に対する罪の訴因はぐんと減り、裁判所の審理対象となったのは共同謀議の訴因五つと侵略戦争「遂行」の訴因一〇のみ、合計一五訴因だけとなった。(14)

ニュルンベルク裁判所の裁定

弁護側は東京裁判が開始されたときからその最終日まで、ほぼ一貫して「平和に対する罪」という法理の適用そのものを不当だと論じ、右の訴因すべてに異議をとなえた。弁護側の主張内容は多岐にわたるが、その中核には一九二八年の不戦条約の解釈があった。弁護側の見解では、この条約は侵略戦争の犯罪性を言明していないのであって、「平和に対する罪」は戦後のロンドン会議ではじめて形成されたいわゆる事後法とみなされるべきだというのだった。そして、このような法理の遡及的な適用をゆるしては、すべての法の基本原則である「法なければ犯罪なし」に違反すると論じた。仮りに一歩譲って侵略戦争が国際法上犯罪行為だったとみなしても、被告らは国家に対する職務を果たしたにすぎず、かれらに個人刑事責任は問えないと主張したのだった。[15]

これに対する東京裁判所の回答は、弁護側主張をすべてしりぞける内容だった。すなわち、1侵略戦争は国際法上の犯罪であり、2侵略戦争については個人刑事責任も問える、と結論したのである。ただし裁判所は、この裁定の根拠をくわしく説明するかわりニュルンベルクの先例をそのまま引用・踏襲するかたちをとっている。判決書によると、「本裁判所とニュールンベルグ裁判所との条令が、重要な点において、すべて同一であることにかんがみ、本裁判所は、ニュールンベルグ裁判所の意見であって本件に関連のあるものには、無条件の賛意を表する」のであって、「いくらか違った言葉で問題を新たに論じ、そのために、両裁判所の述べた意見について抵触する解釈が行われるようになって、論争の起る途を開くよりは、その方がよいと考える」ということだった。[16]つまり、東京判決の具体的論拠はニュルンベルク判決にすべてあきらかにしてあるので、そこに立ち返らなければならないということになる。

この指示にしたがってニュルンベルク判決をみてみると、ナチス指導者たちが東京裁判の被告たちとほぼおなじ弁明を法廷で展開し、ニュルンベルク裁判所が東京裁判所と同様、弁護側の主張をすべて却下していたことがわかる。その理由をここで追ってみよう。

はじめに判事たちは、裁判所憲章が戦勝国の作成した事後法であるという弁護側の主張に応え、裁判所の管轄問題にかんする基本的所見をのべている。判決書によると、「裁判所条令［つまりニュルンベルク裁判所憲章］は、戦勝国の側で権力を恣意的に行使したものではなく、その制定の当時に存在していた国際法を表示したものであ」り、これは国際法を遵守した合法的文書である、という立場をあきらかにした[17]。そのため、憲章にふくまれる平和に対する罪にかんする法理を適用不可とする弁護側の立場はなりたたないと判断した。この裁定は、弁護側の主張をしりぞけるのにこと足りる内容だった。しかし、平和に対する罪をめぐる論争の複雑さを認識し、ニュルンベルク裁判所はつづけておもな争点についてさらにくわしい所見をのべている。

まず第一に事後法批判をとりあげて論じている。判決書によると、「「法なければ犯罪なし」という法律格言は、主権を制限するものではなく、一般的な正義の原則である」とのべ、事後法禁止の規則は、どのような状況下にあっても遵守されなければならない鉄則ではかならずしもなく、正義を達成する目標にかなっているかぎりで適用されなければならないと論じた。つづけて裁判所はつぎのようにのべている。

> 条約や誓約を無視して、警告なしに、隣接国を攻撃した者を処罰するのは不当であると主張することは、明らかに間違っている。なぜなら、このような事情のもとでは、攻撃者は自分が不法なことをしていることを知っているはずであり、従って、かれを処罰することは、不当であるどころでなく、もしかれの不法行為が罰せられないですまされるならば、それこそ不当なのである[18]。

つまり、国際法の規範に違反したと重々知りながら不正をおかした人物に対し、事後法違反の論理を適用して法的保護をあたえ無問責にしては、それこそ法の根幹たる正義の原則と相容れないというのだった。ニュルンベルク法廷で審理の対象になったゲーリングらナチス指導者にかぎっては、「侵攻と侵略の計画を徹底的な慎重さで実行に移したとき、被告らは自分たちがあらゆる国際法を公然と無視した行動をとっていると知っていたはず」だったとし、「この観点だけからでも格言はこの事実に対して適用不可と思われる」とのべた(19)。

つぎに、一九二八年の不戦条約そのものの解釈に移った。裁判所は不戦条約の法的効力を重視し、この条約によって侵略戦争の犯罪性は確立していたとの立場をとった。この見解からも、弁護側の主張した事後法批判はどのみち成り立たないと判断した。けれども判決書に展開された条約解釈は、つぎに引用するようにやや詭弁的であり、弁護側の主張にじゅうぶん答えられたかどうか議論の余地がある。

問題は、この条約（一九二八年八月二七日のパリー条約）の法的効果はなんであったかということである。この条約に調印し、またこれに加わった諸国は、政策の手段として戦争に訴えることを将来に向って無条件に不法であるとし、明示的にそれを放棄した。この条約に調印した後は、国家的政策の手段として戦争に訴える国は、どの国でも、この条約に違反するのである。本裁判所の意見では、国家的政策の手段としての戦争を厳粛に放棄したことは、必然的に次の命題を含蓄するものである。その命題というのは、このような戦争は国際法上で不法であるということは、避けることのできない、恐ろしい結果を伴なうところの、このような戦争を計画し、遂行する者は、それをすることにおいて犯罪を行いつつあるのだということである。[20]

右の説明によると、不戦条約に違反することは不法行為であって、それはしたがって犯罪行為だという。けれども、この方程式自体（不法行為＝犯罪行為）についてニュルンベルク・東京両法廷で被告はしばしば争ったのであって、右の説明が被告側にとって説得力をおびたかどうか疑わしい。

判事たち自身、右の説明に論理的限界があるとおそらく気づいていたのだろう、これを補足する重要な議論をすぐにすすめている。判決書でつづけて、「［不戦］条約を解釈するにあたって忘れてはいけないのは、国際法は何らかの国際立法機関による産物ではないこと、またパリ条約のような国際合意は、行政手続きではなく一般的法原則を取り扱わなければならないことである」とのべた。つまり、そもそも不戦条約をふくむ国際法は一般原則をあきらかにすることを主眼としており、このような国際法の性質上、法細則に不備があると批判すること自体が見当ちがいだというのだった。国際法と国内法のあいだには、法体系形成の過程と目的に大きなちがいがある点、判事たちはここでとくに注意をうながしている。さらに、「戦争に関する法は、協定だけでなく、次第と普遍的に認識されるようになった国家間の習慣と慣行、また法律家や軍事裁判によって適用される一般的な正義の原則に見いだされるのだ」とものべ、国際法が慣習法と同様の性質をもっている点も指摘した。[21]このことから、成文化されている法原則のみが国際法をなしているとみなすのではなくて、不戦条約前後に侵略戦争が慣習法上どのような法的意味をもったのかも考慮しなければならない、としたのだった。

最後に侵略戦争にかんする個人刑事責任の問題にも言及している。ここで裁判所は、国家任務をはたした結果生じた犯罪事件に対して個人責任を問えないという弁護側の主張を全面的に却下した。根拠としてまず、ニュルンベルク裁判所憲章にふくまれていた個人責任の法理二カ条に言及している。同憲章の第七条によると、「国家の元首であると、政府各省の責任のある地位にある官吏であるとを問わず、被告人の公務上の地位は、その責任を解除し、又は刑を減軽するものとして考慮されるものではない」とされ、第八条では、「被告人がその政府又は上司の命令に従って行動したという事実は、被告人の責任を解除するものではないが、本裁判所において正義が要求するものと認める場合は、刑の減軽のため考慮することができる」と規定されていた[22]。判事たちはこれら規定を妥当としたうえで、つぎのような見解を表明している。

国際法に反する犯罪は人間によっておかされるのであって、なんらかの抽象的な実体ではない。そうした犯罪をおかす個人を処罰することによってのみ、国際法は施行できるのである[23]。

右の記述によると、国家の名のもとに犯罪行為がなされた場合、その責任は個人に還元でき、また還元されるべきであるとし、国家政策を遂行したという理由から国家指導者らが刑事責任から逃れてよいという論はなりたたないということだった。これは国家元首や政府高官が過去何世紀にもわたって享受してきた免責論に終止符をうった重要な裁定であり、のちの国際人道法の基本原則にもなったといえよう。

以上がニュルンベルク裁判所の見解だった。要点をもう一度まとめると、1国際法の違反行為だと重々承知しながら侵略戦争をおかす者に事後法の論理を適用しては正義の原則にもとり、これは認められない、2不戦条約により、侵略戦争はすでに国際法上の犯罪行為とみなされており、事後法の批判はどちらにしてもあてはまらない、3国際法は成文法と慣習法から成り立ち、侵略戦争を犯罪化した実定法がないことを根拠に「平和に対する罪」の法理を却下することはできない、4侵略戦争の罪について個人刑事責任は問われなくてはならず、政府高官だからといって免責の特権は認められない、以上の四点だった。

右の裁定がくだされた二年後、東京裁判所がそれをそっくりそのまま踏襲した判決をくだしたのは先にのべたとおりである。(24)その結果、「平和に対する罪」をめぐる法解釈について、東西両方の法廷で一貫性をもたせた判例を確立したということになろう。また、ヨーロッパの先例に忠実にしたがう一方、みずからはなにもあたらしい解釈をもたらさなかったことにより、この法理にかんする争点はすでにニュルンベルクで決着済みという立場を東京裁判所はとったのだった。そのため、不戦条約や事後法問題の解釈に異論がある者は、その批判の矛先を東京判決ではなく先例のニュルンベルク判決にむけなければならないということになろう。しかし第九章で論じるように、戦後の裁判論争で事後法批判の的となったのは東京判決であって、ニュルンベルク判決が話題になることはほとんどなかったのだった。

複数の「東京裁判史観」

つぎに、それぞれの訴因について東京裁判所がくだした事実認定を追ってみたい。まず共同謀議にかんする五つの訴因については、裁判所は第一の訴因で主張された共同謀議がほぼ立証されたとの判断にいたっている。つまり一九二八年から一九四五年まで、東アジアと太平洋およびインド洋の広域にわたって日本の軍事的・政治的・経済的支配を確立することを目標とした共同計画が、日本指導層のあいだで存在したというのだった[25]。この訴因を確立した結果、残り四つの共同謀議の訴因は考慮の対象外となって却下された。

東京裁判所によるこの裁定──被告をふくむ日本国家指導者らが一八年間にわたり、アジア太平洋地域に日本の支配を確立するための共同謀議に参加しそれを追求したという裁定──は、東京裁判所のくだした判定のなかでもおそらくもっとも不評で、今日まで長く論争をまねいてきた。なぜなら、共同謀議を確定することによって、東京判決が短絡的な歴史観にもとづく戦争史を提供したからだ。これが、いわゆる「東京裁判史観」という批判が戦後国内でひろまるようになったゆえんである。

批判の具体例をいくつかあげてみよう。たとえば児島襄は、「独裁者とその周辺のグループが常に政策決定を担当し続けたナチス・ドイツとは違」うと指摘し、「日本の場合には……混乱、あるいは混雑的な要素がむしろ統一された共同謀議を不可能にさせた」と論じている。また、「軍部独裁などともいわれますが、実際には陸海軍はまるでそれぞれに独立したような存在で政策を主張してみたり、そして結局はその場、その場の対症療法的な政策が決定されていったのであります」とのべ、「共同謀議」という表現は政策決定の実情を正しく反映していないとした(26)。外交史研究家の角田順も共同謀議論が適用されたのをあやまりだとみなし、検察側の主張を「ほとんどそのまま採択した多数判決」は、「おのずから歴史の偽造に陥」ったとのべ、やはり児島と同様の立場をとっている(27)。

米国でも、東京裁判研究の草分けであるリチャード・マイニアが共同謀議論について異議をとなえている。マイニアによると、「多数派判決にのべられた共同謀議に、ほんのわずかでも似通った歴史的共同謀議がなかったことは、すでにあきらかになっているように見受けられる」といい、共同謀議論を利用したことが史実確定上の問題点であったとしている。つづけて、「起訴状で言及されている時期の日本政府は、統合された計画グループはなく、ヒトラーさえもいなかった」とのべ、先に言及した児島と同様の指摘をした。ただし、マイニアは共同謀議がまったくなかったと主張するわけではなく、「一九三〇年代の初期には共同謀議や陰謀がたくさんあった」し、実際「かなりの被告が関与していた」とものべ、関東軍謀略の満州事変などに暗に言及している(28)。マイニアが異議をとなえたのは、一八年におよぶ戦争史をあるひとつの恣意的な陰謀説ですべて再構築しようという東京判決書のありかただった。

先にふれた国際法学者の奥原敏雄も、東京裁判所の結論に問題があるとしている。ただ児島、角田、マイニアの三者が、おもに「戦争史の記述者」としての裁判所のありかたに疑問を呈したのに対し、奥原は裁判所が共同謀議を確定するさいに根拠とした特定の文書を批判した。かれの見解によると、東京判決の問題点は、大川周明の政治思想を根拠にして共同謀議を確立したことだった。大川(精神鑑定の結果、被告グループからはずされた)は一九二〇年代から三〇年代にかけてアジア主義をとなえ、その手段としての日本の軍事力行使を提唱した人物で、軍国主義の伸張をうながしてきた。奥原によると、大川の出版した煽動的な論文などを検察側が証拠として提出したが、それらはたいてい「大川博士のたんなる予言」にすぎず、あるいは「たんなる運命論と啓蒙的観点から書かれ」ているにすぎなかった。このような予言書が、平和に対する罪を確立するのに適切な証拠とはとうてい考えられず、じじつ「いかなる観点からみても、具体的な戦争開始についての計画書ではない」のだった。にもかかわらず東京裁判所は大川の著書を主要な証拠文書とみなし、これをもって、第一訴因に主張された共同謀議を確立している。ここに共同謀議についての判決の根本問題がある、と奥原は考えたのだった。(29)

右の指摘は的を射ており、その妥当性はニュルンベルク判決との比較研究からもあきらかになる。かつてニュルンベルク法廷では、ヒトラーがナチ党党首となった一九二一年前後から敗戦の一九四五年までのあいだ侵略戦争を計画・遂行する共同謀議が存在した、という主張がなされていた（これは、東京法廷での訴追内容と似かよっている）。この検察側の主張に対してニュルンベルク裁判所は、たしかに「共同謀議が存在した」との判定をくだし、共同謀議論を擁立したが、あるひとつの一貫した共同謀議が二〇年あまりにわたって存在した、という主張はしりぞけた。根拠は、「共同謀議はその犯罪目的の骨子がはっきりとしていなければならない」からであって、「それは［政策］決定と遂行の時期からあまり離れすぎてはいけない」からだという。さらに、ナチ党の二五カ条綱領やヒトラーの書いた『わが闘争』のようなものが証拠として出されたことについて、これらはヒトラーらナチス指導者の希望的観測を宣言したにすぎず、厳密には犯罪戦争の計画に該当しないという。つまり、これらを共同謀議立証の証拠とはみなせないと結論したのだった。これは、大川周明の予言書を妥当な証拠文書とした東京判決と対極をなし、重要である。

つづけてニュルンベルクの判事たちは、「裁判所は戦争を遂行する具体的な計画が存在したかどうか審査しなくてはならず、またそうした具体的計画に参加した人物を確定しなければならない」とのべ、共同謀議の意味を限定的に解釈する方針をあきらかにしている。具体的には、一九三九年九月に開始したドイツのポーランド侵攻をめぐる戦争計画を最初の「共同謀議」とみなし、そのあとの近隣諸国への侵攻にかんする計画も、それぞれ別個の「共同謀議」と判定した。つまり、実質的には共同謀議＝戦争計画の解釈を適用したのであって、これは判事たちが共同謀議論の適用を認めながらも、その法理に「戦争遂行の具体的計画」以上の意味をあたえなかったと理解できよう[30]。このような裁定は、戦争の政策決定をめぐる事実関係を史実により即してあきらかにし、共同謀議の法理にもそれなりの実用性をもたせた点で、東京判決よりすぐれた内容といえるのではないだろうか。

ここでひとつ注意すべきことがある。それは、東京判決書は一方で共同謀議論を確立しながらも、他方で日本政府の戦争計画がいつも一貫性をもっていたわけではなかった事実を、こと細かく記録していることだ。その結果、判決書は共同謀議論とはかみあわないもうひとつの「戦争史観」――それはニュルンベルク判決にむしろ近いものともいえよう――も判決書に残している。そして、この不整合性を判決書内でじゅうぶん解決できていない。この意味で東京判決には、じつのところ視点の異なるふたつの「東京裁判史観」がふくまれているのであり、このことは今後の裁判論議でも認識され論じられていくべきだろう。

残り一〇箇の訴因にかんする東京裁判所の判定をみよう。訴因のおもな内容を説明すると、まず被告全員は、一九三一年九月一八日にはじまった中国における侵略戦争（訴因二七）と一九三七年七月七日に再開した中国での侵略戦争（訴因三〇）に対して刑事責任を負うとされた。また被告全員は、アメリカ（訴因二九）、フィリピン（訴因三〇）、英連邦（訴因三一）、オランダ（訴因三二）、タイ（訴因三四）に対して一九四一年一二月七日から侵略戦争を起こし、その刑事責任を負うとされた。被告のうち何人かは、一九四〇年九月からフランス（訴因三三）、一九三八年夏にソ連（訴因三四）、そして一九三九年夏にモンゴル人民共和国とソ連（訴因三五）に対して侵略戦争を起こしたとされた。裁判所は最終判決でこれら一〇の訴因のうち七つを確定、ほかの三つは却下している。

これらの訴因について、判事たちはまずはじめに中国にかんするふたつを論じている。判決書によると、日本と中国は一九三一年九月一八日のいわゆる「満州事変」――奉天事件――以降、交戦状態にはいったとしている。そしてこの交戦状態は、一九四五年九月に日本が正式に降伏文書に調印したときまで継続したと認定した。一九三七年七月七日の「支那事変」――盧溝橋事件――については、判事たちはこれが満州事変にはじまる日中戦争の延長上にあると認定したので、あらためて日中間の別個の戦争をなすとはみなさなかった。その結果、支那事変にかんする訴因は審査の対象からはずされた。(31)

中国関係の右の裁定をくだすとき、裁判所は一九三一年九月勃発の奉天事件をめぐる軍事状況をかなりくわしく検証している。これは、検察側が満州への軍事侵攻を日本の侵略戦争の第一歩と位置づけ、そのあとにつづく中国・東南アジア・太平洋地域での日本の軍事行為を満州侵攻と関連づけて、その侵略性を確立しようとしたことに起因しよう。これに対して公判中弁護側は、奉天事件を自衛権発動の枠内で説明し、中国内外におけるその他の日本の軍事行為との因果関係も否定した。奉天での軍事衝突がたんなる「一事変」だったのかどうかの問題は、こうして極東戦争全体の法的性格を決定する大きな意味をもたせられたのだった。裁判所はこの事態をふまえ、奉天事件の事実関係確立に多くのページをついやしたのだった。

とはいえ奉天事件をめぐる史実をあきらかにすることは、判事たちにとってそれほど複雑な作業ではなかった。なぜなら、関東軍に軍事行動を起こす事前計画があったことを確立する証言が、被告をふくむ日本人側の証人から得られたからだ。関係した部分を判決書から引用すると、

「奉天事件」が参謀本部付の将校、関東軍の将校、桜会の会員及びその他のものによって、あらかじめ綿密に計画されたものであったことについては、証拠が豊富にあり、その証拠は確信するにたりるものである。［被告の］橋本［欣五郎］を含めて、その計画の参画者のうちの数名は、いろいろな機会に、この計画における自分の役割を認め、「事件」の目的は、関東軍による満州占領の口実を設けるためであり、また日本の意のままになる「王道」新国家の建設であったと語っている。(32)

戦後の研究からも関東軍の策謀があった事実は確認されており、東京判決はこの点史実を正確に認知していた。

右の所見をのべたあと、判事たちはつづけて「事変」の事実関係を記述して事実関係をあきらかに

している。まず奉天事件の現場状況そのものについて、いくつか重要な指摘をしている。たとえば、奉天で関東軍から攻撃をうけた張学良指揮下の中国兵士数千人にかんして、九月一八日夜かれらが「灯火の明るい兵営」に収容されていたこと、夜間攻撃に対処するには準備不十分な状態にあったこと、戦闘開始後、日本軍はかれらから「わずかばかりの抵抗を受けただけ」で、しかも抵抗した中国兵士は「主として退路を遮断され」行き場を失った少人数だったことを指摘している。こうした状況から、「かれらは不意討ちをされた」と判断するのが妥当で、中国側はじつは「日本軍を攻撃する計画を全然もっていなかった」とし、弁護側が主張してきた中国側陰謀説をしりぞけた(33)。

また奉天事件勃発の直後、日中双方の政府・軍部指導者が高次レベルでどのような対応をしたかを判決書は追っている。奉天においては、「日本領事館はその夜の間、張学良元帥の最高顧問から、総領事館が、日本軍を説得して攻撃を止めさせるようにと懇願する要請をいくたびも受けた」事実を指摘、中国側は「全然無抵抗主義に出づる旨声明」を出したが、当時、関東軍参謀副長だった板垣征四郎（被告の一人）は要請を断固拒否したという。これらの事実が公判中に確認され、判決書にも記録された。さらに、奉天事件勃発の夜、領事館の森島守人は関東軍側と緊急懇談をもうけ、平和解決をもとめたが、それに対して板垣が「叱責し、総領事館は軍指揮権に干渉するつもりか知りたい」と答え、それでも森島がねばりづよく主張をつづけると、「花谷［正］少佐は立腹した態度で軍刀を抜き、もし森島が自説を固執するならば、ひどい目に遭わされる覚悟をせよといった」のだった(34)。この板垣―花谷―森島間の軍刀騒ぎは戦後ひろく知られるようになったが、ここで注目されるのは、中国側の和平意思を重々承知しながらも関東軍があえて軍事解決に固執したこと、この事実を裁判所が確立したことである。これは、奉天事件当時に日本側がおこなった軍事力の発動とその続行が正当だったかどうかを決定するうえで重要な要件となったと考えられる。

裁判所は日本の中央政府内部での対応も追っている。判決書によると満州事変が勃発する以前から「陸軍が奉天で「事件」を計画しているという風説」が政府高官の耳にとどいていたことが判明しており、当時の外務大臣だった幣原喜重郎は、総領事の林久治郎から「撫順の一中隊長が一週間以内に大きな「事件」が起ると言った」という電報をうけていたという。この内部情報をうけた幣原は、「自分の入手した情報を充分信用していたので、陸軍大臣に向って、このようなことは困るといって抗議し、これを説得して「陰謀阻止」のために建川少将を満州に派遣させた」という。こうして陸軍参謀幕僚の建川美次《よしつぐ》は外相の要請にしたがって奉天に送られたが、かれ自身、「「事件」に干渉するつもりは毛頭なかった」ため、なんら具体的な阻止の努力をしなかったということだ。[35] このように、政府内外で関東軍による謀略を阻止するための説得工作があったことも周知の事実だが、この一連の内部事情を東京裁判所が確定した点は、やはり重要だろう。なぜなら、さきに言及した板垣被告らの言動にくわえ、関東軍の謀略にかんする信憑性の高い情報が中央政府に事件まえから伝わっていた事実をもとに、奉天における日本側の軍事行為が正当だったかどうか裁判所が判断することができるからだ。けっきょく判決書は、「一九三一年九月十八日のいわゆる「事件」は日本人によって計画され、また実行されたものであると認定する」[36]とのべ、日本側に満州侵略の計画・遂行の責任を帰するじゅうぶんな証拠があると結論したのだった。

つぎに判決書は、奉天事件後に関東軍が設立した満州国（一九三二―四五年）の国境で、ソ連とモンゴル人民共和国を巻きこんで起きた軍事衝突の二件を考察した。ひとつは、満州国・朝鮮・ソ連の国境が接するハサン湖地区で一九三八年七月二九日に起こった事件で、日本軍は数日中にソ連軍に大敗、同年八月一〇日には休戦を結んでいる。もう一事件はモンゴル人民共和国と満州国との国境にあるノモンハン地区で一九三九年五月一一日に起こったが、ここでも日本側はソ連・モンゴル軍に大敗、同年九月一五日に休戦している。検察側は、これらふたつの軍事紛争を日本の侵略戦争と主張したが、弁護側はおもに、「これらの作戦行動はどちらも単なる国境事件で、境界線が不明確だったために起り、その結果として、相対峙する両国の国境警備隊の衝突となった」と弁論した。(37) 満州国建国以来、日本軍は新国家に対して国境警備をふくむ軍事力発動の権限を確保していた。その経緯から、弁護側はこの二事件に象徴される軍事行為を日満の「自衛」と論じ、侵略性を否定したのだった。また弁護側は、日ソは一九四一年に中立条約を結んでおり、二国間争議がこれでいちおう決着している以上（ただし、一九四五年八月のソ連参戦で中立条約は実質的に無効になったが）、東京裁判所など第三者の出る幕ではない旨も主張していた。(38)

弁護側の反駁は、しかし裁判所の受け入れるところではなかった。まず裁判所は、ふたつの国境紛争にかんする戦争計画・準備が日本側に事前からあったと判定し、これらを自衛戦争とする弁護側の主張をしりぞけた。そして裁判所の管轄権問題については、「弁護側の弁論の基礎になっているこの三協定［二つの休戦協定と中立条約］の中のどれにも、まったく免除の特権が与えられておらず」、これら協定で未解決の平和に対する罪をめぐる刑事責任問題に東京法廷がとりくむのはなんら問題ない、という立場をとった。この問題について、判決書にはつぎのくだりがある。

本裁判所は、これらの協定は、この国際裁判所で刑事訴訟を行うことに対して、少しも妨げになるものではないという見解をもつものである。国内的のものにせよ、国際的のものにせよ、刑事責任の問題については、どのような裁判所であっても、明示的にせよ、黙示的にせよ、犯罪の宥恕を黙認することは、公の利益に反することになるであろう。(39)

つまり、侵略戦争が重大な国際犯罪であることを考慮すると、裁判所は法的だけでなく倫理的にも戦争責任問題を追及する責務を負うというのだった。右の意見はそれなりに一理あって、説得力がないわけではないが、もともと侵略戦争の罪にかんする法理の適用は、ニュルンベルク・東京両法廷で枢軸国の戦争犯罪人に適用が限定されている。(40) そのため、裁判所の見解は被告側にとって納得のいくものとは映らなかっただろう。

つぎに論じられたのは仏領インドシナにかんする訴因である。争点は、一九四〇年八月三〇日の「松岡・アンリ協定」以後に日本が遂行したインドシナ軍事占領が、はたして「平和に対する罪」つまり侵略戦争の罪とみなせるかどうかだった。弁護側は、そもそも日本による進軍は二国間の正式合意にもとづいて合法的におこなわれたとして、これを「平和に対する罪」あつかいすることに異議をとなえていた。しかし、最終判決で裁判所はこの見解を認めなかった。おもな理由は、松岡・アンリ協定実現にむけた合意の詳細が決まる以前、日本政府はインドシナ北部国境から自国軍を送りこみ、仏領インドシナ総督が日本の要求する条件をのむよう軍事的圧力をかけていた事実が判明したからだった。「現実の侵入に直面して、総督は、日本の要求を受諾するほかはなくなり、一九四〇年九月二十四日に、トンキン州の軍事占領、仏印内における航空基地の建設及び軍事施設の供与に関する協定に調印した」[41]。こうして達成された軍事占領を、フランスに対する「侵略戦争の遂行」と裁判所はみなしたのだった。つまり、武力行使そのものをともなわなくても切迫した軍事侵攻の可能性があったと証明できれば、これを一種の「平和に対する罪」とみなしてよい、という立場をとったのだった。しかしこれは妥当な法的見解とみてよいだろうか。

この疑問に対する答えが、類似した問題に直面してきたニュルンベルクでいくつか提供されている。そのひとつはニュルンベルク国際裁判の判決にある。同裁判でナチス指導者たちは、オーストリアとチェコスロヴァキアをドイツが軍事占領したことにかんして、「平和に対する罪」の罪状のもと刑事責任を問われた。これらの事件は、仏領インドシナとおなじように、ドイツによる武力行使よりもむしろ軍事的威嚇によって二国をドイツ占領下にくみいれた事件だった。審理の結果、裁判所はこれらの事件をドイツのおかした「はじめの侵略行為」とみなし、その侵略性を認めた。しかし同時に、一九三九年九月にはじまったドイツのポーランド侵攻を「はじめの侵略戦争」と特徴づけ、前者と微妙な区別もつけたのだ。このようなこまかい表現の選択によって、判事たちはドイツのオーストリア・チェコ占領を「侵略」の要素をもちあわせた行為としながらも、それを侵略「戦争」と言明するのを避けたのである。その結果、これらの軍事占領が「平和に対する罪」をなしたのかどうか、いまひとつ明確でなく、判決書にあいまいさが残ったのだった[42]。

これに対して、ニュルンベルク継続裁判の第一一番目のケースで諸官庁裁判と呼ばれる裁判を審理した判事たちは、より明快な裁定をくだしている。この裁判の判決書では、ドイツの遂行したオーストリア・チェコ占領は「平和に対する罪」だったと認定されている。その根拠として裁判所は、「抵抗なく征服と略奪を達成する、いわゆる侵攻の性質をもつ戦争行為が、幾ばくかの軍事抵抗に事実直面して起こった侵攻より有利に考慮されるのは、理にかなっていない」からだと論じている。つまり、軍事的な示威活動を利用して達成された軍事占領と、軍事行動を実際ともなって達成された軍事占領とを区別し、前者のみを合法あつかいする正当な理由はないと結論したのだった。この裁定はニュルンベルク判決のあいまいさを乗り越えたほか、東京裁判所の判定とも合致している点で注目されよう。参考までに、ニュルンベルク継続裁判の首席検事をつとめたテルフォード・テイラーは、諸官庁裁判の判決について所見をのべ、「大国が法的処罰を受けずにその大きな軍事力を集結して小国を威嚇し、「狙撃戦闘」の必要性なしで屈服させてもよいという考え方に終止符を打った」と評価している。(43)

　中国、ソ連、フランスにかんする訴因を論じたあと、東京判決書は太平洋戦争に関係する残りの訴因五つに眼をむけ、検証した。事実認定上で確認されたのは、一九四一年一二月七日に日本がハワイ、グアム、ウェーク島、フィリピン、香港、上海、英領マラヤにある連合国の軍事施設等を中心に攻撃を開始し、つづく数カ月にわたって太平洋各地の広範囲にわたり軍事攻撃を遂行してきたことだった。法廷において検察側は、これらの軍事行動を英連邦、オランダ、フィリピン、タイ、アメリカに対する侵略戦争の開始をなすものだと主張してきたが、これに対して裁判所は三つの訴因だけを確定してふたつは却下、日本が英連邦、オランダ、アメリカに対して侵略戦争を起こしたと判断した。(44)

　ところで公判中検察側は、日本政府指導者が一九〇七年のハーグ第三条約に意図的に違反して米国を奇襲する計画をしたと主張し、これを立証することに多大な努力をはらっていた。ハーグ第三条約は宣戦布告の事前通告を義務づけた国際条約で、パールハーバー関係を担当したアメリカ代表チームは、対米戦争の侵略性をこの条約違反を中心にして確立しようとしたのである。ところが裁判所は一九〇七年のハーグ第三条約について、これはパールハーバー襲撃の法的性格を決定するには実用的でない文書だとし、米国チームの主張をしりぞけている。判決書によると、「この条約は敵対行為を開始する前に、明瞭な事前の通告を与える義務を負わせていることは疑いもないが、この通告を与えてから、敵対行為を開始するまでの間に、どれだけの時間の余裕を置かなければならないかを明確にしていない」のであり、そのためこの条約は、「狭く解釈することが可能であり、節操のない者に対して、他方でかれらの攻撃が奇襲として行われることを確実にしながら、右のように狭く解釈された義務には従うように工夫する気を起させるものである」ということだ[45]。つまりハーグ条約そのものに不備があるため、この文書に拘泥する意味が見いだせないというのだった。この条約の欠点は、つぎに説明するパールハーバーにかんする裁判所の事実認定からもあきらかになる。

判決書によると、日本政府は当初米国に対して、ある警告をパールハーバー襲撃予定時間の二〇分まえに通達する手はずをととのえていたことが判明している。これはいちおう形式上、ハーグ条約の規定を遵守しているとみなすことができるが、「思いがけない事故に備えて余裕をおくということを全然しな」い（no margin for contingencies）設定でもあった。実際に計画が実行されると、日本からのいわゆる最後通告が国務長官コーデル・ハルにわたったのは、パールハーバー襲撃が開始されてから四〇分も経ったあとだった。連絡がおくれた原因は、ワシントン駐在の日本大使館員が事態の切迫性をじゅうぶん理解せず、最後通告の解読を迅速におこなわなかったことにあったようだ[46]。以上の事実認定をした裁判所は、日本政府がはたしてハーグ条約に意図的に違反しようとしたのかどうか決定するのは困難であり、また決定しようとすること自体に意義を見いだせないとしたのだった。

このような裁判所の裁定は、アメリカ代表チームをがっかりさせたようである。日暮吉延の研究によると、キーナンはこの部分の判決に不満を表明したという[47]。パールハーバー襲撃以来、米国世論はこの事件を国際倫理にもとる不信行為だとみなしており、これを東京法廷で史実として確立することに米国チームが執心していたと想像するのはむずかしくない。しかし、アメリカの意図如何にかかわらず、裁判所は対米戦の侵略性有り無しを決定する論拠を、「奇襲があったかどうか」という問題にもとめなかったのだった。重視したのはむしろ、太平洋戦争が勃発する以前の日中戦争の深化だった。判決書に確立された事実関係によると、日本政府指導者は中国における日本の軍事活動を批判する西側諸国に不満をもち、一九四一年末に東条内閣が成立すると、平和解決を模索するかわりに武力をもって英米の圧力に対抗し、従来の対中国積極政策を継続する道を選んだ。裁判所は、この事実を中心に対米戦の侵略性を確立したのである。つまり、日本が中国にて軍事占領と侵略戦争を継続することに拘泥したことが、対英米戦が平和に対する罪か否かを確立する要件となったのだった。

一方、公判中の弁護側は、日本は連合諸国による経済封鎖のため自衛自存の防衛戦争の開始を余儀なくされたと主張していたが、裁判所はこの弁明も却下し、つぎのようにのべている。

> 弁護側の主張とは反対に、フランスに対する侵略行為、イギリス、アメリカ合衆国及びオランダに対する攻撃の動機は、日本の侵略に対して闘争している中国に与えられる援助をすべて奪い去り、

南方における日本の隣接諸国の領土を日本の手に入れようとする欲望であったことは、証拠が明らかに立証するところである。(48)

この一節は、満州事変にはじまる中国への軍事介入が、米・英・仏・蘭に対する戦争開始の原因となったと東京裁判所が確認した点をあきらかにしており、やはり重要である。

こうして東京判決書は、日中戦争と太平洋戦争とのあいだの因果関係を中心にして日本の戦争責任を解明したが、ここに形成された戦争史観は今日の戦争史研究とつうじるものであり注目される。第九章でも論じるように、一九六〇年代後半から「十五年戦争」という概念が、そしてここ二〇年あまりは「アジア太平洋戦争」という概念が、国内でひろがりをみせている。前者は一九三一年九月の奉天事件に太平洋戦争の起源を見いだし、その戦争がのべ一五年間つづいた点を強調する。それに対して後者は日中戦争と太平洋戦争の空間的つながりに着目し、「アジア」と「太平洋」の語が並立するかたちになっている。(49)いずれの概念も、日本による中国の軍事侵攻を太平洋戦争の誘因とみなしており、今日、歴史学上の解釈では主流をなすようになってきている。このことをふまえると、一方で東京判決は共同謀議の判定についてはいくつか問題を残しながらも、他方で具体的な事実認定については、それなりに説得力のある判決をくだしたとみなしてもよいのではないだろうか。

第五章　戦争犯罪に対する指導者責任

東京裁判では平和に対する罪が訴追努力の中核だったが、日本軍による残虐行為も起訴内容の重要な一環をなしていた。しかし、これまでの裁判論争は平和に対する罪をおもな分析対象としていたので、戦争犯罪の立証についてはその全貌がじゅうぶんあきらかにされていない。そこで本章をふくめたつぎの三章では視点を変え、東京裁判における戦争犯罪訴追に焦点をしぼってその実態をみていこう。

適用された法原則について

東京裁判の起訴状には、平和に対する罪にかんする三六の訴因のほか、残虐行為について一九の訴因がふくまれていた。それらは大きく分けて、1戦争犯罪、2人道に対する罪、3殺人、4上記三つの犯罪を達成するための共同謀議の四つに分類できる。後者の二類は裁判所の管轄問題などの理由から却下されたため、結果的には前者二類だけが審理の対象となった(1)。ところで、そもそも戦争犯罪と人道に対する罪とはなんだろうか。

戦争犯罪――あるいは東京裁判で一般に「通例の戦争犯罪」とよばれた――は、交戦国の守るべき戦争法規や慣例法に違反して遂行された、戦時下の犯罪行為を指す。戦争法規を定めた基本文書として今日言及されるのは、一九四九年のジュネーブ条約と一九七七年締結のジュネーブ条約追加議定書である。これらが一九四八年のジェノサイド条約とともに、現在の国際刑事裁判で適用されている。第二次大戦以前には、それらの前身となるいくつかの国際条約があった。ひとつは一九〇七年ハーグ第四条約で、この文書は国際紛争が起こったときに遵守されなければならない規則と慣習を例示しており、大戦後のニュルンベルク・東京両法廷で適用されたほか、今日も基本的に効力をもちつづけている。一九二九年のジュネーブ条約も両法廷で適用された。これは捕虜のとりあつかいにかんする規則を列記しているので「捕虜条約」としても知られた。さらに同年、いわゆる「赤十字条約」も締結されている。この条約は戦時下の病人や負傷者のとりあつかいについての規則を示したものだ(2)。これら三つの条約が、第二次大戦後に開催された東西の戦犯法廷で基盤をなしていた。

東京裁判がはじまると、弁護側はこれら条約の拘束力を法廷であらそった。とくに一九二九年の捕虜条約について、日本政府はこの調印国ではあったが批准にいたらなかった事実を指摘、そのため日本はこの条約を守る法的責任を負っていなかったと主張した。ただ一九四一年一二月七日に対英米戦を開始したあと、日本政府は捕虜条約を尊重するとの確約を各国に伝達している事実もあり、弁護側はこれを認めている。しかし、日本の確約は捕虜条約を「準用する」との但し書きがついていたと主張、どのように捕虜条約を適用するかの自由裁量を日本政府が保持しつづけたと弁護側は論じた。

戦時中に外務省条約局長をつとめた松本俊一は弁護側証人として出廷し、この主張の正しさを確認した。松本によると、「日本は俘虜の取扱いに付ては事情の許す限り、即ちその適用を実際上不能ならしむが如き支障なき限り、壽府《ジュネーブ》条約の規定を適用せんとする意向であったのであります」(3)ということだった。つまり日本政府は、自国に不都合がない範囲においてのみジュネーブ条約を尊重すると申し出ただけであって、ここからなんら条約遵守の法的責務は生じなかったとしたのだ。

これに対して検察側は、ジュネーブ条約のちがう解釈を法廷で展開した。まず、一九〇七年に調印されたハーグ第四条約を日本が調印・批准していた事実、そしてこの条約が、戦争法規の規定を明示するほか捕虜は人道的にとりあつかわれなくてはならないという基本原則をふくんでいた事実を指摘し、ハーグ条約が日本に拘束力をもつ以上、たとえ一九二九年の捕虜条約を批准していなかったとしても、日本は「捕虜を人道的に取扱うべし」という大原則を遵守しなければならないと論じた。このため捕虜に対してあきらかに非人道的である処遇をおこなった場合、その刑事責任は当然問われるはずである、これが検察側の主張だった。

この検察側の見解を、興味ぶかいことに被告の一人だった東郷茂徳（図15）が基本的に正しいと法廷で確認している。東郷はかつて外務大臣で、太平洋戦争勃発の直後、政府代表として問題の確約を各国に送った人物であり、弁護側証人の松本俊一の上官でもあった。東郷によると、「余は日本は本条約を事情の許す限り適用する義務を負うものであると解し」たとのべ、また「条約の要件が国内法に抵触する場合には条約が優先するものであると解した」とし、ジュネーブ条約が国内法によって制約されるものではない、という見解をあきらかにした。さらに、「陸海軍省共此の解釈に付て余の見

図 15　東郷茂徳．証人席にて．1947 年 12 月 19 日．Courtesy National Archives, photo no. 238-FE.

解と異る解釈を述べた事なく〔、〕又本件方針に関する陸軍省の回答も何等かかる解釈を述ぶる処はなかった」と説明し、捕虜問題の基本方針決定の権限をもっていた軍部も自分とおなじ解釈をしたと当時理解していた、と法廷であきらかにした(4)。

　対立する検察・弁護双方の主張を聴いた裁判所は、最終的な結論をその判決書でくだした。関連部分によると、「ジュネーヴ俘虜条約を「準用」的に遵守するという日本政府の誓約または約束については、それをどう考えようとも、すべての文明国が承認した戦争に関する慣習法規によれば、捕虜と一般抑留者には、すべて人道的な取扱いを与えなければならないということは、動かすことのできない事実」であるとし、つまり捕虜を人道的に処遇することは戦争法規の大原則であって、日本政府の但し書きである「準用」については、その適用範囲を限定的に解釈する必要はないとしたのだった。つづけて判決書は、「法の一般原則は、上記の諸条約には関係なく存在している。条約は単に既存の法を再確認し、それを適用するための詳細な規定を定めるものにすぎない」とのべている。(5) つまり国際法は、成文法だけでなく慣習法の側面をもちあわせており、国際合意に明文化された規則は慣習法の一部をあらためて確認したにすぎないということだ。転じて、ジュネーブ条約にどのような法細則が列記されていたのかに拘泥する必要はなく、するべきでもないというのだった。いずれにせよ、捕虜が人道的にあつかわれなければならないという原則はすでに戦争の慣例で確立している、というのが東京裁判所の基本見解だった。この法的立場は、ニュルンベルク国際裁判所が東京法廷に先んじて確認しており、一二の継続裁判でも認められたほか、現在の国際人道法の基盤にもなっている。このことから、東京裁判所は国際法の発展史を見極めた重要な判定をくだしたといってよいだろう。(6)

つぎに、「人道に対する罪」にかんする法理の基本的特質を再確認しておきたい。この法概念の起源は、すくなくとも一九〇七年ハーグ条約にまでさかのぼることができるが、定義　明文化されたのはニュルンベルク裁判所憲章がはじめてだった。(7)「人道に対する罪」は「通例の戦争犯罪」と同様、捕虜や非戦闘員に対して不当に武力を発動したことから結果する犯罪行為を指すが、犯罪の規模、手法、被害者の国籍、状況などさまざまの要因の内容によっては、通例の戦争犯罪とはっきり区別されなければならない場合がある。(8) 人道に対する罪の法理は、実定法として近年くわしく定義されるようになったが、この法理の特質として、とくにつぎの三点に言及しておきたい。

第一に、人道に対する罪という法概念は、敵国民だけでなく自国民に対してなされた残虐行為をふくむことができる点が大きな特徴である。ひとつ典型的な例としてあげられるのは、ヒトラー指導下のドイツ政府がドイツ市民権をもつユダヤ人に対しておかしたさまざまな暴虐がある。これは被害者がドイツ国民なので、通例の戦争犯罪にかんする法理では裁くことが不可能である。なぜなら通例の戦争犯罪の法理は敵国民に対する犯罪のみを考慮の対象とし、自国民は対象外になってしまうからだ。ニュルンベルク法廷では、しかし「人道に対する罪」という概念が導入されたため、従来の戦争法規の限界を乗り越えて、ユダヤ系ドイツ人にかんする残虐行為も訴追内容にふくむことができるようになったのだった。

第二に、一般市民を人種、宗教、政治上などの理由で迫害する行為も「人道に対する罪」の部類に入る。従来の戦争法規ではそれらを法的に裁くことはできなかった。ここでも「人道に対する罪」の法理を導入することではじめて、ニュルンベルク法廷で関連事項を訴追することが可能になったのだった。迫害の典型的な例としては、ふたたびナチス指導者によるユダヤ人迫害があげられよう。

第三に、「人道に対する罪」の法理で保護をうけるのは、戦時下だけではなく平和時、つまり交戦状態が存在しないときに、組織的残虐行為の犠牲となった一般市民をもふくんだ。これは、戦争が進行していることを大前提とした従来の戦争法規の思想的枠組みを越えており、国際法史上画期的だった。

ニュルンベルクと東京裁判が開催されたとき、人道に対する罪の法理は成文化されてまだ日が浅く、その厳密な定義づけはある意味で不完全だった。そのため、今日認められている右にあげた三つの特色をふくむ基本概念は、両裁判所憲章ではすべてが確認されてはいない。ニュルンベルク裁判所憲章は、人道に対する罪の法理が被害者の国籍を問わない点と、迫害を犯罪と認める点、このふたつには言明しているが、平和時に起こった一般市民に対する残虐行為にはふれていない。むしろ交戦状態の存在しないかぎり、人道に対する罪の訴追を認めない旨の規定が憲章文内に明記されていた。その結果、一九三九年九月にはじまったドイツによるポーランド侵攻以前のユダヤ人迫害や、その他のドイツ市民にたいする組織的残虐行為は、ニュルンベルク裁判所の管轄外になってしまった。この限界を乗り越えて、なおかつニュルンベルク法廷で戦前の人道に対する罪を裁こうとするならば、共同謀議論のような法原則を補足的に適用しないかぎりは不可能で、実際ニュルンベルク法廷では検察側によるそのような試みがみられた。しかしニュルンベルク裁判所はそれを却下し、一二の継続裁判所でも判事たちが基本的にそれを認めず、ほぼ失敗におわっている[9]。

そののちニュルンベルク裁判所憲章の定義は東京裁判所憲章にひきつがれ、人道に対する罪の法原則は、戦時下の自国・敵国民に対する残虐行為に適用が限定されたままとなった。けれども、東京法廷の国際検察局がこれをとくに問題視することはなかったようだ。というのは、戦時中の大日本帝国内において、ナチスによるユダヤ人迫害や組織的な虐殺行為に相当するような集団殺戮があった、とは当時認知されていなかったからだ。そのため人道に対する罪の法理自体の有用性が、極東裁判ではあまり議論されなかった。[10]そもそも極東における各国検察官の最大関心事は、それぞれの国の一般市民ないし兵士が犠牲になった、いわば典型的「戦争犯罪」の訴追であって、この点でも人道に対する罪の法概念の利用価値はほとんどなかったといえよう。国際検察局が作成した起訴状には、いちおう人道に対する罪の法理が言及されているが、実質的には、それは通例の戦争犯罪の訴追を補足するものとして併用されたにすぎない。

つぎに審理の対象となった訴因そのものをみてみよう。残虐行為に関係する訴因は一九あったが、その大部分は管轄問題をおもな理由として却下されたため、最終的には戦争犯罪と人道に対する罪を兼ねた訴因ふたつだけ——訴因五四と五五——が考慮の対象になった。これらの訴因には通例の戦争犯罪と人道に対する罪の法理両方が適用されているが、前述の理由から、実質的にはこれらを「戦争犯罪の訴因」とみなすのが妥当である。これらふたつの訴因はそれぞれ独自の個人責任の法理を適用しており、それらの立証には異なる証拠と弁論を必要とした。そこで公判内容に目を転じるまえに、これらの具体的な訴因内容を押さえておこう。

まず訴因五四は、被告が戦時中、配下にある者に残虐行為を実行するよう指令を出したことについて個人責任を問うている。起訴状の文言をそのまま引用すると、被告は戦争法規違反を「命令し、権限を授与し、許した」ということだ。この訴因にふくまれる「許した」ということばの意味は今ひとつ不明瞭だが、基本的にこの訴因は、「戦争犯罪の遂行を直接裁可した」という容疑について被告の責任如何を問題にしているといっていいだろう。このことから、訴因五四に内包される法理を便宜上「直接責任」とよぼう。[11]これに対して訴因五五は、いわゆる不作為論を適用して被告の刑事責任を問うたものだ。起訴状によると、被告は「戦争法規を遵守しその違反を防ぐ適切な手段をとる法的責任を、意図的かつ無謀に無視し、その結果、戦争法規を侵害した」ということだ。訴因五四と五五の大きな相違点は、前者が戦争犯罪を命令したことについて個人責任を問うているに対して、後者は、戦争犯罪が起こっているのを知りながら被告がなんら適切な行動をとらなかったという、いわば職務怠慢を理由に個人責任を追及した点だ。

これらふたつの訴因のうち、国際検察局は後者の立証にかなり力をいれ（その理由は、後述の「検察局の訴追戦略」を参照）、刑事不作為の理論的基盤をなす国際法規を起訴状付属文書に列記する配慮をしている。そのひとつは、一九〇七年のハーグ第四条約である。その規定によると、「捕虜は敵国政府の権限下にあり、捕虜を獲得した個人あるいは部隊の権限下ではない」との表現があり、捕虜とりあつかいの第一義的責任を中央政府に認めている。これとまったくおなじ規定をふくむ一九二九年の捕虜条約も、起訴状付属文書は言及し引用している。さらに一九二九年の赤十字条約にもふれ、「交戦軍の総司令官はそれぞれの政府の指示に従い、かつ当条約の一般原則に則り、先行条項ならびにそれら条項に規定されていない規則を実施するための必要事項の準備を整えること」という規定が引用、明記してある。[12] ここでも、戦時下の病人や負傷者を人道的にあつかう最高責任を中央政府にもとめている点で、ハーグ、ジュネーブ両条約と共通している。

これらの条項が、刑事不作為の法理との関係でどのような法的意味をもつかについて、公判中に議論が展開された。ここでは、オーストラリア代表検事補のトーマス・F・モーネイン中佐の最終弁論をみてみよう。関連部分でかれはつぎのようにのべている。

私たちの見解では、戦争法規違反を防ぐ第一義的責任は政府全体にあることはあきらかです。これはまず始めに、閣僚ひとりひとりと閣僚顧問たちに、そしてこれらの問題に直接関係する指揮系統に属する高級将校ひとりひとりに、戦争法規が順守されていることを確認する責務があります。通常、この責任［つまり戦争法規違反を防ぐ責任］は、目的達成のための適切な機構を設置することで果たしたとみなされ、これで［政府高官と軍司令部は］責務から放免されます。けれども、戦争法規が甚だしく違反されているのではないかという疑惑を生じるような情報が到達した場合、あるいはそういう違反があるという明白な情報が到達した場合、より高度の責務が彼らに生じるのです。(13)

つまり、中央政府と軍司令部とを構成する国家指導者たちは、適切な軍律組織を自国軍内に設立することで、通常は戦争法規の遵守にかんする責務を完結するが、設置した軍律機関が正常に機能せず、自国軍による戦争犯罪が恒常化しているとわかったとき、この問題に対処する高次レベルの責務があらたに生じるという。この責務を達成するかしないかについて国家指導者の不作為責任問題が発生する、という立場を検察側はとったのだった。この主張の論理的基盤には、先にのべた起訴状付属文書に指摘してあるハーグ条約などの国際合意があった。

モーネインはつづけて、右にのべた「より高度な責務」が具体的にどのような内容なのか、政府高級官僚と軍上層部についてそれぞれ説明している。まず閣僚の責任をとりあげ、自国政府が派遣した軍の兵士が戦争犯罪をおかしていると知ったとき、その事実をかれらはほかの閣僚に知らせる責任があるとする。モーネインいわく、「これらの戦争犯罪がなされたことを知る官吏ひとりひとりは、自分に与えられている権限を行使し事態を即座に正す——少なくとも暴虐をすぐさまやめさせる——明白な責務」を負っているとのことだ。また、残虐行為の情報を受けた者は、「それらの続行を防ぐための効果的処置がとられないかぎり辞職」の可能性も追求し、残虐行為の継続を看過する政府の方針に明確な反対の意思を表明する責任があるとした。[14]この種の閣僚をめぐる不作為責任論を、ここでは便宜上「閣僚責任」と名づけよう。

軍司令官の立場にある者については、指揮下の兵士が戦争犯罪をおかしているとわかった場合、おなじようにそれをやめさせる責務を負うとした。ただし、かれらの責務は閣僚のそれと異なり、政府に対してなんらかの処置をとるよう働きかけるのではない。そのかわり、指揮下の軍隊の軍律を正すため部下に必要な命令をくだし、そこで戦争法規の遵守をはかることだった。この種の責任論は近年の国際法廷では「指揮官責任」としてひろく知られ、本書でもその用語を利用しよう。[15]モーネインによると、同様の責任論は捕虜拘留をめぐる行政問題をあつかった陸海軍省の高官に対しても適用可能だとした。[16]

ここまでの分析をまとめると、検察官は戦争犯罪訴追に性質のことなる三つの指導者責任の法理を適用したといえる。それは「直接責任」（訴因五四）、「閣僚責任」（訴因五五）、そして「指揮官責任」（訴因五五）だ。これらの理論を検察側が法廷で実際どのように展開したか、弁護側がどのような反駁をこころみたか、そして裁判所がどういう判定をくだしたかについては、第六章と第七章で事例に即して検証していこう。

東京裁判での起訴内容では、刑事不作為の法理が重要な位置をしめたことを右で指摘したが、その背景には、「直接責任」の法理だけで被告たちの個人責任を立証できる証拠文書を国際検察局がじゅうぶん確保できなかった事実があった。ヨーロッパでは、戦争末期に連合軍がドイツ領内へ侵攻するにともない、膨大なドイツ政府・軍関係文書を押収していくことができた。その結果、ニュルンベルク法廷の検察局は徹底的な文書中心主義を適用でき、ユダヤ人大殺戮などに対する被告の個人責任を容易に確立することが可能となったのだった。しかしこれに対して、極東における証拠文書の確保状況はヨーロッパと大きなちがいがあった。降伏受諾当時の大日本帝国は、いまだ連合軍の完全な侵攻や支配をうけておらず、日本本土については、硫黄島や沖縄を失ったものの、そのほかはほぼ手つかずの状態だった（もちろん空襲による甚大な破壊はこうむっていたが）。ポツダム宣言を受諾した日から降伏文書の調印式開催までの約二週間、時間的な余裕のあった日本政府は、この空白期間を利用して軍機密文書をふくむ軍事活動にかんする文書を破壊するよう指令を出し、連合軍による戦犯調査がはじまるまえに証拠を隠滅するためのあらゆる努力をはらったのである。二〇〇三年に防衛庁の戦史室長が推定したところによると、敗戦当時、軍関係文書のなんと七割方が焼却・廃棄されたということだ。[17] 戦争の実態を記録する膨大な歴史資料は、こうしてたった数週間のあいだに日本人自身の手によって灰燼に帰し、後世のひとびとの手からうばわれてしまったのである。

日本政府が戦犯調査の組織的な妨害をはかったことは、国際検察局も当初から知るところとなり、この事実を知らしめる文書をいくつか法廷に提出している。たとえば、第一復員局（かつての陸軍省）文書課長の美山要蔵の準備した証明書によると、「昭和二十年八月十四日陸軍大臣の命令に依り高級副官の名を以て全陸軍部隊に対し「各部隊の保有する機秘密書類は速やかに焼却」すべき旨を指令され」たと伝え、日本降伏の当日に陸相みずからが文書焼却命令をくだしたことを確認した。また、「右は在京部隊に対しては電話に依り其の他に対しては電報を以て伝達された」とのべ、文書焼却の指令を即時に伝達するために、文書命令によらぬ手段ももちいたことがわかる。なお、「此の電報及原稿は共に焼却された」と証人はのべ、証拠文書を焼却せよという命令自体も廃棄するなど、徹底的な証拠隠滅を陸軍省がこころみたことを法廷に知らしめたのだった(18)。

法廷に提出されたほかの事例には、東京の捕虜収容所長が一九四五年八月二〇日に大日本帝国各地に送ったつぎの電報もふくまれていた。

俘虜及軍の抑留者を虐待し［、］或は甚だしく俘虜より悪感情を懐かれある職員は［、］此の際速かに他に転属或は行衛を一斉に晦す如く処理するを可とす、又敵に任ずるのを不利とする書類も秘密書類同様用済の後は必ず廃棄のこと(19)。

この電報は台湾軍参謀長宛となっているほか、日本軍の駐屯する朝鮮、奉天、北支、香港、タイ、マレー、ボルネオ、ジャワにも、日本の降伏受諾直後に送られている。このことから、1日本軍による戦争犯罪が太平洋各地で恒常化していた事実を中央政府高官が重々承知していた、2残虐行為の事実を隠蔽するため、文書破壊と戦争犯罪人の逃亡を国家規模で積極的に指導していた、という事実を知ることができる。このような組織的妨害があったことから、極東で政府・軍部関係文書を収集する作業が困難をきわめたと容易に想像できよう。

東京法廷で戦争犯罪の立証がむずかしかった理由は、しかし日本政府側の妨害行為だけによらない。国際検察局自体にも一部落ち度があった。第一章で論じたが、首席検事キーナンは来日当時、文書収集にあまり力をいれず（日本政府による証拠隠滅努力を知っていたためだろうが）、そのかわり巣鴨に拘留されていたA級容疑者たちを尋問して調書をとることに執心した。文書収集は、英連邦代表の忠告をうけてからようやく重視するようになったようだが、開廷も間近になってから、しかもかなり立ちおくれてはじめたのだった。またキーナンは、A級戦犯――平和に対する罪――の追及が国際検察局の主要な任務だと理解していたため、BC級戦犯――戦争犯罪と人道に対する罪――訴追準備に個人的な関心をあまりよせなかった。後述するように、かれは公判中も戦争犯罪を訴追することの重要性を過小評価し、はてはその立証を時間がかかるからやはりやめようと提案するまでにいたっている。この提案は参与検察官からの強い抗議にあい、けっきょく実現にはいたらなかった。こうした首席検事の近視眼的な指導のために、手にはいりうる有用な証拠の多くを検察局が逃してしまったと考えても、あながちまちがいではあるまい。

参考までに、東京法廷で裁かれた被告何人かの直接責任を実証できるような文書が、近年国内の研究家の努力により発掘されている。たとえば慰安婦問題にくわしい吉見義明は、一九九〇年代初頭、防衛庁に収蔵されている文書から、日本軍が慰安婦制度に関与していたことをあきらかにする証拠文書をみつけ、公表した。朝日新聞がこの発見を一九九二年一月一一日に報道すると、日本政府はこれが歴史的事実であることをすぐに認めた[20]。また、戦時中の一九四二年一一月二八日に東条内閣が「華人労務省内地移入に関する件」を閣議決定し、そののち大勢の中国人を日本に連行し強制労働に利用した史実があるが、これを実証する文書も近年みつかり、一九九五年六月に東京地方裁判所ではじまった中国人強制労働補償裁判で提出された[21]。このような証拠書類が今になって発見されていることから、六〇余年前の日本政府による証拠隠滅の努力がかならずしも徹底していなかったことがわかる。また、もしこれらの文書を裁判当時に確保できていたならば、国際検察局もニュルンベルク同様、軍・政府文書を基軸とした文書中心主義を徹底的に採用し、被告たちの刑事責任を比較的かんたんに立証できたかもしれない。

証拠収集をめぐる大きな障害をまえにした国際検察局は、これをどのように克服しようとしたのだろうか。公判記録から、日本軍による残虐行為を記録する膨大な供述書や戦争犯罪調査書などを被害者、加害者、ないし目撃者から確保することには、各国検察官がすくなくとも成功したことがわかる。また、これらの文書と証人を利用しながら、被告の個人責任を固めていくためのある特別な立証戦略を適用していることも、検察局の内部文書および公判記録から知ることができる。

具体的に検察側がこころみたのは、つぎのような戦略だった。まず、1太平洋各地で日本軍による残虐行為が恒常化していた事実を膨大な書証と証人で確立していき、2同一類型の戦争犯罪がくりかえし各地で遂行されたことも書証と証人をもちいて立証していく。これらを達成したうえで、3おなじ類型の残虐行為が各地で何度も起こりえた背景には、このような行為を続行することが国家政

図 16　オーストラリア代表検事アラン・J・マンスフィールド．法廷の演壇にて．
Courtesy National Archives, photo no. 238-FE.

策の一環としてあったからだ、と論じることだった。オーストラリア代表検事のマンスフィールド（図16）は、この立証戦略を法廷であきらかにしている。かれによると、広範かつ頻繁におなじ類型の戦争犯罪が起こった理由は、「個々人の日本軍司令官や兵士の自発的行動によるものではなく、日本軍と日本政府の共通の政策によったのだ」と論じるのが検察側の立証路線となったのだ。(22) この戦略が、法廷で実際どのように展開されたのか、また直接責任、閣僚責任、指揮官責任の法理とどのような絡みあいをもっていくのかについては、つぎの二章でくわしくたどってみたい。

検察側書証と証人の概観

さて、戦争犯罪の立証にあたり、検察側は具体的にどのような証拠や証人をあつめたのだろうか。まず文書証拠についてだが、被告の個人責任を立証するような政府・軍関係文書は、先述した理由からなかなか国際検察局の手にはいらなかった。その代替策として各国検察官が力をいれたのは、それぞれ手わけして日本軍のおかした残虐行為そのものを記録する調査書を戦線の各地から直接あつめることだった。戦犯調査は、代表検事が各地をみずから訪れるかわりに、同時進行でおこなわれているBC級裁判ないしその準備に依存するかたちですすめられたようだ。そのため、東京法廷での立証内容には、BC級裁判での調査・訴追内容と重複点が多々みられる。ただし東京法廷における戦争犯罪の立証は一九四七年一月には終了しているので、それ以降にBC級裁判レベルであきらかになった戦争犯罪事件は、東京法廷では基本的に紹介されてはいない。

東京法廷とBC級戦犯調査との連携関係は、たとえばフィリピン代表検事ペドロ・ロペスの準備した証拠書類に明確にあらわれている。単独で来京したロペスは戦争犯罪を調査する人材も資金も乏しかったと思われるが、東京裁判での立証準備にはみずからフィリピンで調査をすすめるかわり、マッカーサー指揮下の法務局がフィリピン奪還後に作成してきた調査書をおもに利用している。米軍の法務総監は、日本軍を駆逐したあと調査官を各地に派遣し、残虐行為の犠牲者、目撃者、加害者らの聞きこみ調査をおこなっていた。その結果は、三〇〇通以上にのぼる報告書——頁数では一万四六一八頁——にまとめ、カーペンターの指導する法務局に提出していた。ロペスはこの資料を、東京法廷でおおいに利用したのだった。(23)そのほか法務局は、日本の敗戦直後に重要な軍事裁判を二件マニラで開いたが、その記録もロペスは東京法廷で活用している。そのふたつの裁判とは、山下奉文《ともゆき》と本間雅晴を被告にした裁判で、それぞれ「レイプ・オブ・マニラ」と「バターン死の行進」として知られる大残虐事件について告訴されていた。

その他の各国代表検事たちも、BC級裁判資料を一部活用している。たとえばアメリカ代表検事補のジェームズ・ロビンソンはグアムとクェゼリンで開かれた米海軍の軍事裁判の資料を、オーストラリア代表のマンスフィールドはビルマのラングーンで開催された英国による戦犯裁判の資料を、それぞれ証拠書類として東京法廷に提出している。フランス代表検事補のロジェー・デポも、サイゴンでおこなわれたフランス主催の戦犯裁判に関係する記録を使っている。(24)

各国検察官のあいだでは、みずから現地で戦犯調査をおこなった者もある。その一例は、オランダ代表検事補で蘭領印度における戦争犯罪の立証を担当したシニンゲ・ダムステがあげられる。この人物は、戦前バタヴィア(現ジャカルタ)で弁護士業をいとなみ、戦時中は日本軍の捕虜になっていた。戦後になって国際検察局への参加をもとめられたダムステは、開廷まえの六週間をついやして「自転車を乗り回して証拠を集めた」という。来日後は、助手のK・A・デ・ウェールトが現地で調査をつづけ、やがて東京のオランダ代表チームは「証拠の洪水と格闘する」ほどの膨大な証拠書類をあつめることができたのだった。(25)中国代表の向哲濬《シアン・チェーチュン》とアメリカ代表検察チームのスタッフも、中国におもむいて証拠収集をはかっており、この事実は粟屋憲太郎の研究などからも知られるところだ。(26)オーストラリア代表についても、マンスフィールドがかつてウェッブ第三次委員会のメンバーとして活躍してきたことから、やはり個人的に証拠収集にかかわってきたといってよいだろう。

東京裁判とBC級戦犯調査とのあいだのつながりは、証人の選定にも反映されている。英連邦代表チームの要請で東京法廷に立ったシリル・H・D・ワイルド大佐はその一例だ。この人物は、一九四二年二月にシンガポールで英軍が日本軍に降伏したときから捕虜になっていたが、日本語が流暢だったため、日本軍と連合軍捕虜とのあいだの伝達や交渉に重用された。日本軍支配下にあるあいだ、ワイルドは泰緬鉄道建設に動員された捕虜や一般市民が劣悪なあつかいを受けている様子を多く見聞きするようになり、終戦直後は東南アジア連合地上軍の戦争犯罪連絡将校をつとめた。イギリス代表検事のコミンズ＝カーはかれを重要証人として法廷に召喚し、数日間にわたって法廷尋問したのだった。(27)

ワイルド以外には、三名の英軍高級将校でやはり戦後に戦犯問題を調査した者たちが東京法廷で証言をしている。出廷したのは、英軍砲兵隊のニコラス・D・J・リード＝コリンズ中佐、英軍コルネリウス・リーンヘール少佐、そして英印軍C・G・リンジャー少佐である。この三名は、マッカーサー指揮下の法務局支部であるイギリス戦争犯罪局につとめた。リード＝コリンズとリーンヘールが立証過程にどのような貢献をしたかについては、第七章でオランダ代表チームの立証と関連づけてのべたい。フランス関係では、仏軍のフェルナン・ガブリラグ大尉が証人として法廷に立ったが、かれは当時仏領インドシナで開催されていたBC級戦犯裁判で軍代表使節をつとめていた人物だった。(28)

オーストラリア代表チームに証人として法廷によばれたひとびとは、おもにかつてウェッブ第三次委員会により聞き取り調査を受けていたひとがほとんどのようだ。オーストラリアの軍医アルバート・アーネスト・コーツはその一例だ。コーツは、多くの連合軍兵士とともに太平洋戦争がはじまってまもなく日本軍の捕虜になり、泰緬鉄道の建設に送られ、現地で強制労働させられていた連合軍捕虜の手当をになった。戦後メルボルンで聞き取り調査をうけたとき、泰緬鉄道での残虐行為の状況をくわしく記録してきた事実をあきらかにした。こうした経緯から、のちに東京法廷に召喚されることとなった(29)。オーストラリア軍のジョン・ヴァン・ヌーテン中尉も、戦後モロタイで同委員会の調査をうけたが、当時調査を担当したマンスフィールドは、かれを「非常に重要な証人」の一人とみなし、やはりのちに法廷で証言をもとめている。ヴァン・ヌーテンがはたした役割は第七章で具体的にのべよう(30)。そしてもう一人注目される証人、「サンダカン死の行進」の生存者でオーストラリア軍のウィリアム・ヘクター・スティックペヴィッチ准尉も紹介したい。後述するように、サンダカン死の行進は捕虜虐待のすさまじさと死亡率の高さから、太平洋戦線でも突出した戦犯事件だった。スティックペヴィッチは、この事件で奇跡的に生きのびた数少ない捕虜だった。マンスフィールドは戦後かれにモロタイで出会い、この貴重な証人ともう一人の生存者を東京へ証人として招いたのだった。

このようにして、各国検察官はBC級裁判とさまざまなかたちで連携しながら書証と証人を確保し、法廷での戦争犯罪立証にのぞんだのである。

マンスフィールドのジレンマ

国際検察局は一九四六年六月四日に冒頭陳述をおこない、一週間後から立証にはいった。検察側の準備した証拠は一五段階に分けて提出され、その大半が平和に対する罪の立証にわりあてられた。けれども、すくなくともそのうち四つの段階は戦争犯罪に関係した。

戦争犯罪立証の第一段階は同年八月一五日にはじまり、担当は中国代表チームだった。この段階は、それ以前に終了した日本の中国における戦争についてのふたつの段階を締めくくるかたちで提供された。作業にあたったのは中国代表検事の向哲濬と、向の補佐をつとめたヘンリー・チュウ、インド代表検事ゴビンダ・メノン、そしてアメリカ代表検事補三名――デーヴィッド・ネルソン・サットン、アーサー・サンダスキー、ジョン・F・ハメル――だった。この段階で立証された戦争犯罪は、一九三一年から四五年のあいだに日本軍のおかした残虐行為だった。立証は九月五日に終了している。

中国以外の地域にかんする戦争犯罪は、平和に対する罪の立証がすべておわってから立証がはじまった。一九四六年一二月一〇日に、戦争犯罪の第二段階にあたる部分をフィリピン代表検事のペドロ・ロペスがはじめた。もともとロペスは、「人道に対する罪」についての証拠収集と立証をする責務を負っていたが、かれが立証したのは実質的に戦争犯罪である。なぜなら、準備した事件の対象はすべてフィリピン兵士や連合国兵士あるいは一般市民で、日本の敵国民が被害者だったケースばかりだったからだ。この段階ではアメリカ代表検事補のソリス・ホーヴィッツもロペスを手伝ったが、立証のほとんどはフィリピン検事自身がおこなった。

六日後、オーストラリア代表のマンスフィールドが戦争犯罪立証の第三段階をはじめた。この段階で対象となったのは一九四一年から四五年までの戦争犯罪で、フィリピンをのぞくアジア太平洋各地で起こった事件を立証した。マンスフィールドのひきいるチームは多国籍で、オーストラリア、カナダ、フランス、オランダ、アメリカ代表からなっていた。各国検察官は、それぞれが代表する国と関係のふかい戦争犯罪の立証を基本的に担当するようになっていて、マンスフィールド自身は、検事補モーネインとカナダ代表検事のヘンリー・グラットン・ノーランとともに、英連邦と英国の植民地に関係する事件を中心とした立証をした。そのほか、いわゆる「地獄船」――連合軍捕虜が非人道的な処遇のもと太平洋を強制海上連行された諸事件――にかんする証拠もあつかっている(31)。

オランダ代表のダムステは、蘭印に関係する事件を担当し、現在のインドネシアとその近隣諸国をふくんでいた。具体的には、ジャワ島、スマトラ島、セレベス島、蘭領ボルネオ、小スンダ列島、そしてティモールでの残虐行為の立証にあたった。

つづいて米国代表チームのチャールズ・T・コールとジェームズ・J・ロビンソンが立証をすすめたが、かれらのあつかった事件はアメリカ人関係にかならずしも限られず、対象は連合国各国の兵士と一般市民だった。地域的には、中国と日本に拘留された連合軍の捕虜と一般市民の抑留者に対する残虐行為、ウェーク島・クェゼリン・父島など太平洋中部地域での戦争犯罪、公海上の戦争犯罪、そして一部フィリピン関係にもとりくんでいる。

仏印関係では、フランス代表検事のロベール・オネトと検事補ロジェー・デポが担当した。立証内容は他国チームのそれとくらべるとたいへん短かったが、これは、仏領インドシナでの戦争犯罪調査がおくれていたか、あるいは日本占領下での戦争犯罪がほかの地域とくらべてそれほど頻繁でなかったためと考えられる。最後にソ連に関係する証拠が法廷で提出されたが、その内容はさらに短く、六通の証拠文書が提出されるにとどまっている。しかも証拠書類をあつかったのはオーストラリア代表のマンスフィールドだった。ソ連検察チームは当時とくに人手が足りなかったわけでもないことから、ソ連にとって日本の戦争犯罪は重要度が低かったと理解できよう。

戦争犯罪立証の第四段階は、アメリカ代表チームの立証の途中にさしはさむかたちで提供された。担当はアメリカ検察チームのギルバート・S・ウルワースである。この段階では、日本政府が日本軍に戦争法規を遵守させる国際的責務を負っていたこと、特定の被告が捕虜の非人道的あつかいを許可したこと、あるいは直接に命令せずとも暴虐の事実を知っていたこと、以上を中心に立証をすすめた。ウルワースの提出した証拠は、先にのべた証拠隠滅の問題が影響していたためか、かならずしも包括的な立証内容ではない。また、各国検察官がそれぞれの段階で関連性のある証拠を適宜提出している場合もあったので、この段階での立証は補足的とみなしたほうがいいだろう。

検察側の戦争犯罪立証は、一九四七年一月一七日にすべて終了した。つまり、第二から第四段階までの証拠提出はたった六週間でおわったということになる。しかし、じつのところ三チームのあつかった証拠書類は、分量のうえではニュルンベルク国際裁判の公判記録に匹敵すると推定され、六週間で提出をおえたというのは驚くべきことといわねばならない(32)。これは、三チームがなんらかの特別な手法をもちい、証拠を凝縮したかたちで提出したことを示すが、その手法とはどのようなものだったのだろうか。また、これほど膨大な書類を短期間に提出することにした動機はなんだったのだろうか。

国際検察局の内部文書をみると、じつは首席検事からの圧力が一部あって、短縮されたかたちの立証戦略が適用されたことがわかる。時は一九四六年一二月はじめごろ、国際検察局は平和に対する罪の立証をおえつつあり、戦争犯罪の残り三段階を目前にひかえていた。そのときキーナンは、戦争犯罪の立証時間を短くするか、あるいはこれを省いてはどうかという提案をもちかけてきた。これを聞いたニュージーランド代表のクィリアムは、おそらく「マッカーサー元帥と米国当局から公判が長引いていることから批判を受けた」から、キーナンは「これらの訴追をやめにして時間を節約することを思いついた」のだろうと推測している。(33)

この提案をうけた参与検察官は歓迎せず、とくに戦争犯罪の立証にむけて大グループを指揮するマンスフィールドはすぐに異議をとなえた。キーナンに立証時間がどれくらい必要かと訊かれると、「一〇週間」は必要だろうと答え、「もし残虐行為の完全な歴史的記録を提出するならば、この段階はたぶん一二カ月かかるだろう」とものべて、キーナン案に反対である姿勢をあきらかにした。またマンスフィールドは過度の日数を戦争犯罪の立証についやす意図はないとしながらも、もし日本軍による残虐行為の証拠を法廷で提出するならば、「それらは適切にあつかわれなくてはならない」し、「四年もの時期をカバーし、太平洋各地の多くに関係するこの重要な段階を一〇週間以下で適切に立証することは考えられない」と伝えた。つづけて、自分はたんに個人的な意見をのべているのではなくオーストラリア政府の見解を代表していること、さらにオランダも同様の立場をとっていることをキーナンに知らしめた。両政府にとって、捕虜関係の立証は「この裁判でもっとも重要な段階のひとつ」ということだった。(34)

マンスフィールドの回答をうけたキーナンは、けれども「一〇週間」という見積もりはとうてい受け入れられないと考えたようだ。すぐ説得工作に出て、そもそも東京裁判は「平和に対する罪」をおもにおかした戦争犯罪人の処罰を主眼としているのであって、「戦争犯罪」と「人道に対する罪」は二次的にすぎない、よって本来の目的と合致しないことがらに時間をついやすのは賢明でないと主張した。しかしこれはオーストラリア代表の納得する説明ではなかった。マンスフィールドは、より迅速に証拠を提出できるなんらかの手法があれば、それを真っ先に適用するのは自分自身だとのべ、「もし、もっと短い方法を見いだせなければ、検察側のこの立証部分に対する専断的な時間制限に、私は絶対に抵抗する」と伝え、断固反対の意志をあらためてあきらかにした。(35)

妥協点を見いだせなかったキーナンは、やがて自分の提案をすべての参与検察官との協議にもちかけ、そこで支持を得ようとした。けれどもかれは各国検察官の一致した反対をうけた。反対意見をとくにあきらかにしたのは、マンスフィールドとロペスだった。二人とも、「自国も他の国々も捕虜と市民に対する処遇に関係する犯罪を非常に重視していると強調」し、さらに、「憲章にしたがって起訴状ではこれらの犯罪を告訴し、キーナンの冒頭陳述もすくなからずこれらの犯罪に言及したことを指摘」した。つまり、キーナン自身も戦争犯罪を重要とする立場を法廷であきらかにしており、ここで後戻りしては検察側がはじめに公表した目標と矛盾が生じてしまう、というのだった。のみならず、検察側は中国段階で関係する証拠を多く提出済みであり、戦争犯罪の立証を今あきらめては、国際検察局の訴追努力について「誤解が生じるし害になる」とのことだった。協議に参加していたクィリアムもこれに賛同し、「六―九カ月も遅れてこうした議論がされている」とキーナンを暗に批判した。これは妥当な意見と思われるが、「キーナンを怒らせてしまった」という。(36)

このような論争が起こっているあいだ、マンスフィールドは公判がいちじるしくおくれをとっていることを強く自覚し、キーナンの提案はひとまず拒否したものの問題を打開する方法を模索した。そのうち、オランダ代表検事補のダムステがある解決策を提供した。(37)それは、公判で証拠書類の「概要」を利用するというもので、裁判所はこの採用を認めることになる。(38)概要戦略とは、提出予定の証拠文書の要旨をまとめた概要を各国検察官がそれぞれ準備し、法廷ではおもにその文書を読みあげるのみで証拠書類そのものは裁判所に提出するにとどめる、というものだった。概要は、膨大な書証を手際よくかつ短時間で提出するためのガイドラインにすぎないので、証拠文書とはみなされない。裁判所の裁定は、裁判所が受け入れた書証そのものと証人にもとづいて決められる。また、書証として提出される文書については、関連部分のみを日・英文に翻訳すればよいこととなり、ここでも時間の節約が図られた。こうした限定的な翻訳方針は被告側に不利になる可能性もあったが、被告にはアメリカ人弁護士がついており、英語を解する日本人弁護士もいたので、訳されていない部分を被告が理解できないことはないと裁判所は判断したようである。いずれにせよ、時間とのたたかいを解消していくという問題は切実であり、検察側の提案する概要戦略は現実的な解決策として適用されることになったのだった。その結果、検察側は膨大な証拠文書を迅速に提出することができ、当初マンスフィールドがすくなくとも一〇週間——長ければ一二カ月——かかるといっていた戦争犯罪立証は、それよりはるかに短い六週間で終了することができたのだった。

しかし、この立証方法にはひとつ大きな欠点があった。書証の有する歴史教育上の可能性を大幅に損ねてしまったのである。概要を利用した場合、検察側はひとつひとつの書証の内容をかいつまんでかんたんに説明するにとどまり、法廷で詳細を読みあげることは少なかった。そのため、日本軍のおかしたさまざまな残虐事件の状況を、法廷を見守るひとびとにじゅうぶん伝えることができなかった。なかには概要だけでなく、特定の証拠文書をとりあげて重要部分を読みあげる各国検察官もあったが、それはどちらかというとまれで、時間節約のため概要に依存する手法をとるのが一般的だった。こうした立証方法は、東京裁判についての歴史認識にあとあとまで大きな影響をおよぼすことになる。この問題は第七章で論じよう。

第六章　南京事件と泰緬「死」の鉄道

国際検察局は東京法廷で多くの残虐事件立証にとりくんだが、なかでも南京事件と泰緬「死」の鉄道は、証拠が比較的豊富な点で突出していた。南京事件ではおおぜいの目撃者や被害者によって――そして日本軍関係者によってさえも――日本軍兵士による蛮行が発生当初から報告書や日記などのかたちで記録されていた。また、外交筋や報道関係をつうじて、事件が同時期的に各国にも知れわたっていた。おなじことは泰緬鉄道についてもいえる。鉄道建設をめぐる捕虜強制連行と虐待の規模があまりに大きかったため、連合国兵士のあいだから虐待の状況を証言できる生存者が多数出てこないほうが、むしろおかしいぐらいだった。端的にいうと、証拠の豊富さと事件の世界的知名度からいって、南京事件と泰緬鉄道問題の史実を確立していくのは国際検察局にとって比較的容易な作業だったといえよう。

本章ではこの二事件に光をあて、国際検察局がどのように証拠固めしていったのかを追跡してみる。とくに南京事件は今日の裁判論争で重要な位置をしめているので、公判の立証内容と判決をくわしく分析してみたい。それにくわえ、すでに論じてきた個人責任論の法理（第五章）を検察局がどう適用したのかも調べ、東京判決が確立した国家指導者責任論の特色をあきらかにしていこう。

南京事件

中国代表チームの戦争犯罪段階では、南京事件がその中心をなしていた。この立証にむけて、事件当時に状況を綿密に記録してきた外国人居住者たちによるさまざまな文書資料、欧米諸国の在中外交筋による報告書、南京在住の一般市民で被害者・目撃者となったひとびとによる宣誓供述書など、多くが準備された。いままでの研究からも知られるようになったが、ここでいう外国人居住者とは、南京に長く在住してきた大学教授、医師、宣教師、企業家など、おもにアメリカやドイツ出身のひとびとで、日本軍による南京攻略以前に「南京安全区国際委員会」を自発的に設立したひとびとのことである。日本軍侵攻が切迫しつつあるとき、かれらは南京大学をふくむ一大区域を難民区に設定し南京市民を戦争の被害から保護しようとした。しかし南京陥落後、日本軍は難民区域を尊重せず、残虐行為を区内外で大規模かつ長期的におこなうにいたった。(1) そうした事態に直面した安全区国際委員会のメンバーは、はからずも日本軍の虐殺行為を目撃・記録する重要な歴史証人になっていったのである。かれらの残した記録は、のちに諸政府の外交文書や南京市民自身の供述書とともに、東京裁判の貴重な証拠書類となったのだった。

中国代表チームは、書証のほかに国際委員会のメンバーをふくむ証人一〇名あまりを東京裁判に出廷させ、法廷尋問もおこなった。証人十数名というと近年の国際戦犯裁判で召喚される証人の数をはるかに下回るが、東京裁判では多いほうだった。実際、戦争犯罪の立証段階に関連して証人台に立ったひとびとの総数は、東京法廷では約四〇名にかぎられていた。そのうちのほぼ四分の一が南京事件のためだけに召喚されたことから、国際検察局がこの残虐事件を重視していたと理解するのが適当と思われる。

検察側が提出した証拠のまとまった資料集はすでに内外で刊行されているので、(2) ここでは検察側の立証努力がどのようなものだったのか、弁護側はどのような視点から反証努力をしたのか、これらの事項をそれぞれみてみよう。まず、検察側の証拠から確立した事実はつぎのふたつにまとめられる。

第一に、一九三七年一二月の南京占領直後、中国側の軍事抵抗はすでにおわっていたが、それにもかかわらず、日本軍は虐殺、強姦、略奪、放火、その他非人道的行為を非武装化した中国人戦闘員や南京市民に対して大規模におこなったこと、そして、そうした残虐行為がすくなくとも南京陥落後の六週間、大規模かつ間断なくつづけられたこと、これらの点が検察側の書証と証人によってあきらかにされた。とくに検察側は、南京安全区に避難していたひとびとも日本兵による残虐行為の犠牲になった事実を法廷に知らしめた。証言によると、日本兵は安全区国際委員会の抗議を無視して難民指定区域に立ち入り、おおぜいの成年男子を連行しては大量即決銃殺を組織的に敢行したということである。また、区内外の婦女子に対しても連行、強姦、殺害などの暴虐をくりかえしおかしたことが立証された。当時、国際委員会の委員長をつとめていたドイツ人のジョン・H・D・ラーベによると、安全地区内外で日本軍のおかした強姦は、知られているかぎりでは日本軍占領期のはじめ六週間だけで二万件におよんだという。(3)

図17　被告席にて．前方の左から右へ：畑俊六，広田弘毅，南次郎．後方の左から右へ：橋本欣五郎，小磯国昭，大島浩，松井石根．Courtesy National Archives, photo no. 238-FE.

第二に、自国軍による一連の大規模な残虐行為について、日本の中央政府高級官僚や軍部指導者が事件当初から外交筋・報道関係をつうじてくわしい情報を受けとっていたことが、検察側によってあきらかにされた。被告のうちでは、南京攻略を指揮した中支那方面軍の司令官松井石根《いわね》、中支那方面軍参謀副長の武藤章、そして当時の外務大臣広田弘毅《こうき》のすくなくとも三名が、南京陥落直後からつぎつぎと犯罪状況の報告をうけていたことが立証された（図17）。

検察側が提出した書証や召喚された証人に対して、では弁護側はどう応えたかというと、反駁努力はほとんどせず、検察側の立証内容を基本的に認める立場をとった。弁護側のなかばあきらめた態度は、検察側の証人が法廷にあらわれたときもっとも明確だった。たいてい弁護側は証人の反対尋問をおこなわないか、尋問をしても、証人の信憑性を高めるないしは被告の個人責任を裏づける証言をひきだすという失態を演じた。総合的に評価すると、「日本軍が南京陥落後のすくなくとも六週間、大虐殺、強姦などの残虐行為を大規模におかした」という検察側の基本主張を、弁護側は事実と認めた内容になっている。

弁護団の反駁努力――またはその欠如――をもうすこし具体的にみていこう。まず、尚徳義《シャン・テーイ》という名の南京市民が証言台に立ったときの弁護側の対処の仕方だが、この証人は南京でのある虐殺事件から奇跡的に助かった人物だった。証言によると、尚徳義は南京陥落の直後、中島今朝吾《けさご》指揮下の第一六師団と推定される日本軍部隊により、自分自身と兄、そして近隣に住む男性五名をふくむ合計一〇〇〇名以上の男性市民とともに長江土手まで連行され、機関銃で同日夕刻まえに一斉殺害の対象になったという。証人自身は銃撃されるまえに倒れたために助かったが、連行されたひとびとのほとんどは虐殺の犠牲となったとのことだ。この証人の証言がおわると、弁護側はすぐ反対尋問の時間をあたえられた。ところが日米両弁護人はいずれも尋問をこころみようとせず、証人の信憑性をためして切り崩すという弁護側の基本的権利を放棄してしまった(4)。

尚徳義につづいて、日本軍による虐殺行為の生存者がもう一人証言台に立った。このときも弁護側の対処はおなじだった。伍長徳《ウ・チャンテー》という名の食材商人でかつて南京市警官だったこの証人は、南京陥落直後、一六〇〇名以上の非武装化した南京市警官や一般男性市民とともに日本軍によって難民区から南京市西門へ強制連行された。西門に着くと、日本軍は連行してきた中国人男性を約一〇〇名のグループごとに門外に連れだし、運河沿いにて機関銃で一斉に殺害、死体は運河にそのまま遺棄した。虐殺の現場から逃亡をはかった証人は、銃撃後にたおれているところを日本兵に銃剣でさされたものの、そのときは死をよそおい、深い傷ではありながら致命傷ではなかったため、なんとか生きのびることができたのだった。以上のような伍長徳による証言は、日本軍による組織的虐殺に直接さらされた人物による生の証言で、その重要性は弁護側にもあきらかなはずだった。しかも連行と虐殺の状況が尚証人のさらされたそれとほぼ一致していることから、虐殺の組織性を証拠立てていると考えられ、この点でも証拠価値が高かったといえよう。それにもかかわらず、弁護団はふたたび反対尋問をしようとしなかった。これは、伍証人の信憑性を弁護側が暗に認めたとみなしてよい(5)。

一方、残虐行為の直接被害者でない人物が証人台に立ったときは、弁護側はしばしば反対尋問をこころみている。けれども、その結果は反対尋問しない場合とおなじか、あるいはしない場合より好ましくなかった。これは日米弁護人双方にいえ、程度の差こそあれ、両弁護団は検察側証人の信憑性をつく効果的な尋問ができず、ときには被告の個人責任を確証するような証言を不必要にひきだすことさえもあった。

アメリカ人弁護士のウィリアム・ローガンが検察側の証人マイナー・ベイツを反対尋問したとき、実際にそのようなことが起こった。ベイツは一九二〇年から南京に住み、南京大学で歴史学を教える教授だった。南京安全区国際委員会の設立にかかわり、委員の一人でもある。ベイツの提供した証言の重要点は、かれが事件発生直後から三週間、南京大学に隣接する日本大使館にほぼ毎日、日本軍による残虐行為の報告と苦情を提出してきたという主張であり、証言によると、苦情をうけた日本大使館員は日本軍による残虐行為対処に苦悩していたが、軍を恐れて適切な処置をとれなかったという。そのかわりの処置として大使館員は、上海経由で日本の外務省にベイツの報告書や苦情を転送したと

いうことだ。(6)

反対尋問にはいったローガンは、つぎのような尋問をこころみた。それは、「在南京日本大使館から外務省へ苦情が転送された」という部分の証言をベイツのたんなる憶測、つまり伝聞証拠にすぎないとみなし、その点をつくことで日本政府高官の個人刑事責任を反駁しようというものだった。いいかえると、外務省が南京事件について報告をうけていたというベイツの証言に対し、当時外務大臣だった広田被告はじつは報告をうけておらず、南京でなにが起きているのか熟知していなかったのではないかという疑念を起こそうとしたのだ。そうすれば、広田被告の「不作為責任」を立証するのに必須である一要件が成立できないと計算したようだ。

けれどもローガンのこころみは失敗におわった。というのは、ベイツは自分の証言が伝聞証拠でないことを確証するに足りる回答をすでにもっていたからだ。ベイツによると、事件当時在日アメリカ大使だったジョセフ・グルーは、外相広田とベイツの送った苦情について話しあった事実があるという。しかも、この事実をグルー自身は南京の米国大使館に電報で知らせており、ベイツもそれらの電報をみずから読んだということだった。ベイツはひきつづき、もし必要とあれば、この問題に関係する日本側文書を法廷に提出することもできるとつけくわえた。このベイツの回答にローガンはあわて、法廷の記録係に今の発言を記録しないよう求めた。裁判長に対しても、質問に直接関係のない発言をしないよう証人に勧告してほしいと訴えた。これに対しウェッブ裁判長は、たしかに証人は反対尋問の質問そのものに答えるべきであるとはしながらも、回答に説明をくわえることになんら問題はないとし、ベイツの発言を有効とみなした。その結果ローガンは、広田被告が日本軍による残虐行為を事件当初から知っていたことを裏づける証言を公判記録に残してしまったのだった(7)。

日本人弁護人による反対尋問のこころみも、英米の法廷技術にもともと不慣れなほか、法廷での争点をじゅうぶん理解していないことがしばしばあったため問題をはらんでいた。この点を、松井被告の弁護人だった伊藤清による反対尋問を例に考えてみよう。

伊藤弁護人は公判中、検察側の重要証人の一人、許伝音《シュウ・チュアンイン》という名の南京出身男性の反対尋問にあたった。この証人は南京事件当時、「紅卍字会」という慈善団体の副会長をつとめていて、南京陥落後に日本軍によって虐殺されたひとびとの遺体を埋葬してきた。かれの証言によると、紅卍字会は常時二〇〇名ほど埋葬の仕事をするスタッフがいて、南京事件中はこの協会だけでも四万二〇〇〇以上の遺体を埋葬したとのことだった。同証人は、日本兵のおかした大虐殺や強姦などさまざまな事件についても証言した。

この証人に対して、伊藤はつぎのような尋問戦略を適用した。それは、国民党軍も略奪や強姦を常習的におかしていたと証人に認めさせ、その論理的帰結として残虐行為の責任を中国側に転嫁する、もしくは「日中同罪論」を展開するというものだった。しかし許証人は伊藤の執拗な尋問に対して、日本兵による残虐行為についての証言をつづけるばかりだった。証人が思いどおりの証言をしないことを不満とした伊藤は裁判長にむかって、「裁判長、私は此の証人に支那兵のことを聴いて居るのですけれども、此の証人は日本兵のことを言うだけであります」と訴えた。それに対しウェッブは、伊藤の主張に理解を示しながらもつぎのように警告した。

わかっています。女性を強姦したり殺害したりするのは決して正当な報復行為ではない点、ここであなたに忠告しなければなりません。あなたは、証人側がおかしたといわれることと同じことを、かりに日本人がおかしたとしても、それを正当な報復だとみなしています。女性の強姦、殺害、またそれに類する行為は、決して正当な報復処置とはみなされません。よって、そのような見解にしたがって反対尋問をつづけるのは無益です。(8)

このエピソードに、南京事件にかんする伊藤の反対尋問のまずさが象徴されている。このとき伊藤は、巧みな反対尋問で証人の信憑性をつくという本来の弁護人の任務をはたすかわり、同罪論を展開して日本軍側のおかした強姦等の罪を帳消しにしようという、あやまった論理にもとづいて反対尋問をこころみたのだった。しかも伊藤は、日本軍は国民党軍からこうむった損害にかんして報復する権利をもっていたとみなし、これを根拠に、日本軍がおかした強姦や殺人その他の暴力が正当化できると考えたようだった。けれどもウェッブが指摘するように、南京在住の女性を殺害したり強姦したりの行為は、戦時下のいかなる状況でも、戦争法規上の正当な「報復行為」とはとうていみなせないのだった。

証人が思いどおりの発言をしないまま、やがて伊藤は許証人の反対尋問をおえる。そのとき伊藤は、「此の証人から私の能力では真実を訊き出すことが出来ませぬから、遺憾ながら是で私の尋問を終ります」と言いのこした。この捨てゼリフめいた発言をこころよく思わなかったウェッブ裁判長は、「証人を責めるべきではありません。そうするならば、私たちはあなたに対して処置をとることになるでしょう」と警告した。こうして、効果的な反対尋問ができなかった責任を弁護士たる自分の法廷技術の未熟さではなく証人の態度にある、とする伊藤の態度をウェッブは諌めたのだった。(9)

ところで、この一連のやりとりから浮かぶウェッブの判事ぶりも特筆しておくべきだろう。伊藤に対してくだした忠告の内容から、ウェッブは弁護側の反対尋問を責めたてただけではないとわかる。むしろ適切な助言をあたえることで、弁護側の尋問技術の向上をはかろうとしている。弁護側に対する裁判長のこのような配慮は、従来の東京裁判にかんする概説書ではあまり評価されていないだけに、とくに注目したい。ウェッブの姿勢は、つぎの事例にもあらわれるように、公判中しばしばみられたのである。

ローガン、伊藤両弁護人が反対尋問に失敗したのに対し、弁護団のなかにはすぐれた法廷尋問のできる人物もいた。けれどもそのような弁護人も、南京事件については検察側の圧倒的な証拠をまえにして、被告に有利な証言をみちびくことはできなかった。それを示す例として、検察側証人ジョン・マギー牧師を尋問したアメリカ人弁護人、アルフレッド・ブルックスのケースがあげられる。

マギーは一九一二年から一九四〇年まで、南京の監督教会の牧師をつとめたアメリカ人で、南京陥落当時から南京難民区の設立に助力した外国人居住者の一人である。東京裁判の法廷でマギーは、自分自身が目撃した、あるいは被害者から聞き取ったさまざまな大虐殺、強姦、放火、破壊などの事件について、ことこまかに証言した。マギーの証言には、ある一五歳の女の子から聞き取りで知ったつぎのような虐殺と性暴力の事件もふくまれていた。

私はこの少女を一九三八年二月に病院へ連れていきました。そのとき彼女に長いこと語りかけ、その後何度も会いました。彼女は南京から約六〇マイル離れた浦口《ウーフー》出身でした。父親は店舗をもっておりましたが、日本兵が彼女の家にやってきまして、彼女の兄弟［兄か弟かは英文原文では不明］を兵隊だと責めたて殺しました。少女は、兄弟は兵士ではなかったと言いました。かれら［日本兵］は兄弟の嫁が強姦に反抗したので殺し、姉も強姦に反抗したので殺しました。そのあいだ、父親と母親はひざまずいていたのですが、殺されました。彼らはみな銃剣で殺されたのでした。少女は気絶しました。彼女を日本兵はどこかの営舎に連れていき二ヶ月監禁しました。はじめの一ヶ月、彼女は毎日何度も強姦されました。服は剝ぎとられ、部屋に監禁されつづけたのでした。その後彼女はあまりに病気におかされてしまったので、かれらはそんな彼女を恐れるようになりました。彼女はそこで丸一ヶ月病気のままでした。(10)

この少女とその家族がこうむった残虐行為は想像を絶するが、近年の研究から、じつは中国戦線において日本軍はこれに匹敵する殺人行為や性暴力を遂行してきたことが判明している。(11)

この証人の反対尋問をこころみたブルックスはアメリカ人弁護団のなかでも法廷技術にたけていたとみえ、巧みに鋭い質問を投げかけ、マギー牧師の証言に弱点を見いだそうとした。かれはとくに、つぎのような疑いを浮かびあがらせようとした。1日本軍によって即決処刑された無数の中国人男性とは、じつは市民服をまとった中国軍の正規戦闘員だったのではないか、2日本兵による一連の虐殺は上官命令にもとづく組織的な行為ではなく、個々人の兵士が自発的におこなったものだったのではないか、3残虐行為をおかした日本兵は、上官あるいは憲兵などの軍律機関からそののち適切な処罰をうけたのではないか、4マギーの知る残虐事件のほとんどは伝聞証拠にすぎないのではないか。

けれどもブルックスは、尋問技術を駆使してもマギー証言の一貫性と真実性を崩すことはできなかった。このことはブルックス自身が法廷で実感し、またウェッブ裁判長にもしだいに明白になっていった。ブルックスの反対尋問がある程度すすんだところでウェッブはそれをさえぎり、つぎのように評している。「あなたの姿勢から察するに、あなたは証人の信憑性を実際攻撃しているわけではないのですね」と。これに対してブルックスは、「証人はたいへん公平だと思います」と答え、裁判長の所見の正しさを率直に認めたのだった。しばらくたったあと、裁判長はふたたびブルックスをさえぎり、「あなたはこの証人の信憑性をすでに認めた以上、あなたの反対尋問の余地は当然のことながら非常にかぎられていますよ」とのべた。つづけて、「これ以上の反対尋問は被告にとってさらに不利になります。ブルックス大尉、この反対尋問を続けるのがはたして有益かどうか決断しなければなりません」とわざわざ忠告した。これに対し、ブルックスはあらためて、「この証人は公平性を保つ努力をしていると信じます」と答え、二、三追加の質問をしたあと、裁判長の勧告にしたがって反対尋問を終了したのだった。(12) ここに、検察側の主要証人を論駁していくことに苦慮したアメリカ人弁護人のようすがうかがわれよう。

日本人弁護団も、南京事件を論駁することがほぼ不可能だったことを当時舞台裏で認めている。たとえば、菅原裕弁護人（旧陸軍大臣の荒木貞夫被告の主任弁護人）は、一九六一年に出版した『東京裁判の正体』で裁判を回想し、日本軍による南京大残虐事件が揺るがぬ事実だったと自覚したことを率直に認めている。この書によると、検察側立証の当初、南京事件は中国代表検事らによる悪質な宣伝工作の産物だと信じており、当の残虐行為はじつのところ退却中の中国軍がおかしたのだろうとみなしていたという。しかし、公判がすすむにつれてそうした見方を改めざるをえなかったと告白している。一方では、検察側の立証に虚偽や誇張はかなりあるだろうとしながらも、他方では、しかしそのうち二割方は真実だと考えないわけにはいかなかったという。そしてつづけて、南京での一連の事件は、「日清、日露の両役では、断じて聞かれなかったことであって、日本民族としては、敗戦にもまして、悲しき事実の是認であった」とのべている。つまり南京での日本軍による残虐行為を、大日本帝国の誇り高き陸軍史上でも前代未聞のおそるべき残虐事件とみなすようになったのだった。(13)

同様に滝川政次郎《まさじろう》弁護人（旧海軍大臣の島田繁太郎被告の補佐弁護人）は、一九五三年に出版した東京裁判の回想録兼概説書『東京裁判を裁く』で、菅原の私見に呼応した見解を記している。検察側の立証について滝川は、「彼ら［検察側］の言に多少の誇張があるにしても、南京占領後における日本軍の南京市民に加えた暴行が相当ひどいものであったことは、覆い難き事実である」と率直に残虐行為の事実を認めている。さらに、自分自身が南京陥落後に南京市をおとずれて見聞きしたことにふれ、そのときの状況をつぎのように記述している。

当時私は北京に住んでいたが、南京虐殺の噂があまり高いので、昭和十三年の夏、津浦《シンポ》線を通って南京に旅行した。南京市街の民家が概ね焼けているので、私は日本軍の爆撃によって焼かれたものと考え、空爆の威力に驚いていたが、よく訊いてみると、それらの民家は、いずれも南京陥落後、日本兵の放火によって焼かれたものであった。南京市民の日本人に対する恐怖の念は、半歳を経た当時においても尚冷めやらず、南京の婦女子は私がやさしく話しかけても返事もせずに逃げかくれした。私を乗せて走る洋車夫が私に語ったところによると、現在南京市内にいる姑娘で日本兵の暴行を受けなかった者はひとりもいないという(14)。

この記述から、南京を占領した日本軍がその直後、大々的に放火、強姦その他の暴虐をはたらき、南京市民を恐怖におとしいれたことを、滝川が自分自身の現場検証から確認したことがわかる。事件当時、日本本土では検閲があり南京での日本兵による蛮行の情報が一般のひとびとにゆきとどかなかったかもしれないが、中国に在住していた日本人のあいだではどうやらこの事実がひろく伝わっていたようだ。そうしたうわさがあったからこそ何千キロも離れた北京に住みながらも、滝川は現場にみずから向かって真実を確かめようとしたのだった。

菅原・滝川と同様の見解は、被告たち自身からも示されている。その一人に、中支那方面軍の参謀副長だった武藤章があげられる。かれは日本軍が残虐行為をおかしたことを法廷内外でいくども認めており、たとえば開廷以前の国際検察局による尋問では、「南京の場合は、二大隊か三大隊が市中に入ることになって居りました。ところが全軍が入城してしまった結果、ついに南京略奪暴行事件となったのです」とのべている。つづけて武藤は、国際検察局の調査官とつぎのような問答をしている。

問　支那でも比律賓《フィリピン》でも、非常に多くの罪もない婦人子供が殺害され又は強姦せられたことを知って、貴殿は良心の苦しみを感じませぬでしたか。

答　南京及マニラの残虐行為のあと、自分は両件に於ける参謀の一幕僚でしたので、日本の軍隊教育に何か欠陥があると感じました。(15)

右の発言から、南京のみならずマニラなどその他の地域でも自国軍による残虐行為があったことを武藤が認識していたことがわかる。また武藤は、問題の根源が日本の軍隊教育にあるかもしれないとものべていることから、軍律問題の根がたいへんふかいと自覚していたこともわかる。公判中も武藤の証言はほぼ一貫しており、事件当時に塚田参謀長から「窃盗、殺人、殴打及強姦事件のあったことを聞きました」とのべている。また、侵攻以前に選別隊のみを入城させる命令がなぜくだされたのかという質問に対し、「若し余り多数の軍隊を南京に留ることを許したならば、是等の軍隊が上海に於て艱難辛苦を嘗めた事に鑑み、紛擾《ふんじょう》が起ると感ぜられたのです」とも証言した。(16)武藤被告や日本人弁護人による証言は、ここ数十年にわたって保守層が主張してきた南京大虐殺まぼろし論に疑問を呈する内容であり、重要である。(17)

弁護側の南京事件に対する本格的な反証段階は、翌年あらためてすすめられた。まず冒頭陳述で弁護側は、1日本軍がおかしたという残虐行為についての証言には誇張がある、2多くの残虐行為は実際に国民党軍兵士がおかしたものである、3日本兵の手に落ちた中国人兵士は、じつは「匪賊、不正規兵、「ゲリラ」兵、其の他正規兵たるの身分を主張すること能わざる者、および国際法が匪賊として宣言し交戦者に対して与うべき保護の圏外に置かるべき者」だったのであって、捕虜の権利をそもそも有しない、そして4日本軍兵士で戦争犯罪をおかした者は、すでに軍律裁判で罰せられるなど相応の処置をうけている、という点だった。[18] 以上の冒頭陳述をすませたあとの弁護側立証は、しかし説得力の欠ける内容だった。このころまでに反駁資料を収集するための時間も人材も弁護側にじゅうぶんあったはずなのに、日米両弁護人はおどろくほど手薄な準備のまま法廷にのぞんだのだ。南京事件全般の反証のために提出された書証はたった八通（うち五通は却下）、召喚した証人も三名のみであり、むしろ反証をあきらめた感があったといってもいい（ただし個々の被告にかんする弁護には、個人反証段階のときにそれぞれ追加証人がよばれている）。

弁護側の力不足の反証努力は、当時裁判を傍聴席から観察していた一般庶民にもあきらかだった。このころ法廷には毎週平均して二〇〇〇人もの傍聴人があったというから、南京事件についてかなり庶民の関心も高かったと考えられる。しかし、たとえば裁判の進行状況をつぶさに追っていた児島襄（当時旧制高校三年生）は、のちの著書『東京裁判』で、「弁護側の「反撃」は、意外なほど淡白であった」と評している。また、弁護側の南京事件反証段階は内容の軽薄なまま突如としておわってしまったのだが、児島はそのときの法廷内の反応を回想して「法廷は、あっけにとられた」とも述懐している。[19]

なお、弁護側証人として召喚されたのは、元上海総領事の日高信六郎、第一〇軍法務部長の塚本浩次大佐、そして中支那方面軍参謀の中山寧人《やすと》大佐だった。三人は、内容に差はあるものの「南京陥落後に日本軍によって残虐行為がおかされた」という検察側の基本的主張をくつがえすことはなく、むしろ被告、とくに中支那方面軍司令官だった松井石根被告の指揮官責任を具体化するような証言を提供している。[20] この点をすこし立ち入って説明しよう。

三人の証言からは、つぎのような事実が浮かびあがった。1松井被告は、すくなくとも一二月一七日に南京に入城し凱旋パレードをした当時から、中支那方面軍の指揮下にあった兵士が残虐行為を大々的におかしていることを知っていた、2中支那方面軍は南京攻略以前、上海から移動してくる過程ですでに風紀がいちじるしく乱れていたが、松井はそれを知り、南京陥落後も指揮下の兵士が暴虐を続行するのではないかと憂慮していた、3被告は、風紀をきびしく取り締まるよう、南京攻略前後に部下に命令をくだした、4にもかかわらず風紀取り締まりは不十分で、軍律裁判もかぞえるほどしかとりおこなわれなかった、5日本軍による南京市民に対する残虐行為はそのまま継続した、6凱旋パレードをおえて上海にもどってからも、被告は残虐行為の情報をうけていた。これらの証言は、弁護団の見解では松井被告にとってあるいは有利とみえたかもしれない。というのは三者は、松井が残虐行為に個人的に反対だった点と、松井が風紀取り締まりに努力した点を確認したからだ。しかし、じつのところ効果はその逆で、これらの証言は松井にとって不利だった。というのははからずも三証言は松井の責務怠慢を裏づけたからである。つまり弁護側の証言は、1松井被告の事件熟知、2風紀取り締まりの権限と責務の保持、そして3その権限と責務の不徹底を立証したのであり、これは「指揮官責任」の理論にもとづく刑事責任の確立にみちびくものだった。じじつ、弁護側証言が被告に不利になったことは、後述する判決からもあきらかになる。

東京裁判の先例

南京事件について刑事責任を問われた被告三名——松井、南、広田——について、法廷で展開された弁論と裁判所の判決をそれぞれ追ってみよう。

三人のうち松井に対しては、指揮下にある兵士らの戦争犯罪をやめさせる法的責務をはたさなかったと検察側は主張し、これは指揮官責任の法理にもとづく内容だった。被告が戦争犯罪を遂行するよう積極的に命令したという主張はなされていない。そのため法廷で争点となったのは、松井が事件当時、1残虐行為の事実を認知していたかどうか、2暴虐をやめさせる責務と権限をもっていたかどうか、そして3責務と権限がありながら適切な処置をとらなかったのかだった。これに対して松井は証人台にみずから立ち、これら三つの争点について検察側の主張を否定した。しかし、残虐行為を知らなかった、自分が部下による残虐行為をやめさせる法的権限を有しなかった、残虐行為の事実を知ったときは適切な処置をとった、という主張は相互に矛盾しており、かえって松井の知識、権限、責務を証拠だてる結果となっている。最終的には、松井はみずからを信憑性ある証人と印象づけることに失敗した感がある。ここで証言内容を具体的にみてみよう。

まず、残虐行為にかんする被告の「知識」の要件について、松井の展開した基本的な弁護路線は、事件当時に自分は南京から約二二五キロ離れた蘇州で病床にあり、中支那方面軍の兵士が南京攻略後どのような行動をとっているのか知らなかったし知りえなかった、というものだった(21)。けれども、指揮下にあるふたつの師団を率いる将官が戦局を定期的に報告していた事実を認めており、遠くにあった南京での状況を病気だから知らなかった、あるいは知りえなかったという主張にじゅうぶん説得力をもたせることができなかった。[22] また、すくなくとも一九三七年一二月一七日、凱旋パレードのため南京市へ入城したとき、日本軍による残虐行為について部下や日本外交官たちから情報をうけたことを認めたため、この点でも南京の実情を知りえなかったという主張には限界があった。[23] 凱旋パレードをしてから約一週間、被告は南京市内にとどまっていたが、そのあいだも日本軍による暴虐はつづいたのだった。

さらに、法廷で提出した宣誓口供書で「一部若年将兵の間に忌むべき暴行を南京では行った者がありたるならん」と証言し、婉曲に指揮下の兵士たちが残虐行為をおかしたことと、その事実を自分が知っていたことを認めている。検察側は、この部分の口供書を反対尋問中にとりあげ、「これらの忌むべき暴行というのは何でしたか」と松井にたずねると、被告は即座に「強姦とか奪掠《ママ》とか、また強制的物資の徴発とかいうようなことを意味するのであります」と答え、「殺人もあります」ともつけたしている。[24] こうした発言から、日本軍が南京市民に対して深刻な暴虐をおかしていることを松井が知っていた、と理解することが可能である。

ときに松井被告は、残虐行為の起こった事実それ自体は認めながらも、加害者は退却しつつあった国民党の兵士や中国人の無法者だと主張したこともある。これをうけて、松井の法廷尋問の当時に裁判長代理をつとめていた米国代表判事クレーマーは主張の根拠を問うた。これに対して松井は「それは具体的に事実を聴いたのではありません。一般のただ風説を伝えて私に話したのであります」と答えた。[25] つまり、中国軍の兵士が残虐行為をおかしたという主張を確証する客観的証拠の報告をじつはなにもうけていないのであって、それはいわば伝聞証拠にすぎないと認めたのだった。

指揮官たる自分の法的責務と権限についても、被告は相矛盾する証言を法廷で提供している。一方で松井は、南京攻略前、中支那方面軍の兵士たちに軍紀を守らせるよう指令をだしていたという。また凱旋パレードのあとにも、日本軍による残虐行為の事実を知るとすぐに調査を命じたともいう。しかし他方で、「私は方面軍司令官として部下の各軍の作戦指揮権を与えられておりますけれども、その各軍の内部の軍隊の軍紀、風紀を直接監督する責任はもっておりませんでした」とのべている。そして、軍紀・風紀違反者を処罰する権利は「軍司令官、師団長にある」のであり、自分には違反者を軍法会議にかけることを「命令する法規上の権利はありません」といい、基本的に戦争法規違反の問題をあつかう権限と責任の問題は、自分ではなくて直属の部下に帰すべきとの立場をとった。自分自身については、「全般の指揮官として、部下の軍司令官、師団長にそれを希望するよりほかに、権限はありません」と証言し、軍の総司令官たる自分には、戦争法規を守るよう部下にお願いする以上の力がなかったという弁明を展開したのだった。[26] この証言の意味をあきらかにするため、松井はつぎのように証言している。

私が受けておる権限は、両軍を作戦指導するという権限である。その以上には何もないのであります。従って軍紀風紀の問題に関しては、法規上いかに私の責任を糾すべきかは、これはかなりむずかしい問題でありまして、私はここにそれを今明言することはできません。[27]

右の発言によると、軍紀・風紀にかんする自分の法的責務がなんであったかというのは「かなりむずかしい問題」で、それを今くわしく説明できないとしている。けれども公判中、自分の指揮下にある将官に職務怠慢があったと示唆することには躊躇しないのだった。

日本人弁護団の一員で、裁判の進行を見まもってきた戒能通孝（鈴木貞一被告の補佐弁護人）は、この部分の証言を裁判後に思いおこし、つぎのような見解を書きのこしている。

> 問題になった南京の虐殺は、少くとも相当なものだった。たとえば難民のうちから男子を探しだし、指にたこがあると逃亡兵とみなし、無裁判で銃殺してしまったり、女子を見つけ次第強姦し、なかには被害者にガソリンをぶっかけて焼いてしまったというような、腥惨な事実が多数に存していたらしい。これだけの行為をした軍隊の総指揮官松井大将は、暴行の事実を知りながら、権限がないから、ポカンとして傍観していたというのである。しかも松井によって指示された責任ある軍司令官は、被告らがよってたかって尊敬した天皇の一族に属する元朝香宮中将に外ならない。被告らはこの意味において皇室の尊崇を怠っていなかった。だがいざとなれば皇室に責任をかぶせても、自らは逃れるだけの用意があった[28]。

右の記述で戒能は、松井が指揮官責任の三大要件である知識、権限、責務すべての点について相矛盾する証言をしたことを指摘したほか、朝香宮をひきあいに出してまで自分の法的責任を否定しようとする松井の姿勢に皮肉も見いだしている。

ところで、同時代のニュルンベルク法廷で松井のケースと酷似した弁明をこころみたドイツ軍の高級将官がいる。これは比較研究上参考になるので紹介しよう。その裁判は、一九四七年から四八年に開かれた人質裁判とよばれるもので、ニュルンベルク継続裁判のひとつだ。この裁判では、ギリシャとユーゴスラヴィアへの侵略と占領を目的に軍をひきいたドイツ軍の将官一二名が裁かれた。おもな訴追内容は、占領地において不当に一般市民を人質にとり、傷ついたドイツ兵一人に対して五〇名、死にいたったドイツ兵一人に対し一〇〇名の人質を処刑するなどの組織的な虐殺行為を命令した、あるいはそのような虐殺行為の進行を看過したということだった。主要な被告はヴィルヘルム・リスト元帥で、公判中リストは無罪を主張し、松井被告とおなじ弁護路線を展開していた。たとえば占領地における市民虐殺の事実について、自分はその場に当時居合わせなかったので知らなかったとのべ、松井同様、不作為責任を立証するうえで必須の知識の要件は物理的状況からいって満たされないとの主張をこころみた。また、人質の処刑を実行したのは自分の指揮系統外にあったナチ党や地元の警察隊だと陳情し、これらの組織が遂行した犯罪について自分が刑事責任を問われるいわれはないとも主張した。これは、松井が直属の部下である朝香宮ら軍司令官や師団長に責任があると弁明し、中支那軍司令官たる自分には軍の風紀を取り締まる法的責任がない、と論じたのと似た論理だった。

以上の弁論をうけたニュルンベルク裁判所は、しかし最終的にこれらを全面的にしりぞけている。判決書によると、「軍司令部に居合わせなかったからといって、みずから制定、あるいは黙認した政策のとおりになされた行為に対して責任は軽減されないし、されるべきでもない」のであって、遠くにいながらも軍の指揮官としての権限を行使しつづけた以上、指揮官責任をまぬかれることはできないというのだった。また、占領地における軍司令官という立場にあったリストは、その地域の「秩序と安全を保ち、市民の生活と財産を守り、犯罪を処罰する義務と責任」を負っていたのであり、ドイツ軍占領下にある敵国市民に対してナチ党や地元警官たちがおかした暴虐を看過してよい、という論理は成り立たないということだった。さらに、リストが展開した権限にかんする弁明について、「権限がなかったと主張して責任をのがれることはできない。権限は、占領地域の司令官という地位自体に内在するのだ」とまとめている[29]。

東京裁判所は、リストに対するニュルンベルクでの右の判決とほぼおなじ理由から、最終的に松井被告に指揮官責任を問えると結論している。すなわち、被告は南京を占領した指揮下の軍隊を管理・監督する責務と権限をもっていたのであり、しかも日本兵による暴虐の事実を当初から知っていたのだから、それをやめさせる適切な措置をとる責任があった。にもかかわらず、指揮下の兵士による大々的な残虐行為を取り締まれる処置をとらず、結果的にその続行をゆるしたのであり、ここに刑事不作為が生じると裁判所は結論したのである[30]。松井に対する判決は、指揮官責任の歴史的判例であり重要なので、すこし長くなるが、関連部分をそのまま引用しよう。

> 南京が落ちる前に、中国軍は撤退し、占領されたのは無抵抗の都市であった。それに続いて起ったのは、無力の市民に対して、日本の陸軍が犯した最も恐ろしい残虐行為の長期にわたる連続であった。……これらの恐ろしい出来事が最高潮にあったときに、すなわち十二月十七日に、松井は同市に入城し、五日ないし七日の間滞在した。自分自身の観察と幕僚の報告とによって、かれはどのよ

うなことが起っていたかを知っていたはずである。憲兵隊と領事館員から、自分の軍隊の非行がある程度あったと聞いたことをかれは認めている。南京における日本の外交代表者に対して、これらの残虐行為に関する日々の報告が提出され、かれらはこれを東京に報告した。本裁判所は、何が起っていたかを松井が知っていたという充分な証拠があると認める。これらの恐ろしい出来事を緩和するために、かれは何もしなかったか、何かしたにしても、効果のあることは何もしなかった。同市の占領の前に、かれは自分の軍隊に対して、行動を厳正にせよという命令を確かに出し、その後さらに同じ趣旨の命令を出した。現在わかっているように、またかれが知っていたはずであるように、これらの命令はなんの効果もなかった。かれのために、当時かれは病気であったということが申し立てられた。かれの病気は、かれの指揮下の作戦行動を指導できないというほどのものでもなく、またこれらの残虐行為が起っている間に、何日も同市を訪問できないというほどのものでもなかった。これらの出来事に対して責任を有する軍隊を、かれは指揮していた。これらの出来事を彼は知っていた。かれは自分の軍隊を統制し、南京の不幸な市民を保護する義務をもっていたとともに、その権限をもっていた。この義務の履行を怠ったことについて、かれには犯罪的責任があると認めなければならない[31]。

右の判決は、現在ハーグ国際法廷などで、指揮官責任にかんする有用な判例として具体的に言及されている[32]。

つぎに武藤章についての判決を確認しよう。武藤は当時中支那方面軍の参謀副長で、松井とおなじように指揮官責任の法理にもとづき刑事責任を問われた。検察側の証拠と被告自身の証言から、武藤も松井同様、日本軍による残虐行為の事実を知っていたということと、それをやめさせる措置をとらなかったことが確立した。ところが裁判所は武藤に対して無罪の宣告をくだしている。その根拠は、「われわれの意見では、武藤は、下僚の地位にいたので、それをやめさせる手段をとることができなかった」ということだ(33)。判決書には、このほかこまかい事実認定がとくに記録されていないので論拠がいまひとつはっきりしないが、どうやら参謀副長という地位にあった武藤は、中支那方面軍の兵士の軍紀を取り締まる責務を負っていなかったと裁判所が判断したと考えられる。そのため、たとえ武藤が中支那軍の高級将校であって、しかも南京事件の事実を当初から知っていたことが立証されても、それだけでは刑事責任を問うことができないとしたのだ。この判決は、東京裁判所が検察側の主張をそのまま鵜呑みにせず、検察側が立証責任をじゅうぶんはたすようもとめたことを示しており重要である。ただし武藤は、スマトラ島とフィリピンにおける日本軍の広範な戦争犯罪について刑事責任があるとされたため、最終的には戦争犯罪にかんする有罪・極刑をのがれられていない(34)。

松井・武藤両被告が「指揮官責任」で訴追されたのに対し、広田弘毅は第五章で論じた閣僚責任の理論にもとづいて訴追された。検察側の主張、弁護側の論点、そして裁判所の判決はどのようなものだったろうか。

検察側の主張はつぎの四点にまとめられる。第一に、広田は日本軍による南京での暴虐を当初から知っていた。外相だったかれは、在外の日本外交官や連合国側の情報源から日本軍の行動についていち早く情報をうけた中央政府の高官だった。第二に、広田は日本軍の残虐行為の事実を知るとすぐに陸軍省に連絡をとり、適切な処置をとるよう要請した。具体的には、当時陸軍大臣だった杉山元（敗戦直後に自殺）にみずからかけあったほか、部下の石射猪太郎にも陸軍省の高官に対して何度も警告させた。第三に、陸軍省は広田に適切な処置をとると約束したが南京での状況にはなんら改善がみられず、残虐行為が続行しているという情報は外務省にとどきつづけた。第四に、広田は陸軍省に対する警告がなんの効果ももたらしていないと知りながら、陸軍省に警告を発するほかには事態を打開する措置をとらなかった。以上の事実関係から検察側は、閣僚広田は日本軍による戦争法規違反の事実を閣議で積極的にとりあげ、政府レベルでの対応をはかる法的責務があったとし、そうした処置をとらなかった広田に刑事不作為が問えるとした。

これに対して弁護側は、広田の法的責務をもっと限定的に解釈した。そもそも外相広田の責務は、海外からのさまざまな情報を関係部署に伝達するという、いわば「郵便屋さん」の役割をはたすことにあったとした。そうした責務をはたす折に外相からの提案や警告などを添付することもあったが、それ以上の行動をとるとしたら、それは従来守られている政府官庁の慣例にそむくものであるという。弁護側によると、当時の日本政府機関のあいだでは、戦争犯罪をふくむ軍に関係する問題はすべて陸軍省の管轄との共通理解があったという。このため、外務省は南京事件に介入する権限を持ちあわせていないということだった。

検察側と弁護側の異なる主張は、イギリス代表検事コミンズ＝カーが検察側証人の石射猪太郎を法廷尋問したときに顕在化した。(35) 石射証人は、南京事件当時に外務省東亜局長をつとめていた広田直属の部下だった。コミンズ＝カーは石射を尋問するにあたり、事件当時、広田が日本軍による残虐行為にかんする情報をどのようにあつかったかについて証言をもとめた。争点となったのは、陸軍省が適切な処置をとっていないと知ったあとに広田のとった行動だった。コミンズ＝カーが、広田は内閣に対して南京事件を議題として提示したのかとたずねると、石射は、そのような可能性を広田と話しあったことはないという。なぜなら、内閣はそもそも軍に関係する問題を話しあう場所ではないと理解していたからだとのべた。そこでコミンズ＝カーは質問をきりかえ、国際法の基本原則にかんする問いをなげかけ、当時の日本政府高官が自分たちの負う国際法上の責務をどのように理解していたかあきらかにしようとした。

ここで法廷でのコミンズ＝カーと石射のやりとりを引用しよう。すこし長いが、検察側と弁護側の対照的な論点を明確にしており、重要である。

コミンズ＝カー検察官　広田はこれらの残虐行為を阻止するために、さらに何かの処置をとるかということについて、あなたと協議をしたことがありますか。

石射証人　協議は数回したと思います。

コミンズ＝カー検察官　そのときに、広田はどういうことをすることを提案しましたか。

石射証人　陸軍の事務当局に、厳重に言ってくれということを、たびたび言われました。

コミンズ＝カー検察官　しかしそういうことを彼がしても、全然効果がなかったということを、われわれは知っております。あなたは広田に対して、この問題を閣議に持出すことを提案しませんでしたか。

石射証人　この問題を閣議に持出すということは、かつて話したことはありません。何となれば私〔に〕は閣議というものは、そういう問題をディスカッスするものであろうとは思われませんでしたから……。

コミンズ＝カー検察官　どうして内閣は、そういうことを協議しないのでしょうか。

石射証人　出先の軍に関することは、おそらく内閣でもって、閣議として取扱うことは、なかったからではないかと思います。

コミンズ＝カー検察官　しかしながら、あなたはあなた自身のありました立場に鑑みて、国際法について、いくばくかの知識を持合わせているということが、必要であったのではありませんか。

石射証人　むろんそうであります。

コミンズ＝カー検察官　そうして捕虜の取扱いという問題に関しましては、責任は現地の軍司令官にあったのではなくて、中央政府にあったのであるということを、知っていなかったのでしょうか。

石射証人　どういう御趣旨の質問だかよく了解できませんが、それは……。(36)

右のやりとりでとくに重要なのは最後の部分である。ここでコミンズ＝カーは、暗に一九〇七年のハーグ第四条約や一九二九年の赤十字条約などの国際条約に言及している。第五章で論じたように、これらの条約によると、捕虜や軍政下にある市民の処遇にかんする最高責任は戦場の軍司令官たちではなくて中央政府にあるということだった。検察側は、この原則を適用して閣僚広田の刑事責任を問おうとしたのである。しかし右の公判記録から、コミンズ＝カーの質問をうけた石射証人が検察側の質問の意図をつかめず、混乱しているようすがうかがわれる。どうやら石射は、戦争法規にかんする国際条約が軍人の責務だけを定義しているものとみなしており、閣僚のような政府文官の法的責務までも規定しているとは、それまで考えなかったようだ。

検察側と弁護側の展開する対照的な閣僚責任論をまえにした東京裁判所は、これらふたつの法理論の妥当性を判断し、そのうえでどちらが優先するのかを決定しなければならなかった。はたして広田は、検察側の主張するような国際法に起因する責務をはたさねばならなかったのだろうか、それとも日本の国内法にもとづく責務をはたせばそれでじゅうぶんだったのだろうか。

裁判所の最終的な判決は前者、つまり国際法の原則にのっとったものだった。判決書によると、「捕虜と一般人抑留者……の保護の責任は、捕虜を留置している政府にある」のであり、「捕虜に対するこれらの義務を果すについては、政府は人によらなければならない」とし、政府高官が国際法遵守の責務を負う点を強調した。とくに閣僚については、「捕虜に対する義務は、政治上の抽象的な存在に課せられた無意味な義務ではな」く、「それは特定の義務であって、第一次的に、政府を構成する人々によって履行されなければならない」と言明した(37)。

つづけて広田被告自身について、判決書は広田が陸軍省にはたらきかける努力をした事実は認めたが、それだけでは閣僚としての法的責務をまっとうしたとはみなせないと結論している。判決書の関連部分はつぎのようにまとめている。

かれは外務大臣として、日本軍の南京入城直後に、これらの残虐行為に関する報告を受け取った。弁護側の証拠によれば、これらの報告は信用され、この問題は陸軍省に照会されたということである。陸軍省から、残虐行為を中止させるという保証が受取られた。この保証が与えられた後も、残虐行為の報告は、少くとも一カ月の間、引続いてはいってきた。本裁判所の意見では、残虐行為をやめさせるために、直ちに措置を講ずることを閣議で主張せず、また同じ結果をもたらすために、かれがとることができた他のどのような措置もとらなかったということで、広田は自己の義務に怠慢であった。何百という殺人、婦人に対する暴行、その他の残虐行為が、毎日行われていたのに、右の保証が実行されていなかったことを知っていた。しかも、かれはその保証にたよるだけで満足していた。かれの不作為は、犯罪的な過失に達するものであった。(38)

右の判決から、1罪のない南京市民が日夜虐殺、強姦、略奪の恐怖にさらされていることを広田は熟知していた、2陸軍省がなんら行動を起こす意図のないこともやがてわかった、3しかし、その他の政府レベルでの打開策を模索せず、4その結果、日本政府による国際責務の不履行を一カ月以上も看過しつづけ、5こうして南京事件の続行を許容しつづける政府に、そうと知りながら閣僚として残りつづけ、6そのあいだ南京では、日本軍兵士による大々的な暴虐が継続した。これら六つの点にまとめられる事実をもとに、広田の刑事不作為が確立された、と裁判所がみなしたとわかる。

裁判終了後、弁護人の一人だった戒能通孝は広田判決を思いおこし、その根拠が理論的にも事実認定上も妥当だったとしている。なかでもコミンズ＝カーによる石射の反対尋問に言及し、石射をつかって広田の無罪を確立しようとした弁護側戦略が基本的にまちがっていたと指摘している。戒能の所見は具体的にはつぎのとおり。

被告広田の場合において、彼は自ら旧部下の石射という人を法廷に呼びだして、彼が外交官として日本軍の南京攻撃当時上海におったこと、南京における日本軍の行動について、外務省に報告を送ったこと、広田自身はその報告を陸軍に送付して残虐行為の停止を要求したけれども、遂に彼自身の力では軍事行動に介入できなかったことなどを証明した。このことは日本の裁判所においてであったなら、あるいは弁解として通用したかもしれない。しかし行為の法律的責任の所在箇所が問題になっていた極東軍事裁判所においてでは、却ってむしろ広田の責任を加重する一つの要素に見られていた(39)。

戒能の見解では、石射の証言は広田が事件当時に日本軍の残虐行為を憂慮し、陸軍省が適切な処置をとっていないことに苦悩した点をあきらかにしたが、このように被告の道義心を裁判所に訴えるのは、被告が残虐行為の事実を熟知しながら問題に徹底的な対処をしなかった点を確立したにすぎなかった。石射にこのような証言をゆるした弁護側に、戒能は日本人の法廷技術の未熟さを痛感したのだった。

ところで、広田はこの有罪判決にもとづき極刑を科せられ、裁判当時も今日も、これを過度にきびしい、あるいはまったく誤った処罰と考える者は多い。また、死刑宣告をうけた七人のうち広田が唯一の文官だったこと、広田が妻や娘に対して愛情ぶかい人間であったことなども、ひとびとが広田に共感をよせる理由といえる。しかし広田に対する処置は、じじつ不当とみなされるべきなのだろうか。ニュルンベルクとの比較研究では、かならずしもそうとはいえない。同時代にニュルンベルク法廷で訴追されたジョアキム・フォン・リッベントロップは、戦時中広田同様、ドイツ政府の外務大臣をつとめていたが、また広田と同様、平和に対する罪、戦争犯罪、人道に対する罪で訴追されたうえ、有罪判決をうけ絞首台に送られている[40]。リッベントロップ有罪の法的根拠は広田のそれと同一ではない。しかしニュルンベルク裁判所は、文官と軍人とをとくに区別せずきびしく罰することに躊躇しなかった点で東京裁判所と共通している。すくなくともこの意味では、広田に対する有罪・極刑は異例ではなかったのである。

ちなみにニュルンベルク・東京両裁判所は、ふつう極刑を戦争犯罪ないし人道に対する罪――あるいは両方――の訴因について有罪になった被告にのみくだしており、平和に対する罪だけで有罪が確定した被告には、だれひとりとして死刑を宣告していない。そのかわり後者の被告たちは、終身刑か有期懲役に処された。このように処断刑を使い分けた背景には、残虐行為を平和に対する罪より深刻な国際犯罪であると両裁判所がみなしたと考えられる。あるいは、平和に対する罪が当時ひろく受け入れられていない法理であることから、極刑をあえて避けたとも考えられよう。東京裁判所のウェッブ裁判長は別個意見で実際そのような見解を表明し、平和に対する罪のみで有罪宣告をうけた者を極刑に処さないようにと進言している[41]。

なお、広田判決は、軍指揮系統に属さない政府指導者が戦時下の性暴力をふくむ残虐行為について個人責任を問われうることを解明した歴史的先例であり、近年の国際刑事裁判でも注目されている。

文官の責任問題は、一九九四年に起こったルワンダのジェノサイドでとくに深刻な問題で、軍司令官や将校だけでなく、軍に属さぬ官僚、政治家、企業家、ラジオ報道者、宗教指導者など、社会的に影響力をもつ多数の文民による指揮、助力、煽動、共犯、あるいは許容があってはじめて、たった三カ月で八〇万人にもおよぶルワンダ市民を殺戮するという大残虐事件が可能になったのだった。[42] 文民の責任問題に多く直面したアルシャの国際刑事裁判所は、一九九八年にある歴史的判決をくだしている。それは、ターバ自治体の市長だったジャン＝ポール・アカエスに対する判決で、ツチ系住民に対する残虐行為がジェノサイドであること、文官のアカエスに刑事責任を問えること、そして、ツチ系の女性に対しておかされた強姦はジェノサイドの類型に認められること、これらの見解をふくむ画期的な判定をくだしたのだった。ここで注目されるのは、アカエス判決が広田のケースを歴史的判例とみなして言及している点だ。該当部分にはつぎのような記述がふくまれている。

実際、すくなくとも東京裁判以来、文民が国際人道法違反の責任を追及されうるということは、はっきりと確立されている。かつて日本の外務大臣だった広田は、レイプ・オブ・南京のときの犯罪について、東京裁判所から有罪判決をうけた。[43]

右の判決から、国内では批判の多い広田判決が国際的には有用な判例と認められ、国際人道法発展に重要な貢献していると理解できよう。

泰緬「死」の鉄道

泰緬鉄道は、太平洋戦争勃発後に日本政府の命令で、軍用鉄道としてタイとビルマのあいだに建設された。一九四二年なかばに工事がはじまり、四〇〇キロ以上にのぼる鉄道は翌年一〇月に完成した。鉄道建設には大勢の連合軍捕虜と一般市民が動員され、かれらは建設現場とその周辺で日本軍による酷使と虐待の犠牲になった。それ以来、泰緬鉄道は「死の鉄道」という異名をとるようになっていた。(44)

この事件にかんして証拠を提出するさい、国際検察局はおもに二種類の戦争犯罪の立証をこころみた。第一に、日本政府が連合軍捕虜を軍事目的の作業に従事させたとし、これが戦争法規に違反した行為であることから刑事責任を問うた。第二に、日本政府指導者は連合軍捕虜が非道なあつかいをうけつつ建設工事に従事させられていることを重々知りながら、状況を改善するなんの効果的処置もとらなかったと主張した。政府が認知していた事実として指摘された虐待の状況には、たとえば捕虜が基本的な食料、医療、収容施設をあたえられていなかったこと、殴る蹴るなどの暴行を恒常的にうけていたこと、熱帯地域に特有のきびしい気候のなか、長時間働かせられたことなどがふくまれた。また検察側の立証によると、病人も非道なあつかいをうけ、重い病気で動けない者たちまでもむりやり建設現場に連れだされたり、あるいはなんの医療手当てもされずに醜悪な収容施設で死んでいくままにされたりしたという。

近年の研究によると、鉄道建設にはおよそ六万一八〇〇〇人の連合軍捕虜が動員され、そのうち一万二三〇〇〇人が死亡したとされる。つまり、泰緬鉄道に連行された捕虜のうち五人に一人が鉄道建設の過程で命を失ったことになる。そのほか東南アジア諸地域から、それよりもはるかに多い一般市民が連行され、その数はおよそ二〇万人と推定されている。このうち四万二〇〇〇人から七万四〇〇〇人が虐待・飢え・病気で死亡したと推測され、連合軍捕虜とおなじ、あるいはそれ以上の率で鉄道建設の犠牲になったと理解できよう。(45)

　泰緬鉄道について責任を問われた被告は数人いるが、もっとも重要なのは一九四一年から四四年まで首相兼陸相をつとめた東条英機だった。かれは捕虜を泰緬鉄道建設に利用することを許可した張本人であって、東京法廷で被告自身これを事実と認めている。しかし、捕虜労働を利用させたことから刑事責任が生じるという検察側の主張には異議をとなえた。東条の弁明によると、「本鉄道は戦線より遥かに後方に在り又その附近には当時何等作戦行動はなかった」のであって、「本鉄道建設の作業はヘーグ条約並に壽府《ジュネーブ》条約に俘虜の労務として禁ぜられて居る作戦行動とは認められず」ということだ。つまり、泰緬鉄道は軍用鉄道ではなかったので、その建設に捕虜をつかうことは戦争法規に抵触していないというのだった。とはいえ同時に、「泰緬鉄道建設の目的は在ビルマ日本軍隊への補給の目的と泰国及ビルマ国両国間の交易及交通の便に供するというのにありました」とも説明しており、けっきょくは鉄道建設が一部軍用目的を有していたことを認めている。(46)

　他方、泰緬鉄道における捕虜虐待をめぐる責任問題にかんしては、「日本軍隊も俘虜其他強健な人種と同様に多数之に使役せられたものでありまして、本鉄道建設は俘虜の労務として禁止せられた不健康又は危険なるものとして国際水準を超えた労務なりと攻撃せらるべしとは考えて居りませんでした」とのべ、建設現場の捕虜たちは国際基準にしたがった人道的あつかいをうけていたと主張した。

しかし、「俘虜の衛生状態及取扱方につき不良なる点がありとの報に接し一九四三年（昭和十八年）五月、濱田俘虜管理部長を現地に派遣しその視察を為さしめ」たとの証言もし、捕虜収容状況に問題があったことを一部認めている。こうした問題に対処するため「医務局よりも専門軍医を派遣」し、「俘虜取扱につき不当の点のあった中隊長を軍法会議に付したことも」あると証言した。(47)

検察側の主張と弁護側の弁明を聴いた東京裁判所は、被告に有罪判決をくだした。判決書によると、「東条は、戦争地域内における捕虜及び一般人抑留者の保護と、かれらに対する宿舎、食物、医薬品及び医療設備の提供とを担当していた陸軍省の最高首脳者」だったのであり、「さらに何よりも、捕虜及び一般抑留者の保護に対して、継続的責任を負っていた政府の最高首脳者」だった。そうした広範な責務と権限をもちながら、泰緬鉄道における恒常的な捕虜虐待をやめさせるための効果的な処置をなんらとらなかったと裁判所は判断したのだった。判決書の主要部分には、つぎのような事実認定が記述されている。

戦略目的のために企てられた泰緬鉄道の敷設に捕虜を使用すべきであるとかれは勧告した。捕虜に宿舎と食物を与えるために、または、この苦しい気候の中で病気になった者を手当てするために、かれは適当な手配をしなかった。かれはこの工事に使われている捕虜の悪い状態を知って、調査のために将校を送った。この鉄道の沿線の多くの収容所において、その調査官が発見したに違いない恐るべき状態をわれわれは知っている。この調査の結果としてとられた唯一の措置は、捕虜の虐待に対して、一中隊長を裁判することだけであった。状態を改善するためには、何もなされなかった。

栄養不足による病気と飢餓によって、この工事が終るまで、捕虜は引続いて死んでいった。(48)

右の認定をふまえ、裁判所は被告を有罪としたのだった。

検察側による東条に対する捕虜関係の容疑は、泰緬鉄道だけにかぎられなかった。国際検察局はむしろ、東条が首相だったあいだに恒常化していた捕虜虐待問題全般に対して同被告に刑事責任を問おうとし、泰緬鉄道問題はそのひとつに位置づけている。東条による捕虜虐待関与を裏づける書証は公判中いくつか提出されているが、主要なものを数例とりあげてみよう。

ひとつは、被告が一九四二年五月三〇日に善通寺師団を視察したときにそこの司令官に発した訓令で、その抜粋が書証として提出されている。そのなかで、「我国現下の情勢は一人として無為徒食するものあるを許さないのであります。俘虜も亦此の趣旨に鑑み大に之を活用せらるる様注意を望みます」と勧告しており、捕虜労働を最大限に利用するように指示したのだった。(49) これと同様の勧告はほかの書証にもみられる。太平洋戦争勃発後に朝鮮・満州・台湾・日本であたらしく任命された捕虜収容所の指揮官に対する訓示（一九四二年六月二五日付）がそのひとつだ。東条の訓示はつぎのとおり。

抑我国は俘虜に対する観念上其の取扱に於ても欧米各国と自ら相異なるものあり、諸官は俘虜の処理に方りては固より諸条規に遵由し之が適正を期し公正なる帝国の態度を如実に中外に顕掲せざるべからずと雖も［一］他方人道に反せざる限り厳重に之を取締り且一日と雖も無為徒食せしむることなく其の労力特技を我が生産拡充に活用する等総力を挙げて大東亜戦争遂行に資せんことを努むべし［。］尚此の際諸官は任地の特性に鑑み特に俘虜を通して現地民衆に対し大和民族の優秀性を体得せしむると共に［、］皇恩鴻大にして日本臣民たること真に無上の光栄たるを感銘せしむる如く努むるを要す［。］諸官宜しく敍上の趣旨に鑑み責務の重大なるを自覚し部下監督を厳正にし粉骨砕身以て其の任を完うせんことを期すべし。(50)

右の訓示でとくに注目されるのは、「大東亜戦争遂行」に捕虜労働を活用するよう東条陸相が指導した点である。なぜなら、これを根拠に東条が戦争法規に抵触した捕虜の軍事的利用を命令しているとみなし、被告の刑事責任を認定していくことが可能だったからだ。

つづけて検察側は、これら指令のもたらした結果について、被告自身が定期的に報告をうけていた事実も法廷で立証している。一例として、東京－横浜地区を管轄する東部軍が、川崎と横浜に連行した捕虜の労働の効果について一九四二年一〇月二一日に陸軍省に報告をしている。そのなかにはつぎのような記述がある。

俘虜労働が事業主に及ぼしたる影響

従来港湾運送労務者に付ては労務の払底に依り動々《やや》もすれば賃銀の昂騰も余儀なくされ労務者の就労に弊害を生じ物資の運送業務の円滑を欠く状態にありたるが［、］今回俘虜使役に依り始めて計画的に之が進歩を図ること可能となりたることは各事業主の等しく陳述する所にして［、］業界に多大の好影響を与え延いては軍需品の他生産力拡充産業の遂行上に及ぼす影響も大なるものと思

料せらる。(51)

また、二週間に一度定期的に陸軍省内で開かれた会議では、各国からうけた捕虜虐待問題にかんする正式な苦情なども話題にあがり論じられたと被告は認めている。(52)

捕虜労働の虐待問題について、東条はその事実を基本的に認め、遺憾の意を表したものの、自分には刑事責任がなかった、つまり事態の改善をうながす法的責務がなかったという立場をとった。たとえば諸外国から虐待にかんする抗議があった場合、「私は責任ある関係軍司令官にその抗議書を輸送し適当な処置がとられたものと思って」いたのであって、「その抗議が適切なものであるかどうか私には解りませんでしたが取調べが行われ次いで軍法会議その他の適当なる処置がとられたものと推測していました」と弁明している。(53)つまり、自分の任務は各国からの苦情を関係部署に転送するたんなる宅配係であった、という被告側に共通してみられた弁明を展開し、捕虜虐待についての刑事責任を、陸軍省の長官である自分ではなくて戦地の軍司令官にもとめるべきと論じたのだ。

この主張は、しかし裁判所を納得させるものではなかった。判決書によると、「働かざる捕虜は食うべからずという指令について、かれは責任がある。病人や負傷者がむりやりに働かされたり、その結果として、苦痛と死亡を生じたりするようになったのは、大部分において、東条がこの指令の実行をくり返し主張したためであるということを、われわれはすこしも疑わない」(54)。この判決から、首相兼陸相の権限を行使し捕虜労働の非道かつ不法な利用を東条が許可ないし推奨した、と裁判所が判断したとわかる。また、この有罪判決——そして、次章で指摘する中国戦線での捕虜とりあつかい問題など複数についての有罪判決――の結果、東条の極刑はほぼ確定したともいえる。先にのべたように、平和に対する罪についての有罪だけならば、被告が極刑に処される可能性はまずなかった。このことから東条の場合、かずかずの残虐事件について有責となったことが絞首刑の直接の根拠となったと考えてよかろう。

泰緬鉄道をふくめた捕虜虐待について訴追された被告のうち、もう一人重要な人物がいる。それは、太平洋戦争中に外務大臣をつとめた（一九四三―四五年）重光葵《まもる》である。重光は閣僚責任の法理論によって訴追され、この点で南京事件にかんする広田のそれとよく似た事例といえる。検察側、弁護側、裁判所の見解をそれぞれ追ってみよう。

重光の責任を立証するにあたって、検察側が法廷に提出した証拠はつぎの二種類だった。ひとつは当時外相だった重光が、連合国や利益保護国から捕虜虐待の苦情ならびに報告をうけていたことを記録する外交文書だった。これらの書証から、重光が太平洋各地で日本軍が暴虐をはたらいている事実を知っていたこと、これらの苦情をうけた日本政府を代表して重光が返答文書を作成して送ったこと、しかしその内容は日本軍による捕虜虐待の事実を否認し、捕虜が人道主義にのっとった処遇をうけているという主張をふくんでいたことをあきらかにした。

ふたつめの検察側の主要な証拠は、外務省高官の鈴木九萬《ただかつ》（図18）だった。戦時中、鈴木は重光直属の部下で、在敵国居留民関係事務室の所長だったが、法廷における証人としての役割は広田のために証言をした石射猪太郎とおなじだった。つまりこの証人に対して検察側は、被告が戦時中諸外国からの苦情を政府内の関係当局に転送したかどうか、捕虜虐待の状況が改善していないとわかったとき被告がなにをしたか、この二点を中心に尋問をすすめたのだ。

鈴木の証言によると、重光は捕虜虐待を重大問題とみなし、このことについての内閣委員会を設立する案を立てたこともあるという。けれども「俘虜の問題は軍の方の主管であって、軍が専ら取扱う問題であって、軍部以外の官庁が積極的にこれを取上げるということはできなかったから」、けっきょくそれを実行しなかったということだ[55]。また、鈴木の証言によると、利益保護国から捕虜収容所の視察申し入れがあったとき、その対応について陸相兼首相の東条と話しあったという。しかし、利益保護国の自由な視察を許可する用意が東条にないとわかったとき、重光はそれ以上問題を追及しなかった。この不作為を説明して鈴木はつぎのようにのべた。

> 重光大臣から東条大臣にお話しがあったことは、私が重光大臣から聞いております。それからもし、お許しが願えましたならば、閣議にそういう問題が出たかどうかという問題でありますが、これは日本側の建前としましては、俘虜の問題は陸軍大臣から提起されない限り、閣議の問題にはなり得ないのじゃないかと思います[56]。

右の発言は、広田のために証言した石射の見解と一致している点で注目される。鈴木・石射両証人は、捕虜問題は軍部の管轄であり、ほかの政府官庁は関与する立場になかったと主張したのだ。しかしこの見解を裁判所が受け入れるとは考えにくい。広田判決からもあきらかなように、裁判所が第一に関心をもったのは、閣僚をふくむ政府指導者の捕虜とりあつかいにかんする国際責務であって、国内法の規則や慣例が規定する責務ではなかったからだ。

このことをふまえると、裁判所が最終的に広田とおなじように重光に有罪判決をくだしたのは、おどろくことではない。判決書によると、「重光が外務大臣であった一九四三年四月から一九四五年四月までの期間を通じて、利益保護国は日本の外務省に対して、連合国から受取った抗議を次々に伝達し」「これらは、責任ある国家機関によって利益保護国に送られた重大な抗議であって、多くの場合に、きわめて詳細な具体的事実が添えてあった」。これらの抗議をうけた重光被告は、残虐行為の事実があることを確信していたが、「ところが、閣僚として、捕虜の福祉について、かれは全般的な責任を負っていたにかかわらず、問題を調査させる充分な措置をとらなかった」のだった。日本軍が暴虐をおかしていると知り、改善策が講じられていないと知った以上、被告は「問題を強く押《ママ》し進め、必要ならば、辞職するというところまで行くべきであった」とし、裁判所は被告の責務不徹底から刑事不作為が成立するとしたのだ[57](図19)。

ただ興味ぶかいことに、裁判所は重光を有罪としながらも、たった七年の懲役という寛大な刑を宣告している。軽減事由として判事たちは、1被告が侵略戦争の共同謀議にかんする訴追で無罪と判明したこと、2平和に対する罪の実質的な訴因については有罪が確定したものの、被告の関与は戦争勃発のだいぶあとになってからだったこと、そして3「かれが外務大臣であったときには、軍部が完全に日本を支配していたので、軍部を非難するには、どのような日本人にとっても、大きな決意が必要であったであろう」ことをあげた。つまり、主戦論者が政府を指導して軍事問題の決定権を掌握している以上、捕虜問題の解決を文官重光が一人で推進していくのは困難を極めただろうというのだ

図 18　証人として出廷した外務省高官の鈴木九萬．法廷の執行官 D・S・ヴァン＝ミーター大尉に宣誓しているところ．1947 年 1 月 17 日．Courtesy National Archives, photo no. 238-FE.

図 19　ウェッブ判事が判決書を朗読するのを被告席で聴いているところ．1948 年 11 月 9 日．前方の左から右へ：岡敬純，荒木貞夫，武藤章．後方の左から右へ：平沼騏一郎，東郷茂徳，佐藤賢了，重光葵．Courtesy National Archives, photo no. 238-FE.

った[58]。

重光判決は、同時代のニュルンベルク継続裁判でもよく似た事例がある。それは一一番目に開催された諸官庁裁判で、合計二一名のドイツ政府高官が訴追されたケースだ。主要な被告は、一九三八年四月から一九四三年五月まで外務次官をつとめたエルネスト・フォン・ヴァイツゼッカーで、リッベントロップ外相直属の部下だった。ヴァイツゼッカーは重光とおなじように、外交官エリートとしてキャリアを積んできたほか、重光同様、「複数のヨーロッパ諸国におおくの著名な人物を友人にもつ、人柄のよい教養のある」人物でもあり、かれの訴追は重光・広田のそれとおなじように、ドイツ国内で当時共感する多くのひとがいたと予想される[59]。

ヴァイツゼッカーはまた重光と同様に、平和に対する罪、戦争犯罪、人道に対する罪について起訴された。公判中かれは無罪を訴え、おもな弁護路線として、自分が外務省にとどまった理由は反ヒトラー勢力を政府内部から支援し和平交渉を模索するためだったと主張した。しかし、これに対する裁判所の判決はきびしいものだった。裁判所は平和に対する罪についてたいてい無罪判定をくだしたものの、ドイツによるチェコスロヴァキア侵攻にかんしては被告の積極的参画があったと確定した（つまり有罪[60]）。そして、残虐行為にかんする訴因については、被告の反ヒトラー勢力支持の弁明に言及して、「私たちはかれを信じる」としながらも、ポーランドへのユダヤ人強制連行と虐殺について被告が関与したことから、これを有罪とした。判決書によると、「主要殺人犯をいつか社会から取り除けるかもしれない、と希望をいだいたからといって、何人《なんぴと》も殺人の指令に合意したり実行したりできない」からだという。つづけて、「前者［主要殺人犯をいつか社会から取り除けるかもしれないという考え」はたんなる将来の希望にすぎず、後者「殺人の指令に合意したり実行したりすること」は切迫した現実なのだ」ときびしくコメントし、ヴァイツゼッカーの弁明を全面的に却下したのだった(61)。つまり、「ヒトラーを駆逐する機会を待っていた」という主張は、無実のひとびとを抹殺する計画に協力するなんら正当な理由にならないと判断したのだ。

　ところが、いざ量刑宣告となると裁判所は被告に寛大な刑をくだした。それは懲役七年、つまり重光に対する量刑とおなじだった。禁固刑年数の一致は偶然かもしれないが、諸官庁裁判の判決が東京裁判終了半年後にくだされたことから重光の事例を参考にした可能性がなくもない(62)。いずれにせよ、ニュルンベルク継続裁判の判決と東京裁判所のそれとが呼応した内容であったことは注目される。こうした類似点から、東京判決が同時期にニュルンベルクでくだされた諸判決と対立関係にあったのではなく、むしろおなじ発展的流れにあったとわかるからだ。もちろん、ニュルンベルク法廷でくだされた判決や量刑の基準はいつも一貫していたわけではなく、また、ニュルンベルクでとりおこなわれた裁判だからといって、そこから発する判決をすべて模範とみなされなければいけないというわけでもない(63)。しかし、ニュルンベルク諸判決はいまでは国際人道法の基本をなしているとひろく認知されており、それらと一致点をもつ東京判決は同様の評価をされてよいのではないだろうか。そして、広田・東条・重光判決は、リッベントロップやヴァイツゼッカーにくだされた判決とともに、文官責任を実用的な法理にしていくうえでの重要な歴史的先例だったとみなしていくことができるだろう。

第七章　日本軍残虐行為の記録

戦争犯罪の立証にのぞんだとき、国際検察局は、日本兵による戦争犯罪が恒常化していたことを膨大な証拠資料を提出して固め、これほど戦線で日常的になっていた自国軍による犯罪行為を中央政府の高官や軍司令部が知らなかったはずはないと論じていった。第五章で示したように、検察側がこの立証方法を適用したのは、敗戦直後に日本政府が組織的に軍関係文書を廃棄してきたためであり、被告の個人責任を確立できる決定的な文書証拠がなかなか手にはいらなかったからだった。南京事件と泰緬鉄道はこの点例外で、証拠収集が比較的やりやすく、これも前章で指摘したとおりである。

日本軍が頻繁におかしたと検察側がみなした残虐行為で、主要な類型——全部で一五項目——は起訴状の補足文書に列記してある。その内容をここでおさえておくと、[1] まず九項目は、捕虜となった兵士、軍医、負傷者や病人、そして連合国市民で被抑留者となった一般市民に対する戦争犯罪だった。そのなかにふくまれたのは、殺人・拷問・強姦・その他の虐待行為、非人道的な環境のもとで捕虜を軍事目的の作業に使役したこと、適切な食料・水・衣類・収容施設の供給を拒否したこと、不法かつ過剰な処罰をおこなったこと、負傷者・病人・軍医・軍看護婦の基本的権利を無視したこと、捕虜の情報を記録し該当国に伝達する国際責務をはたさなかったことなどがあった。残り六項目のうち五つは、陸海上での戦闘で適用された不法な戦闘手段にかんするものだった。具体的には、中国における毒ガスの使用、軍事上の正当な理由のない略奪や破壊、撃沈された船から生き残って漂流するひとびとの殺害、軍医船に国際法上保証されている権利の無視、そして中立国の船の攻撃だった。さいごの一項目は、一般市民に対する戦争犯罪をすべてカバーする内容である。起訴状を字句どおり引用すると、「占領地域において、家族の尊厳や権利、個人の生命、私有財産、信仰や崇拝を尊重せず、また住民を連行し隷属させること」である。これに解説がくわえてあり、「そうした地域において多くの住民が殺され、拷問を受け、強姦され、またその他の虐待にあい、逮捕され、正当な理由なしに抑留され、強制労働に送り込まれ、また彼らの所有物を破壊あるいは押収した」と記述されている。

検察官たちは、基本的に右の起訴状付属文書の内容を立証していくことを念頭におき、国別で証拠収集にとりくんでいった。ただ、どの類型の戦争犯罪がとくに強調されるべきか、具体的にどういうタイプの証拠書類を中心にあつめるべきか、証人台にだれを呼ぶか、などのこまかい事項は、おのおのが決定するようになっていたようだ。そのため法廷での立証努力はかならずしも均一性をもたず、結果的には、共通戦略にある程度の説得力をもたせられたものの一〇〇パーセント目標を達成したとはいいにくい。本章では各国検察官による立証内容をそれぞれたどり、日本による軍事侵攻の実態と被告の個人責任をあきらかにしていくうえで、東京裁判がどれだけ貢献したかを考察してみよう。

中国

中国代表チームの立証段階（図20）は、南京事件、南京以外の地域での残虐行為、アヘンと麻薬の売買の三つに大きく分けられる。南京関係の立証は中国チームのとりくんだケースのなかでも中身が濃く、公判日数をかなり消費するものでもあった。立証内容は前章でのべたとおりであって、最終判決では南京での日本軍による残虐事件が史実として確立されたほか、松井と広田被告が有罪判決をうける結果となった。

南京事件にかんする立証がおわると、中国チームはつぎに、南京をのぞいた中国各地の戦線や日本軍政下地区で起きた残虐行為を立証しはじめた。ところが、南京段階では徹底的な証拠固めの努力をはらったのに対し、他地域にかんする証拠については、残虐事件がいつどこで起こったのかをごくかんたんに記述した調査書や宣誓供述書などを、それぞれのケースについて一、二通ずつ提出したにとどまった。法廷に召喚された証人も、南京段階では一〇人以上出廷させていたが、ここでは全部で二、三人程度よんだにすぎない。このように量的にも質的にも南京事件での圧倒的な立証努力におよばない証拠内容をまえに、ウェッブ裁判長は「証拠がこれではほとんどないではありませんか。詳細の記述がありません。どんな裁判所がこんな証拠書類を根拠に判決を下すと思っているのですか」とあきらかな不満を表明した。(2)

どうやら中国代表チームがここで適用した立証戦略とは、まず膨大な証拠書類と証人をつかうことによって南京事件をはじめにしっかりと固め、そのあとは似たような残虐行為が中国各地で起こった

図 20　中国代表検事向哲濬《シアン・チェーチュン》．法廷の演壇にて．Courtesy National Archives, photo no. 238-FE.

ことを示す最小限の証拠を提出するにとどめる、というものだったようだ。もともと検察側は、日本軍の残虐行為が広範囲かつくりかえし起こった点を立証することを目標とし、残虐事件すべてをひとつひとつ入念に立証することは主眼としていなかった。この意味で、中国代表チームの適用した立証戦略は基本的には適切だったといってもいいだろう。しかし問題は、このチームが南京事件以外に用意した文書は事実関係の記録が不徹底で、南京以外の中国各地で日本軍がおなじ類型の残虐行為をくりかえし、それを政府高官や軍司令官が知っていた、という検察側の主張にじゅうぶんな説得力をもたすことができなかった。すくなくともウェッブ裁判長はそう考えたようで、検察側に対してつぎのようなコメントをしている。「かれら［中国代表チーム］がなそうとしているのは、連合国戦争犯罪委員会で使われた宣誓供述書のうち、最小限の事実関係を記録するものを非常にかぎられた目的のために利用し、一応の証明がある事件（prima facie case）を設定しようとしているのにちがいありません」(3)。この発言から、裁判長が検察側の提出した証拠に対して批判的だったことがわかる。なぜかというと、南京事件以外の中国関係の書証が「一応の証明がある事件」と提示するにとどまっている――つまり訴追をはじめる根拠としてはことたりるかもしれないが、訴追内容を立証していくための証拠としては不十分――とみなしたからだ。後述するように、このような検察側の不徹底は、中国関係事件の主要な被告だった畑俊六に対する裁判所の判決と量刑に微妙な影響をおよぼすことになる。

ただし、力不足の立証とはいえ、このチームの提出した証拠から中国代表がどのような類型の戦争犯罪をとくに重要視したのか知ることができるので、いくつかとりあげよう。まず、近年話題になってきた日本軍による戦時下性暴力にかんする証拠が提出されている。立証のこころみられた性暴力の種類はさまざまで、強姦、性奴隷である強制売春(4)、強制的な衣服剝奪、そして中国人女性の捕虜に対する拷問の手段としての強姦、男性捕虜との強制的な性交、衣服剝奪などが記録されている(5)。性奴隷の具体例としては、一九四四年から四五年に日本占領下になった桂林から一事例が紹介されている。証拠文書として提出されたのは、桂林市民九名からとられた供述だった。この文書によると、あたらしい工場で仕事を公募しているという名目で日本占領軍が地元の女性をあつめ、そのまま日本軍の売春所に入れたということだ(6)。山西省で起きた性奴隷に関係する証拠も、ジョン・ゲッテという名のイギリス人記者に対する法廷尋問で確保されている。証言によると、かれが一九三八年から一九四〇年に山西省にいるあいだ、その地に在住するイギリスやアメリカの宣教師から日本軍による強姦事件の報告をいくつもうけたという。また、「日本軍が地元の中国人官公吏に対して日本軍で使う婦女の提供を公式に要求するのはごく一般的なことだった」とも証言している。(7)

中国段階中には、中国の一般市民が日本に強制連行されたうえ、強制労働として使役された事実についての証言も法廷で確保されている。このことは近年の中国人戦後補償裁判と関連性もあるので注目されよう。証人台に立ったのは、強制連行の直接被害にあった河北省出身のある青年で、「花岡事件」として知られる秋田県で起こった残虐事件の生存者とみられる。証言によると、自分の村が一九四四年に日本軍に襲撃されたあと、証人をふくめた村の男性は日本軍に志願するか捕虜になるよう命ぜられたという。軍志願を拒否した村人は、捕虜としてそのまま秋田に送られ強制労働させられた。秋田に到着した当時には九八一人の中国人がいたが、多くが死亡し、終戦時には四一八人に減少していたという。(8)花岡事件は戦後になって、占領軍の法務局によりBC級レベルでの訴追努力があった。おそらく、その裁判との兼ねあいでこの証人が確保され、東京裁判でも出廷をもとめられたのだろう。

中国立証段階の第三部は、満州国設立以来つづいた在満日本人の指揮するアヘン・麻薬の売買にかんするものだった。中国代表検事によると、これは中国で日本が侵略戦争をつづけていくための財源となったほか、「中国人の抵抗する意思を弱める」ことを目的としていたと主張した。(9)つまり、日本側はアヘンと麻薬の消費を中国市民のあいだでひろめることによって、中国人を肉体的にも精神的にも破壊しようとし、これは中国人に対する組織的な犯罪行為——戦争犯罪あるいは人道に対する罪——と考えたようだ。しかし実際の立証内容は、アヘンと麻薬の売買が侵略戦争の続行と関係がふかい点を確立したにとどまり、中国人に対する組織的な残虐行為であったという主張は立証されなかった。この点で日本のアヘン・麻薬売買の証拠は、平和に対する罪の段階で提出されたただけのほうが理にかなっていたかもしれない。裁判所の最終判決も、この類いの行為が戦争犯罪をなすと確立するにいたっていない。とはいえ、中国代表チームが他国代表チームにとっては重要でない事件をあえて優先した点は注目される。これは従来の研究ではじゅうぶん評価されていなかった東京裁判訴追努力の特徴を教えてくれる。すなわち、国際検察局の訴追努力はかならずしも一枚岩ではなく、各国検察官が持ちよった目標と優先順位が複雑に織りまざって形をなした、という事実だ。この特色は、つづけて説明していく他国代表チームの立証内容からもあきらかになろう。

フィリピンとアメリカ

フィリピン代表検事ペドロ・ロペス（図21）による立証は中国のそれとやや似ていて、大規模の残虐事件を中心とした。一般市民に対する残虐行為にかんしては、南京事件とならんでよく知られる「レイプ・オブ・マニラ」に、捕虜関係では「バターン死の行進」に重点をおいた。前者は、一九四五年はじめに連合軍のマニラ奪回を目前にした日本軍が、市内と周辺地区で無差別人虐殺、強姦、拷問、放火、破壊、その他残虐行為を大々的におこなった、その一連の事件を指す。犠牲者はおもにフィリピン一般市民だったが、フィリピン在住の外国人もふくまれていた。戦後、東京裁判が開廷するまえの一九四五年一〇月、第一四方面軍司令官だった山下奉文はマニラに設立された米軍の戦犯裁判にかけられ、指揮官責任を根拠に有罪・死刑判決をうけていた[10]。ロペスはこの事件をあらためて東京

図21　フィリピン代表検事ペドロ・ロペス．法廷の演壇にて．Courtesy National Archives, photo no. 238-FE.

法廷で立証し、山下直属の部下で同軍の参謀長だった武藤章被告の責任問題を追及したのだった。

他方、「バターン死の行進」は太平洋戦争勃発後、ルソン島で日本軍に対峙した米軍最後の軍事拠点となったバターンで起こった。フィリピン兵をふくむ米軍は、一九四二年四月に日本軍に降伏したが、そののち約八万五〇〇〇人の疲弊しきった捕虜たちは、九日間炎天下を水も食料もあたえられず、虐待されながら行進させられ、多くが死亡した。(11) 法廷で提出された米軍法務総監のまとめた報告によると、死の行進のあとも、終着点だったオドンネル捕虜収容所ではじめの八―九カ月間、まともな食料、水、医薬品、収容施設、医療施設をあたえられないまま、捕虜二万七五〇〇名――うち一五〇〇名はアメリカ兵、二六〇〇〇名はフィリピン兵――が死んだという。[12] マニラでの残虐事件とおなじように、バターン死の行進は日本の敗戦直後に米軍法廷でとりあげられ、日本軍の司令官だった本間雅晴に刑事責任ありとの判決がくだっている。本間裁判の記録は東京法廷での立証に再利用され、事件当時に日本政府高官だった東条などの被告たちの刑事責任を問うた。そのほかロペスは、バターン死の行進の生存者三名（米軍兵）を証人として法廷に召喚し、この事件の重要性を法廷で印象づけている。この三人のほか、さらに米軍の将官二名も証人台におよび、日本軍政下のフィリピンで恒常化していた、捕虜虐待や捕虜強制労働についても尋問した（うち一人はバターンについても証言している）。[13] このように多くの証人を米軍から選定していることから、フィリピン攻防で多大な犠牲をだしたアメリカにロペスが特別配慮したと考えていいだろう。

マニラの残虐事件とバターン死の行進は、フィリピン段階の基軸をなすもので、この点でフィリピン段階は南京事件を中心とした中国チームの立証方法と類似していた。しかし注意すべき相違点は、マニラ事件以外についてロペスが用意した証拠書類が、量的にも質的にも中国の（南京事件以外の）ものより立証価値の高いものだったことだ。くりかえしになるが、書証として提出されたものはおもに米軍の法務総監がフィリピン奪回後におこなった戦争犯罪捜査の報告書――一万四六〇〇ページ以上におよぶ文書――と、東京裁判に先だってマニラでひらかれた、山下と本間に対するアメリカ軍事裁判の記録――そのときにつかわれた書証や公判記録――から選びぬかれた証拠書類だった。これらの豊富な記録文書を利用した結果、フィリピン全域において日本軍が多大の虐殺、拷問、虐待、強姦、放火などの残虐行為を、連合軍捕虜やフィリピン一般市民、そして外国人居住者に対しておかしてきたことを、説得力をもって立証することができたのだった。(14)

これらの類型の戦争犯罪のほかにロペスの提出した証拠文書は、人肉食や人体実験という、従来の戦争法規ではひろく認識されていなかったタイプの残虐行為を日本軍がひんぱんにおかしたことを立証している。このことは後述する判決内容ともかかわってくるので、書証の内容をここで追ってみよう。

人肉食にかんする書証のひとつは、フィリピンに派遣されたある部隊の将校と兵士に配布された「全将兵の予防教育に関する通牒」(一九四四年一一月一八日付)という覚書で、人肉を食べる場合、していいことといけないことが記してあった。その記述によると、「尚刑法には規定なきも人肉(敵を除く)たることを知りつつ之を食したる者は人道上の最重犯として死刑と定む」と指令がくだされている。(15)もうひとつ提出された書証は、マラスぺという地区でオーストラリア軍の捕虜となったある日本上等兵――歩兵第二三九連隊第三大隊第九中隊に所属とされる――の証言を記録したものだ。この捕虜は人肉食にかんする複数の回想をしており、ひとつにはつぎのような記述がある。

一九四四年十二月十日第十八軍司令部から部隊は連合国軍の屍肉を喰う事は許可するも友軍の屍肉を喰ってはならぬとの命令が出た。当時諸部隊が友軍の屍肉を喰っていると云う噂が専らであった。(16)

右の証言から、軍の高次レベルで人肉食の恒常化を認知していたこと、そして軍の政策上、犠牲者が日本兵でないかぎり人肉食が認められていたようすがうかがわれる。ロペスが提出した書証には、米軍の法務総監がまとめた戦争犯罪にかんする報告書から引用された人肉食の記録もあった。提出された書証によると、一九四五年八月はじめ、ルソン島イロコス・スール州のセルバンテスで六名の日本人兵がある家を襲撃、そこに住む五名（三歳の子ども一人をふくむ）を殺したあと、二日間にわたってその家を占拠した。そのあいだ、犠牲者のうち三名の人肉を調理して食べたということだ。(17)

検察側の書証は、被告がこれら三件の人肉食事件に直接関与しているとは示していない。しかし、この類型の犯罪を日本軍が太平洋各地でひんぱんにおこなっていたと立証できれば、中央政府の責任問題を問うことは直接責任あるいは指揮官・閣僚責任の法理上、じゅうぶん可能である。そのため、右に示したフィリピンからの事例を軽んずることはできない。実際他国代表検事も、フィリピン戦線以外で人肉食があったことを記録する証拠書類を法廷で提出している（後述）。

フィリピン段階では、人体実験にかんする証拠も一件提出されている。それは、米軍法務総監の報告書からの抜粋でごく短く、事件の詳細はふくまれていない。フィリピン代表の書証によると、ルソン島中部のカバナチュアンに設置されていた捕虜収容所で、「捕虜は又乃木博士（音訳）の下に強制的に医学的実験用に供せられた」ということだ。乃木とはカバナチュアン捕虜収容所付きの軍医だったようだが、所属など詳細は不明で、医学実験の内容もこの報告書には記述されていない。(18) このような書証をはたして証拠文書と呼んでいいかどうか疑問があるものの、あとでオーストラリア代表検事も関連した事例を紹介するので、この書証をまったく無視することもできない。

さて、ロペスがフィリピン段階を受けもった結果、アメリカ代表チームの戦争犯罪に関係する仕事は大幅に減っていた。というのは、日本軍による残虐行為の犠牲になった米軍兵士や市民の多くは、地域的にはフィリピンに集中していたからだ。そのため、アメリカ代表チームが東京裁判で受けもった作業は、おもにほかの検察局がカバーしきれなかったもので、中国・日本における連合軍兵士や一般市民に対する残虐事件や海上における戦争犯罪を立証することとなった。

アメリカ代表は、当初ロペスに仕事を多くとられたことをこころよく思わず、米国代表のジェームズ・ロビンソンは「フィリピンで、アメリカ人に対しておかされた残虐行為に関係する事実を、アメリカ人ではなくロペス氏が立証するのがはたして賢明」かどうか、と開廷後三カ月以上もたったころに異議をとなえ、米国チームにより大きな役割分担を主張していた。二人のあいだの対立は、戦争犯罪立証の段階が近くなった同年一〇月にはいってもまだ解決していなかった。このときマンスフィールドは、「ロペス氏とアメリカ弁護団が法廷に提出するためのおなじ証拠を準備しているため、作業がダブっています」とキーナンに伝え、問題解決に介入するよう進言した(19)。これに首席検事がしたがったかどうかは定かではない。はっきりしているのは、ロペスがフィリピン段階でけっきょく指導権をにぎりつづけ、アメリカ代表は二次的立場にあまんじたことだ。このような結果になった理由は、東京裁判に派遣されたアメリカ代表チームの任務が政府の方針上、もともと「平和に対する罪」の訴追であって戦争犯罪でなかったからだと考えられる。あるいはフィリピンが対日戦で大きな犠牲をだしたことをふまえ、アメリカ側に譲歩する準備があった可能性もあろう。

とはいうものの、アメリカ代表はフィリピン関係をすべてロペスにまかせたわけではない。たとえばロペスが立証をおえた約一カ月あと、ロビンソンはフィリピンのパラワン島で起きた残虐事件について、追加証人を法廷に召喚して尋問をおこなっている。同地を占拠していた日本軍は、一九四四年一二月に一四一名の連合軍捕虜を虚偽の警告で防空壕に閉じこめ、全員を焼き殺そうとした。多くは焼死し、防空壕から脱出した捕虜は逃げるところを銃殺された。数人の捕虜だけが脱出に成功し、そのうちの一人をロビンソンは法廷尋問している。証人となったのは米海兵隊の三等軍曹ダグラス・ボーグで、当時の虐殺の状況をくわしく説明した(20)。

パラワン島事件のほか、アメリカ代表は中部太平洋地域で起きた日本軍による戦争犯罪をいくつか立証している。なかでもフィリピン段階との兼ねあいで注目されるのは、小笠原諸島の父島で発生した人肉食事件である。アメリカ代表チームが言及した例は、米海軍がグアムの軍事裁判――つまりBC級裁判――で東京裁判以前にすでに訴追したもので、日本陸海軍の将官複数が被告となった事件だ。その公判記録からの抜粋が東京法廷で利用された。

提出文書のひとつは、一九四五年二月以降におこなわれた一連の人肉食に参加した的場《まとば》末男少佐――独立歩兵第三〇八大隊に所属――による証言である(21)。かなり長くなるが、事件の実態を具体的に説明しており、史料価値が高いと思われるので、東京法廷で読まれた関連部分を書きだしてみよう。

問一　同島に於ける最初の人肉食事件の事情をお述べなさい。

答　最初の人肉事件は一九四五年二月二十三日から二月二十五日迄の間に起りました。当時私は師団司令部に赴き、自分で橘（音訳）将軍［ただしくは立花芳雄陸軍中将］に飛行士は末吉（音訳）

隊で処刑せらるべき旨を報告しました。同将軍の司令部で、酒を饗応され、話題はブーゲンビル及びニューギニア駐屯日本軍事に移り、食料の備蓄及び供給絶えたる部隊は人肉を食わせねばならぬという話が出ました。私が未だ師団司令部に居る間に、第三〇七大隊司令部から電話が掛かり、加藤（音訳）大佐が橘将軍及び私の為に設けた宴会に来られたいとの事でした。我々は歩いて加藤大佐の司令部へ赴き、到着した所、加藤大佐の所には酒も肴も充分にないことが判りました。此の為に将軍は不満足で何か肉類の食物ともっと多量の酒を得られる所はないものかという話になりました。将軍は私に処刑の事を訊ね肉を手に入れられないかと訊ねました。それ故私は自身で私の司令部に電話を掛け、第三〇七大隊司令部へ肉と甘蔗酒一斗を届ける様に命じました。甘蔗酒で届けられたかどうかは今記憶して居りませんが肉が届けられた事は確かに記憶して居ります。肉は加藤大佐の部屋で料理され、其の座に居合わせた者は全部少しづつ味わいました。勿論誰一人美味しがった者はありませんでした。

問二　彼等は皆それが人肉であることを承知して居ましたか。

答　そうです。

（中略）

問二〇　橘将軍は死刑の執行が済んだら全ての俘虜を斯うすると言いましたか。

答　然うです。一九四五年二月の師団司令部に於ける会議で橘将軍は食料品は減じ弾薬は欠乏するであろう、そして終には将兵は岩で以て戦い戦死した自分の戦友迄食うことを余儀なくさせられるであろう、敵兵の肉は食わねばならぬと言いました。

問二一　貴方自身それを聞きましたか。
答　そうです。
問二二　同じくそれを聞いたものでそこに居合わせた誰を貴方は記憶しているか。
答　各大隊長です。一度や二度でなく、数回に亙って将軍はそう言ったのです。
（中略）
問二六　橘将軍は此の会議で俘虜全部が死刑に処されるであろうという事実に就て言及しましたか。
答　然うです。そして人肉が食わされるであろうということにも。
問二七　彼は之等の死刑執行が大本営よりの命令に依って行われるだろうと言及したか。
答　大本営は同一の方針であったか又は同一方針を持って居たのである且つ又此の島の上官も此の考を持って居たものであると信じます。(22)

右の証言の最終部分によると、軍の最高レベルで人肉食が政策の一環とみなされていたと証人が理解していたことがわかる。これは、さきに言及したフィリピンの日本軍一兵士による証言と合致していて、証拠文書として興味ぶかい。もう一点右の証言で注目されるのは、人肉食を遂行するきっかけを説明するにあたって、グアム裁判の被告が南太平洋で大本営に見捨てられたいわゆる「棄兵」たちに言及していることだ。被告によると、上官である立花将軍との会話中、ニューギニアの兵士が人肉を食しながら命をつないでいることが話題になったという。壮絶な人肉食の状況が南太平洋戦線であったという史実は、かつて原一男によるドキュメンタリー映画『ゆきゆきて神軍』（一九八七年）以来ひろく一般に知られるようになったが、右のグアム裁判の記録によると、じつはニューギニア戦線で人肉食が恒常化していたことは、はるかかなたの小笠原諸島で従軍する日本陸海軍将官らのあいだで戦時中すでに公知の事実であったことを教えてくれる。的場証言から、かれらは将来自分たちも似たような境遇におちいるかもしれないと予測し、人肉食の予行練習めいたことをこの饗宴で試してみたことがうかがいしれる。

さらにグアム法廷で的場証人は、処刑した連合軍兵士の肝臓を別途とりのぞいて細く切り干したあと、自分をふくめたその他の被告たちが「薬」として消費したことがあるとも証言している。このことについて、「我々が人間の肝臓を食べている間に森海軍大将〔中将〕は人間と肝臓が日清戦争当時日本軍の間で薬用として食べられた事実を申され」たといい、また「肝臓で造られた薬は征露丸と称ばれました」と証言している[23]。この証言から、父島にいた被告らが飢え以外の理由で計画的に人肉および内臓を食べたことがうかがえる。また、右の証言から、肝臓・人肉食を正当化する心的手段としてか、日清・日露戦争時代に開発された「征露丸」が引きあいに出され、あたかもこうした行為が、現代日本の陸軍史上ながく培われてきた伝統的薬学であるかのような自己説得をしてきたこともわかる[24]。

英連邦

英連邦代表チームの立証内容に移ろう。このチームは、中国やフィリピン段階とちがって少数の事件に焦点を絞らず、そのかわりに太平洋各地で日本軍のおかした多数の戦争犯罪をできるだけ幅ひろく紹介することに力をいれ、いわば拡散型の立証形式をとった。このような形式は、日本軍による戦争犯罪が広域で恒常化していたと印象づけるうえで、中国・フィリピンの立証方法とはすこし異なりながらも、ひとつの有用な立証戦略とみなせるだろう。

英連邦代表チームが担当した地域は、マレー半島、シンガポール、ビルマ、タイ、香港、アンダマン・ニコバル諸島、海南島、台湾、英領北ボルネオ、アンボン（モルッカ諸島）、ニューギニア、ニューブリテン（ビスマルク諸島）、ソロモン諸島、ギルバート・エリス諸島、ナウル島、オーシャン島からなっていた。遠隔地の戦場で起こった犯罪事件を中央政府高官らと関連づけていくのは、どの国際法廷でも検察側にとって大きなチャレンジだが、東京法廷では日本政府による大規模な証拠隠滅があったため、高次レベルの個人責任を確立するむずかしさはひときわだった。そのため英連邦代表チームは、フィリピン段階と同様、これらの地域で日本陸海軍が残虐行為を恒常的におかしたことと、おなじ類型の戦争犯罪がくりかえし遂行されてきたことを立証し、そこから政府・軍部指導者レベルでの認知を確立しようとした。

ところで英連邦チームの立証内容には、連合軍兵士だけでなくアジア人――インド人、中国人、ビルマ人、マレー人、シンガポール人、タイ人、その他太平洋諸地域の島人――に対する残虐事件が多数ふくまれていた。英連邦段階だからといって、イギリス、オーストラリア、カナダなどの兵士に関係する戦争犯罪だけをあつかったわけではない。分量的にいうと、アジア系と非アジア系の事件が半々程度に立証されたといってもいい。「アジアの不在」という批判がここ二、三〇年ほどあったが、英連邦の立証努力――そして中国・フィリピン段階での立証努力――の内容を視野にいれてみると、むしろアジア人に対する戦争犯罪追及は東京裁判の重要な一環だったといえよう(25)。

英連邦段階で提出された事件は膨大なので、すべてを論じることは紙面の関係上むずかしい。ここでは、立証内容の多様性——とくに多国籍性——を知るうえで参考になる代表例を、いくつか紹介するにとどめる。

一例としてまず、英領東南アジア屈指の都市シンガポール陥落に関係する事件があげられる。シンガポールは、パールハーバーの襲撃から約二カ月後、山下奉文中将ひきいる第二五軍の攻撃を受けた。日本側の兵力は英軍のそれよりはるかに規模が小さかったが、軍事侵攻に成功、一九四二年二月一五日に英軍は降伏した。その直後、日本軍は中国系市民——いわゆる華僑——が軍の動きを妨げて市内に不穏な軍事状況をつくりだしているという理由から、かれらを組織的に逮捕しはじめた。山下みずからの掃討命令にもとづき、日本軍は迅速に占領地各地で中国人男性を拘留、総数およそ五〇〇〇人を反日義勇兵の一員あるいはなんらかの反日運動に寄与したとみなし、処刑したという(26)。この一連の事件を立証するにあたり、検察側は法廷で、当時降伏交渉の通訳をつとめたワイルド大佐の証言を重用したほか、戦後に日本政府の第一復員局が作成した調査書をつかった(27)。この事件は、英領マラヤに駐屯するイギリス軍の脆弱さを露呈した点で、イギリス当局にとっては大きな衝撃だったと推測される。シンガポールが大英帝国にとって重要な軍事拠点であったにもかかわらず、その地の英軍は山下の攻撃に圧倒され、侵攻後の一週間ほどで降伏してしまったのだ。そのうえ、華僑の大量抹殺をやめさせるための行動を何ひとつとれず、帝国の権威は植民下にあったアジアのひとびとの眼前で一挙に崩れたのだった。この事件は戦後まもなくBC級法廷でとりあげられ(一九四七年三月にはじまった)、シンガポール市民のあいだで大きな関心をあつめたという。主要戦犯容疑者となりえた山下はすでに米軍のマニラ法廷で裁かれて処刑されており、この裁判の被告にふくまれていなかったが、その他将官二名と憲兵六名が合同で起訴された。結果は全員有罪、二名は死刑で残りは終身刑をいいわたされた。(28)

一九四二年二月のシンガポール侵攻と関連するかたちで、スマトラ島東沖のバンカ島で起こった虐殺事件も東京法廷で立証されている。立証内容によると、シンガポール陥落の数日まえ、オーストラリア軍の看護婦六五名が約二〇〇名の民間人とともに海路でのがれようとした。けれども日本軍の戦闘機から攻撃を受けたため脱出は失敗におわり、救命艇でのがれた者はバンカ島に漂着した。島はすでに日本軍に占領されていたので、漂流者たちはみずからの身の安全を確保するため降伏した。ところが、その直後日本軍兵士らに虐殺されたのである。降伏を受け入れた日本軍は、男性捕虜を「岬の後ろにある海岸の方へ」連れていき、銃剣で刺し殺すか銃殺し、女性看護婦二二名をふくむ女性らについては海のなかへ歩いていくように命じ、後方から機関銃で撃ち殺したのだ。

バンカ島事件は、シンガポールでの華僑虐殺事件にくらべると犠牲者数がはるかに下まわるが、降伏して日本軍に身の安全を託した無防備の捕虜らを即刻抹殺する行為が、軍事上まったく正当化できない非道な犯罪行為であるのはあきらかだった。すくなくともオーストラリア代表マンスフィールドはこの事件を重視し、バンカ島事件の看護婦でただ一人生きのびたヴィヴィアン・ブルウィンケル女史（図22）を、わざわざオーストラリアから招いて法廷尋問した。女史の証言は簡潔で一貫性があり、同国出身のウェッブ裁判長からも尋問終了後、賛辞をうけている。(29)戦後、ブルウィンケルは第二次大戦の英雄の一人にかぞえられ、オーストラリアの首都キャンベラにある戦争記念館には女史の大きな肖像がかけられている。このことからも、バンカ島での日本軍による虐殺事件が、オーストラリアにどれほど大きな衝撃をあたえたか読みとれよう。

捕虜関係の戦争犯罪で、「サンダカン死の行進」にも触れておこう。これは、連合軍の上陸がさしせまった一九四五年初頭、ボルネオのサンダカン捕虜収容所に拘留されていた捕虜が過酷な行進をしいられた事件を指す。行進の目的は、有用な捕虜労働をボルネオの北西地域に移動させることと、連合軍による捕虜の解放を防ぐことだったようだが、結果は惨憺たるものだった。生存者の法廷証言によると、約一三〇〇人の捕虜は、地勢のきびしいジャングルの

図22　オーストラリア軍看護婦のヴィヴィアン・ブルウィンケル．バンカ島での虐殺事件について証言しているところ．Courtesy National Archives, photo no. 238-FE.

図23　オーストラリア軍のウィリアム・ヘクター・スティックペヴィッチ．オーストラリア代表検事補トーマス・F・モーネインからサンダカン死の行進について尋問を受けている．Courtesy National Archives, photo no. 238-FE.

なかをじゅうぶんな食料の補給がないまま、一〇〇マイル（約一六〇キロ）離れたラナウ捕虜収容所まで行進させられ、病気、飢え、極度の疲労で脱落する捕虜はそのまま置き去りにされるか、または行進をひきいていた日本兵によって殺された。目的地のラナウになんとか到着した捕虜も、日本軍による過酷な処遇のため命を失いつづけ、戦後まで生きのびた捕虜はけっきょくたった六名だった。しかもこの六名はラナウ収容所から脱出したから生きのびたのであって、そのままラナウ収容所に残った捕虜は全滅した[30]。

　以上の事実関係は、マンスフィールドが証人としてオーストラリアから召喚したウィリアム・H・スティックペヴィッチ准尉（図23）によって法廷であきらかにされた。法廷尋問では、一九四二年に捕虜となって以来受けた処遇全般についても証言している。サンダカン死の行進は、そのなかでも際立った極端な残虐事件として紹介された。当初マンスフィールドは、この事件の重要性をふまえて二人の証人を準備していた。ひとつの事件について二人とは東京裁判にしては多いほうで、サンダカン死の行進の重要性を印象づけている。しかし、理由はあきらかではないが一人はけっきょく出廷せず（そのかわりに宣誓供述書が提出されている）、スティックペヴィッチの証言のみとなった。[31]

サンダカン死の行進は、バターン死の行進がその壮絶さから米軍兵士に想起されつづけるように、オーストラリア戦史上、忘れえぬ戦争体験である。ただ、サンダカンの事例はバターンの場合よりも捕虜死亡率がはるかに高い点——ほぼ一〇〇パーセント——で突出している。この恐るべき事件をオーストラリア人が今日まで記憶しつづけているのは、この点でまったく不思議ではない。オーストラリア戦争記念館ではサンダカン死の行進のためだけの常置展示室があり、そこには入手できた犠牲者の写真が展示してあるほか、生存者の証言の映像も観られるようになっている。ちなみに、サンダカン死の行進を計画・遂行した第三七軍の司令官だった馬場正郎《まさお》中将は、一九四七年六月にラバウルで開かれたオーストラリアBC級戦犯裁判にかけられ、有罪判決を受け死刑に処されている。[32]

英連邦段階では、たくさんのアジア人が日本軍による戦争犯罪の犠牲になった事実が立証されていった。なかでもビルマ人に関係する事件が顕著だったが、これは国際検察局の立証準備にビルマ代表の検察補佐官が参加したことが一因である可能性が高い（ただし、ビルマにおける戦犯調査の実態は今のところあまりよくわかっていない）。

ビルマ人が多く犠牲になった事件でとりあげられたもののひとつには、まず泰緬鉄道建設がある。英連邦の主要証人ワイルド大佐によると、約一五万人の「アジア人労働者」が泰緬鉄道に動員され、そのなかにはビルマ人、中国人、マレー人、タミル人、タイ人がふくまれていたという。[33] マンスフィールドは、ワイルドによる証言をさらに文書で固めていく立証形式をとったが、書証のひとつには、当時労働監督だったタキン・サという名のビルマ人のくわしい供述書がある。この証人によると、ビルマ人は当初、虚偽の労働公募――よい収入と好処遇の約束――にひかれて鉄道建設に参加したが、しだいに虐待の実態を知るようになると、恐れて自発的に参加しなくなったという。そこで日本軍は逮捕と強制連行という手段にでて、ビルマ市民をむりやり連れていくようになったという。建設現場での労働状況は過酷で、ひとびとは奴隷のようにあつかわれたというが、じじつ強制労働させられたビルマ人たちは、まともな衣類も食料もあたえられず、鞭で打たれながら労働させられるなど、人間性を否定したとりあつかいをうけたということだ。また、夫婦子どもは建設現場でバラバラにされ（ビルマ人はたいてい、家族や親戚ともども徴収されたようである）、現場の女性に対する性暴力も恒常化していたという。アジア人強制労働者たちに対する性犯罪を、日本軍当局も問題視したためか、やがて三〇〇名の「売春婦」――従軍慰安婦と推定される――が連れてこられた、ともタキン・サは証言している。[34]

そのほかに英連邦チームが提出した書証も、一般市民が泰緬鉄道で非人道的あつかいをうけ、惨憺たる状態で死んでいったことを記録している。ある戦犯調査の報告書によると、ビルマ人をふくむアジア系労働者は虐待、食料や医薬品の極度な不足、過酷な労働などの処遇を受け、日々多数の死者がでたという。ときには病気のためひどく衰弱したアジア系労働者に日本軍医が過度にモルフィネをあたえたり、毒をもった食事をあたえたり、そのほか毒素の注射をするなどして、意図的に死にいたらせたこともあったという。[35]

泰緬鉄道以外にも、ビルマ人関係の残虐事件がいくつか法廷で紹介された。ここではその一事例だけに言及しよう。書証によると、南東ビルマのモールメーン――日本がかつてビルマでの軍事拠点とした場所――の近くにあったカラゴンという村で、一九四五年七月初頭のある日、村人がゲリラに協力しているという疑いから、日本の軍隊と憲兵隊がやってきたという。そして女子どもをふくむ村人をモスクなどに監禁し、尋問・拷問した。翌日、日本軍は村人を少人数のグループに分けて順に外に連れだし、銃剣で刺し殺して井戸に死体を遺棄、こうして村人一〇〇〇人のうち約六〇〇人を殺したという。[36]この虐殺事件は、戦後ビルマのラングーンに設立された英国のBC級戦犯法廷でいちばんはじめに訴追された事件であり、イギリス当局とビルマ人がカラゴン事件を重視したことが読みとれよう。このBC級裁判では一四名の高級将校や憲兵が訴追され、うち一〇名が有罪判決（四名は死刑宣告）をうけた。東京法廷にのぞんだ英連邦チームは、ラングーンでの裁判記録をふたたび利用し、より高いレベルの政府・軍部指導者、とくに当時ビルマ方面軍司令官だった木村兵太郎被告に刑事責任を問おうとこころみた。後述するように、木村はカラゴン大虐殺をふくむ対ビルマ人残虐行為について有罪判決をうけている。[37]

つぎに、インド・太平洋諸地域に在住するアジア人一般市民に対する虐殺の事例を、英連邦段階からいくつか見てみよう。まず英領ボルネオと関係して、スルクという名の民族が組織的な虐殺の対象になった事件がある。法廷に提出された書証からあきらかになった事実はつぎのとおり。

ことの起こりは、一九四三年一〇月に北方ボルネオのジェッセルトン（現コタ・キナバル）で、中国系市民が日本軍政に対して反乱を起こし、日本人四〇名が死んだことにあった。日本軍当局は即座に報復行為にでて、ジェッセルトンで掃討戦をくりひろげた。軍当局は反乱軍を鎮圧したあと、多くの中国人男女を逮捕して拷問し、すくなくとも一八九人の中国人を処刑した。また五〇〇―六〇〇人が牢獄で「拷問飢餓又は病気により死亡」したという。日本軍当局は、反乱をめぐる事実関係をさらに調査しつづけ、やがてジェッセルトン付近の島々に住むスルク族が反乱軍の手助けをしていたと知った。これを根拠にスルク族の住む小島を攻撃し、少年をふくむ多数のスルク人男性を逮捕、拷問し、ジェッセルトン事件への関与を白状させたうえ処刑した。スルク人女性と子どもたちは同様に殺されたか、あるいは強制連行されて労働力として搾取された。多くの女性は飢えと病気のため死亡したという。(38)

一連の事件のくわしい報告書を作成したのは、イギリス関係の戦犯調査をすすめてきたM・J・ディクソン大尉で、その文書は東京法廷に書証として提出された。ディクソンによると、日本軍の虐殺はあまりに組織的に遂行されたため、スルク族は絶滅の危機に瀕しているとのことだった。スルク人男性はほぼ抹殺されてしまい、スルク人女性にしても一連の事件のため健康状態が極度に悪化し、ディクソンはスルク族が民族として再起することがほぼ不可能だと判断している。しかし、つづけてディクソンは、日本軍残虐行為の特徴をつぎのようにのべている。

私が思うに、日本当局がこの種族を意図的に絶滅（extermination）に追いやることを計画した、と告発するのは証拠に関するかぎり正当ではないと考えます。かれら［日本軍当局］は、この地域で離反の疑いある他の民族——たとえば中国人——を取り扱うのと同じようにスルク族を扱ったのです。しかし、では、かれらが北方ボルネオの中国人を絶滅しようとした、とはいわれないでしょう。……スルグとバンガワンに強制連行された女性と子供たちに対する処遇は他の原住民族らに対する日本の姿勢と一致しています。……牢屋に入れられたスルク人男性と少年に対する処遇、つまり拷問と処刑は、中国人に対する処遇と同じ、あるいはそれよりほんの少し悪いだけです[39]。

右の報告によると、日本軍のスルク人に対する暴虐はなにも目新しいことではなく、この類いの組織的な残虐行為は日本軍政下でよくあることだという。また、日本側に民族の組織的殺戮を遂行しようという意図があったわけでもないと考えられるため、その嫌疑で告訴するのは適切ではないだろうというのだった。しかし、ディクソンの報告書などから浮かびあがる実情は、むしろ政治的理由による組織的民族殺戮事件——つまりジェノサイド——に相当するとみなせるのではないだろうか。この事件を法的にどう位置づけるべきかは、今後じゅうぶん研究価値があるだろう。

　つぎに、インド洋のアンダマン諸島で一九四五年夏に起こった大虐殺の事例がある。東京法廷では、事件の唯一の生存者だったモハメド・フセインという人物の宣誓供述書が提出された。証言によると、占領軍である日本軍当局から「八月以降一般市民に対して食料の配給はなくなる」との告知があり、島民はみな「耕作を営むため新天地へ」送られると伝えられたという。こうした説明のあと、一九四五年八月三日の夜、日本軍当局は約七〇〇名の男女と子どもを連行し、船に乗せて出発、午前二時ごろに海岸から四〇〇メートルも行かないところでとまり、全員をむりやり船から「棒や銃剣」をつかって飛びおりさせて溺死させた。そのうち二〇〇名あまりはなんとか島まで泳ぎ、命をとりとめたが、食料が不足していたためにつづく六週間のうちにほぼ全滅、一人生き残ったフセインだけがこの恐るべき事件の歴史的証人となった。アンダマン島虐殺事件から、日本軍による組織的な殺戮行為は、スルク族の場合のように謀反の疑惑に起因するだけではなかったことがうかがえる。この事件については食料不足という即物的理由から、軍政下にあったひとびと全員を溺死させることを日本軍が計画・遂行したと判明する(40)。

これと類似した虐殺事件は、アンダマン諸島からはるか遠くにあるオーシャン島で、すこしおくれた時期に起きている。証言者はニクナウ島人のカブナレという人物で、虐殺事件の被害者でもある。証言によると、オーシャン島を占領していた日本軍部隊が約一〇〇人の島民全員を終戦後に処刑したということだ。そのときの証人の体験は、戦後の戦犯調査官によってつぎのように記録されている。

カブナレの陳述によれば、オーション島におった西洋人は凡て死亡し〔、〕若しくは殺害されました。戦争が終った時には此島には約百名の土人が居た。日本人は是等を幾つかの班に別けて、他に連行しました。カブナレの班の土人は両手を縛られて居り、是等を崖の端に列ばせて置いて、日本人は是を射撃しました。カブナレは海中にて意識を回復しました。彼の周りには死骸が一杯ありました。彼は一つの洞窟の中に隠れました。カブナレは一九四五年十二月二日まで、即ち、此島が連合軍によって占領されたことを始めて知った時迄隠れて居りました(41)。

右の証言には、なぜそのような虐殺にいたったのかの説明はない。あるいはスルク族の場合のように、島民のあいだに反日の疑惑があったのかもしれないし、あるいはアンダマン諸島の場合のように、占領軍が食料難に悩まされていたのかもしれない。どちらにしても、この時点で日本はすでに降伏し交戦状態になく、軍引きあげの時期がくるまで島民の安全を確保する国際的責務を負っていた。ところが日本占領軍は島民の虐殺を計画し、遂行したのだった。

これらの残虐事件の書証をまえにした弁護側は、検察側が書証を提出した段階でも、弁護側反証の段階でも、ほとんど反駁する努力をしていない。その結果、太平洋の諸地域で組織的な虐殺、拷問、その他さまざまな残虐行為が長期間かつ広範囲にくりかえし遂行された、という検察側の主張をほぼ認める結果になっている。後述するように、弁護側は最終弁論でも日本軍による残虐行為が恒常化していた事実を認めている。

ここで他国代表の立証内容との兼ねあいをふまえ、英連邦チームの提出した人肉食と人体実験にかんする証拠に光をあててみよう。英印軍ハヴィルダー・チャンギ・ラームという名の人物からの宣誓供述書によると、ニューギニア沖のある島に駐屯していた日本軍部隊が人肉を食べているところを目撃したという。ときは一九四四年末、証言の具体的内容はつぎのようなものだった。

一九四四年十一月十二日私は日本の貨車の為にトタビル地区に於て塹壕を掘っていた。午後四時頃単発の米戦闘機が私の働いている所から百ヤード程離れたところに不時着陸した。剛（音訳）部隊ケンデボ・キャンプに属している日本人は急いでその時点に往き十九才位の操縦者を捕えた。彼は日本人が到着する前に自分で飛行機から下りた。イナモラ将軍も其処の日本軍司令部に住んでいた。不時着陸の後、半時間程して日本憲兵隊が連合軍操縦士を斬首した。私は之を樹木の後から見て日本人が操縦士の肉を腕・脚・胸・臀から切り取ってそれを自分達の宿舎に運んで行くのを認めた。私はその光景に驚いて、日本人がその肉をどうするか一寸見ようと思って後をつけて行った。彼等はその肉を小さく刻んで油で揚げた。午後六時頃或る日本軍高級将校（少将）が、五〇名程の大部分将校の日本人に演説した。演説が済んだ時揚げ肉が一切れ宛全出席者に与えられ、彼等は其場でそれを食べた。(42)

右の証言によると、この事件で人肉食の対象となったのは死体ではなく、その目的のためにわざわざ斬首された連合軍捕虜だったことが知られる。また、証人による人肉食の状況描写から、飢えしのぎの必要性以外の理由でこの犯罪が遂行されたことがわかる。ここでは、ある儀式的な場において、軍高級将校たちが部下に集団人肉食を強要させた可能性が浮かびあがる。このケースはアメリカ段階で紹介された父島の事例と酷似しており、ここでも日本軍がニューギニアの経験をふまえ、将来の消耗戦にそなえて人肉食の「練習」をしていたのではないだろうかと推測させる。

人体実験については、英連邦チームは複数の証拠を提出している。ひとつはニューギニアのラエ地区を管轄とした日本軍部隊に関係し、その地区の華僑と原地住民についての調査を記録する「捕虜調査日記」の抜粋だった。

［一九四二年］四月二八日　我々は本日山砲隊下士哨にて彼等を再尋問したが白状しなかった。多分マヒ及び他の原住民達は別の道を通って此所へ来た為、後者は彼等を見掛けなかったのであらう。然し乍ら将来を顧慮して一人は第四航空医務隊の軍医正に医学上の実験用として引渡され、他の五人は刺し殺された(43)。

この書証は部隊日誌であるためにくわしい記述に欠けるが、人体実験がごく日常化していたことを示唆する記述であり注目される。また、このような記述がニューギニア侵攻の初期段階の軍事記録――日付は一九四二年四月――にあることから、人体実験が太平洋戦争の勃発後まもない時期から、日本軍の軍医活動の一環としてごく一般化していた可能性を示している。

人体実験にかんするもうひとつの証拠は、口頭証言のかたちで法廷に紹介された。豪州代表検事補モーネインは、オーストラリア軍のジョン・ヴァン・ヌーテン中尉（図24）を証人台によび、一九四二年二月に日本軍の捕虜となった後、アンボンのタントイ捕虜収容所でうけた処遇について証言をもとめた。収容所の状況全般について回答したヴァン・ヌーテンは、一九四五年四月ごろに起きた人体実験についても証言をもとめられた。内容はつぎのようなものだった。

われわれは九つの集団にわけられまして、一つの集団には十名づつ割り当てられました。そして、この一つの集団内の人員はみなその状態がだいたい同じものでありました。たとえば、一つの集団には、病院患者であり脚気を患っている者、もう一つの集団には病院患者ではないが、脚気を患っている者、というふうにわけられました。更にもう少し丈夫な者から成っているもう一つの集団があり、そのほか更にだいたい健康状態にある者からもう一つの集団が作られました。それから日本軍の医官がこれらの各集団の各人員に対して血液検査をしました。それから彼等は、これらの人員に対して注射をいたしました。この注射液はヴィタミンＢ一号或はカゼインであるということでありました。二、三日たちまして更に一つの注射がなされましたが、これはＴＡＢ注射剤が注射されたのであります。これらの注射が、一箇月の期間を通じて行われたのであります。この間、或る集団に対しましては、少量の増配、食料の供給を増配されたのであります。この増配と申しますのは、一日百五十グラムの甘藷並びに約二百グ

図24　オーストラリア軍のジョン・チャールズ・ヴァン・ヌーテン．モルッカ島アンボンにおける捕虜虐待について証言しているところ．Courtesy National Archives, photo no. 238-FE.

ラムのサゴ椰子でありました。この期間が終って、まだ生存している者があった場合にはさらに血液検査をいたしました。(44)

この実験の結果、死亡したのは全部で五〇名とのことだ。

右の証言は、東京法廷における人体実験に関係する証拠でもっとも詳細かつ具体的なものだ。またモーネインがこの証言を積極的にもとめた事実から、日本軍による人体実験をオーストラリアがそれなりに重視したとも読みとれる。これまでの東京裁判研究から、七三一部隊関係者が米国当局の介入により訴追をまぬかれたことは知られているが、どうやら免責は「医学的」人体実験すべてに適用されたわけではないようである。そもそも各国検察官は、他国政府の訴追方針にしたがう義務をなんら負っていないのであって、この点で右のような証言が確保されたのは驚くことではない。ここで言及されたアンボンでの医学実験事件が七三一部隊と関連しているかどうかはあきらかではないが、いずれにせよ、オーストラリア代表検事が優先順位の高い事件としてこの問題を追及したことは注目されよう。

人体実験と関連した残虐行為で、英連邦代表は生体解剖の事例も二件紹介している。一件はオーシャン島のカンドクで起きた。犠牲者は「健康な負傷して居らぬアフリカ人捕虜」だったというが、犠牲者が現地住民だったのか連合軍兵士かはいまひとつはっきりしない。米軍情報課による報告書（これは書証として提出されている）は、つづけてつぎのような説明をしている。

其の男は光機関事務所の外にある樹に縛り付けられた［。］一人の日本軍医と四人の日本見習軍医が彼の周りに立っていた。彼等は先ず最初に指の爪を剝ぎ取り、それから胸を切り開いて心臓を取り去った。それに就いて軍医は実験をして見せた。

もう一件はガダルカナルのコクムポナという名の地区で起きた。書証につかわれたのは、部隊名はあきらかではないがある将校の日記で、南太平洋に派遣されていた米軍の手にわたっていたものだ。関連部分にはつぎのような記述がみられる。

［一九四二年］九月二六日——昨夜、ジャングル内に逃げ込んだ二人の俘虜を発見、逮捕し、警備中隊をして警備せしめた。彼等が再び逃亡するのを防ぐ為彼等の足に拳銃を数発発射したが、命中させるのは難しかった。二人の俘虜はヤマジ軍医により未だ生きて居る中に解剖され彼等の肝臓が取り出された。そして始めて私は人間の内臓を見た。之《ママ》を非常に知識を与えるに有益であった。(45)

右の事例から、すくなくとも南太平洋地域の戦地にあった軍医が、生体解剖を医学教育の一環というかたちでおこなっていたことがわかる。カンドクにおける生体解剖がいつおこなわれたかはっきりしないが、ガダルカナルの事例は戦局のさなかである（一九四二年九月）ことから、医学勉強としての生体解剖が、やはり太平洋戦争のかなり早い時期から日常化していたことが読みとれる。

オランダ領東インド（インドネシア）

オランダ関係の立証に移ろう。この段階では、数件の大残虐事件を代表的事件としてあつかうことはなく、オランダ領東インド（現在のインドネシア）各地で起こったさまざまな残虐事件を、ある種の均一性をもたせて立証する戦略を適用していた。この点で英連邦段階の立証方法に近かったといえるが、ひとつ異なったのは、戦争犯罪の種類、場所、被害者にしたがって諸事件をこまかく分類し、残虐行為の類型を法廷で強調しながら書証を順序よく提出するという立証方式をとった点だ。その結果、「おなじ類型の残虐行為が、日本占領下のオランダ領東インド各地で何度も日本軍によって遂行された」という主張を、明快に法廷に知らしめるようになっている。これは、国際検察局の基本戦略をもっとも忠実に反映した模範的な立証方法だとみなしてもいいだろう。

オランダ代表ダムステ（図25）の立証方法を具体的にみてみよう。まず、かれは収集した事例を地域ごとに分類した（これはほかの検察チームもやっている）。その内訳は、オランダ領ボルネオ、ジャワ島、スマトラ島、ティモールおよび小スンダ諸島、セレベス（現スラウェシ）および周辺諸島だった。つぎに、戦争犯罪の事例を主要被害者ごと——捕虜、民間人抑留者、非抑留民間人——の三つに分類する。そしてさらに、捕虜関係の戦争犯罪の事例を1殺人、2捕虜収容所における虐待、3不法かつ犯罪性のある処刑、4捕虜移動のさいの虐待の四つに分けた。民間抑留者については、収容所における虐待と殺人の二類だけに分類している。非抑留民間人については、1原地住民の「ロームシャ」として使役、2「ケンペイタイ」による残虐行為、3牢獄に入れられた民間人に対する残虐

図 25　オランダ代表検事補のJ・S・ダムステ．スマトラにおける連合軍捕虜の処遇について英印軍のマイケル・C・G・リンジャーを尋問している．Courtesy National Archives, photo no. 238-FE.

行為、４民間人女性の強制売春への使役、５「トッケイタイ」による残虐行為、以上の五類型に分けている。これらの合計一一類型の戦争犯罪について、ダムステは立証をこころみたのだった。

ところで、日本軍政下のオランダ領東インドは、強制労働や陸海軍特別警察隊による残虐行為が恒常化していたためか、「労務者」「憲兵隊」「（海軍）特警隊」などという表現が、そのまま現地語化してひろくつかわれていた。東京法廷にのぞんだダムステもこれらを日本語のままつかっているので、本章でもそれを尊重し、カタカナ表記を適用している。

右に示したさまざまな戦争犯罪の類型のなかで、オランダ段階でもっとも重要な地位をしめたのは、強制収容所に抑留されたひとびとに対する虐待と殺害だった。オランダ領東インドでは多くのオランダ系市民が収容所に入れられ、そこでの処遇は過酷だった。抑留者は強制労働させられたり、飢えや病気に苦しんでも必要な食料や医療手当をあたえられなかったり、しばしば殴打、拷問、処刑で殺されたりもした。いくつか例をあげると、ジャワ島のチマヒ収容所では、「約千五百名の者が栄養不足、胃病及び医薬不足で死亡」[46]し、スマトラ島北東部にあったペマタン・シアンタルの収容所では、二年間に捕虜三〇〇人以上が死亡したという。その死因は「種々あり即ち赤痢栄養不良及び栄養不良の結果起る病気等」、あるいは「死期の差し迫った病人は特別の監房に入れ、更にその監房から出して熱帯下の太陽に曝し以て死期を早からしめた」ということだ[47]。

この種の残虐行為による被害があまりに深刻だったため、戦後に日蘭間の外交問題に発展した。一九四八年一一月には東京裁判もおわり、冷戦構造がふかまるなか、連合国の多くは日本との国交回復に積極的な態度を示しはじめていた。しかしオランダ政府は、戦時下のオランダ人収容所問題が重大だったために、日本に対して外交上友好的な態度はとれなかった。そこで、一九五一年九月にサンフランシスコ講和条約が結ばれるとき、オランダ政府代表のD・U・スティッカー外相は、日本政府の補償責任を記した手紙を当時の吉田茂首相から確保した。この文書は日本政府に道義上の責任を問うているもので、法的には拘束力がなかった。けれども、オランダ政府はこの文書を根拠に、サンフランシスコ条約後も日本に補償問題解決の圧力をかけつづけたのだった[48]。

講和条約が結ばれるおよそ五年まえに開かれた東京法廷では、ダムステが収容所での虐待の全貌をあきらかにする多大な努力をはらった。法廷では、抑留者に対する残虐行為の事例を五つの主要地域すべて――ボルネオ、ジャワ、スマトラ、ティモール、セレベス――から提出する配慮をし、オランダ系市民の収容所における虐待が、日本軍政下のインドネシア広域で恒常化していたことを印象づけた。さらに、英軍の戦争犯罪捜査官二名を証人台によんで法廷尋問した。その一人ニコラス・リード＝コリンズは、日本敗戦直後にジャワ島の収容所をおとずれた人物で、そのときの抑留者の尋常ならぬ肉体的・精神的状況について証言した。もう一人の証人コルネリウス・リーンヘールは、おもに自分自身が収容所に入れられていたときの経験について証言した。(49) オランダ段階中に証人台に立ったのは合計三名のみであり、うち二名が抑留者虐待だけに関係した証言をもとめられたことから、この類型の戦争犯罪を追及していくことがどれほどオランダに重要だったかわかる。

書証と証人のほか、ダムステは強制収容所の実態を映した記録映画も法廷で上映している。戦争犯罪の段階で映像資料がつかわれたのは東京法廷ではこの一本だけで、ここからもオランダ代表の意気ごみが感じられる。(50) この記録映画は「ニッポン・プレゼンツ（日本は提供する）」という題名のもので、戦時中に日本が制作した宣伝映画、「オーストラリア・コーリング（オーストラリアは呼ぶ）」に応えるドキュメンタリー映画だった。「オーストラリア・コーリング」は、日本軍政下の捕虜や民間抑留者が収容施設でよい処遇をうけているかのようにみせた映画で、オーストラリア国内に反戦の機運を生みだすことを目的としていた。それに対して「ニッポン・プレゼンツ」は、この宣伝映画からのシーンを織りまぜながら、これらの収容所の実情が、実際連合軍によって解放された当時どのようだったか、その現状を映したものだ。これを制作するにあたって、オランダ領東インド政府はオーストラリア政府と協力し、戦時中に演技をさせられた捕虜や抑留者をあつめて実情調査をした。戦後制作されたあたらしい映像には、収容所の生存者による録音口述がともない、ふたつの対照的な収容所の状況を被害者自身の肉声が説明する形式をとった。(51)

オランダ段階において収容所問題のほかに注目されるのは、ダムステが「強制売春」を主要な戦争犯罪の類型のひとつとしてあつかった事実だ。このことから、オランダチームがこの種の戦争犯罪についても日本国家指導者の刑事責任を問うたと考えてよい。法廷で紹介された事例は、具体的にはつぎのとおり。

第一に、オランダ領ボルネオのポンティアナックを占領する日本海軍が、一九四三年に軍売春所九―一〇棟の新設を決定、そのうち三棟は海軍兵士用、五―六件は民間用、残り一件は海軍将校用とした。海軍当局は、特別警察隊――「トッケイタイ」――に権限をあたえて地元の女性を逮捕させるなどし、軍売春所につかったという。第二に、ジャワ島のオランダ系女性抑留者が一九四四年はじめ、あたらしく設立された日本軍の売春所に強制連行され、三週間ものあいだ、日本軍将校と兵士相手の性行為を強要された。第三に、ポルトガル領ティモールで日本軍売春所に婦女を提供するよう、地元の族長らが頻繁に脅迫、強要された。これにしたがわない場合は、族長らの親族がかわりに売春所に入れられると脅された。第四に、ティモール沖のモア島に日本軍が数人の憲兵を殺された報復行為のため侵攻し、反乱軍の約一〇〇名を処刑した。そののち同島の女性六名が日本軍の売春所に強制的に入れられ、八カ月ものあいだ日本人二五名の性奴隷にされつづけた。以上、四つの事件がオランダ段階で紹介された(52)。

立証された事例はこのように少ないが、これら四件は検察局の立証目標を重要なところで忠実にみたしている。すなわち、この種の性犯罪が日本軍政下のインドネシア各地でくりかえし遂行されたことを示している点だ。そのほかに、選ばれた事例の被害女性がおもにアジア系の女性だった点も注目される。これは、性奴隷の犠牲になった女性の大半が、当時の調査でわかったかぎりアジア人が主流であり、それがそのまま書証に反映されたと理解できる。こうしてダムステは、日本軍による性奴隷の問題を積極的に追及したのだった。

オランダ段階で性奴隷関係の証拠が提出された事実は近年まであまり知られていなかったが、理由はオランダ関係の書証が公判中ほとんど読まれなかったことが一部関係していると考えられる。第五章で論じたとおり、国際検察局は時間を節約するため、戦争犯罪の立証段階で「概要」を利用しながら書証を提出する方式を適用した。ダムステはこの方法をとくに極端なかたちで活用し、公判中はおもに概要を読みあげ、公判記録に書証の内容を読みこむことは、例外いくつかをのぞいてなかった。

法廷での概要利用の状況を、ポンティアナックにおける強制売春の例をとりあげ、見てみよう。提出された書証のひとつには、あるオランダ諜報機関による報告書があった。公判中この書証を提出するとき、ダムステは「強制売淫に関する手段はオランダ正規軍大尉検事J・N〔正しくはF〕・ヘイブレクの報告書検察団書類五三三〇号に述べられあり」とのべ、これは概要にふくまれた要約を読みあげただけである(53)。公判記録に載っているのもこの一文のみで、書証の全文はそこに記述されていない。傍聴席で審理を見守るひとびとも、この一文を聞いただけだった。そのため、問題の「強制売淫に関する手段」がなんだったのかは知る由もない。後世のひとびとも、公判速記録のみをたどりながら検察側の立証内容を調べようとすれば、やはりおなじ問題にぶつかる。くわしい犯罪の状況は書証そのものを見ないかぎり把握できない（裁判当時の検察官、弁護人、判事たちは、その場で書証のコピーを配布されているので、それを読めば犯罪の詳細はわかるようになっていた）。

ところが書証は通常内容が濃く、証拠資料としても歴史資料としても価値が高いものだった。ヘイブレクによる報告書については、『日本海軍占領期間中蘭領東印度西部ボルネオに於ける強制売淫行為に関する報告』と題され、強制売春の状況をくわしく説明している。この文書から、海軍による売春所の設立経緯、経営責任者、経営方法などの事項について実情がわかるようになっている。このなかには特警隊による暴力についてつぎのような記録もある。

特警隊は婦女を捜すに当り民政部及日本人商社の全婦人職員に特警隊に出頭するように命じその婦人達の何人かを真裸にし日本人と関係していたとなじりました。次いで医師が検診をしましたが数人は処女であったことが判りました。是等の不幸な婦人達の中何人が性慰安所〔原文では brothels〕に強制的に送られたか確実には判りません。婦人達は性慰安所から敢て逃げ出そうとは致しませんでした。と言うのは彼女等の家族が特警隊に依って直ちに逮捕されて非道く虐められるからでした。一例として此の様な事の為当の少女の母親が死んだ事がありま(54)す。

この記述からもうかがわれるように、公判中に読まれなかった書証のなかには、日本軍による戦争犯罪のこまかな記録がふくまれていた。法廷で受理された右のような書証は、公判中読まれたかどうかにかかわらず、すべて判事による審査の対象になった。このことから、書証は公判速記録や判決書と同様、基本的な裁判資料とみなされていかなければならないだろう。ちなみにオランダ段階で提出された強制売春にかんする書証は、その後日本の戦争責任研究センターの季刊誌に全文が発表されている。同センターのまとめた資料は内外でも報道され、東京裁判で性奴隷にかんする訴追があった事実は今や常識となっている。(55) そのほか、東京裁判で訴追内容に性暴力があった事実は一九九〇年代後半から国際的に話題になっており、国際法学者や人権研究家のあいだでは、東京裁判が戦時下におかされた強姦の犯罪性をあきらかにした歴史的先例であることについて、すでに一定の評価がある。(56)

さて、中国や英連邦段階との兼ねあいで、ここで「ロームシャ」問題に目を転じてみよう。これは、オランダ領東インドから強制労働に動員されたひとびとを指す。ダムステによると、「これは志願労働と呼ばれましたが実際は強制的なもの」で、「俘虜と同じ様に、或はそ［れ］以上ひどく取扱われました」ということだ。労働内容はおもに、「塹壕掘り、防空壕構築、道路及び鉄道建設、油田炭鉱内作業等の循環系作業等」で、「特にジャワの青年」が使役されたという。かれらは、「東南アジアの至る所、即ちスマトラ、ボルネオ、セレベス、アンボン、更にマレー、ビルマ、シャム［タイ］及びフィリッピン迄も送られ」たと指摘している。(57)

以上のかんたんな説明をしたあと、ダムステは法廷に具体的な事例を紹介した。まず、シンガポールにおける法務総監のまとめた報告書によると、泰緬鉄道に動員されたロームシャおよそ八万人が死亡したことがわかっているが、「そのうち大多数がジャワ人」だったということだ。(58) この書証から、日本軍は泰緬鉄道の近隣諸国のみならず、遠隔地域の蘭領下のインドネシアからまでアジア諸国の一般庶民を強制労働のために連行したことがわかる。

ダムステの紹介した事例は、おもにシンガポールで拘束された強制労働者に関係していた。そのひとつは、アクマド・ビン・ケタジョーダという名の証人によって語られた。この証言によると、ケタジョーダはシンガポールのカンポン・バローで働かされたが、「ここでは二〇〇〇人いた苦力《クーリー》のうち健康上わずかに一〇〇人だけしか」働けず、「毎日四人から六人の死亡者が続出」したとのことだった。(59) また、ゴーデルという名のソロ生まれのジャワ人は、村長に日本人のために働くよう命令され、労働者としてかり出された後、シンガポールで非人道的あつかいをうけたという。この事例については、ダムステは概要にとどまらず証言の記述内容を法廷で読みあげている。その内容を一部引用しよう。シンガポールのヘンダーソン収容所で病気になり死んでいく同胞たちの様子を、ゴーデルはつぎのように説明している。

非常に多数の病人が出ました。特に多いのは赤痢と脚気と熱帯性潰瘍の患者でした、亦マラリアの患者も多数居りました。……此のキャンプは総てのジャワ人の来た通過用のキャンプでジャワ人は此処から他の目的地に輸送されたものです。其れ故に病人は此処に残されたのです〔。〕非常に多数の者が此処で死にました。毎日必ず十五人から二十人の者が死にました。私は全部で何れ程死んだか知りませんが確か二千名程と推算します。(60)

証人自身も収容所で毛布を一枚盗んだことをとがめられ、吊るす、殴る、顔を水中に押さえこまれ溺れた状態にさせられる、などの拷問を一週間うけつづけ、そのあとの約一カ月間、重体におちいったとのことだった。(61)

シンガポール付近のタンジョン・ピナンで働かされたレボという名の証人も、やはりおなじような虐待の体験をしたことを書証で知らしめている。かれをふくむ多くの労働者は、日本軍関係者から拷問をうけ、「九箇月の間に七五〇人の苦力中四〇〇人が死亡しました」、つまり、連行された民間人の半数以上が死に至らせられたとのことだった。[62] 以上のような事例を紹介することにより、ダムステは中国や英連邦段階で立証されたアジア人強制労働の問題をさらに証拠固めし、日本軍が強制労働に利用したのは連合軍兵士にかぎらず、多くのアジア系民間人におよんだ事実をあきらかにしたのだった。

フランス領インドシナ（ヴェトナム）

最後にフランス関係をみてみよう。この段階の内容はみじかく、書証は四〇あまり提出されたにすぎない。紹介された戦争犯罪の事例は、おもに憲兵隊による逮捕、拷問、殺人などの残虐行為で、謀反の疑いを理由に、捕虜や民間人が犠牲になったことがわかる。強姦の事例もフランス段階でかなり目立った。立証されたケースの犠牲者はたいていフランス系女性だったが、一事例では、日本軍がヴェトナム人女性を性奴隷にしたことが証言されている。証人自身（ヴェトナム人女性）も日本人に拘留され、「私と仏人との交際を咎め」られたとのべている。さらにつぎのような証言をしている。

ラン・ソンに於ける捜査の間、日本人等はフランス兵と一緒に生活していた、私の同国人数名に彼等（日本人等）と光安（TIENYEN）に設けた、慰安所へ一緒に行くよう強制しました。私は巧い計略の結果、彼等から免れることが出来ました。[63]

残りの女性がどのような処遇をうけたかは、ここに証言されていない。また同証言には、慰安所の状況がどのようなものだったかの具体的情報もない。しかし各国検察官、とくに中国とオランダ段階の提出した事例と照らしあわせると、性奴隷の地域的ひろがりを立証しており、これも史料として重要といえよう。

弁護側の論点

検察側の膨大な証拠に直面した弁護側はどのような反駁をこころみただろうか。回答はというと、弁護側は検察側の証拠書類にも証人にも基本的に挑戦せず、南京事件のときと同様、日本軍が広範かつ頻繁に残虐行為をおこなったことを事実として認めたのだった。ただ弁護側は、「日本国家指導者が個人責任を負う」という検察側の主張に対して争った。日本軍による残虐行為が広範だったとは認める一方、おなじ類型の戦争犯罪などは検察側の証拠書類から浮かびあがらないと主張、そして中央政府や軍参謀部から残虐行為にかんする政策や命令があったと結論づけられないとした。日本占領下で起こった残虐行為は占領軍の兵士たち個々人がおかした犯罪であって、もし残虐行為が相互に類似していたとしてもそれは偶然にすぎない、これが弁護側の基本見解だった。

東京帝国大学法学部教授の高柳賢三（鈴木貞一被告の主任弁護人）（図26）は、このような弁護路線を最終弁論においても維持した。さらに、どうして太平洋各地で日本軍兵士がおなじような類型の戦争犯罪をおかしうるのか、その説明をあらたに提供している。関連部分で高柳弁護人はつぎのようにのべている。

図 26　日本人弁護団の一員，高柳賢三．法廷の演壇にて．Courtesy National Archives, photo no. 238-FE.

検察側の主張する残虐行為その他の違反行為が、かりに同一の行為類型をとっているとしても、それは当然にかかる推定「被告による命令があったという推定」を理由づけるものではない。かかる型は国民性もしくは民族性の反映であるにすぎぬのかもしれない。犯罪は芸術上の作品とひとしく、種族の慣習を反映する一定の特徴を示すのである。又、地理的、経済的及軍事的条件が相互に類似していることも、ある程度かかる検察側の主張する残虐行為その他の違法行為の「類型性」を説明することもあろう。(64)

右の主張で注目されるのは、仮りに残虐行為が相互に似かよっていたとしても、それはたんに「国民性もしくは民族性の反映」だろうという論だ。これは、英米法学の権威と当時みなされていた法学者から発せられる最終弁論としては投げやりな弁明の感があるうえ、もし右の説明が実情を反映していたとするならば、これは被告たちの無罪を立証するどころか、かれらの刑事責任を固める論理的基盤をなしてしまっている。というのは、日本軍兵士が残虐行為をおかす文化的、地理的、あるいは経済的傾向があると重々承知しながらも、かれらを何十万、何百万人単位で海外に派遣したことになるからである。つまり戦時中の国家指導者は、日本軍兵士が残虐行為をおかすと「知っていた、あるいは知りえた」にもかかわらず、わざわざ戦場へ送りこんだことになるのだ。(65) これは、残虐行為遂行の容認ないし裁可と解釈されるのにじゅうぶんな根拠をなしている、といってもあやまりではない。

東京裁判所の判定

検察側と弁護側の証拠と弁論をうけて、東京裁判所は最終的につぎのような裁定をくだした。

本裁判所に提出された残虐行為及びその他の通例の戦争犯罪に関する証拠は、中国における戦争開始から一九四五年八月の日本の降伏まで、拷問、殺人、強姦、及びその他の最も非人道的な野蛮な性質の残忍行為が、日本の陸海軍によって思うままに行われていたことを立証している。数カ月の期間にわたって、本裁判所は証人から口頭や宣誓口述書による証言を聴いた。これらの証人は、すべての戦争地域で行われた残虐行為について詳細に証言した。それは非常に大きな規模で行われたが、すべての戦争地域でまったく共通の方法で行われたから、結論はただ一つしかあり得ない。すなわち、残虐行為は、日本政府またはその個々の官吏及び軍隊の指導者によって秘密に命令されたか、故意に許されたかということである。(66)

この裁定により、裁判所は検察側の主張をほぼ全面的に認め、日本軍のおかした広範な残虐行為について、中央政府の高級官僚ならびに軍指導者が基本的に個人責任を負うことを確定した。ただ、この裁定のなかに「秘密に」という表現がふくまれている。これは、国家指導者の直接責任――つまり残虐行為を命令した責任――を確立できる決定的な文書証拠が法廷にほとんど提出されなかったことに、裁判所が暗に言及していると理解できよう。すでにのべたように、これは敗戦直後、日本政府が組織的に証拠を隠滅する努力を大日本帝国全域にわたっておこない、連合国による戦争犯罪調査に困難をきたしたことに大きく起因しているといえよう。(67)

裁判所はつづいて、国家指導者の責任が問われるべき具体的な残虐行為の類型を判決書に列挙した。そこにあげられているのは二〇種類ほどで、つぎのものをふくんでいる。中国戦線で中国人捕虜を「非賊」と称して国際法上の捕虜の権利を認めなかったこと、南京での虐殺・強姦・略奪等の非人道的行為、捕虜に対する不法かつ過度の処罰（とくに連合軍操縦士の処刑）、捕虜・病人・負傷者・軍医や看護婦の虐殺、死の行進、海上における不法な戦闘行為や殺人、不法かつ過酷な捕虜強制労働（とくに泰緬鉄道関係）、捕虜に対して水・食料・医薬品・収容施設・医療施設などを適切にあたえなかったこと、逃亡しないという誓約書を捕虜に書かせたこと、権益保護国代表者による捕虜収容所視察の妨害、などだ。これら確立された戦争犯罪の類型は、起訴状に列記されていたものとほぼ一致しているといってよい(68)。

そのほか、法廷中に判明したいくつかの特殊な類型の戦争犯罪も判決書は記録している。そのひとつに憲兵隊や収容所管理者による拷問があげられる。判決文によると、「捕虜と一般人抑留者を拷問するやり方は、占領地域と日本内地を通じて、日本軍の駐屯していたほとんどすべての場所で行われ」、「拷問の方法は、全地域にわたって行われていたから、その訓練と実施に、一つの方法があったことを示している」と結論づけた(69)。また、太平洋戦線各地で日本軍が捕虜や一般市民に対して遂行した「生体解剖と人肉嗜食」も共通の残虐行為、つまり国家レベルで責任が問われるべき類型の戦争犯罪として列記されている。とくに人肉食については、日本軍兵士がかならずしも「必要に迫られてではなく、みずから好んで、この恐ろしい慣行にふけった」事実があったことも指摘している。この裁定は本章でみてきた検察側の立証内容を反映しており、興味ぶかい(70)。

他方、公判中に立証努力がありながら、判決文で共通の類型と明言されなかった戦争犯罪もある。一例は軍医による人体実験だ。生体解剖についてはは人肉食とセットで共通類型の戦争犯罪と認めているが、そのほかの医学技術をつかった非人道的行為について、判決書には特別の言及がない。これはおそらく、検察側の立証努力が徹底していなかったことと関係している。公判中に紹介されたもっとも具体的な人体実験の事件は、英連邦段階のとき証人ヴァン・ヌーテンから得られたが、そのほかの事例は少なく、しかも犯罪状況をくわしく記録するものでもなかった。こうした証拠にもとづいて人体実験を共通類型の戦争犯罪とみなすのは、論理的に無理があったといえよう。

強制売春については、この種の性的隷属が強姦とおなじように戦争犯罪とみなされること、そしてこの種の性暴力が日本軍によって局地的に遂行されたこと、これらを基本的に認めた見解が判決書に読みとれる。このような立場を反映し、裁判所はとくに中国の桂林で日本軍がおかした強制売春の事例を判決書に記録している。記述はつぎのとおり。

桂林を占領している間、日本軍は強姦と掠奪のようなあらゆる種類の残虐行為をおかした。工場を設立するという口実で、かれらは女工を募集した。こうして募集された婦女子に、日本軍の為に醜業を強制した(71)。

けれども、では被告ら日本国家の最高指導者たちが、戦時下の強制売春に対して個人責任を負うかどうかという問題になると、裁判所は明確な裁定をくだしていない。なぜだろうか。これはおそらく、検察側の立証が不十分と裁判所が判断したからだと推測される。たしかに中国、オランダ、フランスを代表する検察官たちは、日本軍が女性――とくにアジア系の女性――を性奴隷にしたことを書証と証人によって法廷に知らしめた。しかし紹介された事例はそれほど多くなく、またオランダ関係の書証数通をのぞいて、証拠文書はくわしい記述に欠けていた。そのため、裁判所は強制売春を日本兵がしばしば戦地で遂行した戦争犯罪だったとは認める一方、国家レベルの関与――つまり国家規模でおかされた制度としての性奴隷――を確立するには証拠不足とみなした可能性が大きい。

国際検察局が慰安婦制度の国家責任を立証しそこねたのは、東京裁判のいわば負の遺産であって、この欠点は近年の裁判論議でとりあげられてきた。ただ、見方によっては、これを正の遺産と考えられないこともない。第一に、東京判決は、戦時下にある女性に性的隷属を強いる行為は国際法上の「戦争犯罪」をなしていると判断しており、これはひとつの成果である。第二に、東京裁判所は推定無罪の原則を尊重し、検察側が立証責任をはたさない場合は起訴内容をしりぞける準備があり、性奴隷の事例にみられるように、実際にそうすることがあった。このことは、東京裁判が「復讐裁判」ではなく、曲がりなりにも法の支配を遵守した司法機関だったことを教えてくれる。こういう裁判所のあり方は、敗戦後に法治国家の建設をめざす日本人にとって貴重な司法教育になったといってもよいのではないだろうか。

右記の事実認定をしたあと、裁判所は被告二五人それぞれの刑事責任を決定し、うち一〇人は日本軍のおかした残虐行為について個人責任ありと判定、残りの被告については無罪とした（ただし、戦争犯罪で無罪宣告をうけた者たちは、平和に対する罪にかんする訴因で有罪判決をうけている）。

一〇名の判決内容は、まず木村兵太郎被告にかんして、一九四一年から四三年まで陸軍次官をつとめるあいだに起こった不当かつ非人道的な捕虜労働者の使役について、そして一九四四年から四五年までビルマ方面軍司令官だったあいだ、部下の遂行したビルマ人に対する残虐行為をやめさせる責務をまっとうしなかったことについて、有罪判決をうけた。ビルマ関係の判決は、日本軍司令部の設置されていたモールメンから遠くないカラゴン村で起きた大虐殺もふくむと考えられる。(72) 土肥原賢二被告と板垣征四郎被告は一九四四年四月から四五年九月のあいだ、順次第七方面軍——マラヤ、アンダマン・ニコバル諸島、スマトラ、ジャワ、ボルネオを管轄——の司令官をつとめたが、支配下にあった捕虜や民間抑留者に対して意図的に食料や医療品の配布を拒んだという事実認定にもとづき、直接責任の法理で有罪判決をうけた[73]。武藤章被告は南京事件では無罪だったものの、北部スマトラ近衛第二師団の師団長をつとめたあいだと、フィリピンで山下奉文の参謀長をつとめているあいだに起こった戦争犯罪について、それぞれ有罪判決をうけた[74]。東条英機被告は、一九四一年から四四年まで首相兼陸相だったあいだ、中国人捕虜を国際法で保護された捕虜と認めない方針を中国戦線で続行したこと、連合軍捕虜を泰緬鉄道建設につかうことを許可したこと、日本占領下の各地で捕虜を過酷に労働させるよう通達を出し奨励したこと、太平洋各地での日本軍による捕虜虐待を知りながらその続行を許容したこと、バターン死の行進の責任者を処罰しなかったこと、以上のような多数の事件について、直接責任ないしは不作為の責任の法理にもとづき有罪判決をうけた[75]。小磯国昭被告は一九四四年に首相をつとめたが、アジア太平洋各地で起こっている日本軍による残虐行為を知りながら適切な処遇をとらず、「その義務を故意に無視したことに相当する」という刑事不作為から有罪判決をうけた[76]。広田、重光、松井についての裁判所の裁定は、前章で論じた。

残る一人、有罪判決をうけたのは畑俊六被告である。かれは一九三八年に中支那方面軍の司令官となり、一九四一年から四四年まで支那派遣軍司令官だった。この被告に対する判決は、検察側の立証内容の強みや弱みがどのように実際の判決と処罰内容に影響するかを示す好例なので、ふみこんで分析してみよう。

まず判決書の関連部分を引用する。

一九三八年に、また一九四一年から一九四四年まで、畑が中国における派遣軍を指揮していた時に、かれの指揮下の軍隊によって、残虐行為が大規模に、しかも長期間にわたって行われた。畑は、これらのことを知っていながら、その発生を防止するために、なんらの措置もとらなかったか、それとも、無関心であって、捕虜と一般人を人道的に取り扱う命令が守られているかどうかを知るために、なんらの方法も講じなかったかである。どちらの場合にしても、訴因第五十五で訴追されているように、かれは自己の義務に違反したのである。(77)

右の判決文で特徴的なのは、畑が部下の残虐行為を熟知していたかどうかについて裁判所が両義的な立場をとっている点だ。判決文によると、畑は「知っていた」あるいはたんに「無関心であって」なにが起こっているのか知ろうともしなかった——ゆえに知らなかったか——というのであり、畑が知っていたか知らなかったかについてあいまいである。また、畑の処罰内容も両義性をもっていた。裁判所は、畑被告が四年にわたる中国戦線全域での日本軍の暴虐について刑事責任ありとしたのに、異例にも死刑宣告をせず、そのかわり終身刑に処したのだった。

こうした判決内容のあいまいさはどう説明できるだろうか。ひとつには、弁護側の反駁努力が功を奏した可能性が考えられる。弁護側は、畑被告のために一七名にもおよぶ陸軍将校を証人として法廷によび、嫌疑をはらそうとした。畑の証人は一貫して被告の指揮官責任を否定、畑がむしろ軍紀にたいへんきびしい人物であったことを強調した。そのうちの一人、天野正一《まさかず》証人も例外ではなく、かれの宣誓口供書によると、一九三八年の漢口攻略のさい「総司令官〔畑〕の平素抱懐せる「焼くな、侵すな、掠めるな」の三則を全軍に印刷交付せられたり」とまでのべたのだった（ただし、この命令の原文が実在するかどうかについては「目下それは焼却して無いと思います」と法廷で別途説明しており、証拠文書は提出していない)(78)。

この種の証言――「焼くな、侵すな、掠めるな」の三則――が裁判記録にのこされたのは皮肉だった。というのは、これとまったく逆の政策を、中国北部で共産党軍に対峙した日本軍が一九四〇年代前半に戦略としてひろく適用していたからだ。一九四〇年八月から一〇月、共産党指導者の朱徳《チュテ》にひきいられた八路軍は、四〇万におよぶ軍隊を動員して河北・山西省地域に派遣されていた北支那方面軍を攻撃し、大成功をおさめていた。この襲撃によって、中国共産党があなどれぬ軍事力をもっていることを日本側は身をもって知ったのだった。これをうけて一九四一年夏、岡村寧次《やすじ》大将の指揮する北支那方面軍は、「三カ年掃討建設計画」という八路軍撲滅を目的とした軍事政策をうちたて、実行に移した。この政策は、八路軍を草の根で支えている農村地域を囲みこみ、村人をふくめて徹底的に破壊することを目的にした。この作戦を遂行するにあたり毒ガスも使用され、多くの中国人市民を死に至らせたことが近年の研究からもわかっている。河北・山西省で遂行された日本軍による掃討戦はあまりにも徹底的であったため、中国側はそれを「三光作戦」――焼き尽くし、殺し尽くし、略奪し尽くす戦略――として恐れ憎んだのだった(79)。しかし、この長期的かつ組織的な一連の大殺戮事件は、東京法廷では立証されていない。これは、東京裁判の中国代表が蒋介石指揮下の国民政府から派遣されていたからであって、かならずしも中国共産党に関係する戦犯問題を重視していなかったからだ。理念的には全中国を代表していたが、日本敗戦直後、国民党はふたたび中国共産党と内戦状態になっており、訴追内容に国民党の政治的利害が反映されるのは必然だった。東京法廷の立証努力において、三光作戦をふくむさまざまな共産党関係の日本軍残虐事件が欠落していたのは、中国国内でのこうした複雑な政治的・軍事的状況が影響していたのだった。

畑の事例にもどろう。法廷で弁護団は畑のためにこのように多くの証人を動員し、被告の無罪を訴えたが、かれらの証言がどれだけ被告に有利になったかは疑問である。というのも、たいてい証言内容は被告が規律にきびしかった、あるいは残虐行為はなかったという主張であって、検察側の証拠を具体的に反駁するものではなかったからだ。しかも、証人として出廷したひとびとがそろって畑の部下だったことから、裁判所は証言の信憑性について慎重な姿勢でのぞんだろうとも推測される。こうした点をふまえると、畑に対する判決の両義性はどこか別に説明をもとめなくてはならない。

そこで、弁護側の反駁内容ではなくて検察側――具体的には中国代表チーム――の立証内容をみてはどうか。さきに論じたように、公判中の中国代表チームは南京事件については圧倒的な証拠固めをしたが、南京以外で起こった残虐行為については内容の貧弱な書証を提出するにとどまっていた。この問題点はウェッブ裁判長も公判中に指摘したことで、訴追努力としては力不足だったといえよう。

裁判所はおそらく、「日本軍による残虐行為が日常化していた」という検察側の主張はいちおう立証できていたと判断したが、畑被告個人がそれをどれだけ熟知していたかについて、中国側の証拠をもとには明快な結論にいたることができなかったのだろう。とはいえ畑は、太平洋戦争勃発後の四年余ものあいだ、中国戦線で最高指揮官という立場にあったのであり、すでに日常化していた日本兵士による暴虐を知らなかったとは常識的に考えにくい。そのため裁判所は、最終的には畑が知っていた、あるいは軍律問題について「無関心であって」知ろうともしなかったとまとめ、これで不作為の責任が成立するとしたのであろう。しかし同時に、知識を裏づける決定的証拠がなかったことを意識して極刑には処さなかったのではないか。このように、検察側の立証内容は判決に直接影響をおよぼしたと考えられる。この解釈がじじつ妥当かどうかは、今後も公判記録と書証の徹底的な検証をつうじてあきらかにされていくべきだろう[80]。

第八章　初期の裁判研究家たち

市ヶ谷法廷での審理が一九四六年五月にはじまると、日本の学者層は裁判に大きな関心をよせ、その歴史的意義を考え議論しはじめた。この時期に裁判論を展開したひとびとは、おもに東京帝国大学など主要な学術機関に所属していた法学者、政治学者、歴史学者である。その多くは戦後日本の知的指導者として活躍していくひとたちでもある。青年・壮年期を戦時にすごしたかれらは、戦争の終了直後、東京裁判を観察する機会を得たわけだが、はたしてどのような裁判評価をくだしていったのだろうか。本章では法廷内での立証内容や判決書を検証する作業からはなれ、同時代的に形成されていった裁判論議をクローズアップしてみよう。

裁判進行中の諸評価

当時まだ三〇代前半の若い学者だった団藤重光は、東京帝国大学で刑法を専門にしていた。団藤はのちに最高裁判事（一九七四—八三年）となったほか、死刑廃止論者としても知られる人物だ。かれは東京裁判に早くから関心をよせ、研究論文を執筆していた。論文「戦争犯罪の理論的解剖」（一九四六年春）がそれだ。この論文を書きおえたのは公判がはじまってまもないときで、東京裁判の判事たちが判定をくだすまでまだ二年あまりあり、ニュルンベルク裁判所も判決にいたっていなかった。こうして団藤は早くから、みずからの専門知識を生かしつつ東京法廷で導入されたあたらしい法理の歴史的意義を考察しようとこころみたのだった。

団藤がこのころもっとも関心をもったのは、平和に対する罪の法理を適用することが法理論上どれほど妥当であったかを判断することだった。しかし本論に入るまえに、まず戦争にかんする法体系の基本的な特性を論じている。

団藤によると、そもそも戦争法規は国際法の分野でも特異性をそなえた独自の法体系だという。なぜなら、戦争法規は基本的に個人の義務責任を規定するものであって、これは、国際法の主体を国家とみなす一般原則の枠内におさまらない法原理だからだ。とはいうものの、「海賊行為とか、通貨偽造とか、婦女売買とかのような、しばしば国際的な規模でおこなわれ、国際的に関心をもたれる犯罪」については、すでに個人を主体とした犯罪防止と加害者処罰の国際努力があり、戦争法規はこれらと理念上つうじるものがあるとも指摘している。また戦争法規は、国家間で武力紛争が勃発してはじめて効力を発するのであり、この点ではいまだ古典的な国家主体の原則が大前提となりつづけている。このように、戦争法規は一見相容れないふたつの法理念を内包しているのだが、団藤はそれに着目し、戦争法規を「世界市民法的刑法の範疇にぞくする」法理論とみなすのが適当と考えた(1)。

右のような予備事項をあきらかにしてからはじめて団藤は、内外で議論されている罪刑法定主義の

図 27　日本人専用の傍聴席から見た被告席．写真の後方に見えるのは占領軍高官など特別な役職にある者に限定された傍聴席．Courtesy National Archives, photo no. 238-FE.

問題、つまり事後法の問題を考察している。事後法とは、ある行為が遂行されたあとにつくられた刑罰法を遡及的に適用することを指す。団藤によると、事後法は「文明諸国によって国内法として」ひろく禁じられているのであって、かれも基本的に事後法禁止の原則を尊重する法学者の一人だった。しかし団藤は、同原則を国際法、とくに「平和に対する罪」の法理に適用するのが妥当かどうか考察の余地があるとみなす。かれ自身は柔軟な法解釈をこころみる立場をとり、論文中では国内法と国際法のちがいを指摘しながらつぎのようにのべている。

国内法での罪刑法定主義は国家権力に対する個人の自由の保障である。ところが、国際法ことに戦争犯罪法では、それ自体が国家の力の不当な行使を制限しようとするもので、国家権力に対する関係からいえば、国内法的な罪刑法定主義と思想的な根拠をおなじくするともいえる。(2)

右の記述で団藤は、そもそも戦争法規の思想的な基盤に「国家権力に対する個人の自由の保障」があることを指摘、国際法上でも罪刑法定主義はまずその基本理念を尊重するかたちで適用されねばならない、という立場をとった。この理由から、平和に対する罪の法理を事後法を根拠にしてしりぞけてしまっては、理念上問題が生じる可能性があるとした。

つづけて団藤は、国際法廷が侵略者を訴追・処罰することには、「国際平和の確保」というより大きな人類共通の目標があるとも論じている。そもそも平和を希求し確立していくことは、世界市民の福利を保障するためになくてはならない基本理念であって、この意味からも平和に対する罪の法理適用を積極的に評価するべきだとした。ただし、ニュルンベルクや東京法廷で侵略者を処罰したからといって、将来的に侵略戦争がもう起こらないだろうとは考えていない。むしろ、「これから戦争をはじめるというとき、そういう個人がこのような処罰をおそれて、そのために開戦をためらうということは、ほとんどないであろう」し、「かれらは勝つことを予定して戦争をはじめるにちがいないし、勝ちさえすれば事実上、戦争犯罪としての処罰をまぬかれるとかんがえるだろう」というのだった。また、「たとい戦況が不利になって来ても、もし講和すれば処罰されるとおもえば、最後まで無益な抵抗をつづけるということにさえなるであろう」。そのため、東京裁判に侵略戦争予防の直接的効果は期待できないと認めた。

しかし団藤は、「刑罰の本質は、目的刑論のいうように、そういう〔保安処分的〕目的を達するということだけにあるのではない」と論じ、むしろ法手続きをつうじて戦犯容疑者を訴追する過程それ自体に重要な意味があるという見解を示した。そういう訴追努力が、やがて「世界の与論の形成に少なからず役だつのであり、それによって世界平和に間接的に寄与するところは大きいとおもわれる」という[3]。つまり、国際正義を追求することが国際市民の共通の関心事であるという認識をニュルンベルク・東京裁判をつうじて育てていく。そうした国際世論の育成努力が、長期的に戦争防止につながると考えたのだった。

論文執筆当時、市ヶ谷法廷での公判はまだはじまったばかりだったが、右の意味での目的はすでに達成されつつあると団藤はみなしている。とくに、被告側に認められた弁護の権利をその現象として例示している。そのころ国民のあいだでは、「戦争犯罪人のようなけしからぬ者には弁護などいらないではないか、というような気持ちがあ」り、また、時代をさかのぼって「明治のはじめ、刑事弁護を採用すべきかどうかが争われた」こともあった。けれども今回の東京裁判から、「いまではこれも昔がたりとなってしまった」(4)。しかも市ヶ谷法廷で被告の弁護にあたったのは日本人だけでなく、つい昨日まで敵国人であったアメリカ人弁護士が何人もふくまれ、全力を尽くして被告たちの弁護にのぞんでいる。この「アメリカ側の弁護人の熱心な弁護ぶりは、感動をあたえるに充分」であるとのべ、ここに復讐劇ではなく、法と正義の実現をもとめていこうとする戦後国際社会の姿を見いだしたのだった。また団藤は、西洋文明の根幹たる聖書に言及して、「なんじらの中、罪なき者まず石をなげうて」(ヨハネ伝)の精神が東京法廷に体現されているのではないか、と高く評価したのだった。このような画期的なこころみをふくむ国際裁判に、「世界史法廷で絶対に破毀されることのない正しい裁判がくだされることを信じ、人類文化の発達と世界平和の確立とのために、その裁判がくだされる日を待っているのである」とのべ、論文をまとめている(5)。

翌一九四七年になると、国際法学者の横田喜三郎(のちの最高裁長官、一九六〇―六六年)が『戦争犯罪論』を出版した。横田は東京帝国大学で教授職にあり、国際法の権威と長年考えられていた。一九三一年の満州事変勃発のさいは、これを日本による不法な軍事行為であるという見解を当初から公言していた人物でもある(6)。東京裁判が終了へむかう一九四八年、判決書の日本語訳監督も担当した。著書『戦争犯罪論』は、戦犯裁判の法概念にかんする手引きとも呼べるもので、戦争犯罪の法理論の歴史的発展と、ニュルンベルク・東京法廷で適用された三つの法概念――平和に対する罪、戦争犯罪、人道に対する罪――の内容をくわしく分析・説明している。初版はニュルンベルク裁判の判決の要旨もふくんでいたが、東京判決の要旨については一九四九年出版の増補版を待たなければならない。『戦争犯罪論』をあらわすにあたって、横田は国際法が今、大きな転機をむかえていると強く自覚していた。なぜなら、対日独の国際法廷では、従来のせまい意味での戦争犯罪が裁きの対象となったばかりでなく、戦争そのものも審理の対象になったからだ。このような訴追が可能になるためには、「国際法の全体系の根本的な変動がそこに起らなくてはならない」のであって、それは「まさに国際法の革命」だった(7)。

横田自身は、こうした革命的変化を積極的に評価していた。しかし、同時代のひとびとはかならずしもおなじ意見ではなかった。むしろ批判は多く、「責任をおうものが有力な政治家や上級の軍人であるから、いっそうやかましく議論されている」という。批判者によるおもな論点は、「平和に対する罪」が国際刑法上あたらしく導入された法概念であって、訴追・処罰の具体的先例がないことだった。こうした批判の妥当性について、しかし横田は懐疑的だった。なぜなら、批判者は実定法の不備に拘泥するばかりで、審理の対象にあがっていることがらに実質的な犯罪性があったかどうかという最重要問題を棚上げしているからだった。横田の見解では、「重要なのは実質」であって、「実質的に、犯罪としての性質を有するのか、したがって処罰されるべき理由があるかどうか」考えられなくてはならない。そして、「形式的な不備を理由として、法的技術的な立場から、実質を無視するようなことがあってはならない」のだった(8)。

日本の起こしたアジア・太平洋戦争については、横田はこの事件に事実上の犯罪性があったと判断している。いわく、「かえりみれば、満州事変からこのかた、一五年の長い間にわたって、日本は軍部と官僚にひきずられ、極端な侵略戦争を行ってきた」のであり、「弱肉強食の帝国主義的侵略を重ね」「条約を無視し、正義に挑戦し、驚くべき暴虐を行った」のだった。横田は戦時中早くから日本の侵略行為を批判してきたが、東京法廷で公表されつつある戦争の実態を知る今、「それ［日本の戦争］が誤っていたことは、いまはだれにも明白」だった。日本が国際法規を無視した軍事行動を起こしてきたこと、またその戦争が実質的な侵略だったことがはっきりしている以上、その犯罪性を国際法廷で正式に問うことには法律上も道徳上も問題はないと考えたのだった。後述するように、東京判決がくだされたあとも、横田はこうした見解をいっそう明確に表明する。

弁護団の一員だった戒能通孝は当時四〇歳前後の法学者で、横田とおなじように東京帝国大学法学部に所属していた。検察側と弁護側の立証が終了した一九四八年四月、戒能は小論文「戦争裁判の法律理論」を雑誌『歴史評論』に発表した。このとき、判事たちは判決書の執筆にまだ着手しはじめたばかりで、その完成と公表は先のことだった。戒能はそのあいだ、まず自分なりの判定をくだそうとこころみたようである。

この論文で注目されるのは、戒能が横田と同様、日本の戦争を事実上の侵略戦争だったと判断している点だ。かれはつぎのようにのべている。

戦争は、満州事変、日華事変、太平洋戦争の三つとも、意識的に作成された戦争だった。しかも戦争を希望したのは日本であり、戦争を開始したものは日本であった。戦争の目的は中国とマレー、蘭印の占領だった。それは形式な観点からしても、また実質的な観点からしても、侵略的という外

定義の途がない、極めて明白な侵略主義的戦争だった。(10)

では、この事実を国際法に照らしあわせた場合、どのような判定や処置がくだされるべきだろうか。この問題について戒能は、実定法上は侵略戦争の犯罪性にかんする「全面的条約は存在していない」とし、侵略戦争にかんして個人責任問題を「明文を以て規定した一つの条約にも出会わない」とも認めた。(11)けれども、だからといって平和に対する罪の法理を事後法だとはみなさなかった。むしろ不戦条約をふまえると、東京裁判所憲章にふくまれた平和に対する罪の法概念は「既に存在する原則を確認し、その具体化をはかっただけ」と判断している。つまり慣習法上、侵略戦争は国際法においてすでに犯罪行為となっていたとみなしたのだった。(12)

そのほか戒能は、事後法批判が成り立たないもうひとつの理由をあげている。それは罪刑法定主義の基本理念にある。そもそも事後法禁止は、国家権力から個人の権利を守るという目的をはたすかぎりにおいて適用されるのであって、この原則をつかって国家権力の濫用者自身を保護してしまっては、本来の理念と矛盾するという。戒能自身のことばによると、「罪刑法定主義そのものが現実に生みだされるようになったのは、政治的行動および思想の自由を保障するためであり、従って罪刑法定主義を正しく守らんとするものは、必ずや政治的行動および思想の自由を正しく守ったものでなければならなかった」。こうした法思想上の背景があるにもかかわらず、国家権力を行使し日本国民の政治的・思想的自由を抑圧してきた者たちが、戦後の東京裁判をまえに罪刑法定主義を根拠にしてA級戦犯の擁護をこころみている。そうしたひとびとのなかに、満州事変以前に「幣原外交」などで進歩的な外相として知られ、戦後に首相にもなった幣原喜重郎もいた。戒能いわく、「幣原氏を含んだかつての民政党内閣が、この法律［政治・思想の自由を弾圧した治安維持法］に反対したことも、廃止に努力したことも、全く聞かされていない」のであって、「幣原氏によって代表されていた罪刑法定主義違反を理由とする戦争責任者に対する国内裁判の反対論は、いかに戦争責任者達の影響力が強固に残存し、手のつけられない状態におかれていたものか、これを正しく証明するところの資料であった」とのべている(13)。

つづけて戒能は、ニュルンベルク判決がまさに右のような論を根拠にして罪刑法定主義違反の主張をしりぞけた点も指摘している。すなわち、「法律なくして刑罰なしとの格言は、主権に対する制限に非ずして、正義一般の原理」（ニュルンベルク判決書）なのであり、この点からも事後法批判は本裁判でもしりぞけられるべきとみなした。そのほか、事後法禁止の原則はもともと西洋における市民革命の伝統から育まれ、日本はその伝統をおくれたかたちで受け入れる国だったが、戒能はこの事実を自覚し、「罪刑法定主義に対する評価の問題は、これを評価する者の国家がもつ歴史的伝統と結合しているのであって、市民革命の伝統なしに、これを象徴的解釈原理とみることが、いかに危険多くまた誤りなき結論に導くか、いうまでもなく明らかなことではあろう」と評した(14)。

戒能の論文が発表された『歴史評論』のおなじ号には、九州大学で国際政治を教える同年代の具島《ぐしま》兼三郎《かねさぶろう》の論文も掲載されていた。具島は同志社大学出身の政治学者で、日中戦争初期には大連の満鉄調査部につとめていた有能な若手研究者だった。しかし、対米戦争勃発後まもなく思想犯として逮捕され、三年にわたって非人道的な状況のもとで拘禁された経験がある(15)。「東京裁判の歴史的意義」と題したこの論文では、戒能同様、東京裁判所の判決がくだされるまえに自分自身の判決をこころみたもののようだ。

まず起訴内容にかんして、日本が侵略戦争を計画・遂行したことは事実上疑いないとし、この点、横田や戒能と同意見である。論文で具島は弁護側の弁明を論じているが、そのおもな主張は日本が資源に不足したこと、列強から経済封鎖をうけたこと、人口増加の問題を抱えていたこと、こうした問題を打開し国の存続を確保するために自衛戦争の手段にやむなく訴えたということ、などだった。これらの弁明は、しかし具島にとってなんらあたらしいものではなく、「これまで耳にタコができるくらいきかされた」としている。そしてこのような弁護側の主張は、『日本の軍国主義者達が自分らの侵略行為を正当化するために考案した理論にすぎない」としてその正当性をしりぞけた。[16] 現実に起ったのは、深刻化する経済・社会問題をまえにして、日本国家指導者はみずからの失政や失策をかえりみず、むしろ軍事力を行使して近隣諸国に侵攻し、その土地に住むひとびとを殺傷し、かれらの所有するものを奪い、これらをもって国内問題の打開策としたのだった。「これを侵略といわずして何といえるであろうか」と具島は問いかけ、弁護側の弁論を批判した。[17]

なかでも、日本が戦時中にかかげた「大東亜共栄圏建設」論が法廷でくりかえされたことについて、「散々相手をブンなぐったり、蹴ったりしておいて、もともと僕は君の人権を尊重するつもりだったんだといったら人はなんというであろうか」と独特の辛辣なことばで批判した。また、「共栄圏」のスローガンとその実態に大きな乖離があった点についてはつぎのようにのべている。

大東亜共栄圏が実際に何を意味したかは戦争中日本の占領下にあった地域の住民が一番よく知っているはずである。また占領地行政にたずさわった軍人や官僚達にしても、自分たちのやったことが原住民の「自主独立」や「主権の尊重」「共存共栄」を意図するものであったかどうかは、少しく胸に手をあて考えてみれば分るはずである。大東亜共栄圏に関する東条の白々しい供述が中国をはじめとして直接日本軍の侵略を受けたアジアの各地に非常な憤激を呼びおこしているのも当然である(18)。

右の記述から、日本が中国のみならずアジア諸国を虐げてきたこと、そして東京法廷がその事実をあきらかにしたことを具島が認識し、評価していることが読みとれよう。

侵略戦争の事実関係を論じたあと、法廷であきらかになった事実を国際法上どう処理すべきか、つまりこれらを「国際犯罪」とみなしてよいのかどうかを具島は考察した。この問題についてかれは、先んじた横田らとおなじように、平和に対する罪の法理にもとづく訴追を基本的に妥当とする立場をとっている。その根拠の第一は、不戦条約をふくむさまざまな国際協約である。これらの国際合意により、基盤となる法概念はすでに形成されていたと考えた。第二に、具島は「法」が本来もつ存在意義に言及し、そもそも「法のためにわれわれの生活があるのではなくて、われわれの生活のために法がある」のだから「先例がないということを口実にして、世界を破壊に導く暴力の横行を許すのは、法が何のために存在するのか知らない人達だけである」とのべた(19)。法は正義の実現を最上の目標としているのであって、侵略者を訴追するのは正義を実現していくうえで必然、と考えたのだった。

『歴史評論』のおなじ号には、当時三五歳になったばかりの若手の日本現代史家、井上清の執筆した「法の論理と歴史の論理」も掲載された。井上もここで東京裁判の意義を論じているが、事後法問題など法律問題にはあまりふれず、東京法廷が史実究明上にはたした、いわば歴史教育の役割について評価をこころみた。

論文の前半は、公判中の検察側と弁護側の主張の主要部分をまとめて論じている。検察側は満州事変にはじまる日本の軍事行為を侵略戦争とし、被告をふくむ多くの日本国家指導者がその戦争の計画・遂行に寄与してきたと論じてきた。これに対して弁護側は、日本は自衛権を発動したにすぎないとし、また仮りに侵略戦争をおこなったとしても、軍部指導者はともかく、かれらと対立していた文官には刑事責任を問うべきでないと主張をしてきた。

井上はこれらの主張のいずれが妥当かを検討し、最終的には弁護側の主張に矛盾を見いだしている。なかでも対米英戦の説明に列強による経済封鎖があげられていたが、そもそも日本はそれ以前に中国大陸で侵略戦争をはじめていたのであって、仏領インドシナで軍事占領をすすめ、日独伊三国同盟を結ぶなどの軍事拡大政策をとっていた。これらを阻止するための対応措置として西側諸国が経済封鎖を課したのだから、日本があたかも一方的に犠牲になったという主張は本末転倒とみなした。対中国問題についても、「日本の中国にたいする全侵略行動、中国の民族的統一と独立をさまたげようとする執拗な努力」を度外視しないかぎり、弁護側の自衛戦争という主張になんら真実味をもたせることができないと指摘した。(20)

さらに弁護側の「軍部と政府の対立」という主張については、井上はこれを事実関係の一側面にのみ光をあてたものであって、近視眼的に歴史を評価すれば正しくみえるかもしれないが、全体像からとらえなおすとゆがみがあるとした。文官のうちには、軍部の主戦論者と対立する者はたしかにいたが、かれらはいつも反対意見を投じていたわけではなく、侵略戦争の計画・遂行に自発的に参加・指導したこともあった。このような事実関係が東京法廷であきらかになった以上、文官が責任追及からのがれうるという弁護側主張の論理的基盤を井上はみつけることができなかった。また「平和論者」だったと主張する被告たちに対して、井上はつぎのような疑問をもった。

しかし、彼らは日本の国民にたいして、また中国ないし世界の民衆にたいして、何をしたか。彼らはそのいわゆる平和的意図なるものを日本の国民にうったえたことはただの一度もなかった。政府も軍部も支配階級の政党もたがいに対抗しあいながら国民大衆に対してはつねに一致結束して専制的支配をほしいままにした(21)。

井上の知るかぎり、自称平和主義者の日本政府高官たちは、日本や近隣諸国のひとびとの平和福利を優先するどころか、むしろ後者の基本的人権を蹂躙する政策決定を過去十数年にわたってつぎつぎとくだしてきた。この事実をまえに、弁護側の主張する政府と軍部の対立とは、けっきょくのところ「権力者内部のうちわもめ」にすぎないと結論せざるをえなかった(22)。

他方、軍部側に属する被告の何人かも、文官の被告とおなじように法廷で刑事責任を否定し、「彼らはじぶんが最高責任者であるときのことは、ただめくらばんをおしたにすぎないといい、そうでない時の行動については、じぶんは上司の命令にしたがって動いたにすぎないとにげようとした」。このことについて井上は、「そのような子供だましの議論は、いたずらに彼らの無恥と卑劣をばくろするにすぎない」と強く非難し、文官同様、軍部指導者の弁明にも現実との乖離があるとした。(23) 最終弁論にいたっては、弁護側は軍部・政府両被告の無罪を訴える手段として、「八紘一宇は平和的なスローガンである」とか、「戦争は生物的本能にもとずく不可避なものであり、これを罰することはできない」といったあらたな主張を展開した。井上はこれらを「驚くべき暴論」とし、ここに弁護路線が破綻したとみている。(24)

平和に対する罪をめぐる争点を右のように考察したあと、井上は裁判であつかわれなかった戦争責任問題に目を転じた。法廷で論じられなかった事項には、おもに1天皇制という政治体制と侵略戦争の関係、2裕仁天皇自身の責任問題、3経済界の関与、この三つがあった。ただ興味ぶかいことに、これらの問題が訴追を逃れたことを、井上は国際検察局の失策とみていない。むしろ、「法は、彼ら［被告個々人］の犯罪を確定しこれを罰すればその任務は終る」のであって、東京裁判参加者はみずからに課された任務をすでに達成した、とみなしている。そのため、残された責任問題を解決する責務は検察官たちにはすでになく、そのかわり戦後の日本国家を継承していく日本人自身にあると考えた。いわく、「二度と軍国主義者たちに権力をゆだねまいとかたく決心している日本人民にとっては、すでに行われた犯罪の犯人を罰するとともに、それだけではなく、軍国主義者のあらわれた地盤、彼らの活動を容易ならしめた諸条件を探求する」のだとした。(25) この見解をもとに、井上は残る三つの未決問題について実験的論をすすめていった。ここでは、とくに重要事項と思われる裕仁天皇の責任問題についての論を追ってみよう。

天皇の責任問題を解明するにあたり、井上は東京法廷で検察側書証として提出された木戸幸一被告の日記を重視した。木戸日記は政策決定上での天皇の言動を記録しており、周知のように、今日の太平洋戦争研究でも重要な史料とみなされている。この日記を調べた井上は、パールハーバー襲撃以前、天皇が対米戦の可能性について積極的に配下の者たちに情報をもとめたこと、戦争開始の是非を熟慮したこと、最終的に対米開戦をみずからの判断にもとづき決定したことを読みとった。とくに一九四一年一二月一日付の記録によると、「午後二時御前会議開催せられ、ついに対米開戦の御決定ありたり」という木戸による記述があり、「それは全権力をにぎった人間が対立するあらゆる意見を慎重に考慮し、あらゆる情報をたしかめて決定したのであ」り、「決して心身の自由をうばわれたり思考能力を喪失したりした人間の決定でもなければ、とっさの判断でもない」と結論した[26]。

つぎに井上は、この事実認定を東京法廷で国際検察局が展開したA級戦犯に対する戦争責任論の法理に照らしあわせ、評価をこころみた。法廷ではタヴェナー首席検事代理が最終弁論で検察側見解をまとめており、井上はそのまま論文に引用している。

［タヴェナー：］［被告等は］機械における取り替えられうる歯車ではなく、決して救い出すことのできない運命の「大渦巻き」にとらえられた運命の玩具ではなかったのであります。彼らは一帝国の頭脳であり一国の運命を決する指導者であったのです。（中略）これらの人達は国家の枠であり、国家の運命が確信的に委任されていた正直にして信頼された指導者と考えられていたのです。その

若干は他の諸国の指導者及び代表者たちによって平和にして善良なる人として高く崇敬されていた人でありました。これらの人々は善悪の別をわきまえていたのです。彼らは彼らがおごそかにその国に誓った義務を知っていたのです。[27]

右の発言について井上は、「われわれ日本人民の目から見ればまったく同じことがさらに一そうの適切さをもって天皇にあてはまる」という。[28] なぜなら、天皇は東京裁判で起訴されたA級戦犯同様、国家の枠であり、善悪の別をわきまえ、国家の運命を一身に委託された国家指導者の究極たる人物だったからだ。この有能な人物は、しかし東条が主戦論者であることを熟知したうえで首相に任命し、みずからの判断で対米開戦の決定をくだした。これらの基本事実は東京法廷であきらかになったとし、井上は裕仁天皇が侵略戦争の開始について責任有り、と結論したのである。

なお、数十年後、井上は研究書『天皇の戦争責任論』（一九七五年）をあらわすが、この基盤には一九四八年に出版した右の論文があるだろう。天皇の戦争責任をくわしく分析したこの本は、その基本見解が三〇年まえに東京裁判との関連で展開したものとほぼ一致している。これとおなじ本の改訂版は、そののち一九八九年に出版されているが、その題名を井上は『昭和天皇の戦争責任』とあらためている。[29] これは、本の研究対象が「天皇」あるいは「天皇制」という抽象的な国家機関の責任問題ではなく、裕仁という一個の人間の戦争責任問題であることを強調したからであって、井上が裕仁個人の刑事責任の解明に固執したことがうかがわれる。この書が学会内外におよぼした影響は大きく、『昭和天皇の戦争責任』は、今でも天皇責任問題にかんする古典的研究書として読みつづけられてい

る。(30)

井上の展開したのと同様の分析と論述は、数カ月後に別個意見書を法廷に提出したベルナール（フランス判事）とウェッブ裁判長にもみられ、注目される。ベルナールは、「現在の被告をたんなる共犯者とみなさざるを得なくする人物で、すべての訴追をまぬかれた主要な計画者があったことは否めない」とのべ、裕仁不起訴を暗に批判したのだった。そして井上とおなじように木戸日記から関連部分を引用し、天皇の責任問題を立証する証拠が法廷に提出されたとみなしている。(31)

他方ウェッブ裁判長は、多数派判決に基本的には賛同しながらいくつかの問題について異なる見解をもったため、別個意見を提出していた。そのなかで天皇の責任問題にも言及し、「戦争を開始するには天皇の権限は必要だった」し、「もし彼が戦争を望まなかったのならば、自分の権限を抑制するべきだった」と指摘している。公判中に検察側と弁護側の双方は、天皇に実質的な政策決定の権限がなかったと主張してきたが、ウェッブはそれらをしりぞけてつぎのようにのべている。

天皇が忠告に従って行動せざるを得なかったという主張は証拠に反する。もし彼が忠告に従って行動したのならば、そうするのが適切だと彼が判断したからだった。このことは彼の責任を制限するものではない。しかし、どちらにしても、立憲君主でさえ臣下の忠告に従ったとはいえ国際法上の犯罪を犯したならば、責任逃れはできない。(32)

ただしかれは、ベルナールとちがって裕仁天皇の不起訴を批判しようとはしなかった。むしろ、だれを被告にするかの問題は「私の職分外」であるから、そのことに口出しするつもりがないとの立場をあきらかにしている。では、なぜ別個意見で天皇責任問題にふれたかというと、有罪判決をくだされた被告の量刑問題に言及したかったからだった。ウェッブは、天皇の不起訴を考慮にいれて当裁判では被告に対する極刑は一律に免除したほうがよい、と進言したのである[33]。

ちなみに東京裁判終了の数カ月まえ、ウェッブは天皇の責任問題についてクレーマー判事にある覚書（一九四八年九月一五日付）を書きおくっている。当時、クレーマーは多数派意見書作成委員会の委員長だったが、そのころ判事間で回覧されていた判決書草案の一部分にウェッブは不満を表明していた。いわく、「戦争の開始と終了のさいに天皇がはたした役割についての言及がまったくないことに、わたしは気づきました。もし判決書が彼の役割をここまで軽んじて扱ってしまっては、痛烈な批判をうけることになると思います[34]」。しかし、けっきょく多数派判決はウェッブの勧告をとりいれず、裕仁天皇の責任問題にふれていない。このような経緯もあったため、ウェッブは別個意見であえて天皇の責任問題に言及したのだろう。

東京裁判所の判決を待つあいだ、戒能通孝たちとほぼ同期の東大法学部教授だった内田力蔵も「極東裁判の法理論的意義——主として英米法学の立場から」を執筆し、雑誌『潮流』（一九四八年）に掲載した。この論文は、東京裁判を占領下日本における司法改革の一環として考察したもので、英米の刑事裁判手続きの「実物教育」としての意味あいを考えている[35]。

内田は、東京裁判の司法教育上の貢献としてつぎの五件を列挙した。第一に、「裁判官は極めて高い権威をもった、公平なアンパイヤー」であって、検察側と弁護側が裁判手続きのルールにしたがって双方の主張と弁明ができるよう保証する責任を負ったことを評価した。これは、戦前の日本の司法制度が糾問主義にもとづいて審理をすすめたのと対照的であり、日本の法制史上画期的だった。第二に、被告は検察側とおなじように法廷で弁論をする権利が認められた。この特色は、「今までの官憲的権威を代表する検事と弱い被告人との対立を見なれた日本人にとって、最も感銘をうけるところであろう」とのべ、これも日本における刑事裁判の向上に重要な貢献をするとみなした。第三には裁判の公開主義をあげている。詳細はのべていないが、やはり戦前や戦中に非公開刑事裁判があったことをふまえての指摘だろう。つぎに、東京裁判が「推定無罪」の原則を大前提として審理をすすめていることも高く評価している。これは「一度、官憲に逮捕されると、すぐに有罪者として取りあつかう日本人の一般的習慣と鋭く対立するもの」だと指摘している。この原則によると、検察側が立証責任をすべて負うのであって、それをまっとうしないかぎり、被告は無罪とみなされる権利を有するのだった。この点について、「そこに、一人の罪なき者を罪《ママ》することのないために、九十九人の罪ある者を免れさせることも辞さない、とまで極言される英米刑法の面目がある」とのべている。最後に、東京裁判で反対尋問がゆるされている点も、日本の刑事法史上大きな意味をもつと内田は考えた。というのは、このことにより法廷で提出される書証や証人の立証価値が高められるからだった[36]。

以上、裁判手続き上の意義を列記しつつ、内田はほかの研究者がすでに論じてきた法理論上の諸問題についても、みずからの専門知識を利用しながら分析をすすめた。まず、平和に対する罪に対する事後法批判について、一七九八年の米国最高裁の意見にまで言及し、英米法制史上、罪刑法定主義はかならずしも鉄則とみなされていない点を指摘した。内田の理解によると、米国の判例では起訴内容の実質が不当かどうかに主眼がおかれてきており、事後法禁止を形式的に遵守することに重きがおかれていない。このことから、事後法批判が妥当であるかどうかはじゅうぶんに議論の余地があるとみなした。もうひとつ、侵略戦争について個人責任が問えるかどうかという問題が論争されていたが、内田は基本的に同時代の研究者たちと見解をおなじくしている。すなわち、戦争法規を考える場合にまず「世界市民社会における刑法を想定」し、そこから国家の枠組みを乗り越えた個人の訴追と処罰を可能にするべきだとした[37]。これは、団藤重光が早くから展開した法理論とつうじるところがあり、興味ぶかい。

ここまで紹介した東京裁判研究家の評価の要点をまとめてみよう。第一に、平和に対する罪の法概念は妥当であるという点で、研究者のあいだに意見の一致がみられた。その根拠は、日本の起こした戦争が事実上正当化できない武力行使だったという共通認識があった。第二に、純粋に法理論上の観点からしても、不戦条約などをつうじて侵略戦争が国際法上すでに犯罪化していたとした。第三に、戦争法規が本来もつ基本理念をふまえると、国家権力を濫用して軍事力を発動し人権侵害をおこなった人物を裁かなければ、正義実現の理想にもとるとした。最後に、東京裁判は現在進行中の国内における司法制度改革にも教育的意味をもつという意見も出され、その見解はとくに内田と団藤の論文にみられた。

東京裁判判決後の論議

一九四八年一一月に東京裁判所が判決をくだすと、日本の研究者たちはふたたび判決内容をめぐってその意義に考察をくわえた。いちはやく見解を発表した人たちのなかに横田喜三郎がいる。裁判所が判決書を読みおえたその翌日、『毎日新聞』にかれの意見が掲載された。「世界の審判：自衛論の粉砕」と題されたこの記事には、東京裁判所の結論を肯定的にとらえた横田の姿がうかがえる。主要な論点をたどってみよう。

まず横田は、東京判決が先例であるニュルンベルク判決とおなじ法的見解を展開した点に読者の注意をうながしている。ニュルンベルクでは平和に対する罪の法理論の妥当性が認められ、裁判参加四カ国のほか、ニュルンベルク裁判所憲章に加盟した一九カ国がこれを支持していた。こうして国際的に妥当性を認められた法原則を東京裁判所がそのまま適用法としてもちいた事実を強調、東京判決は普遍性をもった「世界の審判」とみなされるべきだと論じた。つぎに戦争の事実関係について、日本が満州事変以来各地で侵略戦争を遂行してきたことを東京裁判所は確立した。横田にとっては「このことは、かならずしも、目新しいことではない」のであって、むしろ「すくなくとも終戦ののちには、大多数の日本人にとって、ほとんど常識」になっていたが、公知の事実を東京裁判が実証的に確立していった点を高く評価した。第三に、戦争の法的性格は当事者が「自衛戦争」と呼べばそれでいいのではなくて、なんらかの客観的な基準を適用して解決されなければならないとした。この見解にもとづいて、裁判所は弁護側による自衛論をしりぞけたのである。横田はこの裁定をとくに重要視したのだろう。別途、「東京判決と自衛論」（一九四九年）という論文を執筆し、雑誌『法律時報』に発表している。

東京裁判の判決がくだったあと、公判に弁護人として関与してきた戒能通孝も東京大学の若手教授らと座談会をもうけ、東京裁判の意義を議論している。座談会の参加者は戒能のほか、高野雄一、辻清明、鵜飼信成、丸山眞男で、その記録は翌年刊行された『法律時報』に掲載されている。五人の関心事は多岐にわたったが、もっとも話題になったのは、東京裁判が今後の国際法の発展、とくに侵略戦争にかんする刑法の発展にどのような貢献をなしうるかを見定めることだった。この問題について、戒能は座談会中とくに法学者の高野の意見をもとめた。

これに対して高野は、実定法上は、侵略戦争を犯罪とみなし個人責任を追及するという考えにいまだ異論が多いと答えたが、東京判決を積極的に評価する姿勢をみせた。なぜなら、東京判決の内容が国際法発展の歴史的な流れを基本的にくみとっているものであり、今後の国際社会が平和機構を形成していくうえで重要な布石となったと考えたからだ。なかでも国家の枠組みを越えて個人刑事責任を追及するという判定は、「現に国際連合で取り上げられている筈である」と指摘した。これは、国連で当時協議されつつあった四つのジュネーブ条約（一九四九年）やジェノサイド条約（一九四八年）に言及していると思われる。自衛権にかんする判決についても、「自衛権の問題を客観的に処理しようという現われが国際連合憲章第五十一条に出て来る」と指摘し、ニュルンベルク・東京両裁判で適用された平和に対する罪の法理が、具体的に戦後の国際法秩序の構築に体現されつつあることも指摘した。(38)

判決のくだった約半年後、京都大学の国際法学者の田畑茂二郎も雑誌『世界』に東京裁判論をのせている。「東京裁判の法理」と題されたこの論文（一九四九年六月）は、平和に対する罪にかんする法理を中心に論じたものだ。田畑はとくに、1侵略戦争の犯罪性と、2国家指導者の個人刑事責任、この二点についての裁判所判決を分析した。

前者の問題については、田畑は基本的に判決内容を妥当とみなしている。ただ、裁判所がもっと大胆な法解釈をしなかったことを少々不服としたようだ。第五章で論じたように、東京裁判所はニュンベルクの先例にしたがい、一九二八年の不戦条約をおもな根拠として侵略戦争の犯罪性を確定したが、田畑はこれを保守的な法解釈とみたようである。かれの見解によると、国際法の規範は一八世紀から二〇世紀にかけて大きな変換をとげ、かつてまかりとおってきた「国家主体」の国際法観念はそのまま通用しなくなってきているという。いわく、「帝国主義段階に入り、帝国主義の世界支配に抵抗する民衆の世界的な連けいの必要が益々強く叫ばれる時、それ［国家絶対主権思想］を尚そのまま主張するということは問題」ということだった。東京裁判所は、こうした帝国主義の終焉という歴史的流れをふまえたうえで判決をくだすべきだったのであって、被告側の「自衛戦争」弁論もこれを根拠に却下するべきだったと考えたのである。(39)

個人刑事責任の法理については、田畑はこれを積極的に評価し、「すべてを包括的な国家というベールの中に蓋い包んでしまう抽象的な国家法人説の概念が、ここ［東京裁判］でははっきりと斥けられている」とのべ、判決を全面的に支持した。この判定により、政策決定に直接かかわった政府指導者たちが、国際法廷での訴追と処罰の対象になりうることが確立されたのである。もし、国家法人説の概念――つまり集団責任論――を東京裁判所がゆるしていたら、それは「政治的に何等の発言も許されず戦争の犠牲のみを強いられたすべての民衆、引揚者、戦災孤児、戦争未亡人といったすべてを含めた全民衆に責任を転嫁し、実際の責任の所在をカムフラージュする結果」となったのであり、田畑はこれをとうてい正しい判定とはみなせなかっただろうとした。また、戦時中の日本は民主主義の原理がじゅうぶんに尊重されておらず、国家権力はかぎられた国家指導者たちのあいだに集中していたのであり、この点からも、集団責任主義ではなく、国家権力を行使してきた個々人に刑事責任を帰することにはなんら問題はないとした[40]。

同時期に裁判論を展開した研究者のなかで、しかし東京判決に反対意見を表明するひともあった。東京裁判の弁護団でリーダー格だった高柳賢三はその一人だ。高柳は東京帝国大学で長く教授をつとめ、とくに英米法につうじていた。公判の終盤では弁護側の法的見解についての最終弁論をおこない、その内容を『東京裁判と国際法』と題して裁判終了後に出版している。この書は、以前に横田喜三郎が出版した『戦争犯罪論』の反駁を趣旨としており、高柳は横田の著書を「検察側の法律論的立場」と批判していた[41]。

高柳は一九四九年、雑誌『法律タイムズ』にふたつ論文を発表し、東京判決とニュルンベルク判決両方の正当性を問う論を展開している。かれによると、ニュルンベルク・東京両法廷は勝者が特権を濫用してあたらしい法律をつくって敗戦国指導者を不法に罰してもよい、という先例をつくったにすぎないのではないかと疑問をなげかけ、裁判の妥当性に異議をとなえた。また、これらの裁判のおかげで将来侵略戦争が予防できるとも考えられず、この意味でも両裁判を歴史的功績とはみなせないという立場だった[42]。同様に、田畑茂二郎の主張する個人刑事責任論について異論をかかげ、国家法人説の概念はいまだ国際法秩序の中核をなしていると反論、連合国諸国はむしろこの原則を遵守し、東京裁判で被告たちの「基本的人権を守ることが国内的にも国際的にも必要なのではないか」と問うた。

さらに、「国家賠償とか領土割譲とかの民事責任的性格を持つ「敗戦の結果」」は、国民すべてが集団的に負うのが従来の慣例なのだから、戦犯問題についてだけ個人責任の法理を許容しては、法原則上矛盾が生じるのではないか、という見解も記している(43)。

裁判研究家の諸論文では、平和に対する罪が争点となることがほとんどだったが、なかには通例の戦争犯罪にかんする東京判決を論じる研究者もあった。横田喜三郎はその一人で、一九四九年に出版した『戦争責任論』増補版にかれの見解を見いだすことができる。通例の戦争犯罪の概要を記述するとき、横田は閣僚の刑事責任について東京裁判所がくだした裁定を立ち入って説明し、「これによって、捕虜と一般人抑留者の虐待に対する責任が非常に詳しく説明された」とのべている。つづけて判決文の要旨をつぎのようにまとめている。

主要な点をあげてみれば、これらの者に対する保護の責任は政府にあり、その政府の責任は第一次的に閣僚にあること。この責任を果すには、保護の組織を設けるとともに、それが継続的に効果的に運用されることを確めなくてはならないこと。この運用に関しては、虐行が行われているのを知っていて、それを防止する措置をとらなかったか、過失によって知らなかったときは、責任があること。閣僚は連帯して責任をおうもので、虐待が行われているのを知りながら、あえて内閣に留まるならば、責任を免れないこと。陸海軍の指揮官も、虐待を知っていて防止の措置をとらなかったか、過失によって知らないときは、責任があること(44)。

右の記述から、横田が閣僚責任の基本法理を評価していることがうかがいしれよう。

横田のほか、そのころ時事通信の記者だった入江啓四郎も東京判決の要点を論文にまとめて発表し、そのなかで閣僚責任の判例にふれている。論文「東京判決の要領とその小解」は一九四九年に『法律時報』に発表された。このなかで入江は、閣僚責任にかんする判決について「俘虜の待遇に関する責任を直接の所管機関または人員に限定せず、これを閣僚にまで及ぼしている」点から、これを「極めて重要な法理」と評した。また、被告のうち重光や小磯国昭（首相、一九四四年）がこの法理によって有罪判決を受けたことを確認し、これらの有罪判決が「責任の人的限界を広げた上に、非常に重要」とのべた。さらに広田の有罪にも言及し、この判例から「俘虜の取扱について作為、不作為義務の解怠に関する法理は、一般に戦争法規の違反に関する責任論にも及ぼせるもの」との法的見解が確立したことを指摘した。入江の見解は、現在の国際刑事裁判で適用されている文民の個人責任論ともつうじるものであり、先見の明のある評価といえよう。(45)

戒能通孝の展望

戒能は一九五三年、東京裁判をあらためて評価する論文「極東裁判：その後」を雑誌『思想』に発表した。そのころ連合国の占領軍はすでに日本を去り、朝鮮戦争の勃発に前後して極東には冷戦構造が確立していた。過去数年にめまぐるしく変化した国際状況を背景に、戒能はこの論文で東京裁判をもう一度ふりかえり、分析と評価をこころみたのだった。

論文のはじめに、戒能はまず罪刑法定主義の問題を再度考察している。一九四八年に『歴史評論』

に発表した論文では、侵略戦争を国際犯罪だと言明した成文法は厳密にいってないと論じていたが、戒能はここであらためておなじ見解を示している。では平和に対する罪についての訴追が不当だったのかというと、戒能の答えはこの論文でも否だった。理由は、しかし以前の論文とやや異なり、不戦条約や罪刑法定主義の基本理念などにはあえて立ち返っていない。そのかわり戒能は、東京裁判がいわば「革命裁判」であったと論じ、事後法適用は旧体制崩壊期の革命裁判で当然起こりうると主張、これを根拠に罪刑法定主義をしりぞけている。

革命裁判は常に事後法裁判であり、また罪刑法定主義を形式上常に否認する。なぜならば革命者は革命が成就する以前には、常に犯罪人として追及され、その敵たる支配階級に追いまくられていたのであるが、革命の達成後初めて合法性を獲得し、自ら制定した法により旧敵の反抗を鎮圧するのは当然だからである。革命者に向って罪刑法定主義の厳守を求めるのは、まさに論理的矛盾である。彼らは革命の成功以前には、その国の憎むべき犯罪人だった。しかし革命が成功することによって犯罪人が合法的政府の主体となり、彼らを追いかけていたものを、逆に追いかける立場に立つのである。秩序を愛する人の眼からみた場合、革命に基づくこれらの政治的価値転換は、呪うべき混乱とも映るであろう。だが実際の問題は、革命家に革命弾圧者処罰権がなかったら、革命は起り得ないのであって、このことは「革命」の性格上、自動的に由来することである。革命はこの意味において法を知らない。(46)

つまり東京裁判は、旧体制――いわゆるアンシァン・レジーム――に終止符をうつ役割をはたす革命的転換期の司法事件であって、そこでは、新しい法秩序のはじまりを知らせる新しい法理が当然適用されるというのだった。この見方を基本にして、戒能は東京裁判の歴史評価をふたたびこころみたのである。

さて戒能は、右の立場から個人的には東京裁判を「一つの成果」とみなしたが、当時一般市民のあいだでは、そのような考えがかならずしも広まっていない点を指摘している。むしろ反動的諸現象がみられてきており、もっとも端的な例として、重光葵が政界に復帰したことをあげている。重光は東京裁判所により有罪判決をうけ、七年の禁固刑に処されていた。しかし刑期を終了するまえの一九五一年一一月に巣鴨から釈放され、政界で大きな影響力をもちはじめていた改進党の総裁に就任した。その結果、重光は次期総理大臣になる可能性まで有するようになったのである。重光の政界復帰は、「東京裁判そのものをむしろ否認する行為ではあるまいか」と戒能はのべ、ここに東京「革命」裁判に対抗する反動勢力のひとつの姿を見いだしたのだった。この事件について戒能がとくに重大視したのは、重光の釈放にかんするアメリカ占領軍当局の姿勢だった。もともと米国は、革命裁判たる東京裁判を設立した革命国家だったのに、東京裁判所によって戦争犯罪人に認定された重光の早期釈放を黙認したのである。これでは「東京裁判はやらなくともよかった手続になっているともみえる」と戒能はのべ、革命裁判の意義がうすれてしまったと評した(47)。

ちなみに重光の改進党総裁への就任に前後して、東京裁判でかつて首席検事をつとめたキーナンが、重光の無罪を認める旨を非公式の書面にあらわした事実がある。弁護団の一人、清瀬一郎の回顧録によると、キーナンは自分が重光の訴追にもともと反対だったこと、重光に対する有罪判決がまちがいだと思っていたことをのべた手紙を、重光の弁護人だったジョージ・ファーネスに宛てて書いていた。それは一九五二年六月一三日の改進党大会で読まれ、これをもって重光は「戦争犯罪人」という汚名を公的に晴らされたのだった。一方、当の重光はこの手紙について、「私は此の書簡を読んで、キーナン氏の正義感に頭が下った」とのべ、首席検事たる人物が重光訴追の「あやまち」をみずから認めたことを賞賛した。(48) 戒能はこのエピソードには直接ふれていないが、当時の報道などでおそらく知っていただろう。

重光の釈放に象徴される反動性は、しかし占領期末期になって顕在化したわけではなく、東京裁判の開始当時からみられていた、と戒能は思い起こしている。具体的には一九四六年六月一八日、首席検事の発したある声明にまで立ち戻ることができるとする。その日キーナンは、連合国が天皇を起訴しない方針を決定したと発表し、「東京裁判はこの声明があった後、むしろその性格を一変させた」という。その理由をつぎのように説明している。

開戦の最高責任者であり、常に一切の軍事行動を是認して、これに国民動員の名を貸した天皇が、「平和主義者」の故に起訴を免れることができるとすれば、軍部の「注文」によって軍需品を高く売りつけた資本家や、多数の自由主義者を論難し、もしくは論難の資金をだした大地主的貴族らも、直接に開戦の決定に参与せず、心の奥底では「平和主義者」であったとの理由により、当然起訴を免れる立場にあったからである。(49)

つまり、天皇の名のもとに間接的ながら戦争に加担してきた経済界の指導者たちは、キーナンの声明を聞いて、自分たちも戦争責任追及をまぬかれて当然と主張できる論理的根拠を見いだしただろうというのだ。戒能の見解では、この声明以来、東京裁判は革命裁判としての説得性を日本国民の面前で急速に失い、そのかわり、たった数名の日本国家指導者をみせしめのためだけに処罰する報復裁判の意味をもちはじめたのだった。

東京裁判の革命的意味は、占領期のあいだに変わりゆく国際状況によっても早くから失われていった。戒能によると、たとえば中国大陸では米国の国民政府支持により内戦が深刻化し、朝鮮戦争がはじまると日本の再軍事化にも力を入れはじめた。オランダ領東インドでは、オランダがインドネシアの独立運動を鎮圧しようと日本の敗戦直後から介入し、フランス領インドシナでもそれは同様だった。さらにアメリカ国内では、共和党上院議員ジョセフ・マッカーシーによる「赤狩り」がはじまり、それはあたかも戦時下の日本で、美濃部達吉など自由主義者や共産党員に対しておこなわれた政治的迫害を思いおこさせるものだった。これらの事件は東京裁判と直接には関係ないものの、連合諸国が革命裁判を指揮する道徳的正統性をもっているのかどうか、日本国民が疑念をもちはじめるのにじゅうぶんだった。(50)

戒能はこうした複雑な国際状況が東京裁判評に影を落としているとし、このようなことになるのだったら「東京裁判の判決が、実定の国際法規により忠実であって、戦争は不快なもの・非難さるべきものではあるけれども、これを処罰する法規はなかったと断定する方が、一層論理的であったということも、おそらく排斥されるべき考え方ということはできなかったことだろう」とのべている。(51)つまり、みかけだけでもいいから「合法性」のタテマエに拘泥し、平和に対する罪の訴追は避けたほうがよかったかもしれないというのだった（しかし「通例の戦争犯罪」訴追については、罪刑法定主義違反の批判はあたらない）。戦後世界のリーダーたるアメリカは、はじめは高い理想をかかげて革命裁判にのぞみ、あとになって、その論理的帰結を追求しようとせず、東京裁判の歴史的意義に矛盾を内包させてしまったのである。この裁判は、やがて「日本における民主革命と歩調を合わせることができなくなり、最後には技術的な一事件として孤立」してしまったという。この意味で、東京裁判は米国の「失敗」の一つ」に終わったのだった(52)。

こうした批判をくだしながら、しかし戒能は論文を楽観的にしめくくっている。なぜなら、国内・国際情勢がどうであれ、東京裁判には日本の民主化をうながす歴史的成果が内在すると確信していたからだった。たしかに天皇不起訴などの問題点はあり、米国政府も日本の保守層を擁立しはじめるなど反動的勢力を支持するようになってきていた。それでも戒能は、「民主主義の味を味わった勤労者」は「これ［東京裁判］をもう一度基調に帰し、問題の中核を素直にみようとする」だろうと信じたのである。そして究極的には、「民主的革命裁判を理解し得るものは、本来民主主義者のほかにない」。このような信念をもちつつ、東京裁判がじじつ勝者の報復裁判とみなされるべきかどうかの最終判断を日本国民の良識に委託することにし、論文をまとめている(53)。

こうして戒能は、冷戦の状況がどうであれ、戦後の民主化が日本人自身の手でねばりづよく追求されつづけると信じ、実際日本は民主国家として成長していく。しかし右の論文を書きあげたとき、戒能がおそらく予測しきれなかったのは、戦後日本で反動的勢力がどれほど根強く残存しつづけるか、そしてアメリカに対する一般市民の不信感がどれほど深化しうるか、ではないだろうか。次章でもあきらかになるように、日本の主権回復前後からこのふたつの知的潮流は日本社会にひろまりをみせ、世論に大きな影響力をおよぼすようになる。

第九章　パル判事の反対意見とその波紋

一九五二年四月末、連合軍による日本占領が終了するころ、インド代表判事ラーダビノード・パルが提出していた別個反対意見を中心にした裁判批判が国内で急速にひろまりはじめた。東京法廷で反対意見を提出したのはインド判事にかぎらず、フランス判事ベルナールとオランダ判事レーリンクも書いていたが、二人は多数派判事の判決すべてに異議をとなえるものではなく、一部賛同していた。レーリンクについては、広田や木戸などの被告についてはは無罪を主張したものの、その他幾人かの被告については多数派判事たちよりもきびしい判決と処罰を勧告している。それに対してインド判事による反対意見は、通例の戦争犯罪をふくめたすべての訴因について全被告に無罪を勧告したのだった。この意見書は、パル自身の三度にわたる来日（一九五二―六六年）とあいまって国民のあいだで知れわたるようになり、やがて保守勢力が裁判批判を展開するうえでの論理基盤をなすようになった。本章では、パル意見書が戦後の裁判論議にどのような影響をおよぼしてきたのか、その内容を検証したい。

反対意見書の要旨

パルが多数派判決と意見をちがえた点は多岐にわたるが、主要な論点はつぎの六点にまとめることができる。

第一に、パルは「平和に対する罪」という法理の合法性を問い、第二次大戦勃発以前、戦中、あるいは戦後になっても、戦争が処罰可能な国際犯罪と認められたことはないと判断した。同様に、国際法では共同謀議も犯罪行為と規定されていないと指摘、このことから平和に対する罪にかんする訴因をすべて却下するべきだとした。もしそれでも東京法廷において侵略戦争や共同謀議を犯罪行為とみなそうとするのならば、それは罪刑法定主義違反であって、法の基本原則に反する勝者の越権行為と論じた。(1)

第二に、たとえ平和に対する罪が訴追可能な国際犯罪となっていたとしても、第二次大戦中に日本が実行した戦闘行為については、その部類にはいるという事実認定はできないと論じた。パルによると、もし自国が脅威にさらされるという「誠実な確信」(*bona fide belief*) があり、そのような確信にもとづいて他国に対して軍事行為を開始したとみなせる根拠があるのならば、それは「自衛戦争」とみなすに足るという。日本の場合、「自衛を余儀なくされた」と当時日本の指導者たちが誠実に信じうる状況が実際あったのであって、侵略戦争の計画あるいは共同謀議という検察側の仮説にわざわざ説明をもとめる必要はないという。(2) ただしパルの指摘する日本の直面した「脅威」とは、おもに経済的・政治的・思想的な脅威であって、軍事上のものではない。反対意見書によると、中国における共産主義の伸張、中国における日本商品ボイコット運動、米国による蔣介石支持に示される中立主義違反、西洋諸国による経済封鎖などの事象が、日本にとって自衛戦争を起こすためのじゅうぶんな根拠をなすという。(3) つまりパルが展開する自衛論とは、さしせまった軍事上の脅威があるかないかにかかわらず、自国が非友好的な国際環境におかれたという「誠実な」認識をもったとき、その国家指導者が打開策として自由に軍事力を発動してよいというものだった。

第三に、「通例の戦争犯罪」の訴追にかんして、とくに一九〇七年のハーグ第四条約と一九二九年のジュネーブ捕虜条約が東京法廷で検察側の論拠をなしていたが、パルはこれらがなんら法的効力をもたないと判断した。前者の条約については、たしかに日本政府は調印も批准もしていたが、イタリアとブルガリアが批准していなかったことを指摘、条約の合意によると調印国すべての批准が義務づけられており、この条件がみたされなかった以上、ハーグ第四条約は法的拘束力をもちえなかったとした。一九二九年のジュネーブ条約については、日本はこれを批准するにいたっておらず、太平洋戦争の勃発後に「準用する」との通知を連合国側にしているものの、このような通達は法的に意味をなさないとし、ジュネーブ条約の法的効力もしりぞけた。「もちろんこれは、俘虜の運命が絶対的に日本人の思うがままに置かれていたと意味するものではない」とのべたが、ではいったい日本政府は捕虜とりあつかいについてどのような法的責務を国際法上負っていたのかという問題について、パル意見書は明確な回答をしていない。(4)

第四に、日本軍が戦線各地で多くの残虐行為をおかしたことを、パルは事実として基本的に認めたが、その責任を被告らに帰すことを否定した。というのは、残虐行為に責任を負う個々人はＢＣ級法廷で処罰済み、あるいは処罰されつつあり、通例の戦争犯罪にかんする問題はすでに対処されているとみなしたからだった。反対意見書によると、「想起しなければならないことは、多くの場合において、これら残虐行為を実際に犯したかどで訴追されたものは、その直接上官とともに戦勝国によってすでに「厳重なる裁判」を受けたということであ」り、いま東京法廷に召喚された被告たちは残虐行為に直接関係ない人間たちばかりだということだった。(5)

第五に、共通類型の残虐行為が広範囲にわたってくりかえしおかされたという検察側の主張に対しては、そのような事実があったとは基本的に認めるものの、日本の国家指導者は無問責であるとする。反対意見書によると、日本兵による蛮行のパターンが共通していることの説明は、日本軍のもつ特殊な思想と行動規範にもとめられるのであって、あえて国家・軍部の指導者だった被告たちが命令したなどと類推する必要はないというのだった(6)(しかし、この類いの論は、じつのところ国家指導者の刑事責任を確立する要件をみたしうるのであって、それは第七章ですでに論じたとおり)。以上五つの論点から浮かびあがるパルの基本主張とは、「東京法廷における国際検察局は、あやまった法理とあやまった証拠を用い無実の敗戦国指導者を不当に訴追・処罰した」とまとめることができよう。

このほか、パル反対意見書にはもうひとつの論が展開されており特記される。それは、数世紀にわたって形成されてきた、国際法秩序そのものの正統性に対するいわば懐疑論だ。パルの見解によると、現在の国際社会には、国際刑事裁判を開催できるような世界共同体がいまだ存在していないのであって、東京法廷のような司法機関を設立して真なる法と正義を確立しようというのはどだい無理ないし困難だというのだった。国際法は理念上たしかに世界平和と世界市民の福利を保護していくことを主眼としている、と認める。しかし、パルが認知しうるかぎりでは、現存の国際社会は強国が弱小国を搾取するのに都合のよいような法則を秩序基盤としてつくってきたにすぎなかった。これは、「純粋なご都合主義、つまり「持ち所有する者たち」」（pure opportunist "Have and Holders"）[7]が、みずからの帝国主義的膨張主義を正当化するために法を濫用してきた世界であって、世界共同体の理想からほど遠いのだった。東京裁判をこうした強国のご都合主義の延長と位置づけたパルは、道義的にも法哲学的立場からも、多数派判決はその根本からとうてい受け入れることができないと考えたのである。ここに、パルが「全員無罪」の判決に固執した、もうひとつの重要な思想上の見解が読みとれる。

以上、反対意見の論旨を六点にまとめたが、これらは妥当な批判といえるだろうか。パルの主張のうち、平和に対する罪にかんする事後法批判については、不戦条約の解釈をめぐって当時の法曹界でも意見の対立があり、パルの主張にも正論がふくまれている。しかし、かれの展開する自衛論についてはどうか。パルは軍事上の脅威のみならず、経済、政治、イデオロギー上の脅威を自衛権発動の正当な理由になりうるとしているが、このような見解は同時代のニュルンベルク法廷では明瞭にしりぞけられている。たとえばニュルンベルク継続裁判の第九番目、アインザッツグルッペン裁判（一九四七―四八年）での判決があげられよう。この裁判では、ナチ党の編成した特別殺戮部隊――通称アインザッツグルッペン――で高級将校だった二四名が訴追された。かれらは、東部戦線でポーランド人、ユダヤ人、その他の一般市民を組織的に虐殺したことで責任を問われた。公判中、被告側は虐殺の事実を全面的に認めたが、自分たちの遂行した武力侵攻と殺戮行為は母国ドイツをボリシェヴィキの脅威から守るための「自衛行為」だったと弁明し、合法性を主張した。これは、中国大陸での共産主義の伸張を脅威とみなし、日本による中国侵攻や残虐行為を正当化しようとした東京法廷の被告とおなじ弁護路線だった。ニュルンベルク法廷は、しかしこれを全面却下、「たんにボリシェビキ主義を信奉すること自体は、ドイツに対する侵略あるいは侵略の可能性とはみなせない」とのべたのだった。つまり、たとえドイツにとってボリシェヴィキ伸張が脅威と映ったからといえ、それは隣国に対して軍事侵攻をすすめ、組織的虐殺を敢行する正当な理由になりえないとみなしたのだった。(8) この判決を判例とみなすならば、東京裁判での共産主義にかんする自衛論もやはり成立しえないことになるだろう。

通例の戦争犯罪にかんするパルの意見も、その是非は一考に値する。というのは、ここでもパルの解釈は同時代のニュルンベルク判決――そして今日おこなわれている国際刑事裁判所の見解――と相容れないからだ。ここでは、とくに反対意見で中核をなす一九〇七年のハーグ第四条約の解釈をみてみよう。

パルによると、調印国すべてが批准しなかったため、この条約は法的拘束力をもてなかったことになっているが、ニュルンベルク国際裁判所はこのような見解をはっきりとしりぞけている。ニュルンベルク判決書によると、第二次大戦が勃発するころには、「[ハーグ第四]条約に定められたこれらの規則は、すべての文明国によって認知されているのであり、[ニュルンベルク裁判所]憲章に言及されている戦争法規と慣習を宣言したものとみなされる」のであって、調印国すべてが条約を批准したかどうかは問題ではないとのことだった。(9) つまり、批准した・しないの手続き上の処置如何にかかわらず、ハーグ条約に列記された規則は慣習法上すでに戦争法規としてひろく認められているものであり、第二次大戦時には普遍的に法的拘束力をもったとみなされるというのだった。この見解はニュルンベルク継続裁判でも認められ、現行の国際人道法の基本原則をなしてもいる。このことは、パル反対意見書が国際法の歴史的流れを見誤った判定をくだしたことを示しており、やはり重要だろう。

パルは不作為責任の法理の有用性にも懐疑的であり、実質的にその法理適用を認めない論を展開しているが、この是非も一考に値する。たとえば軍司令官の指揮官責任について、「司令官は軍の軍紀風紀の実施のために与えられている機関の有効な活動に当然依存しうる」とのべ、南京などで日本軍による広範囲かつ長期的な残虐行為があった事実を認めながらも、「本官［パル］はかような違反者を処罰する手続をとることは、司令官の任務または義務であるとは思わない」とし、松井をふくむ旧軍指導者らに対して刑事責任を問わない判定をくだしている。[10] 閣僚責任の法理については、「かような標準は国際団体の黄金時代の理想」とのべ、これを非現実的なユートピアの法理としたうえ、「現在では世界中のいずれの政府もこのような動きかたをするものではなく、本官は本件の被告にたいしていかなる格別の行動標準をも期待するものではない」と、この法理の適用も全面的にしりぞけている。しかし、じつのところ現在の国際裁判では、ニュルンベルク・東京裁判に発する指揮官責任、閣僚責任の判例は有効と認められ、国際人道法の発展に寄与している。これも、不作為責任の原則が適用法として発展をとげつつあることを判事が見極められなかったことを露呈している。[11]

このように、パル反対意見書は国際法の流れに反する判定をふくんでいるが、同時に西欧諸国に対する帝国主義批判や世界共同体実現の唱道という、いわば深遠な思想的内容もふくむため、時代に訴えるつよいメッセージ性をそなえていた。このためパル反対意見書は国内で早くから関心をあつめ、判事の経歴や思想、裁判での行動を研究しようという動きは裁判後まもなくみられた。そうした動きは近年とくに活発化し、たとえば、二〇〇六年の朝日新聞の特集記事「歴史と向き合う」では、パルの歴史的意義を現地調査も交えて論じた記事が掲載され（七月一二日付）、二〇〇七年には中島岳志著『パール判事：東京裁判批判と絶対平和主義』が出版されている。さらに同年、NHKスペシャルの高木徹ひきいる取材チームは、日本・インド・イギリス・オランダでの幅ひろい現地調査をふまえたパル判事研究の番組『パール判事は何を問いかけたのか：東京裁判、知られざる攻防』を制作し（二〇〇七年八月一四日放映）、東京判決にいたるまでの判事間の緊張関係を描きだした。[12]これらの研究発表のなかで、とくに中島著『パール判事』は、パル反対意見書の評価をめぐる国内論議を再燃させるきっかけとなり、東京裁判論でも重要になってきているので、この書の特色にふれておきたい。

『パール判事』は、著者自身によるインドでのフィールドワークを織りまぜるなど独自の研究をすすめ、また、ガンディーの思想に代表される東洋哲学にパルが傾倒したことをあきらかにした。これは、従来のパル研究をさらに前進させ、かつふくらみをもたせた研究成果であり、評価される。とくに、「絶対平和の唱道家」としてのパル像を描きだした点は興味ぶかい。しかし、パル反対意見書そのものの分析については、裁判当時および現行の国際法の基本原則を中島がじゅうぶん把握していないためか、パルの法理論をそっくりそのまま正論として受け入れる傾向がいちじるしい。とくにハーグ第四条約や指導者責任の法理など、通例の戦争犯罪にかんしてパルのくだしてきた判定の諸問題を整理して論じていない。[13]その結果、通例の戦争犯罪にかんする国家指導者無罪論を主張するパル意見書が、国際法上まかりとおるかのような印象をあたえる（ただしあとがきで、「断っておくが、私はパールの見解や政治的主張のすべてに賛同しているわけではない[14]」と付記しており、それならばパルの見解のどの点に賛成しないのか、その根拠はなにかを本文中であきらかにしてほしかった）。

とはいえ中島がパル反対意見書を積極的に――そして一見無批判に――受け入れる姿勢をみせる背景には、同意見書の「ご都合主義的な利用」をする「日本無罪論」者を論駁しようという、歴史家としてのより大きな目的が作用しており注目される(15)。つまり著者は、パル反対意見書の原書にかぎりなく忠実な概説書を書くことにより、同意見書を恣意的に解釈し日本の戦争や軍国主義を正当化するひとびとに歯止めをかけようとしたのだった。この本がそういう趣旨をもっていることは、「「パール判決書」の一部分を都合よく切り取り、「大東亜戦争肯定論」の主張につなげることには大きな問題がある」「田中［正明］は……パールの議論を、意図的に改変して論じている」「パールは、決して「日本無罪」と主張したわけではなかった」という言説が本文にあらわれることからもあきらかだろう(16)。中島は、このようにパル反対意見書をつうじて日本人の歴史認識を批判的に検証しようとしたのだった。問題は、パルの主張に内在する矛盾を正面きってとりあげないまま片づけてしまいがちなことだ。本章でもあきらかにするように、じつのところパル反対意見書と大東亜戦争肯定論とのあいだには、歴史観上つうじるところがすくなからずあり、この意味で、右派論壇はパル反対意見書をむしろ正しく読みこんでいる場合も多い。この事実は率直に認められるべきだった。とはいうものの、パル解釈をめぐる問題は国内で複雑化しているうえ政治的磁場もつよく、「パル像」解明は一筋縄ではいかない作業である。ここでは、今後のパル研究の指針とされるべき事項を二、三点あげてみたい。

まず、東京裁判に参加する以前のパルについて、カルカッタ大学に籍をおいていたこと、同大学の博士課程で古代ヒンドゥー法哲学を研究したこと、博士号取得後は同大学で教職を得て、専門分野および法学一般を教えてきたことがいままでの研究からわかっている。東京裁判に参加する以前には学術書を二冊出版しているが、どちらも専攻分野に関係していた。うち一冊は博士論文で、*The Hindu Philosophy of Law*（『ヒンドゥー法哲学』）、もう一冊は *The History of Hindu Law in the Vedic Age and the Post-Vedic Times Down to the Institutes of Manu*（『ベーダ時代と後ベーダ時代からマヌ法典に至るまでのヒンドゥー法史』）と題されている。[17] これらの出版物から、パルが東洋法哲学に造詣がふかかったことが読みとれ、東京裁判でみられるパルの国際法に対する懐疑心は、東洋思想への傾倒とかかわりがあったと推測できなくもない。実際、インド学者のアシーシュ・ナンディはこの可能性を追求する興味ぶかい論文を一九九〇年代初頭に発表しており、中島の『パール判事』もこの点で有用な情報を提供している。[18]

しかし、ではパルが西洋にルーツのある法体系を拒絶していたかというと、そうではない。むしろ英国植民支配下のベンガルで英米法を勉強し体得したパルは、職業上でも実社会でもその知識を生かしてきた多くのベンガル人弁護士の一人だった。東京裁判に参加するまえの約二年間は、カルカッタ高等裁判所で判事をつとめた経験もある。このことから、パルが古代ヒンドゥー法にのみ精通する古代法哲学者ではなくて、英米法とインド慣習法の両方につうじ、それらを実践することのできる裾野のひろい法曹家だったと理解できる。また高等裁判所に任命されるくらいであるから、当時のベンガル州でも名のある法律家であったのだろう。

ところで、高等裁判所で判事をつとめるあいだパルは、六〇件ほどの上告事件について判決をくだしているが、当時の裁判所の記録を調べてみると、これらの訴訟事件についてなんと一度も反対意見を書いたことがないのがわかる。[19] つまり、カルカッタ高裁時代のパルに、東京裁判反対意見書にみられるような過激さを見いだすことはできないのである。この事実から、東京裁判以前のパルは、現状維持の姿勢をとる中道ないし保守的判事の役目をはたすことを常とし、ベンガル法曹界でもそのような判事とみなされていたと考えられよう。おそらくインド政府がパル判事を東京裁判に指名したときも、かれの堅実かつ中立的資質を見込んで選んだのであって、反対意見を書くだろうとは当初予測もしていなかっただろうし、期待もしていなかっただろう。実際初代インド首相ジャワハルラール・ネルーは、パルの大反対意見書の内容を知ったとき、これを「我々が同意しない的外れの大雑把な陳述」と指摘し、「我々は関係各政府に対し、非公式に我々が何等の責任をも持たないことを通達せねばならなかった」とあきらかな不快感を表明したことが、近年の研究からも知られている。[20]

東京裁判参加以前のパルがどのような知識人だったかを考えていくうえで、当時のインドにおけるナショナリズムの様相も検証する必要があるだろう。パルの出身地であるベンガル地方は二〇世紀前半、反帝国主義とインド独立運動の中心地で、多くの著名な独立運動家を輩出していた。[21] パルが同時代の活動家、とくにベンガル出身の独立運動家に影響をうけた可能性はじゅうぶんある。いまのところ筆者自身の調査したかぎりでは、パルが個人的にベンガル人の活動家とふかい関係にあったというあきらかな証拠はみあたらない。[22] しかしパル反対意見書には、西欧の植民地主義と帝国主義に対する痛烈な批判がくりかえし発せられており、ここにアジア解放を祈願するベンガル知識人としてのパルがみられ、やはり独立運動とのつながりは調べていく価値があると思われる。

以上、1東洋古代法哲学者、2英米法に通じる穏健派のエリート裁判官、3反帝国主義的ナショナリスト、この三つのパル像について、今後のパル研究がより大きなひろがりをみせることを期待したい。

パルの訪日

パルの反対意見書は、東京裁判の被告を支持してきたひとびとのあいだで好意的に受け入れられたが、そのもっとも魅力的なところは全員無罪の勧告だったと考えられる。すなわち、「日本が侵略戦争を計画・遂行した」という検察側の主張が法理論上も事実認定上も成り立たないとし、平和に対する罪の訴因をすべて却下、戦争犯罪の訴因もすべて不成立とみなした判定である。パルは、狭義には二五名の被告個人を無罪と判断したが、日本のはじめた戦争の犯罪性そのものをも認めなかったことから、広義には日本を「犯罪国家」という烙印からのがれさせたという、いわば「日本無罪」の意味を一部もたせている。パル反対意見書は長文な点も大きな特徴である。速記録では一二三五頁におよび、分量のうえでは多数派意見（一四四四頁）に匹敵したことになる。このように質的にも量的にも独特な意見書を、のちの裁判批判論者は多数派意見に対抗できる「判決書」とみなすようになったのだった。

パル反対意見書が国内で知られはじめたころ、感銘をうけたひとびとのなかに田中正明がいる。田中は、松井石根が大亜細亜協会の会長をつとめたとき秘書だったことがあり、戦後に「パール判事の日本無罪論」をひろめるうえで基軸的役割をはたした人物だ。田中の回想によると、A級戦犯の処刑後かれは松井の葬儀に参列したが、その折に東京裁判の弁護士たちからパル判事の反対意見について知ったという。大胆な判決内容に心を動かされ、田中は弁護人たちから反対意見書のコピーを借り、主要な部分を抜粋して本を作製したという。そして連合軍による日本占領が正式におわる一九五二年四月二八日、それを全国にむけて出版した。題して『パール博士述・真理の裁き・日本無罪論』はすぐにベストセラー入りし、「パール博士の名が広く日本人に知れわたったのは、この著述によってである」と田中はのちにのべている。[23]

『日本無罪論』が好評だったのを受けて、大亜細亜協会の理事長をつとめたことのある下中弥三郎は、パル本人を日本に招待する可能性を考えはじめた。下中は戦前、日本初の教員組合「啓明会」を結成するなど進歩的な社会運動にかかわっていたが、時勢の変遷とともに大アジア主義にひかれるようになった。戦時中は大政翼賛会の組織活動にも積極的に参加している。戦後は占領軍のパージにあったが、一九五一年の政策変更によりふたたび社会復帰し、平凡社の社長職にもどっていた。東京裁判の公判中は、松井被告のため弁護側証人として一度出廷している。[24]

パル判事を招待するため、下中はさっそく「パール博士歓迎委員会」を結成した。会の参加者は田中正明のほか、東京裁判の弁護人数名や、かつてA級戦犯容疑者として巣鴨に拘留されていた岸信介や鮎川義介らもいた。[25] パルの来日準備は迅速にすすみ、一九五二年一〇月二六日に実現した。そのあと一カ月にわたり、パルは下中、田中らとともに日本各地をおとずれ講演してまわった。訪問地はさまざまで、田中の回想によると、東京の早稲田、法政、明治大学や九州大学など多くの高等教育機関を訪れたほか、各地の弁護士会や特別協議会にも参加したようだ。パルの言行の記録は、同時期的に出版された『平和の宣言』、「アジア民族主義の思想的基礎」、「パル判事大いに語る！」などにまとめられているが、ここでは判事の東京裁判観を知るうえで有用な言動を数例とりあげたい。

まず、広島高等裁判所が開いた歓迎レセプションでの講演に目をむけてみよう。これは、パル判事が東京判決をどのように評価したか、そして日本の戦争の実態をどう理解したかを知るうえで興味ぶかい。

この講演で、パルは多数派判決について所見をのべている。判事は基本的にこれを「有罪の理由も証拠も何ら明確にしていない」として批判し、また公判記録の原文が当時まだ整理・出版されていないことに言及し、「判決の全貌はいまだに発表されていない」とのべている。（ただし判決文は公開法廷で当時読みあげられ、ラジオや新聞でもその全文ないし抄訳が大々的に報道されたほか、日本語訳の全文も裁判終了の翌年には出版されているので、判決の全貌が未発表だという批判は史実に即していない）。さらに多数派判決が説明不足という点について、「これでは感情によって裁いたといわれても何ら抗弁できまい」と非難した（多数派の判決書が訴因ひとつひとつについて論拠をくわしく書いているのはすでに各章で論じたとおり）。

他方パルは、自分の書いた反対意見書の意義に言及しているが、講演記録によると、判事は公判中「各方面から貴重な資料を集めて」日本の過去一八年間について自分なりに研究し、そのうえで「無罪の理由と証拠を微細に説明した」意見書をあらわしたという。(26) この発言は、パルの特異な判事ぶりを伝えていて注目される。東京裁判で判事たちに課せられていた職務は、法廷に提出された弁論と証拠を法原則に照らしあわせて検討し、起訴内容について判決をくだすこと、それだけだった。ところがパルは、検察側と弁護側の提出した証拠文書では飽き足らず、みずから追加資料の収集に奔走したようである。しかも近年の研究から知られるように、パルは裁判審理の後半期にいたっては東京にいながらにして法廷を欠席するようになり、「帝国ホテルの自室に篭って、資料の整理と読破に熱中」し、反対意見書の「準備に邁進していた」らしい。パルの法廷欠席率はじつに高く、法廷日数四六六日のほぼ四分の一にあたる一〇九日も欠席するという記録をのこしている。[27] このように、法廷からみずからを遮断し、職務を公然とないがしろにするようになったパルは、裁判の終了が近づくにつれて審理状況をじゅうぶんに把握しきれなくなったと推測される。それでもなお多数派判決を全面的にしりぞける反対意見書を書くという、裁判官としては通常考えられない異例な行動をとったのだった。公判中はこういった尋常ならざる参加形式をとったものの、パルはそれを職務不履行や越権行為をとはみなしていない。広島弁護士会レセプションでは、むしろ自分の反対意見を読むようすすめてつぎのようにのべている。

このわたくしの［反対意見書に記述された］歴史を読めば、欧米こそ憎むべきアジア侵略の張本人であることがわかるはずだ。しかるに日本の多くの知識人は、ほとんどそれを読んでいない。そして自分らの子弟に「日本は国際犯罪を犯したのだ」「日本は侵略の暴挙を敢えてしたのだ」と教えている。満州事変から大東亜戦争勃発にいたる真実の歴史を、どうかわたくしの判決文を通して充分研究していただきたい。日本の子弟が歪められた罪悪感を背負って卑屈・頽廃にながされてゆくのを、わたくしは見過ごして平然たるわけにはゆかない。彼らの戦時宣伝の欺瞞を払拭せよ。誤まられた歴史は書きかえられねばならない。[28]

日本は満州事変以来、アジア太平洋各地で軍事侵攻をすすめてきたが、パルは右のスピーチで「欧米こそ憎むべきアジア侵略の張本人である」とのべ、戦争開始の責任がどういうわけか欧米に帰せられなければならないことになっている。あるいはパルは、過去数世紀にわたって欧米の展開した帝国主義的膨張主義を日本の今世紀における戦争と重ねあわせ、その視点から「欧米こそ」の節が出てきたのかもしれない。しかし、右のスピーチでは「満州事変から大東亜戦争勃発にいたる真実の歴史」云々とも言明していることから、ここでの話題はアジア太平洋戦争そのものであるようだ。この発言にたたみかけるかのようにして、パルは「日本の子弟が歪められた罪悪感を背負って卑屈・頽廃になされてゆくのを、わたくしは平然たるわけにはゆかない」とものべ、ここでも戦争をはじめた張本人のはずの日本が、あたかも戦争の犠牲者だったかのようにあつかわれている。

パルの批判対象は東京裁判にかぎられず、ＢＣ級戦犯裁判も批判している。たとえば、福岡県の消防館でＢＣ級戦犯の家族と出会ったとき、田中正明の回想によるとつぎのようにのべたとのことである。

戦犯といわれるが、「ＢＣ級戦犯受刑者は」決して犯罪者ではありません。全員無罪です。何も罪とがを犯したのではないのです。恥ずべきことはひとつもありません。世界の人たちも、戦争裁判が間違っていたことを少しづつ分かり始めたようです。しかし、わたくしには、今さらながら自分の無力を悲しみます。ただご同情申しあげるだけで、わたくしには何もできません。……けれど戦犯釈放にはできるだけ努めます。これ以上、罪のない愛する者同士を引き離しておくわけにはいきま

せん。(29)

この発言のあと、パルは合掌して受刑者の家族をいたわったという。右の言動は、かつて反対意見書のなかで表明していたBC級裁判評と一見矛盾しており、注目される。さきに指摘したように、反対意見書内ではBC級法廷での判決と処罰を認める発言をしており、BC級処理がすでに済んでいる以上、通例の戦争犯罪を東京法廷であらためて訴追する必要はないという論を展開していた。ところが福岡のBC級戦犯関係者をまえに、「全員無罪」とかだれも「何も罪とがを犯したのではない」と発言し、じつはBC級法廷の正当性は認めていないという立場をあきらかにしている。このようなパルの言動は、日本人の通訳やその他日本人取り巻きの「フィルター」をつうじて記録されているので、脚色や誇張がふくまれている可能性はある。そのため、日本語で記録された諸発言をそのまま「パル判事のことば」とみなして鵜呑みにすることはできない。しかし、パルによる右の発言は、反対意見書の底を流れる国際法懐疑論と思想的につうじるものもあり、完全な訳しまらがえとも考えにくい。

パルは、訪日中に巣鴨拘置所も訪れたが、ここでもおなじような発言をくりかえしている。田中の回想によると、A級戦犯をふくむ約一三〇名の受刑者をまえに、パルは「皆さんには何の罪もない。講和条約も終った。講和条約が終れば、当然皆さんは釈放されるはずです。あとは手続きの問題だけです。それが国際法の定めるところです。どうかそれまで健康に留意してください」とのべたという。そのほか東条、東郷、板垣、広田、木村、松井らA級戦犯の家族に会い、いたわりの言葉を残していったという。[30] このエピソードからも、パルが連合国による戦犯裁判の正当性をじつはなにひとつ認めていなかったのではないか、という推測が説得力を帯びてくる。

日本旅行をつうじて田中や下中と交流をふかめたパルは、やがてみずからをアジア世界で平和と正義を促進していく知的指導者とみなしていった。田中によると、「パール博士と下中先生はこの一ヶ月余の旅行ですっかり意気投合され」、「大アジア主義、世界連邦による恒久平和の確立といった思想・信条の共通から、義兄弟の契りを結ぶにいたった」という。[31] そんなパルの脳裏には、しかし戦時中に「大アジア主義」の名のもとに日本の軍事侵攻と暴虐の犠牲になった数えきれぬアジア民衆は、いったいどう映ったのだろうか。アジア人犠牲者のなかには、日本兵士による虐待、拷問、虐殺にあった多くのインド人捕虜や一般市民もふくまれていた。これは東京法廷でも立証された事実で、パル判事はそれを承知していたはずだった。しかし判事は、日本のアジア人に対する加害行為については盲目のようであり、そのかわり第二次大戦で失敗におわった大アジア主義を下中らとともに夢想するようであった。

訪日中にパルは、自分の反対意見書の全訳が出版されることもすすめており、義兄弟の契りをかわした下中はそれにこころよく応じた。準備は迅速にすすみ、パルが帰国するまえには実現した。『全訳日本無罪論：極東国際軍事裁判印度代表判事R・パール述』と題された日本語訳を手にし、「パール博士は大満足し、たいそう喜ばれたことは申すまでもない」と田中は回想している。また、パル帰国後も下中は判事の意見書をひろめつづけるため、「『日本無罪論』普及会」なるものを平凡社内に設立したとのことだ。[32]

そののちパルは、一九五三年と一九六六年に訪日している。三度目（つまり一九六六年）に来日したとき、下中はすでに他界しており、八〇歳の判事自身も持病があり弱い体だった。しかしパルは、日本で果たすべき自分の知的指導者としての役割を重視しつづけ、受け手の日本人もそのようなパルを歓待した。こうした相互関係を示す一例に、同年一〇月三日に尾崎記念会館で開催された講演会がある。

当日パル判事は、老齢と持病のために大衆のまえで講演のできる体調ではなかったが、それでも欠席を固辞したという。「安静第一」という勧告からスピーチをすることは禁じられたが、とにかく会館にあらわれ壇上にあがるまではやりとげた。予定されていた「世界平和と国際法――太平洋戦争の考え方」と題した講演はおこなわず、そのかわりに壇上で黙ってふかく頭をさげ、二〇秒から一分間、おえつをもらしながら合掌したという。この劇的な「無言の講演」に聴衆はふかく心を打たれ、「会場には、すすり泣きの声が広がった」という。そのあとパルは、壇上からおりて帰ったが、「聴衆の半数にあたる約二百人はいつの間にか合掌して博士を車まで見送った」と『読売新聞』は報道している。[33]ここに、パルの日本に対する心情的思い入れ、あるいはより厳密には日本で自分がはたすべき「平和主義者パル」という役割に対する思い入れが、くっきりと体現されていたといえないだろうか。

このころには、日本政府も積極的にパルの「業績」を認めはじめていた。一九六六年の訪日中、裕仁天皇はパルと下中両方に対して「世界の正義と平和に貢献した功により」勲一等瑞宝賞を授与した。また、パルが翌年他界し、東京の築地本願寺で追悼式が開かれたとき、政府代表も列席している。そのときの状況を報道した『毎日新聞』の記事によると、「戦犯遺族らでつくっている白菊遺族会の東条勝子さん（東条英機元首相未亡人）ら約三百人が出席、三木外相の追悼の辞を田中政務次官が代読「博士が全人類に示した真理の教えは博士の死によっていささかも弱まらない」と述べた」ということだ。(34)

裕仁天皇と政府によるパルに対する右のような対応は、日本政府の東京裁判観を知るうえでも重要だろう。日本は、かつてサンフランシスコ講和条約締結（一九五一年）のさい、「極東国際軍事裁判並びに日本国内及び国外の他の連合国戦争犯罪法廷の裁判［＝判決・judgments］を受諾し、且つ、日本国で拘禁されている日本国民にこれらの法廷が課《ママ》した刑を執行するものとする」（第十一条）ことを、国際社会への復帰をまえに厳粛に誓っていた。(35)しかし六〇年代にはいり、東京裁判とBC級裁判の正当性を公然と否定したパルを「真理の教え」の伝達者といって支持し、結果的にサンフランシスコ講和条約の宣言と相容れない立場をとったのである。そののち冷戦が終焉して国際秩序が大きな転換をとげはじめると、日本政府は世界各地であらたにはじまった国際刑事裁判を積極的に支援するようになる。二〇〇七年七月にはハーグ常設の国際刑事裁判所の基本原則を定めるローマ規程を批准、同規程は同年一〇月以降から国内でも効力を発するようになった。(36)ローマ規程は、ニュルンベルクと東京両裁判の憲章および判決に発する法原則を基本としており、通例の戦争犯罪についての諸原則のほか、侵略戦争にかんする法理の妥当性も基本的に認めている。こうした状況にありながら、いまでも国際人道法の基本原則を見誤ってきたパル反対意見書を「真理の教え」とみなすひとびとがいるとしたら、これは日本が今日選びとっている国際貢献の方針と矛盾する立場といえよう。

さて、パルの死後の一九七五年、平凡社は箱根に「パール・下中記念館」を設立し、二人の遺品などを常時展示できるようにした。こうして後世まで日本におけるパルの活動を伝える努力をしたのである（ただし現在はほとんど維持管理されていないという）[37]。さらに近年、靖国神社もパル判事の記憶を維持するための一事業を達成している。明治以来の戦没者にくわえ、A級戦犯一四名と多数のBC級戦犯受刑者が祀られている同神社は、境内の戦争記念館展示からもあきらかなように東京判決に否定的な立場をとってきたが、二〇〇五年六月にはパルをたたえる記念碑を境内に設立し、その立場をあらためて鮮明にしている。靖国神社はここ数十年、戦争責任論争のいわばメッカをなしており、国内外のメディアでも参拝問題と関連して頻繁に報道されている。この地にパル記念碑が建てられたことは、パル反対意見書が日本人の戦争責任論争の中心的な位置をしめるようになっていることを象徴しており、意義ぶかい[38]。

パル反対意見の評価

主権回復後パル反対意見の普及活動がくりひろげられるなか、東京判決に異議をとなえる本や論文が国内でつぎつぎと出版された。ここで、いくつか事例をとりあげてみよう。

主権復帰後早くから刊行された裁判批判のひとつには、弁護団の一人だった滝川政二郎による東京裁判の回想録、『東京裁判を裁く』（一九五二、五三年）がある。滝川は、「東京裁判を行おうとする動機の中に、侵略戦争を防止しようとする人道的な考えが全然なかったとは言わない」と、いちおうの評価をしているが、東京裁判がけっきょくは戦勝国による復讐裁判におわってしまったとし、裁判の正当性を基本的に認めない立場をとっている。回想録によると、連合国は「戦勝国だけで世界国家ができたように錯覚し、原始的な復讐観念によって動かされていながら、自らを反省することなく、「文明」の名において恣意的に戦敗国を裁いた東京裁判は、不正な裁判というよりも、裁判というに値しない猛悪であったという外ない」ということだ。東京裁判を法の理念にもとった歴史事件とみなした滝川は、この裁判が「国際法を進歩せしめなかったばかりでなく、これを数世紀以前に逆戻りさした」とのべる。そして、「かかる裁判が二十世紀後半に行われたということは、ひとりアメリカの汚辱たるのみならず、人類の恥辱」であるとまとめた(39)。ただし第六章で指摘したように、滝川は東京法廷であきらかになった南京事件については、日本軍による大規模な暴虐があったことをみずからの現場検証とも照らしあわせて事実として認めており、東京裁判の史実確定の機能をある程度は評価していた。

もう一人の旧弁護人で、「パール博士歓迎委員会」の一員だった菅原裕も、滝川と同様の批判を著書『東京裁判の正体』（一九六一年）で表明している。菅原の見解では、東京裁判は戦勝国が自分たちに都合のいいように法を曲げて、一方的に敗戦国の指導者を処罰したものにすぎなかった。このような裁判を、菅原は「文明の冒瀆」と評している(40)。さらに、東京裁判の不当性を証拠だてる例として七つの死刑宣告に言及している。菅原によると、極刑受刑者七名は個人的になんの罪も立証されておらず、たんなるみせしめのために東京裁判所によって断罪されたという。具体的には、南京事件について松井石根、泰緬鉄道については木村兵太郎、シンガポールの中国人大虐殺事件については板垣征四郎、バターン死の行進については武藤章、パールハーバー奇襲については東条英機、中国におけるさまざまな策謀については土肥原賢二、そして中国政策・ロシア政策・南京事件・国内政治の軍部支配の支持をめぐる失策について広田弘毅が血祭りにあげられたとした。この主張は、しかし東京判決の事実認定を菅原が正しく理解していないことを露呈するだけになったといえよう（第六、七章を参照）。

もう一人、旧弁護人の清瀬一郎は、ややおくれて一九六六年に東京裁判の回想録『秘録東京裁判』を出版した。ここでも、「東京裁判は、本来復讐が目的であった」という主張がなされ、とくに清瀬は罪刑法定主義違反の批判を展開した。「通例の戦争犯罪」についても、基本的に被告たち個人には刑事責任はなく、復讐目的を達成するために検察側が戦争犯罪の訴因をとりいれたにすぎないという立場をとった(41)。清瀬の『秘録』は弁護側の内部事情など、あまり知られていない事柄に光をあてている点で興味ぶかいが、裁判否定論者の主張を知るうえではとくに新しさはない。

かつて弁護団に所属していたひとびとは、しかし、かならずしもみな同意見ではなかった。前章からもわかるように、たとえば戒能通孝弁護人は、東京裁判と東京法廷における訴追努力と判決内容を積極的に評価している。大島浩被告の弁護をつとめた島内龍起も、東京裁判所が法律問題のうえでも事実解明のうえでも妥当な判決をくだしたとみなしている(42)。また、東京裁判が勝者の裁きをくだしたという保守層からの批判については、島内はこれを「弱者の悲鳴のような響をもつ」とコメントし、「高い自己矜持をもった古武士は敵に対してこのようなことを決して口外しなかったであろうし、考えつきもしなかったであろう」とのべている(43)。つまり、「勝者が一方的に処罰した」と責めるのは、敗戦の事実を正面きって受け入れていないことを示しているのであり、武士道の伝統を誇る日本人にはそぐわぬ行為だと考えたのだった。

けれども戒能や島内のような見解は、主権回復後の日本では国内世論の主流ではなかった。むしろ一九六〇年代以降も、東京判決を全面否定する出版物は増えていった。たとえば田中正明は一九六三年に『パール博士の日本無罪論』を出版し、パルの法見解をあらためてひろめる努力をはかっている。この本は、パル反対意見書から抜粋・引用しながら東京裁判の問題点をあきらかにしようとしたもので、内容上とくにあたらしい記述はない。しかし、この書が何度も版をかさねて出版されている点は注目される。一九九八年には第二七版にいたっており、現在でも出版されつづけている。このように、次世代にパル意見書を普及していくうえで田中は大きな役割をはたし、裁判否定論者の裾野をひろげることにおおいに貢献したといえよう。

一九六六年になると、「東京裁判研究会」というグループが『共同研究：パル判決書』[44]を出版した。この研究会を構成したのは、法務省で戦犯裁判記録の収集にたずさわってきた法務官二名、東京裁判の弁護人一名、そして法学者二名である。『共同研究』にはパル反対意見書の全訳がふくまれたほか、反対意見書の歴史的意義を考察する五つの論文が収録されている。また、漢字にルビをふるなどして反対意見書を読みやすくし、パル意見書を読む機会を一般市民にひろく提供しようとこころみている[45]。しかし、『共同研究』がパル意見書をどれほど中立的立場から紹介しているのかは議論の余地があろう。この書には、田中正明にみられるような極端な日本無罪論の主張はないが、パルの反対意見書のみに注目することで、これが正当な判決書であるかのようなアプローチをしている。パルの反対意見書を「パル判決書」と呼んでいるところにも、そのような姿勢が端的にあらわれている。ただし、「パル判決書」という呼称は六〇年代にはごく一般化しており、東京裁判研究会にはじまったわけではない。

パル反対意見書を支持する刊行物は、七〇年代以降もあらわれつづけた。たとえば、獨協大学の中村粲《あきら》は同書の抜粋をまとめ、それらに注釈をつけて英語教育に利用できる教材として出版している（*In Defense of Japan's Case*, 1976）。また中村は、一九九九年には国書刊行会との協力でパル反対意見書を原文（英語）で出版している。この刊行物の主旨は、「すでに確立されている」といわれる東京裁判の判決を問いなおし、あらためて分析する絶好の機会」を英語圏の研究者にもってもらうことだという(46)。しかし、じつのところ中村はこうした手間をとる必要はなかった。なぜなら、パル反対意見書はその他の裁判記録とともに米国の公文書館などで早くから公開されており、一九七〇年代後半に入ってからは、本の形式で容易に読めるようになっていたからだ。具体的には、一九七七年にはオランダ代表判事だったレーリンクが多数派判決と五つの別個意見を編集・出版しており、一九八一年にはR・ジョン・プリチャードとソニア・マグバヌア・ザイデが公判記録を共編・出版、そのなかで別個意見をふくめた裁判所の意見がすべて読めるようになっている。

ただ、中村はパル意見書を国際的にひろめる目的だけのために英語版の出版を追求したのではないようである。かれの寄せた序文によると、この意見書を英語圏で出版することで、『日本軍が南京で残虐行為をおかした」という誤った主張を晴らそうとしたという。中村はとくにアイリス・チャン著『レイプ・オブ・南京』に言及し、この書が一九九七年に米国で出版されベストセラー入りして以来、南京事件の史実が海外でゆがめられて伝えられていることを危惧したという。そして、もし欧米人にパル反対意見を読む機会をひろく提供すれば、南京でなにが起こったか、その実態と真実がわかってもらえると考えたようだ。中村はつぎのようにのべている。

真実に忠実なパル判事は、真実のみに導かれて法廷の被告たちを裁いたが、裁判所全体の精神は、敗者の理性と正義に耳を傾ける寛容さに欠けていた。今日世界の諸地域において、たとえばアイリス・チャンの『レイプ・オブ・南京』が大きく取り沙汰されているのをみると、知識と理性および真実の追究に、いったい世界が過去半世紀にどれだけ進歩したのだろうかと私は疑いをもたざるを得ない(47)。

つづけて中村は、「何十万人という中国人のホロコーストがあったとか、南京市が膝までどっぷり血に染まっていたという世界的に有名な話があるにもかかわらず、南京で山積みになった死骸のパノラマ写真一枚さえも、存在するなどと知られていないうえ、ホロコーストの現場をみたという人物ひとりだっていない」とのべ、過去数十年にわたる実証研究の業績を度外視した発言を英語圏の読者にむかって発している。さらに、「東京軍事裁判所などをかつてだましたものと同様の恥ずべき嘘が、「現在も」露骨にくりかえされ、世界の諸地域では倒錯した快楽を生みだしている」と書き、近年の南京事件研究の動向も間接的に批判したのだった(48)。このような中村の主張は、パル反対意見書がここ数年、南京否定論者の論拠としても重要な位置を占めていることを示しており注目される。

とはいえ、中村はパル反対意見書をまったく曲解しているわけでもなく、じつのところ右の主張は同意見書内にそれなりの論拠をもっている。本章の冒頭でも指摘したとおり、日本軍による蛮行が戦線各地であったことをパルは基本的に事実とは認めていた。しかし同時に、残虐行為の規模を過小評価する尋常ならぬ努力もはらっている。そのような姿勢は、南京事件にかんする事実認定の部分でとくに顕著である。たとえば反対意見書でパルは、検察側の証拠を「宣伝工作」の可能性があるとのべ、その信憑性について懐疑的な態度を一貫してとっている。(49) しかも、公判中に弁護側さえ信憑性を認めた検察側証人についても、パルは信用できないといい、証言の価値を矮小化するか、あるいはまったく認めていない。そのなかには、被告側の弁護人ブルックスが信憑性を全面的に認めた証人ジョン・マギーもふくまれている(第六章参照)。パルはマギーの証言を「昂奮した、あるいは偏見の目をもった者によって目撃された事件の話」の可能性があるとし、つぎのようにつづける。

もしわれわれが証拠を注意深く判断すれば、でき事を見る機会は多くの場合においてもっともはかないものであったに違いないということを、われわれは発見するだろう。しかも証人の断言的態度は、ある場合には知識をうる機会に反比例しているのである。多くの場合にはかれらの信念は、かれらをして軽信させることに、あるいは役立った昂奮だけによって導かれ、その信念はかれらをして蓋然性と可能性の積極的解説者たらしめる作用をしたのである。風説とか器用な推測とか、すべての関連のないものは、おそらく被害者にとってはありがちの感情によってつくられた最悪時を信ずる傾向によって、包まれてしまったのである。(50)

要するにトラウマに悩まされる証人の発言は、元来誇張や想像があるため信用できないというのだった。南京からやってきた証人たちに対するこの懐疑的な姿勢は、現在の国際刑事法廷――そこでは、残虐行為の犠牲者や目撃者による法廷証言が非常に重視されている――では通用しないと考えられるが、東京法廷におけるパルは、被告側が信憑性を認めた証人たちを弁護人にかわって論駁しようとし、右のようになかば中傷するような発言をするのだった。このような反対意見書に、中村や右派論壇が南京事件否定論を支持しうる基盤を見いだすのはなんら不思議ではないのである。

さて、パルが日本国内の東京裁判論議に大きな影響をおよぼしはじめて数十年たった一九七一年、米国初の東京裁判にかんする研究書が出版された。著者のリチャード・マイニアは、現在も英語圏では東京裁判の権威にかぞえられている。その著書『東京裁判・勝者の裁き』（以下『勝者の裁き』）は、邦訳も翌年出版されている。欧米では東京裁判にかんする研究書や論文がいくつか出版されているが、マイニアの本はもっとも体系的な研究書とみなされており影響力も大きいため、くわしくその内容を分析したい(51)。

『勝者の裁き』の目立った特色は、国内の裁判否定論者が早くから主張してきたものとほぼおなじ内容の裁判評価をくだしている点である。すなわち、東京裁判を戦勝国による儀式的な復讐裁判にすぎないとみなし、その論拠としてパル反対意見書を引き合いにだしている。同様に多数派判決については、裁判批判者やパル判事が断じてきたように、これを「連合国の戦時下宣伝のくりかえし」と評している(52)。

しかし、マイニアの書と国内の裁判否定論者のあいだには重要な相違点もある。第一に、『勝者の裁き』は、パル反対意見書にかぎらず多くの裁判関係文書をはばひろく検証しており、「ニュルンベルク裁判所憲章」作成文書、ジャクソン判事のトルーマン大統領宛の報告書、国際条約と関係諸論文、そして東京判決をふくむ裁判の公判記録が分析対象になっている。第二に、同書は比較研究のアプローチをとり、東京裁判に内在する法律上の諸問題をニュルンベルク裁判にさかのぼって論じている。これに対して国内の東京裁判否定論者は、ニュルンベルク裁判との比較研究にほとんど関心を示していない。

『勝者の裁き』の本論では、国際法、法手続き、史実の三側面から東京裁判の評価をこころみている。まず国際法上の諸問題について、マイニアは、東京裁判で適用された主要な法理が合法ではなかったとする。とくに共同謀議論、侵略戦争の犯罪化、国際犯罪に対する個人責任論、指揮官責任論（いわゆる不作為の刑事責任）の法理は、戦前にも戦後にも成立していなかったと主張する。これらの事後法を適用することにより、ニュルンベルクと東京両裁判所は罪刑法定主義の原則に違反したのであり、この点で両方の訴追と判決内容に問題ありと論じた。(53)

第二に手続き上の問題について、東京法廷ではニュルンベルク同様、敗戦国日本の指導者のみが訴追され、連合国側の戦犯容疑者が一律に訴追免除になっていた。この事実は正義の実現に片寄りがあったことを端的に示すとし、マイニアはこれも問題視した。さらに、裕仁天皇をふくむ多くの主要戦犯容疑者が訴追をのがれたことも指摘し、ここに東京裁判の政治性があらわれているとする。裁判所の判事選出にも言及し、ここでもニュルンベルクと同様「戦勝国の市民」のみが東京裁判所に任命されたことから、やはり勝者の政治的な意図が反映されていたとした。しかも、判事の何人かは来日以前に戦犯問題に関与していたので、もともと任命される資格がなかったという。ただし、マイニアによるとパル判事だけは例外で、かれはただ一人「国際法について何らかの前歴があった」という。[54]ではパルが戦犯問題にかんしてどのような実績をもっていたのかというと、この点はなにもあきらかにしていない。唯一、パルが来日以前に「国際法協会」の会員だった事実に脚注で言及するにとどまっている。他方、ウェッブ、ベルナール、クレーマー判事が、来日まえに戦犯問題にかんする実務経験を積んできた事実にはふれていない。

第三に歴史上の問題について、『勝者の裁き』は東京裁判所で確立された共同謀議論を中心にして批判を展開している。マイニアは、ナチス・ドイツの指導者が「文明社会に対して邪悪な陰謀」をもったことは史実であり、ニュルンベルク裁判所が共同謀議論を擁立したのはそれなりに理にかなっているという立場をとっているが、おなじような判定を東京法廷の被告に対してくだすのは誤りだったとみなしている。なぜなら、「日本はドイツではなかった」のであって、「東条はヒトラーではなく、太平洋戦争はヨーロッパの戦争と同一ではなかった」からだという。「これらの決定的な違いにもかかわらず、ナチスを処罰するために設定した法律上の罠が日本の指導者に対してもまったく同じ方法で適用された」と批判、それを鵜呑みにした東京裁判の判決を誤りとした。[55]

では、マイニアのいう「決定的な違い」とはなんだろうか。もしニュルンベルク裁判所のくだした共同謀議論の解釈を正論とするならば、法律理論上、じつは日本とドイツの戦争とのあいだに決定的な差異はない。ニュルンベルク判決によると、近隣諸国に対して正当な理由なく軍事力を行使するという具体的な計画があり、それが遂行された場合、これを侵略戦争の「共同謀議」と認定できるのである。他方、ナチス・ドイツが「文明社会に対して邪悪な陰謀」をもっていたかどうかという観念的な問題は、裁判所があつかう問題ではないとしていっさいとりあっていない（第四章参照）。東京法廷において、日本が中国など近隣諸国を軍事攻撃する具体的計画をもち、かつそれを実行したという基本的な史実は立証され、この事実認定をもとに共同謀議を確定するのは、ニュルンベルクの先例をふまえると不可能ではなかった。

『勝者の裁き』が刊行されるとすぐ、国士舘大学の国際法教授の奥原敏雄がこれを書評し、その功罪を論じている。奥原はまず、この書が欧米において先駆的な東京裁判研究書であることを評価し、その刊行を肯定的に受けとめている。しかし、本文で展開されている主張については概して批判的である。第一に、日本国内では東京裁判の別個意見が早くから知られていることを指摘、マイニアによる裁判批判はこの点でなんらあたらしい見解を提供していないと評している。[56] 第一に、『勝者の裁き』のなかに法律理論上の誤認があるとし、これらを批判している。たとえば、ニュルンベルクと東京両裁判終了以来、国際法は発展をとげてきているのだが、著者はその事実に沈黙し、あたかも個人責任や指揮官責任の法理が現在も認められていないかのような印象を読者にあたえていると指摘する。「人道に対する罪」の法理も、一九四八年のジェノサイド条約や一九七〇年の戦争犯罪と人道に対する罪の時効を認めない国際条約などで成文化されているが、マイニアはこれらの事実にもふれていない。奥原は、このような沈黙はやはり誤解をまねくと考えた。しかも、「著者［マイニア］自身この犯罪［人道に対する罪］と通例の戦争犯罪との概念上の相違を十分に認識しておられないふしもうかがわれる」とのべている。[57]

以上の問題点を指摘しつつ、奥原は東京裁判を評価するにあたってどのようなアプローチが本来もとめられるかを考察している。かれの見解では、東京裁判を肯定するか否定するか決定するまえに、まず研究者は、この裁判を国際法史の大きな流れのなかに正しく位置づけることが重要だとした。この立場を具体的にはつぎのように説明している。

今日、東京裁判のケースを扱う場合、以上の国際法的認識を念頭に置いてその是非を論ずるのでなければ、過去の恨みごとを蒸しかえすために東京裁判を道具として用いているといった印象を与えかねない。研究の動機がもともとそこにあるというのであればともかく、そうでない場合は、その後の国際法の進展状況を理解した上で、その観点から、東京裁判を批判するなら批判し、また一定の評価を与えるならば与えるということが必要であろう。(58)

つまり、裁判研究の主眼となるべきは、裁判が国際法史上どのような意義をもつかをあきらかにしていくという姿勢であって、東京裁判をみずからの都合に合うよう解釈し、本来の裁判と関連性のない主張をすることであってはならないというのだった。

このような批評は、しかしマイニアに対して説得力をもたなかったようだ。『勝者の裁き』は米国で二〇〇一年に新装で出版されたが、原書の復刻版であり改訂をいっさいふくんではいない。むしろ新装版の序章はあらためて、東京裁判で公平無私に判決をくだしたのはパル判事のみとし、東京裁判の実態を知ろうとする者はパル反対意見書と対峙しなければならないという。(59) こうしてマイニアは、国際法の実情如何にかかわらず、パル意見書が正当な判決書であるという立場に固執し、その結果、みずからを日本国内における裁判批判論者の確固たる同盟者にしたのだった。

ここで注目されるのは、マイニアの政治的・思想的傾向はどちらかというと左派であって、通常は日本の保守層を批判する立場にあることだ。著者自身、「裁判を弾劾すれば、日本の政治の反動勢力に利用されかねない」[60]と憂慮はしていた。しかし、そのようなリスクを承知で『勝者の裁き』出版にふみきったのである。なぜだろうか。著者自身の説明によると、かれは東京裁判を戦後アジアにおけるアメリカ外交の失策の先例とみなしており、その延長線上にヴェトナム戦争があると考えていた。こうした思想上の見地から、東京裁判批判をつうじて米国政府によるアジア政策を間接的に批判しようとしたのだ[61]。この意味で、『勝者の裁き』は一九六〇年代から七〇年代にかけて急成長したアメリカ市民運動を反映した左派の作品だった。また、第一義的には東京裁判を主題としているものの、本質的にはヴェトナム戦争反対をテーマとしていたとみなすほうがよいということにもなろう。しかし、同書は日本に紹介されるや、アメリカ社会における左派の意味はうすれ、そのかわり正反対の政治勢力に知的基盤をあたえるという奇妙な状況が生じたのだった。

家永三郎のパル批判

『勝者の裁き』が出版される数年まえの一九六七年、パル反対意見書の妥当性を問う論文が雑誌『みすず』に発表された。著者は、教科書裁判で知られるようになる旧東京教育大学教授の家永三郎で、ちょうど第一回教科書裁判の訴訟をはじめて二年たったころだった。家永の教科書裁判は、文部省による教科書検定を事実上の検閲とみなし、これを憲法で認められた権利の侵害としてあらそった民事裁判で、一九九七年まで合計三つの訴訟がおこなわれた。家永はすべてのケースを最高裁まであらそい、三つめでは最高裁で一部勝訴をはたしている。この裁判は、法廷という司法の場で市民が国家権力に挑戦し、戦争をめぐる史実解明の権利を勝ちとっていく可能性を追求した事件で、戦後における市民社会の形成に大きな影響をおよぼしたが、家永はその指導的役割をになった人物だった。(62)

家永が論文「十五年戦争とパール判決書」を発表したのは、そのころパル反対意見書が保守勢力によって日本の戦争を正当化するのに利用されており、この状況を憂慮したことによる。家永自身の説明によると、「パール判決書は、最近権力とこれに対応する民間勢力との力によってとみに支配的となってきた「大東亜戦争肯定論」ムードを強化する絶好の武器として利用せられつつある」とみうけられたという。(63)ここで家永が言及する「大東亜戦争肯定論」とは、林房雄が一九六三年に『中央公論』で連載した論文で展開された戦争論のことだった。林は一九四一年に勃発した太平洋戦争を、日本が幕末から西洋の列強に対抗して戦ってきたいわば百年戦争の「終局」だったとし、この「終局」戦争をアジア世界防衛の戦争、すなわち「大東亜戦争」と説明したのだった。(64)この歴史観が六〇年代にひろまる過程で、パル反対意見書はその論拠をなしていったのだった。

この傾向を、家永は憂うべき現象と考えた。なぜなら、パル意見書の論旨にはいくつかの重大な法律上と事実認定上の誤りがあると考えていたからだった。しかし、「おそらく多くの人々は、その全内容を熟知せず、「日本無罪論」といった、正確といえない呼称や、インド代表判事の少数意見という外形や、新聞その他に至極簡単に紹介された論旨などに基づいて、漠然とした、あるいははなはだ不正確な知識しかもっていない」のであり、たんにパル判事が第三世界の指導国家であるインド出身だという理由から、かれの意見書を「あたかも公正無私の見解」と思いこんでいるひとびとが多いのではないかと危惧した。(65)そこで家永は自分自身で分析をこころみ、反対意見のなかでつぎのふたつの問題点をとくに指摘している。

第一点は、パル判事による自衛権の解釈に関係した。本章のはじめでものべたように、パルは自衛権の意味をひろくとらえ、戦争を起こした国家の指導者がその戦争を「自衛目的で起こさざるを得なかった」と信じたというなんらかの理由があれば、それは基本的に自衛戦争と認めてよいという立場をとっていた。家永は、この見解を「自衛権概念の拡大解釈とその行使についての国家の恣意を許容」したあやまった判断とみなした。(66)こう指摘するとき、家永はこれが自分だけによる意見ではないことを注記している。具体的には、『共同研究：パル判決書』の編集に参加した研究者のあいだでも、パル判事が自衛権を拡大解釈していることが問題にあがっている点に注意をうながしている。『共同研究』に論文を寄稿した田岡良一がその一人で、かれはパル意見書を賞賛しつつもその自衛権解釈については、「行使された自衛権が、正当な限界を超えていなかったかどうかは、社会の判断に付せられねばならない」とし、「自衛権の行使は、完全に国家の自由には任せられていない」とのべて、パルの自衛論の妥当性を疑問視していた。(67)

第二の問題点は、パル判事による満州事変の事実認定に関連した。パルはその反対意見で、満州事変が起こった背景には中国側に陰謀があった可能性があると論じ、その可能性があるかぎりは、関東軍の開始した軍事行動の説明を「共同謀議論」という検察側の仮説にもとめる必要はないとしていた。また、日本側が「当時存在していた反日感情によって惹起された事態の悪化のため、やむをえず準備と警戒が賢明な手段であると「善意ヲモッテ」考えてはいけないという理由はない」（パル反対意見書より抜粋）とのべ、反日感情が中国でひろまっていたことが、自衛権の発動を正当化するじゅうぶんな法的根拠になりうるという見解を展開していた。(68) しかし、戦後――とくに家永がこの論文を出版するころまで――には、満州事変が関東軍の策謀によりはじまり、中国側の陰謀ではなかったことは公知の事実だった。家永論文の指摘によると、奉天事件当時に日本領事館につとめていた森島守人や、関東軍参謀の花谷正元陸軍中将、朝鮮軍参謀の神田正種など、事件の内部事情をくわしく知る政府高官や軍高級将校みずからの証言が戦後に多数刊行され、奉天での鉄道爆破にはじまる一連の事件が日本陸軍側の計画によった事実に、もう議論の余地はなかったのである。(69) もちろん東京裁判当時のパル判事には、これら刊行物を手にする機会はなかったが、検察側から、国際連盟（一九一九―四五年）代表の調査団が事件直後にまとめたリットン報告書などが書証として提出されており、パルにとって事実関係を確定することはそれほど複雑な作業ではなかったはずだった。にもかかわらずパルは事実誤認をおかしており、家永はこれを深刻な問題だととらえた。

そもそもパルの判定ミスの根幹には、「中国側による策謀」という弁護側の主張を額面どおり受け入れ、すくなくともこの可能性があるかぎり満州事変を自衛戦争とみなすべきだとする論があった。この主張は弁護側が法廷で展開をこころみたものの、それと矛盾する証言が被告側自身から発せられるなど、信憑性を確立できていなかった。しかし、それでもなおパルはこれに固執した。このようなパル判事のあり方を説明する手段として、パルはもしかしたら反共思想をもっていたために事実誤認をおかしたのではないか、と家永は考えた。じじつパルはその意見書で、「共産主義の発達にたいする恐怖の声が全世界に高い今、また共産主義の発展にともなって予期される危険を防止するために、経済的ならびに軍事的に、大規模でかつ急速な準備が行われていることが、あらゆる方面から伝えられている今日、この想像上の脅威にたいする日本の憂慮、ならびにそれにともなう日本の準備および行動は、正当化されうるにせよ、えないにせよ、すくなくとも訴因第一ないし第五において主張されているような厖大な共同謀議の理論などの助けを俟たないでも、説明しうるものであることは、ここに注意を喚起するまでもないことと信ずる」とのべて、弁護側の主張してきた共産主義伸張を正当な自衛論だとしている。この見解を基本にし、中国に対する軍事力発動を合法な防衛戦争とみなしたのだった。(70)この所見に家永は反共思想を見いださざるをえず、またパルの事実誤認がこれで説明できると考えた。

ただ、家永にとってひとつ納得がいかなかったのは、なぜパルが中国共産主義に反感をもたなければならないかだった。そもそも、「インド国民会議派が中国の抗日戦争を全面的に支持し、ガンディーが、日本軍が武力をもってインド侵入を企てる場合には、我々インド人はあらゆる力をふるって抵抗する旨宣言した」のであって、このような事実をふまえると、「パールの中国革命に対する反感ははなはだ不可解」という。(71)けれどもほかに納得のいく説明がないので、家永は当面、パルがなんらかの理由で反共思想をもっていたのだろうと推測するしかなかった。いずれにせよ、満州事変の事実関係をパルが誤認したのはあきらかであり、このような初歩的誤りをおかしたパル反対意見書は妥当性を再検討されるに足る、と家永はみなしたのだった。

家永論文は、反対意見書の矛盾点に鋭くメスを入れた内容だったが、パル反対意見書を見なおす動きにはすぐにつながらなかった。一九七五年になって、ようやく家永論文に応える研究者がでてきたが、それは『勝者の裁き』の執筆者リチャード・マイニアで、かれの応答論文、“In Defense of Radha Binod Pal” は家永の見解とまっこうから対立するものだった（邦訳「パール判決の意義：家永教授への反論」は雑誌『みすず』に発表[72]）。マイニアによると、パル判事はなんの事実誤認もしておらず、反共思想ももっていないのであって、誤認を話題にするのならば家永こそがパル意見書の趣旨を誤認していると主張した。マイニアによると、インド判事は、たんに日本国家指導者が共産主義を脅威とみなしえた——つまり自衛戦争を起こすに足る「誠実な確信」をもった——という判定をくだしたのであり、これは共同謀議論をしりぞけるのにじゅうぶんな論だったという（このような弁論がニュルンベルクのアインザッグルッペン裁判で却下されたことは、本章冒頭で指摘したとおり）。つづけてマイニアは、いずれにせよ、満州事変が侵略戦争をなしたのかどうかは現在の歴史家のあいだでもまだ解決していないとのべ、この点からもパル反対意見の判定はいまでも通用するとした[73]。

家永はこれに対し、論文「ふたたびパール判決について：マイニア教授に答える」を同年一二月号の『みすず』に発表し、マイニアによる弁明がパルの事実誤認のじゅうぶんな説明になっていないと反論した。家永は、「そもそも柳条溝《ママ》事件［奉天事件］の真相に関する相反した二つの主張をともに「仮説」として同次元に相対化」するパル意見書の姿勢に問題があるとし、しかも検察側の証拠を吟味せず、中国側による策謀という「「仮説」の創作に熱意を傾注」するのはおかしいのではないか、と指摘した[74]。また、満州事変の法的性格がいまでも未解決であるというマイニアの主張について、「歴史学会の現水準の研究成果に照らしてみるならば、「大東亜戦争肯定論者」を除く日本のまじめな研究者で、教授の立言に同意するものは、ほとんどいないにちがいない」とのべ、マイニアが日本での研究動向を把握せず思いこみの発言をしているとして、これを批判した(75)。そののち、家永反論に対する答えはマイニアからなく、この論文をもって、家永－マイニア間のパル反対意見書をめぐる論争はいちおう決着となった。

七〇年代に展開された家永－マイニア論争は、いまでもパル意見書の解釈と関連して注目されるが、東京判決と戦後の現代歴史学とのかかわりあいを知っていくうえでも重要な意味をもつ。第四章でみてきたように、東京裁判所は、日本による侵略戦争が一九三一年の奉天事件にはじまったという判定をくだしていたが、右の論争から、七〇年代前後に活躍しはじめた家永をふくむ国内の歴史家たちも、みずからの研究をつうじて同様の結論にいたっていたと読みとれる。すなわち奉天事件をスタート地点とみなす戦争史観を概念化した「十五年戦争」という用語が、このころからひろがりはじめており、家永自身も教科書裁判やその他多くの著書（『太平洋戦争』［一九六七年］、『戦争責任』［一九八五年］など）をあらわし、十五年戦争史観の妥当性を国内のコンセンサスにしていくための教育活動に従事しはじめていた。

一九八〇年代なかばになると、「十五年戦争の呼称は学界においても一般においても近年相当ひろく普及し、ほぼ市民権をえた」と、日本帝国主義・第二次戦争史の専門家である江口圭一がのべるようになっている(76)。江口自身も『十五年戦争小史』をあらわし、この本はいまではアジア太平洋戦争研究の基本的歴史書に数えられている。そのほか、家永の『太平洋戦争』が二〇〇二年に岩波現代文庫であらためて出版されるとき、解説を寄せた吉田裕はこれを「十五年戦争に関する通史としては、すでに古典としての位置を占めている」と評している(77)。これらの評価から、戦後日本でパル反対意見書が急速に支持者を得た一方、それと反対の戦争観を展開する勢力も、国内で幅ひろい支持基盤を獲得するようになっていったことがわかる。このようにして主権回復後、パル反対意見書を基軸とした自衛戦争史観が世論の主流をなしていったが、東京裁判所が確定した史実も、二、三〇年おくれたかたちながら、しだいに日本社会に浸透していったのだった。

まとめ

本章では、パル反対意見書をニュルンベルク以来の国際人道法発展史と関連づけながらその功罪を検証し、同意見書をめぐる複雑な論争を解きほぐすことをこころみた。パル反対意見書のもつ歴史的意義は三点であった。

第一に、戦後の裁判論争においてパル反対意見書は、左派・右派といった論客の政治的立場を問わず、概して妥当な法的見解を提示した意見書とみなされてきた（家永はこの点例外）。この見方は、当初からパル反対意見書を「本来あるべき東京判決」とみなすひとびとのあいだでとくに共通する認識だった。しかし、同意見書はじつのところ、国際法の基本原則を見誤った判断をところどころくだしており、国際人道法の発展史に貢献していない。実際、今日の国際裁判所でパル反対意見書が判例として注目され論じられたことは、筆者の知るかぎりない。これはおどろくことではない。なぜなら同意見書は、一九〇七年のハーグ第四条約を拘束力がないと断じてしりぞけ、指揮官・閣僚責任について懐疑論を展開し、証人の信憑性を「宣伝工作」の可能性があるから信用できないと主張し、現在の国際人道法の基本原則に逆行する論をすすめているからである。これに対して、多数派判決は——そして国内の裁判論議であまり話題にされないレーリンク反対意見書も——ニュルンベルク諸判決ならびハーグなどで言及されている。これは、国内でのさまざまな批判にかかわらず、東京判決が国際人道法の発展史に有意義な法理論を提供できたことを教えてくれる。

第二に、しかしパル反対意見書は帝国主義批判、東洋法哲学、平和主義論などの深遠なテーマをとりあげるという、いわば思想書の側面をそなえており、パルを思想家とみなすひとびとは、たとえ同意見書が国際法の解釈上多くの重大な誤りをしているとわかっても、パル反対意見書を却下したりはしないだろう。そもそも同書が一部のひとびとに大きな魅力をもちつづける理由は、それが「日本無罪論」という日本冤罪論を展開しているからだけではないのではないか。むしろ、パルが判事という枠組みを越え、技術上の法律問題を越え、哲学の領域に入ってアジア世界の統合や連帯などの理想郷を語っているところに強いメッセージ性があるだろう。こうした独特の東洋アジア思想の特質を有するかぎり、同意見書の支持層は今後も確固として存在しつづけるのではないだろうか。この意味で、「思想家パル」を掘りさげて研究した中島著『パール判事』はあらためて有用な本といえよう。ちなみに同書ではパル反対意見書について、「本文中には、法関係の専門書だけではなく歴史書や哲学書、各種の手記など、さまざまな文献から引用がなされ、裁判の意見書とはまるで思えないような内容も含まれている」と特徴づけているくだりがあるが、これは的を射たコメントといえよう。[78]

第三に、パル反対意見書はこのように、今後も興味つきない歴史テーマとなりつづける可能性をもっているが、この書の歴史的意義は、最終的にはやはりその第一義的な文脈——つまり東京裁判という国際刑事裁判の文脈――に据えもどして判断しなければならないと思う。くりかえしになるが、パルの意見書は国際人道法の基本原則を正しく見定めることに失敗し、満州事変の事例にみられるように初歩的な事実誤認をし、はては国際法それ自体を「強国のご都合主義の道具に過ぎない」として糾弾、あらゆる論を駆使して全員無罪の結論にいきつくことに固執した。このように、国際法の適用を拒絶してはばからない同意見書は、国際法の判事の意見書としてほぼ失格の内容におわっている。

こうしてパル反対意見書を評価しなおしてみると、ここ五、六〇年近くにわたる裁判論議で同意見書が正当な東京裁判の判決書として話題にされ、あたかも多数派判決を論駁するのに成功した法律書のようにとりざたされるのは、奇妙なことだったというべきではないだろうか。国際法の懐疑論に拘泥した同意見書は、不戦条約の解釈はともかく、多数派判事が示したその他の争点を、国際法の諸原則や判例法に照らし合わせて論駁するには、そもそも至っていないからだ。つまりパル反対意見書は、多数派判決に対して反対論を展開できていないのである。とすると、今では一般的になっている「多数派判決対パル反対意見書」という裁判論議の構図は、東京判決の歴史的意義を判断するうえではあまり役に立たない。他方、裁判論議でないがしろにされがちな他の判事たちの別個意見は概して堅実な法律理論をすすめており、東京判決の批判として参考になる。同様に、ニュルンベルク法廷でくだされた諸判決も、指導者責任の法理や戦争犯罪の適用法を掘りさげて論じており、東京判決を批判的に分析するうえでやはり参考になる。これらのことをふまえると、多数派判決対パル反対意見書という枠組みはいずれ取り崩されなければならず、それにかわって、レーリンク、ウェッブ、ベルナール、ハラニーニョらの別個意見、ニュルンベルク諸判決、そしてハーグ諸判決をもふくんだ多角的な裁判論の言説が形成されていくことが今後望まれよう。

パル反対意見書を中心とした論争がつづくあいだの一九八〇年代はじめ、東京裁判研究はあらたな局面をむかえた。あたらしい視点をもたらしたのは、立教大学の粟屋憲太郎だった。粟屋は七〇年代までに旧連合国各国で公開されてきた裁判関係資料を発掘し、ほかの歴史家たちとも協力しながら資料を選別、出版して国内にひろめはじめた(1)。粟屋自身も各地であつめた資料をみずから分析し、いままで知られていなかった検察局の内部事情など、裁判の諸側面についての論文をつぎつぎと発表した。

初期の論文には、一九八四年に雑誌『中央公論』に掲載された「東京裁判の被告はこうして選ばれた」がある。これは、国際検察局の議事録をもとにし、裁判開廷まえ検察官たちがいつどのように被告を決めたかをあきらかにしたもので、裁判研究史上画期的な内容だった。つづいて一九八四年から八五年にかけて、雑誌『朝日ジャーナル』に「東京裁判への道」を連載し（全一六回）、開廷へむけて国際検察局がどのような活動をしたかをくわしく説明した。そのほかにも多くの論文を精力的に発表し、主要なものは『東京裁判論』として一九八九年刊行の本にまとめて発表された。さらに、ＮＨ

K取材班と協力して東京裁判を特集した番組を制作するなど、あたらしい発見を社会にひろく伝えることにも大きく貢献した。八〇年代から九〇年代にかけて東京裁判にかんする多くの概説書が出版されたが、(2)そのなかでも粟屋研究は、一般公開されて間もない一次資料を利用する独自性をもち、やがて国内での裁判研究の指針になっていく。アメリカでの日本史研究にも影響をあたえ、日米間の裁判論議でも指導的な役割をはたすようになった。

では、粟屋が提供する東京裁判観はどのようなものだろうか。

粟屋研究は、東京裁判をいままで保守勢力が主張してきたような「復讐裁判」とみなすわけでもなく、かといって法と正義を百パーセント達成した国際裁判の見本というわけでもなく、そのふたつの要素が微妙かつ複雑に組みあわさった歴史事件とする解釈を提供している。すなわち一方では、たしかに東京裁判は戦争の実態解明にいちおう貢献しており、その点では評価されるべきとしながら、他方では、連合国が訴追努力にかならずしも全力をあげなかったと指摘、むしろ政治的にデリケートな問題は意図的に裁判からはずし、実態解明を妨げるような行動があったとした。新資料の分析から、このような妨害行為が米国当局に顕著だったとみた粟屋はとくにこの点に注目し、東京裁判をアメリカの政治的意図から諸制限をうけた戦犯裁判とする立場をあきらかにしていった。

米国の政治的理由から裁かれなかった事件で粟屋が指摘したものには、とくにつぎの五点があげられる。第一に、満州で細菌兵器の開発と人体実験をおこなった七三一部隊関係者は、米国政府の方針により東京裁判での訴追をまぬかれた。この事実は、粟屋研究に先んじて森村誠一が『悪魔の飽食』（一九八一年）を出版して以来、国内でひろく知られ、アメリカでは、ジョン・パウエルが"Japan's Germ

Warfare"（「日本の細菌戦」一九八〇年）や **"A Hidden Chapter in History"**（「歴史の隠された一章」一九八一年）を発表、一九九四年にはシェルドン・ハリスが ***Factories of Death***（『死の工場』一九九四年、邦訳あり）で体系的な研究をしている。粟屋研究の意義は、これら先行研究の正しさを国際検察局の内部文書で確証している点だった。新資料によると、アメリカ代表検察チームは、裁判以前に中国で調査をすすめていたとき七三一部隊に関係する証拠を手に入れていたが、米国当局からストップがかかり法廷で提出できなかったということだ。(3)

第二に、日本軍が中国で毒ガスを使った事実についてもおなじことがいえると指摘している。新資料によると、アメリカ代表チームは開廷以前に中国で証拠文書を確保しており、起訴状の付属文書にも毒ガス戦に言及していた。しかし、どういうわけか実際の立証努力にふみきらなかった。粟屋は「毒ガス戦の免責理由を示す資料は今のところ見つかっていない」としながらも、ここでも政治的決断が影響しているのではないかと推測し、つぎのような可能性を示している。

法廷で日本軍の毒ガス戦を追及すれば、弁護側がアメリカの原爆投下を持ち出して、応酬する可能性が強かったため、これを避けた。さらにアメリカは今後、化学戦を実行する意図をもっていたため、東京裁判で化学戦の国際法違反の立証をすれば、みずからの手をしばることになるので、追及を断念した。(4)

ここで粟屋は、「米国が化学兵器を用いた」という具体的な事例には言及していないが、ヴェトナム戦争期に米軍が利用した枯れ葉剤やナパーム弾を念頭においていたかもしれない。また、右の記述では原爆と毒ガスがおなじ部類の不法な化学兵器にはいるとみなし、被告側が原爆にふれて同罪論を展開する可能性があったのではないかとも推測している。なお、近年出版された吉見義明著『毒ガス戦と日本軍』（二〇〇四年）によると、たしかに米国当局による介入があったため毒ガス戦関係の訴追がなかったということである。

第三に、米国をふくむ連合国は日本人の主要戦争犯罪人を裁く一方、自国の戦争犯罪者を裁判にかけることはなかったと指摘している。こうして免責の特権をみずからにあたえることにより、連合国は東京裁判の公平性を弱めてしまったとする。ただし戦勝国が訴追をまぬれたのはニュルンベルク法廷でもおなじであって、これは東京裁判にかぎられた問題ではないとも注記している。しかし、東京裁判での連合国免責は、ニュルンベルクのそれより重大な欠陥だったととらえている。なぜなら、これは広島と長崎を原爆で破壊した米国指導者の免責を認めることになると考えられるからだった。このため、「原爆投下の免責は、東京裁判の特徴の一つである「勝者の裁き」としての一方的性格を象徴するものである」と評している。(5) 毒ガス問題にかんする発言とあわせてみると、原爆投下の責任者が不問になった事実を、粟屋が東京裁判の意義決定のうえで重大な要件とみなしたことが理解できよう。

第四に、日本は朝鮮・台湾の植民地民衆を戦争遂行に動員し、戦争の惨禍に巻きこんだが、これも不問になっている。このような訴追の不備を説明するにあたり、粟屋は、これは連合国がみずからの植民地問題を問われるのを恐れたためではないかと推測する。つまり、日本の植民地問題に目をつぶることで、戦後になっても続行していた植民地支配に対する批判を連合国が封じようとしたのではないか、ということだ(6)。

第五に、東京裁判では裕仁天皇と多くの経済界・政界の指導者が訴追をまぬかれたが、この問題も指摘している。天皇不起訴は、東京裁判がおこなわれている当時から占領軍当局の政治的決断によるものといわれており、のちの研究でもマッカーサーの介入があったとされてきた。米国公文書館などであつめた新資料から、粟屋もこれを確証する論を展開している。すなわち天皇免責は、マッカーサーとその部下であるボナー・F・フェラーズの意思を反映した決定であって、開廷以前に免責の決定がくだっていたという（この解釈にかんする本書の立場は第二章を参照）。巣鴨から釈放された岸信介などのA級戦犯容疑者については、これは冷戦下にあった米国政府当局およびマッカーサーの政治的判断を反映していたとし、これも東京裁判の政治性とみなしている(7)。

こうして粟屋は、米国による特別免責が新資料からも実証的に説明されたとし、そのうえで、東京裁判がおこなわれたこと自体は批判しないものの、法廷で追及された正義に戦勝国の論理が強く作用したと考えた。転じて、東京裁判は本来の目的――日本軍が戦時下におかした暴虐の全貌をあきらかにすること――を果たしきることができなかった、との結論にいたる。この意味で、東京裁判は「「過去の克服」の阻害要因」となってしまった、とも評している(8)。この解釈は戦勝国の政治性を強調している点で、一種の「勝者の裁き」観とみなすことができるが、従来、東京裁判否定論者が主張してきた勝者の裁き論とは反対の思想基盤をもっている。それまで裁判を批判してきたひとびとは、おもに戦勝国が敗戦国の指導者に対して裁判をおこなうことそれ自体を問題にし、これを戦勝国の越権行為とみなして東京裁判を勝者の裁きと評していた。これに対して粟屋は、連合国が戦争の実態解明と責任者処罰をその論理的帰結まで追及しきらなかったことを批判したのだった。

　右にまとめた粟屋解釈は、本書であきらかにしてきた裁判の実態と照らしあわせたとき、どう評価されるべきだろうか。序章でのべたように、国際法廷において政治の論理がはたらき、訴追努力に限界が生じるのは古今の戦犯裁判に共通する特質であって、そうした側面が東京裁判にもあったのは疑いない。しかし、一連の不起訴事項があったことを理由に東京裁判を「過去の克服阻害要因」とみなすのが、歴史解釈上妥当かどうかは議論の余地があるのではないだろうか。本書の第五―七章からもあきらかにしたように、国際検察局の訴追努力は広範囲にわたり、免責事項がいくつかあったとはいえ、日本の戦闘行為と軍事占領の実態を周知させていくうえでそれなりの貢献をしている。なかでも日本軍が大量虐殺や捕虜虐待、強制労働、性暴力、憲兵隊による拷問、人肉食などをアジア太平洋各地で恒常的におこなったことが公開法廷で解明され、国家指導者の刑事責任が確立されていった。これはひとつの功績とみなされてよいのではないだろうか（東京裁判の訴追努力についての粟屋の再評価については後述）。

　一方、連合国側の戦争犯罪人が一律に訴追をまぬかれたという具体的な指摘については、これは事実であって、批判はじゅうぶん成り立つ。訴追努力の不均衡問題は、当時すでに関係者のあいだで話題になっていた。たとえば、ニュルンベルク継続裁判のひとつの法律家裁判でもこの問題が指摘されている。その判決書によると、「戦争犯罪をおかした罪を問われるべきは、ドイツ人だけに限られないことは認められなければならない」のであって、「その他の国際法違反者も、疑いなく自国政府により、あるいは彼らの管轄を獲得できる国家により、あるいは適切に管轄を委任された国際裁判所により裁き罰せられ得ただろう」ということだ。つまり、連合国側にも戦争犯罪人はいるはずで、かれらは罰せられるに値するという。しかし、そのような裁判はヨーロッパでも極東でもおこなわれなかった。枢軸国側の戦犯容疑者のみがニュルンベルク法廷で裁かれたことについて、裁判所は、「ドイツの一時的かつ特別な状況を鑑みてのみ」、戦勝国による片務的な特別国際裁判の処置がなされたのであり、今次の裁判ではいたしかたないという立場をとりながらも、今後の是正の必要性を示唆している(9)。

原爆投下の免責問題については、やはりこのことを根拠に「東京裁判は過去の克服を阻害した」と批判するのが妥当かどうか議論の余地があるが、原爆はあまりに特殊な破壊力をもつ兵器であり、広島・長崎の一般市民に対する被害が人類の想像を絶する恐るべきものだったため、原爆使用の責任問題をめぐる論議は、政治的にも道徳的にも国内で複雑化している。また、原爆を投下した側のアメリカでも、史上初の大量殺戮兵器を放って無数の非戦闘員を抹殺し、おそるべき「核の時代」の幕開けをしたことについて罪意識や怒りが、ヴェトナム戦争とも複雑に絡みあいながら、市民のあいだでひろがってきた。本書で原爆投下をめぐる問題を論じきることは、そのいちじるしい複雑さゆえむずかしい。ただ、法解釈上の諸論点について、当時一連のニュルンベルク裁判で何度か考慮されているので、参考のためにそれらに言及しておきたい。

まず、ニュルンベルク継続裁判で首席検事をつとめたテルフォード・テイラーの見解にふれよう。かれは一二回にわたる継続裁判で訴追事項を決める作業を監督したが、そのさい、ドイツ軍の空爆による都市破壊とそれにともなう一般市民の殺戮行為を訴追事項にふくめないという決定をしている。この背景には、当時の国際法では都市に対する空爆を「戦争犯罪」と定義することは困難ないし不可能、とするかれの見解があった。この点を米陸軍長官につぎのように説明している。

もしもワルシャワ、ロッテルダム、ベオグラード、ロンドンといった、はじめて甚大に空爆された都市が、連合国ではなくドイツの手によって被害を被ったのならば、ドイツや日本の諸都市に破滅をもたらしたのは「そうした空爆に対する」報復措置ではなく意図的政策であって、これは、都市や工場の空爆がすべての国によって遂行され、現代の戦争行為で受け入れられていた手段のひとつとなった雄弁な証拠だった。[10]

右の記述でテイラーは、第二次大戦中、1連合国側と枢軸国側双方の戦闘行為に、空爆による無差別殺戮が一般化していたこと、そして、2成文化された戦争法規がどのような規定をしているかにかかわらず、慣習法上そのような行為が合法であるという相互の共通認識があったこと、この二点を指摘している。この経緯から、ドイツによるロンドンの空爆から結果した一般民の大量殺戮を「戦争犯罪」とみなすことが困難であるのと同様に、連合国側によるドレスデンや東京など枢軸国の諸都市に対する空襲を、訴追可能な国際法上の犯罪とみなすのもむずかしい、と判断したのだった。

これと似た見解を、アインザッグルッペン裁判にのぞんだ判事たちが表明している。判決書のうち都市爆撃を論じた部分で、米国による核兵器の使用にもふれてつぎのようにのべている。

> 原子爆弾が発明された当時、それが非戦闘員めがけて使用されるとは意図されていなかったのは疑いない。戦時中に使われたほかのどのような空中爆弾ともおなじように、それは軍事抵抗を克服するために投下された。それゆえ、通例の爆弾あるいは原子爆弾のいずれが利用されたかにかかわらず、空爆がゆゆしい軍事行為であるにもかかわらず、爆撃行為のたったひとつの目的は、爆撃の対象となった国の降伏を達成することである。その国の人々が代表者を通じて降伏すれば、爆撃は止み、殺害も終わる。そして、非武装都市だと宣言されれば、法を尊重する交戦国は都市を爆撃しないことを保証するのである[11]。

右の記述によると、たとえ原爆が先例のないおそるべき大量殺戮の武器だったとはいえ、それは軍事目的を達成するために敵味方双方で実行されてきた空爆――敵国を降伏にいたらせることを目的とした合法的な戦闘行為――の範疇にはいるというのだった。このような法解釈は、原爆の恐ろしさをまのあたりにした広島と長崎のひとびとにとってはとうてい受け入れがたいであろうし、核廃絶を望む人類にとってもおなじである。しかし、右に指摘されるような空爆の合法性という相互認識がじじつ戦時中に交戦国のあいだにあったかどうかは究明される必要があろう。そのうえではじめて、政治・法・倫理上の意味あいをすべてふまえつつ、原爆投下の刑事責任をどのように追及していくかの問題にとりくむことができよう[12]。

さて粟屋解釈は、やがて従来の東京裁判論にとってかわるものとして広がりをみせ、おなじような結論に達していた同時代の研究者からの支持も得るようになった。呼応した見解は、たとえば早くから東京裁判に関心をもち研究をすすめてきた東京大学の法学部教授、大沼保昭から表明されている。(13)なかでも大沼の著書『東京裁判から戦後責任の思想へ』では、天皇の免責、アジア人に対する残虐行為の不問、連合国側の戦争犯罪不問などの問題点が指摘され、これらを根拠に東京裁判を「勝者の裁き」と評している。(14)おなじ見解は、『朝鮮人BC級戦犯の記録』(一九八二年)などの研究書のほか、戦後補償問題の草分けとして知られる内海愛子の裁判評価にもみられる。内海は、天皇の責任問題、七三一部隊による人体実験、化学戦、原爆、アジア人の戦争被害などの問題が東京法廷で不問にされたことを批判、また朝鮮・台湾にかんする責任問題もあつかわれなかったことについて、「ここに、東京裁判の大きな問題の一つがある」と評している。(15)

八〇年代以降にひろまったあたらしい「勝者の裁き」観に、しかし懐疑的な目をむける者もあった。そのなかに、当時立命館大学の大学院生だった梶居住広の論文があげられる。梶居は東京裁判の公判記録を分析し、「東京裁判における「BC級犯罪」追及」と題した論文を一九九六年に発表した。この論文は、国際検察局がじつは戦争犯罪訴追に力をいれていたという事実をあきらかにし、それまでの裁判評価に異議をとなえた。とくにアジア人に対する残虐行為が主要な立証事項だった点に光をあて、「アジア不在」という裁判解釈に疑問を呈している。また、従軍慰安婦に関係する証拠が法廷で提出されていた事実にも補足的にふれている。

梶居論文は、粟屋研究以来ひろまっていた新解釈の妥当性を裁判記録そのものの実証的研究から問いなおすもので、意義ぶかい。しかし、この論文が国内の裁判論議にどのような影響をおよぼしたのかは見極めがむずかしい。というのは、裁判研究で指導的な立場にあったひとびとは、一九九〇年代以降も慎重な姿勢をとりつづけ、肯定的な歴史的評価をくだすことに躊躇したからである。たとえば、雑誌『世界』の二〇〇三年一月号に保阪正康、吉田裕、内海愛子、大沼保昭の四者でひらかれた東京裁判にかんする座談会の記録が掲載されているが、そこで東京裁判の妥当性をめぐって、いわば修正懐疑論が展開されている。座談会の論点は、法廷における「アジア」のあり方に一時むけられ、そこで内海は「アジア不在」という見方はかならずしも妥当ではないとして従来の解釈をあらため、「中国やフィリピンをはじめとする東南アジアでの戦争法規違反の行為は取り上げられていた」と東京裁判の訴追努力を評価する姿勢を示している。しかし、「植民地問題は全く欠落しています」とものべ、これを訴追努力の重大な不備とみなす立場もとった。つづけてつぎのように論じている。

朝鮮は中国侵略の兵站基地であり、人的物的戦時動員体制でも枢要な位置を占めていた。検察側は、なぜ朝鮮と台湾の植民地支配の問題を起訴の対象からはずしたのか。植民地支配に対する審理の不在。これが、戦後の私たちの植民地認識にも密接に関わってくる。支配がどうおこなわれ、その責任がどうとられるのか、植民地の解放に日本人はどう向き合うのかという反省と思想的葛藤の欠落。東京裁判による不問とGHQによる引き揚げ計画が日本人の植民地問題への無自覚を増幅した。(16)

大沼もこれに賛同し、「アジアの不在」という評価は厳密にいうと適切でないとしながらも、植民地問題が不問になっていることを指摘、これをやはり問題とした。(17) これらの見解は、近年の東京裁判評価が植民地問題とふかく関係づけられていることを示しており重要だろう。

粟屋による近年の刊行物でも、アジアの在・不在問題が影をおとしている。たとえば、一九九五年の論文では東京裁判の訴追努力を一部評価し、とくに中国、ビルマ、シンガポール関係の訴追努力に言及して、アジア庶民に対する戦犯問題が東京法廷でじつはそれなりにカバーされたと指摘している。ところが、朝鮮と台湾の植民地問題が東京法廷であつかわれていない点に立ち返り、東京裁判が「「アジアの軽視」という特徴をもったことは否定できない」とまとめている。[18] ここで粟屋は、「アジア不在」を「アジア軽視」と評価しなおしてはいるものの、やはり東京裁判の功績を評価することに躊躇している。「アジアの不在」という根強い見方には、このように日本の植民地問題がかかわっていることがわかる。

しかし「アジアの不在」論は、朝鮮・台湾が訴追努力にふくまれていない事実だけからひろまりをみせているわけでもない。戦後の日本社会で展開されてきた戦争責任論議のありかたにも一部理由があった。終戦当時の国民は、空襲、敗戦、軍事占領という一連の現実に直面し、「戦争の被害者」という意識を強くもっていたが、やがて戦後復興をとげ、日本が経済大国に成長しはじめると、おくればせながら近隣諸国に対する「加害者」としての日本像について考えをふかめるようになった。[19] この意識の転換が起こるなか、経緯はいまひとつはっきりしないが、東京裁判に対しても批判的見解が形成されるようになり、「アジアの不在」観がいつしか裁判評価の中核をなすようになっていった。[20] さらに一九八三年、かつてのオランダ代表判事レーリンクが来日し、「アジアの不在」観の正しさを確認している。レーリンクは講談社の企画した東京裁判国際シンポジウムに招待され訪日したが、そのさい、「私も、東京裁判ではアジア人の側の視点が重視されていないという指摘は強く印象に残っています」とのべ、「アジア人に対するものよりも、白人に対してなされた残虐行為のほうに多くの関心が払われていたのは事実で、アジアの人々の立場で考えれば、違った見解が出たかもしれません」と発言している。このような所見は、裁判の公判記録と照らしあわせるとかならずしも立証内容の実情を反映しておらず、このことは第六―七章でもあきらかにしたとおりである。しかし、東京裁判所の判事だった人物による発言をうたがう理由は、当時日本人の受け手側にはなかった。こうしてオランダ代表判事は不必要にも、「アジアの不在」観を日本国内の裁判論議に根づかせるひとつの歴史的役割をはたしたのだった。[21]

勝者の裁きを越えて

さまざまな「勝者の裁き」論が裁判論争を形づくっていくあいだ、研究者たちはそれを越えた東京裁判解釈の可能性を模索しつづけた。その一例は吉田裕にみられる。一九九二年に刊行した『昭和天皇の終戦史』で、東京裁判を従来の「戦勝国対敗戦国」という図式で理解するかわり、アメリカと日本の協力によってなりたった「日米合作裁判」とみなすことを提言している。吉田がこの見解の根拠としたのは、開廷以前の証拠収集のとき、アメリカ代表チームが、いわゆる「穏健派」グループに属する日本の戦時下指導者を多く尋問し、その証言に依存しながら起訴内容を作成した事実だった。この点をふまえ、東京裁判を一種の国際裁判とみなしてもよいと論じている。[22]この解釈は、アメリカで日本現代史を研究するひとびとの東京裁判観にも影響をあたえ、とくにジョン・W・ダワーの『敗北を抱きしめて』や、ハーバート・P・ビックスの『昭和天皇』に吉田解釈が反映されている。

吉田の書は、日本国家指導者たちがただ一方的に尋問されたのではなく、じつは裁判のゆくえに強い関心をもち、情報を積極的に提供していたことを教えてくれる。こうした研究の視点は、粟屋による諸論文でも一部導入されていたが、吉田はより包括的に尋問調書を検証し、分析対象にしたひとびとの政治的意図を適確にとらえた分析をすすめており、学ぶところが多い。しかし、東京裁判を日米合作と特徴づけるのは、はたしてどれほど妥当といえるだろうか。この解釈は、東京裁判の検察官がアメリカ人だけだったとすれば成り立つが、じっさいは複数の国を代表するひとびとが検察局を形成していた。訴追内容も各国検察官による合同形式をとっていた。このような検察局内部の実情を視野にいれると、東京裁判を日米によるものとするのは史実として問題があろう。しかも、ニュージーランド代表検事クィリアムによると、アメリカ代表チームが開廷以前にあつめた尋問調書は法廷でほとんど利用価値がなかったという（第一章）。もしこれが事実ならば、吉田の日米合作論はこの点でも成り立ちにくい。

「勝者の裁き」にかわるべつの解釈は、鹿児島大学教授の日暮吉延によっても提供されている。二〇〇二年に出版された『東京裁判の国際関係：国際政治における権力と規範』が代表的な作品だ。この本の特色は、アメリカ、イギリス、オーストラリア、日本を中心とした裁判参加国から、裁判関係の膨大な外交文書、各国代表者の内部文書、判事らの内部文書などを徹底的に収集し、それらを綿密に分析し読みこなしている点だ。いまのところ、資料の豊富さと研究のきめこまかさでこの本に匹敵する刊行物は、日本でもアメリカでも皆無である。もうひとつ特筆すべきことは、アメリカが裁判の設立過程で指導的な役割にあったことをふまえつつも、他国の参加の動機や目的にも光を当て、多国籍裁判としての東京裁判像を浮き彫りにしている点だ。一九九〇年代から、カナダ、中国、インド、オランダ、ニュージーランド、フィリピンの参加国について、国別に研究をすすめた本や論文は内外で発表されてはいたが、主要参加国の利害関係について総合的な検証をすすめたのはこれがはじめてだった。(23)

この書の論点はつぎのようにまとめられる。日暮は、東京裁判を勝者の裁きか否かという二項対立的に評価するのは妥当でないと論じ、この言説を乗りこえる方法として、東京裁判を「政治外交史の主題に据える」、あるいは「外交政策として評価する」（傍点は原文どおり）ことを提案している。つまり、東京裁判を戦後における国際秩序の再構築という文脈に位置づけ、その枠組みとの関係で評価しなおしてみることを提唱したのだった。この案の根拠として、ニュルンベルクと東京両裁判を提案・計画した米国政府が、これらの国際軍事裁判を「安全保障政策の一環」とみなし、「権力政治的な戦後国際秩序形成の重要用件」とみなした点を日暮は指摘している。(24) このアプローチは、「国際政治」というあたらしい視点を提供し、従来の限定的な裁判論議の構図をそのまま適用していない点、独自性に富んでいる。だが、東京裁判の歴史的意義を評価する方法として、それをひとつの「外交事件」としてあつかうのは適切だろうか。東京法廷は第一義的には国際刑事裁判の場であって、国際外交の場ではない。もちろん、東京裁判が戦後の国際秩序をたてなおしていくうえで意味をもたなかったわけではない。しかし、東京裁判はまずはじめに司法事件であるという立場に立つと、この事件が国際社会において法と正義を実現していくうえでなにを達成したか――あるいはしなかったか――の問題は、やはりどこかで正面からとりくむべきではないだろうか。日暮研究はこの点、従来の二項対立的な議論を乗り越えたというよりも、むしろそれを避けてとおった感があり、裁判論としてはもの足りなさを残している。

歴史家が「勝者の裁き」の言説空間からの突破口を模索するあいだ、法学界からおもむきを異にするあたらしい見解が提唱されはじめた。関西大学の教授、藤田久一による「東京裁判の今日的意味」（雑誌『法律時報』に一九八九年掲載）がそれだ。この論文で藤田は、歴史解釈上の論争にはあえてふかく立ち入らず、そのかわり東京裁判を厳密に司法事件ととらえ、その評価をこころみている。藤田は、東京裁判がニュルンベルク裁判の法理論を継承した裁判であったこと、そして、両裁判の法理がそののち国際法の基本原則として認められていることを指摘している。一九九五年に藤田はあらためて『戦争犯罪とは何か』を出版し、二〇世紀の国際人道法発展史のなかに、ニュルンベルクと東京両裁判が歴史的先例として確固とした地位を確保していることをよりくわしく説明した。

藤田の提案する視点は、歴史学の分野に当初影響をおよぼさなかったが、一九九〇年代にはいってからは、法学的アプローチを導入した戦争犯罪の研究がひろがりをみせている。そうした研究方法を活用する一人に、先に言及した一橋大学の吉田裕があげられる。吉田は、たとえば一九九七年に発表した論文「極東国際軍事裁判と戦争責任問題」で、東京裁判に天皇免責、アジアの軽視などの「歴史的限界」があったとは指摘しつつも、日本軍による戦争犯罪の実態解明に一定の成果があったこと、そして国際法の発展史上でも、東京裁判が貢献をしたことに言及している。吉田論文によると、東京裁判は「従来の国際法の欠陥を是正し、その発展に寄与した」のであり、「ニュルンベルク裁判や東京裁判で確立された諸原則は、第二次世界大戦後の国際社会のなかでしだいに定着し、普遍化してゆくことになったのである」。より具体的には、一九四八年にはジェノサイド条約、一九六八年には「戦争犯罪および人道に対する罪に対する時効不適用条約」、一九七四年には「侵略の定義に関する決議」が採択された点を指摘している(25)。

そのほか吉田は、二〇〇六年の論文「南京事件論争と国際法」で、南京事件の犯罪性をあきらかにしていくうえで有用な国際人道法の法理を具体的に論じている。これらの論文は東京裁判を直接の分析対象としていないとはいえ、「勝者の裁き」言説の限界を乗り越えるあたらしい戦犯裁判研究の可能性を示している。

吉田論文にみられるような法学と歴史学との対話は、近年の戦犯研究に顕著であり、その好例は、この分野で十数年にわたり指導的役割をになっている日本戦争責任研究センターの季刊誌に多く見いだすことができる。また、ここ一〇年あまりに活発化している戦後補償裁判でも、司法の場で戦犯問題の史実解明をしていく努力が草の根レベルで図られている(26)。このように法と歴史とのあいだの相互関係がふかまってきた背景には、冷戦が終焉し、国際司法制度に対する期待が世界的にも高まってきたことが一部関係していよう。また、国際法廷の存在がしだいに普遍性を帯びてくるにつれ、その歴史的先例である第二次大戦直後の戦犯法廷を再評価しうる、あたらしい知的環境が国内的にもできてきたのではないだろうか。もしそうならば、東京裁判をめぐる研究もやがて勝者の裁き論を越えた視点が育っていくと期待できるだろう。

まとめ

ここまで、東京裁判を国際法発展史と関連づけながら、歴史的意義の再評価をこころみた。また、従来史実と考えられてきた事項——天皇免責、慰安婦問題の不問、アジアの不在など——が、裁判の実情をかならずしも正しく反映しておらず、訴追努力にそれなりの功績があったことも各章であきらかにした。さらに、パル反対意見書をめぐる言説についても分析をすすめ、同書が反対意見書として内容が脆弱であること、今後の裁判論議ではパル至上主義から離れる必要があり、それにかわってニュルンベルク以来のさまざまな判例法と東京判決を対峙させた多角的な視点からの研究が望まれることを指摘した。

以上の分析をすすめた本書の趣旨は、しかし東京裁判のすべてが妥当だったと主張することではない。東京裁判には、成果として認めるべき点がある一方、裁判所設立、証拠収集、立証、判決などの段階で問題点も多くあった。全体的には、東京裁判の功罪両方について論じたつもりである。本書の究極的な目的は、ではなんだったのか。それは一口でいうと、東京裁判を従来の近視眼的な文脈ないし枠組みから解放し、その歴史的意義の評価方法の可能性をひろげてみることだった。たとえば、東京裁判は占領下にあった日本人にとってアメリカによる裁判と映り、後世のひとびとのあいだでも同様の見方がひろまっていったが、本書では東京裁判が形式的にも実質的にも多国籍裁判だった点に着目し、そのことをクローズアップするようにした。こうして、アメリカ代表だけでなく、各国代表者が裁判でなにを達成しようとしたかも検証してみた。多国籍の視点は、日暮著『東京裁判の国際関係』にもみられるように、ここ一〇年余り注目を浴びており、こうした多面的なアプローチは、今後ますます望まれよう。

さらに本書では、東京裁判をニュルンベルク国際裁判や一二の継続裁判とあわせて評価してみることを提案し、ニュルンベルク‐東京間での「横のつながり」、つまり同時代の判例法としてのつながりに光をあててみた。また、東京裁判と旧ユーゴ、ルワンダ、シエラ・レオーネなどに関係する現在の国際裁判とのあいだにある国際人道法発展史上の、いわば「縦のつながり」にも着目し、東京裁判がもつ歴史的先例としての意味あいも考察してみた。こうしたあたらしい着眼点の導入によって、本書は従来の裁判論議の枠組みを押しひろげ、より立体的な裁判評価ができる可能性を考えてみた。この試みが読者の納得するかたちで伝われば、筆者の目的はそれでじゅうぶんに達成される。

最後になったが、東京裁判をめぐる論議が今後どのように展開していくか、あるいはされていくべきかを筆者なりに考え、まとめてみたい。

過去六〇年をふりかえってみると、東京裁判の評価は複雑で矛盾も多かったことがわかるが、なかでも目立った特徴は、この裁判が国際法史上もつ意義を的確に判断した論が、史料に恵まれている今日よりも、むしろ裁判記録へのアクセスがかぎられていた初期の研究家たちに多くみられた点ではないだろうか。しかも戒能通孝などは七〇年代にはすでに他界しており、九〇年代以降にはじまったハーグ裁判所や常設国際刑事裁判所の設立を見とどける機会をもてなかった。そのような歴史的限界にもかかわらず、かれらは当時、手に入るかぎりの判決書や公判記録をもとに、東京裁判が法の確立と正義の達成にどのような具体的貢献をしたのか考察し、国際法の将来性を見定めていったのだった。

かれらが確認したニュルンベルク・東京両裁判の法原則は、今日の国際法でも重要な意味をもっているので、ここで再度ふりかえりながらそれらの将来的意義を考えてみたい。

第一に、侵略戦争が不法行為であるという考え方は、現在の国際社会で共通の理解となっており、この点で、第二次大戦直後の国際裁判で認められた理念は今日まで生きつづけているといえよう。この法理念は、日本政府が二〇〇七年に批准した常設国際刑事裁判所の憲章にあたるローマ規程にも記されている。ただ第四章でのべたように、侵略戦争を遂行した者を国際犯罪者として裁判にかけるかどうかという問題は、いまでも未解決だ。そのような裁判を実行する法手続きがいまだ定義できていないこと、現在まで侵略戦争の罪で訴追された事例が少ないこと、しかも選択的にのみ訴追があったことなどが、平和に対する罪の法概念の発展をいまでも困難にしているといえよう。

侵略戦争にかんする実定法がととのっていないという現実は、すこしさかのぼるが一九九一年のイラクによるクウェート侵攻と、それをめぐる国際社会の対処を事例に考えてみるとわかりやすい。当時の各国指導者や法律家は、イラクの軍事行為が侵略戦争と確定すること自体にはほぼ異論がなかった[27]が、どのような措置をとるべきかという問題についてなかなか統一意見に到達できなかった。最終的に国連の決定した処置は、イラクに軍事制裁をくわえること、つまり国連加盟国の軍事力をつのり、それを行使することによりイラクの侵略をやめさせることであって、ひきつづいてニュルンベルクや東京裁判のような刑事裁判をおこなうという選択肢は選ばなかった。ここに、「侵略戦争を国際社会では認めない」という基本理念がニュルンベルク・東京以来脈々とつづいていることがわかる一方、司法上の処罰をあたえることについては、国際社会がいまだじゅうぶんな解決策をはかれていないことが読みとれよう。

第二に、戦争中に捕虜や一般市民に対して残虐行為がおかされた場合、その行為について個人責任が問われなければならない。この原則は、戦線でみずから戦争犯罪をおかした兵士や軍属だけではなく、中央政府や軍司令部で政策決定にかかわってきた者にも適用されることを、ニュルンベルクと東京裁判はあきらかにした。とくに東京法廷では、自国の派遣した軍隊に戦争法規を遵守させる責務を中央政府高官が負い、この国際責務を果たさなかった場合、首相や外相をふくむ政府指導者は有責とみなされ、ときには重い量刑に処されることがあきらかにされた。ニュルンベルク・東京判決の当時、文官不作為の法理はあまり評価されていなかったようだが、今日の国際刑事裁判では妥当性がひろく認められている。このことは国際常設刑事裁判所のローマ規程からもわかる。同規程の第二六条は直接責任、第二八条は不作為の責任を定め、これらが国際人道法の基本原則であることを明記している。(28)いまの国際社会が直面する挑戦は、これらを法原則として受け入れるかどうかではすでになく、今後これらをどのように普遍的に適用していくかであろう。

なお、いまのところ国際刑事法廷での訴追努力というものは、各国指導者の政治的意志と団結、および国際世論の支持がないかぎり、はじまりえない。このことは、近年深刻化の一途をたどっているダルフール（スーダン）をめぐる国際社会の対応にもあきらかだ。国連とその加盟国は、ルワンダにおけるジェノサイドの過ちをくりかえしてはいけないと、比較的早い時期からダルフールでの残虐行為が「ジェノサイドである」と明言し、スーダン政府に圧力をかけはじめた。また、常設国際刑事裁判所からは首席検事ルイス・モレノ＝オカンポによる実態調査がすすめられ、二〇〇七年二月にスーダン政府とその武装部隊――通称ジャンジャウィード――の指導者それぞれ一名ずつの残虐行為関与にかんする証拠が同裁判所に提出された。国際世論もダルフールのジェノサイド責任者が訴追されることを支持し、世界的に市民運動が大きなうねりをみせるようになった。しかし、スーダンと経済的な利害関係をもつ中国のような大国に政治的意志が欠けているため、スーダン政府にジェノサイドを続行する余地をあたえてしまっている。二〇〇八年にはいった現段階でも、国際法廷での訴追努力を前進させるどころか、国連が人道的軍事介入をすることさえも困難になっており、近隣諸国にダルフールの余波が広がるなど、あらたな問題も生じている。この事例から、理念的には普遍性をそなえている指導者責任の法理は適用枠がひろがりつつあるとはいえ、政治、軍事、経済、外交上の複雑な理由から、実社会においては適用に限界があるとわかる。このような適用上のむずかしさを乗り越えていくことが、これからの国際社会で課題となっていくだろう。

第三に、第二次大戦直後の国際裁判は「戦勝国が敗戦国の指導者を裁く」という構造のため、訴追内容に多くの不均衡問題を残したが、他方、戦時下の一般市民を国家指導者による権力濫用から保護する、という国際人道法の原則を発展させることに大きく貢献した。この意味で歴史的に画期的な事件だったといってよい。とくに東京裁判所は、ハーグ第四条約や慣習法の解釈について、ニュルンベルクの先例を踏襲・全面支持する判決をくだし、戦時下で非戦闘員や非武装化した捕虜たちが、人道的なあつかいをうける基本的人権を有することをあきらかにした。この法原則の妥当性は、国際刑事法廷が世界市民社会の育成の基軸をなすようになっている今日、あらためて認められている。このように、ニュルンベルクと東京両裁判は、人道主義の法理論を実定法に発展させていく過程に貴重な遺産をのこしたのであり、この事実は積極的に評価されていくべきだろう。

おわりに

本書は連合国による訴追努力のうち、東京裁判のみに焦点を絞って論をすすめてきたが、そのほか第二次大戦後のアジア太平洋地域では、五七〇〇名の戦犯容疑者を裁いた二二〇〇件あまりの戦犯裁判――いわゆるBC級裁判――が開催されたことも忘れてはならないだろう。これらの裁判では、冤罪で処刑された者が少なからずいたり、連合国側に任命された裁判官、検察官、弁護人、通訳、調査官らのあいだではなはだしく人権無視をする者があったり、捕虜収容所で虐待が恒常化していたりなどの問題点が裁判当時から指摘され、批判の根拠となりうるような事件があったことは、当事者や関係者の残した手記や各種記録文書から知られている。しかし、岩川隆の大作『孤島の土となるとも』（一九九五年）でも示されているように、BC級レベルでの訴追努力の内実は、じつのところ国ごとに様相が異なり、また、だれが判事をつとめたか、検察官がどのような資質をもった人物だったのかなど、さまざまなあり方によっては、公平とみなしうる裁判もそれなりにあったことがわかっている。BC級裁判の複雑さ、多様さについては、近年刊行された林博史著『BC級戦犯裁判』（二〇〇五年）でもあきらかにされている。こうした実情を視野にいれると、BC級戦犯裁判も東京裁判と同様、訴追努力が一枚岩だったとはみなされず、いちがいにすべてを「勝者の裁き」と一蹴することもできない。いずれにせよ、今後もBC級裁判の多様性を重視したきめこまかな資料検証が望まれよう。それにくわえ、BC級裁判のために収集された口述書や尋問調書などの証拠文書は、裁判の公判記録とならんで貴重な史料をなしており、この意味でもＢＣ級戦犯裁判は東京裁判同様、幅ひろい研究の可能性を提供している。これらの文書から、アジア太平洋戦争や日本の軍政の実態、戦中・戦後のアジア脱植民地主義の状況をあきらかにする作業もすすめることができるだろう[29]。東京・ＢＣ級裁判のこうした豊富な史料を、今後どのように現代史研究に融合し生かしていくかは課題となりつづけよう。

あとがき

東京裁判の研究をすすめていくにあたり、筆者は多くの方々にご教示いただいた。なかでも、この本の基礎をなした博士論文を監督してくださったカリフォルニア大学バークレー校の五人の教授、アンドルー・バーシェイ、メアリー・エリザベス・ベリー、デーヴィッド・コーヘン、アーウィン・シャイナー、エリック・ストーヴァー各氏にはたいへんお世話になった。あらためて長年のご指導とご支援に心から感謝申しあげる。博士論文を本に書きなおす折には、ハーヴァード大学のアンドルー・ゴードン氏と入江昭氏に貴重な助言をいただいた。この方々のご批評があって、はじめて本として読むに耐えるかたちに原稿を書きなおすことができた。また、ハーヴァード大学のエドウィン・O・ライシャワー日本研究所で同時期にポストドクトラル・フェローだったレベッカ・スーテル氏には、原稿にくわしくコメントをいただき、とても勉強になった。スーテル氏が原稿の修正に費やしてくれた多大な時間と労力には、じゅうぶんに感謝しきれない。ハーヴァード大学出版部アジア・センターの編集者ウィル・ハメル氏は、英語版の校訂過程でいろいろとご指導くださり、そのさいにいただいた細かなアドバイスは日本語版を準備するときにもとても参考になった。みすず書房の方々、とくに編集部の栗山雅子氏は、日本むけの出版に積極的な姿勢を示してくださり、日本語訳を完成させていくうえで頼もしい追い風となってくれた。栗山氏には校正過程でもご指導いただき、ここでも負うところが多い。なお、日・英語版の原稿をまとめていく過程で、ハーヴァード大学のライシャワー日本研究所とネヴァダ大学ラスベガス校の歴史学部ならびに同大学の人文学科から、資金面と施設面でご援助いただだいた。

日本でも、歴史家、弁護士、人権問題活動家、そのほか戦犯問題にとりくむ多くの方々にご教示いただいた。とくに立教大学の粟屋憲太郎氏、関東学院大学の林博史氏、東京大学の石田勇治氏、都留文科大学の笠原十九司氏、一橋大学の吉田裕氏、中央大学の吉見義明氏からは学ぶところが多かった。この方々をつうじて、戦犯問題にかかわるたくさんのひとびとにめぐりあう機会をもつことができ、米国にいるだけでは知ることのできない、日本における戦犯研究の層の厚さをあらためて実感することができた。石田氏はご多忙のところ英語版の原稿を読んでくださり、内容について貴重なご批評をたまわった。日本語版の刊行を機に、あらためてお礼申しあげたい。また、林氏も同様にたいへんお忙しいところ、日本語訳の原稿に目を通していただき、論のすすめ方やまとめ方について示唆に富む有用な助言をいただき、ほんとうに勉強になった。石田・林両氏からお力添えがあったことは、筆者が日・英文の原稿を完成させていくうえで大きな原動力となった。ここで重ねて感謝申しあげる。なお、本書の文責はすべて筆者にある。

おわりに、筆者の研究をいつも暖かく応援してくれた戸谷家のひとびと、とくに父母の英世と和子、兄姉妹の里麻、茂山、玄、恵麻に、この本をささげたい。

新装版にあたって

判決からちょうど六〇年を経た二〇〇八年は、東京裁判の新しい研究が内外で発表され、裁判論があらたな活気を帯びた意義ある年だった。本書もこの年に日・英版がそれぞれ出版されたが、英語圏で同年とくに注目されたのは、ニール・ボイスター、ロバート・クライヤー両氏による新しい研究書 *The Tokyo International Military Tribunal: A Reappraisal* と、おなじ二人による東京裁判所憲章、手続法、起訴状、判決書、五つの個別賛成・反対意見書を網羅した資料集、***Documents on the Tokyo International Military Tribunal: Charter, Indictment, and Judgments*** が同時刊行されたことだった（前者の邦訳『東京裁判を再評価する』は二〇一二年に日本評論社より出版）。ともに国際法学者である著者たちは、みずからの著書で東京裁判の法理論その他法律問題の本格的な検証を試み、同時に裁判の基本資料を編纂して世に出すという大事業をなしとげた。日本近現代史を専門としない両氏の著書は、あるいは日本における従来の東京裁判言説を揺さぶるものではなかったかもしれない。しかし、同時期に進行した旧ユーゴやルワンダ国際刑事裁判の動向とも相まって、東京裁判の新しい研究気運の高まりや評価を国際的に促進する重要な役割を果たしたといってよいだろう。

実際、東京裁判に対する国際社会の認識は、ここ一〇―二〇年ですっかり様変わりした。かつて欧米では、ドイツ主要戦犯容疑者に対してニュルンベルク裁判が開かれたことは知られる一方、その極東版が同時代に東京で開廷されたことを知る人は少なく、例外的に欧米学界の日本研究者や知日家などのあいだで、リチャード・マイニア『勝者の裁き』（原書 *Victor's Justice* は一九七一年刊行）やジョン・ダワー『敗北を抱きしめて』（原書 *Embracing Defeat* は一九九九年刊行）などをつうじて断片的な知識が共有されていた程度と察せられる。それに対して二〇一八年現在、東京裁判はニュルンベルク裁判とともに、国際犯罪に対する個人責任という国際刑事裁判の基本原則を打ち出した画期的な司法事件であったという理解が、少なくとも国際法の分野でほぼ常識となっており、ニュルンベルク裁判とならんで東京裁判の知名度が高まった感がある。また、かつてドイツ主要戦犯者を裁いたニュルンベルク裁判の法廷施設は、近年「国際ニュルンベルク原則アカデミー」という新しい学術機関の場となり、今世紀における国際正義の実現と人権擁護のためのさまざまな研究や啓蒙活動を幅広く手がけているが、当地で二〇一八年五月、東京判決七〇周年記念の国際シンポジウムが開催される。これは、ニュルンベルク裁判と東京裁判をセットで国際刑事裁判発展史の原点とみなす、という近年の国際社会における知的潮流を反映しており、この場所で東京裁判の歴史的意義が論じられ確認されることは注目に値する。日本でも、東京裁判にちなんだ学術研究所がいずれの日にか設立され、二一世紀における国際正義の実現と人権擁護の促進のために各国の研究機関と連携していくことが望まれよう。

日本における東京裁判研究はというと、それは裁判当初に始まり歴史は長い。研究の層の厚さ、出版物の多さや多様さ、そして一般読者の知識の幅の広さは、世界的に例がない。そして、内外の東京裁判の裾野を広げ、次世代の研究者を育てた粟屋憲太郎氏の貢献は、ここで特筆に値する。粟屋氏は、一九七〇年代に米国国立公文書館で公開された膨大な裁判関係資料、とくに国際検察局の内部文書を発掘し、天皇不起訴問題など舞台裏の政治取引の実像に迫り、その結果を「東京裁判への道」と題して『朝日ジャーナル』に連載（一九八四―八五年）、つづけて各種研究論文や単行本を執筆・出版しつつ、アメリカで発見した公文書の収集や整理につぎつぎと取りくみ、一九八〇年代から二〇〇〇年代まで、粟屋氏を中心とした研究チームによって膨大な国際検察局内部文書の刊行が達成された。粟屋氏の史料開拓はのちにオーストラリア公文書館にもおよび、極東国際軍事裁判の設立と開始をめぐる豪州の外交・政治力——とくに天皇不起訴問題をめぐって——など、新しい角度から裁判の歴史問題を提起した。

粟屋氏に始まり、その影響をうけて著わされた新しい裁判研究の特色は、研究の焦点を裁判周辺の政治外交問題にすえる点にあり、国家間および検察局・弁護人・判事・被告らのあいだでくり広げられた舞台裏の政治的取引などの重要度が高かった。それに対して、本書『東京裁判』は、東京裁判を「戦後国際政治の駆け引きの場」とする視点を尊重しながらも、「司法事件としての東京裁判」の研究を主眼とした。国連は一九九〇年代に、旧ユーゴとルワンダで冷戦後に勃発した民族浄化やジェノサイド事件の刑事責任問題を追及すべく特別国際刑事法廷を設置したが、それにともなって、国際刑事裁判の歴史的先例であるニュルンベルク裁判と東京裁判の見直しの動きが国際法の分野で活発化し、わたしもそれに呼応して、東京裁判の歴史的意義を国際法の枠組みから検証しようとした。「司法事件としての東京裁判」という視点は、国際法の権威である藤田久一氏による国際人道法の研究にもみることができる（本書終章参照）。こうして本書では、裁判をめぐる政治外交問題のほかに、裁判そのもの——起訴事実の内容、検察側の立証戦略、法廷で明らかにされた日本軍残虐行為の実情、判決書に著された責任論や事実認定など——に、光をあてる努力をし、国際法の枠組みからみた東京裁判論として、それなりの成果があったと思う。ただ、裁判資料の分析は十分とはいえず、また、東京裁判の理解には大日本帝国史、とくにその政治外交史と軍事史に通じていることが肝要だが、その知識も不十分だったため、将来に宿題を残した。

以来わたしは、東京裁判研究を一からやりなおす必要を感じ、二〇〇九年から国際法学者との共同研究を枠組みとしつつ裁判記録をもう一度洗いなおす作業に取りくんだ。同時に、東京裁判をより広い歴史的文脈から理解するため、BC級戦犯裁判の研究に着手し、さらに、大日本帝国の政治外交史と軍事史についても先行研究から学びとるよう努めた。その結果、二〇一七年春に新しい学術書 *The Tokyo War Crimes Tribunal: Law, History, and Jurisprudence*（東京戦犯裁判——法、歴史、法理学）が共著として完成し、今年二〇一八年秋、東京判決七〇周年に合わせてケンブリッジ大学出版局から刊行される。本書は歴史学者と国際法学者による共同研究を方法論上の一大特色とし、裁判の公判記録や判決書を中心に検証するもので、平和に対する罪や通例の戦争犯罪という類型の国際犯罪について、法廷で具体的にどのような責任論と事実関係が争われたかを時系列的に再構築する一方、多数派判決と五つの個別賛成・反対意見を突きあわせて比較研究をおこない、法廷審理での争点が一一人の判事よって、それぞれどう解決されたかを明らかにする。こうして、東京裁判の基礎史料を体系的かつ包括的に検証したうえで、東京裁判の歴史的功罪をあらたに問おうとするものである。右の作業をここ一〇年ほどするうち、わたしは東京裁判の奥深さ、複雑さ、難解さを身をもって知った。

たとえば、責任論をどう定義づけ適用するかは東京裁判の大きな争点だったが、法廷では多岐にわたる責任論が展開されたほか、検察側は、天皇制を基軸とする日本の国家組織が西洋の近代国家をモデルとしながら、その歴史的発展と運用上のさまざまな特殊性をもっていたことを裁判当初から指摘し、その特殊性を検察側の立証義務のひとつと捉えていたことが、あらたな研究でわかってきた。検察側は、二年にわたる公判中に膨大な証拠を提出し、弁護側もそれに応えたが、提出された証拠には、今日の歴史学研究でも重要史料と目される『木戸幸一日記』や『西園寺公と政局』の原本をはじめ、日中戦争勃発前後に設置されるようになった四相会議、五相会議、大本営政府連絡会議、御前会議などの国策決定機関の議事録や、天皇側近のやりとりを記録した若干の宮内省所蔵文書も含まれた。その結果、公判終盤には被告人個々人の責任問題を解決するために必要不可欠な日本国家組織論の証拠がだいたい出揃ったことがわかる。このような立証・反証努力が公判中にあった事実は先行研究で十分明らかにされておらず、今後さらに開拓されなければならない東京裁判の重大な歴史的側面である。

右の事実と関連して、近年の研究作業からわかったもうひとつの興味ぶかい事象がある。それは、右に述べたとおり検察側と弁護側は、日本国家組織の発展と運用を公判中にくわしく検証したが、最終弁論にいたって検察側はこの事実を脇によけ、ある簡略化した別の政府組織論をそのかわりに紹介し、東京法廷にはそれを適用することで個々の被告人の有無罪を決定するよう促したことである。なぜ検察側はこのような挙動にでたのか。その決定的な答えはない。けれども、理由を一、二点推測することは可能である。ひとつは、公判中に日本国家組織が掘りさげて検証されていくうちに、裕仁天皇への帰責を裏づける証拠が検察・弁護双方から意図するしないに関わらず必然的に提出され、しかし連合諸国の高度な政治的決断から、天皇を裁かないことが東京裁判開始以前に決定している以上、検察側は最終弁論でこの問題に触れるのを避けようとした、そう考えられる。もうひとつに、東京法廷の憲章ではニュルンベルク法廷の憲章とおなじく、個人責任の法理論だけでなくいわば共同責任論に属する「共同謀議論」の適用が可能となっており、ニュルンベルク裁判と東京裁判それぞれの検察局は、両方の責任論に依拠する立証努力をした。最終弁論で東京裁判の検察側は、共同謀議論を中心に事実関係をまとめ、また個人責任論の適用も進めたが、簡略化された国家組織論を紹介することで、判事たちが被告人の有無罪をより簡易に決定できる方法を提供しようとしたのではないか、と思われる節がある。多数派判決は実際、平和に対する罪については共同謀議論に依拠する共同責任論を基調とし、通例の戦争犯罪については個人責任論を認めたものの、その適用方法に不徹底さが目立つ。もしかしたら検察側は、判事らの多くが個人責任論の詳細にあまり関心がないと公判中に察知し、最終弁論では複雑な日本国家組織論にあえて立ち入らない道を選んだのかもしれない。いずれにせよ、公判中の立証・反証内容と判決内容の相関関係という問題も、今後の研究で検証されるべき課題である。

東京裁判の奥の深さを示すもうひとつの事例として、オーストラリア代表判事ウィリアム・ウェブ裁判長による「判決書草稿」の存在も、ここで指摘しなければならない。この判決書草稿は六五〇ページ以上におよぶ長文の文書で、オーストラリア戦争記念館に保管されており、学界で存在は知られていたものの、研究対象になってこなかった。ここ一〇年の共同研究では、この草稿を多数派判決、五つの個別賛成・反対意見と突きあわせて検証することをもっとも重視したが、その結果、ウェブ裁判長が被告人個々人の責任問題を検証するにあたり共同責任論を排除し、そのかわり個人責任論を首尾一貫して適用した秀逸な判決書を著していたことがわかった。これに対して多数派判事は、右に述べたとおり、平和に対する罪については共同謀議論を採用し、通例の戦争犯罪では個人責任論を適用しながらも、その適用方法に不徹底さが目立つ。他方、東京裁判論でなにかと話題にされるパル反対意見は、はじめから個人責任論を真面目に検討しようとせず、そのかわりに日本国家無罪論という共同無答責論に終始している。また、近年オランダ代表レーリンク判事が人格者判事として脚光を浴びているが、レーリンクは被告人大部分の有罪を主張した点でパルと対極にありつつ、外務省関係者など一部の政府高官に対しては一種の共同無答責論を主張するなど、これまた法理論上重大な問題を残している。このように、多数派判決や少数派意見に責任論をめぐる諸問題が存在していたこと、そして、一一名の判事のうち唯一ウェブ裁判長が個人責任論に徹した判決書草稿を著していたことは、今回の共同研究ではじめてあきらかになった東京裁判の驚くべき歴史的側面で、わたしはこの事実が浮かび上がるのを目の当たりにし、目から鱗の落ちる思いがした。

振りかえって考えてみると、もしウェブ裁判長による判決書草稿が正式な「東京判決」として受け入れられていたならば、共同謀議論に対する一種の反発として生まれた「勝者の裁き」批判も、「東京裁判史観」批判も起こらなかったかもしれず、また、東条英機や広田弘毅などの被告人についての無罪論が一世を風靡することも、ウェブ裁判長の透徹した個人責任論を前に生じなかったかもしれない。少なくとも、東京裁判とその判決に対する評価は、現在わたしたちが知っているものとは異なっていただろう。その意味でウェブ裁判長の判決書草稿は、ひとつの失われた歴史的可能性といってよい。では、そもそも判決書草稿はなぜ採用されなかったか、なぜウェブ裁判長は、そのかわりに「裁判長の個別意見」というごく短い個別意見を提出したのか、その意図はなんだったのか、などの新しい問題を解くことも将来の課題となろう。

東京判決七〇周年の今年は、とりわけ研究の活発化が望まれる。本書で実践してみた法廷審理や判決内容の分析には不足もあろうが、今後の裁判研究に引きつづき貢献できることを願っている。

二〇一八年三月二八日

ハワイ大学にて　著者しるす

索　引

i, ii, iii は「注」の頁，(1), (2), (3)は注番号をあらわす.

ア行

カ 行

サ 行

タ行

ナ行

ハ行

マ 行

ワ行

引用文献

未公刊資料

オーストラリア（キャンベラ）

Australian War Memorial.

International Military Tribunal for the Far East, Documents Presented in Evidence, AWM 83 Series.

National Archives of Australia.

Correspondence Files of the Department of External Affairs, A1066, A1067, and A 1838 Series.

General Correspondence Files of the Second Australian War Crimes Commission, A6238 Series.

Cuppaidge Papers, M1417 Series.

インド（ニューデリー）

National Archives of India, New Delhi, India.

External Affairs Department Files.

アメリカ合衆国（メリーランド州カレッジパーク）

National Archives and Records Administration, Maryland, United States.

Records of International Conferences, Commissions, and Expositions, RG 43.

Records of the United States Department of State, RG 59.

Records of the Office of the Secretary of War, RG 107.

Records of the Allied Operation and Occupation Headquarters, World War II, RG 331.

Records of Interdepartmental and Intradepartmental Committees（State Department）, RG 353.

日本（東京）

偕行文庫，靖国神社

井上忠雄極東軍事裁判関係聴取資料，1961.

国立公文書館

『戦争裁判記録関係資料目録』法務大臣官房司法法政調査部編，1973（非公開）.

『戦争犯罪裁判外資料』法務大臣官房司法法政調査部，1973（非公開）.

映像資料

市川崑監督『野火』大映，1959.
伊藤俊哉監督『プライド：運命の瞬間』DVD，東映，1998.
原一男監督『ゆきゆきて神軍』DVD，ジェネオンエンタテインメント，2000.
NHK スペシャル「パール判事は何を問いかけたのか：東京裁判，知られざる攻防」2007年 8 月 14 日.

オンライン資料

外務省．　http://www.mofa.go.jp/mofaj/index.html
The Avalon Project at Yale Law School: Documents in Law, History and Diplomacy.
http://www.yale.edu/lawlab/avalon/avalon.htm
BBC News, World Edition.　http://news.bbc.co.uk
Center for Research and Documentation on Japan's War Responsibility（日本の戦争責任資料センター）.
http://www.jca.apc.org/JWRC/index-j.html
Digital Museum: The Comfort Women Issue and the Asian Women's Fund.
http://www.awf.or.jp/e4/un-00.html
Global Policy Forum.　http://www.globalpolicy.org
Nazi War Crimes and Japanese Imperial Government Records Interagency Working Group (IWG), National Archives and Records Administration.
http://www.archives.gov/iwg/japanese-war-crimes
Rome Statute of the International Criminal Court.
http://www.un.org/law/icc/statute/romefra.htm
Sierra Leone Live News.　http://www.sierraleonelive.com
The United Nations, International Law.　http://www.un.org/law
The United Nations, International Criminal Tribunal for the Former Yugoslavia.
http://www.un.org/icty
The United Nations, International Criminal Tribunal for Rwanda.
http://www.un.org/ictr
U.C. Berkeley War Crimes Studies Center.　http://socrates.berkeley.edu/~warcrime
"The World and Japan" Database Project.
http://www.ioc.u-tokyo.ac.jp/~worldjpn/front-ENG.shtml

日本語文献

公刊資料集

『極東国際軍事裁判速記録』全 10 巻，雄松堂，1968.

『国際検察局（IPS）尋問調書』全52巻，粟屋憲太郎・吉田裕編，日本図書センター，1993.
『細菌戦用兵器ノ準備及ビ使用ノ廉デ起訴サレタル元日本軍軍人ノ事件ニ関スル公判書類』モスクワ，外国図書出版書，1950.
『GHQ日本占領史　第5巻：BC級戦争犯罪裁判』小菅信子・永井均解説・訳，日本図書センター，1996.
『資料日本占領1：天皇制』中村政則・山極晃編，岡田良之助訳，大月書店，1990.
『十五年戦争極秘資料集第5巻：東京裁判大山文雄関係資料』北博昭編・解説，不二出版，1987.
『新聞史料にみる東京裁判・BC級裁判：1・東京裁判』全2巻，毎日新聞政治部編集，永井均・内海愛子監修・解説，現代史料出版，2000.
『戦争犯罪関係法令集』法務大臣官房司法法政調査部編刊，全3巻，1963–1967.
『大六法全書』法文社，1940.
『東京裁判資料：木戸幸一尋問調書』粟屋憲太郎・伊香俊哉・小田部雄次・宮崎章編，岡田信弘訳，大月書店，1987.
『東京裁判資料：田中隆吉尋問調書』粟屋憲太郎・安達宏昭・小林元裕編，岡田良之助訳，大月書店，1994.
『東京裁判と国際検察局：開廷から判決まで』全5巻，粟屋憲太郎・ハーバート・ビックス・豊田雅幸編，現代資料出版，2000.
『東京裁判判決：極東國際軍事裁判所判決文』毎日新聞社編刊，1949.
『東京裁判への道：国際検察局政策決定関係文書』全5巻，粟屋憲太郎・永井均・豊田雅幸編，現代史料出版，1999.
『BC級戦犯関係資料集成』全15集，茶園義男編・解説，不二出版，1983–1992.

研究書・概説書・論文

荒敬「東京裁判・戦争責任論の源流：東京裁判と占領下の世論」『歴史評論』408号（1984年4月）：2–22.
新井利男「中華人民共和国の戦犯裁判」『日本軍性奴隷制を裁く2000年女性国際戦犯法廷の記録，第1巻：戦犯裁判と性暴力』バウネットジャパン編，緑風出版，2000，123–153.
朝日新聞法廷記者団編『東京裁判』全3巻，東京裁判刊行会，1963.
朝日新聞社編『現代日本朝日人物辞典』朝日新聞社，1990.
朝日新聞取材班編『戦争責任と追悼：1・歴史と向き合う』朝日新聞社，2006.
アジアに対する日本の戦争責任を問う民衆法廷準備会編『時効なき戦争責任：裁かれる天皇と日本』増補版，緑風出版，1998.
______.『問い直す東京裁判』緑風出版，1995.
粟屋憲太郎「戦争犯罪裁判と現代史研究」『歴史学研究』453号（1978年2月）：17–27.
______.「東京裁判の被告はこうして選ばれた」『中央公論』（1984年2月）：80–96.
______.「東京裁判への道」『朝日ジャーナル』全26回，26巻42号–27巻15号（1984年10月–1985年4月）単行本，講談社，2006.
______.『東京裁判論』大月書店，1989.

______.「東京裁判：訴追と免責」『十五年戦争史，4：占領と講話』藤原彰，今井清一編，青木書店，1989，87–128.
______.『未決の戦争責任』柏書房，1994.
______.「占領，被占領：東京裁判を事例に」『岩波講座日本通史，近代四』第19巻，朝尾直弘他編，岩波書店，2001，171–208.
粟屋憲太郎・NHK取材班『NHKスペシャル：東京裁判への道』日本放送出版協会，1994.
粟屋憲太郎・内海愛子「東京裁判：日本の戦争責任」『戦後日本の原点 第1巻：占領史の現在』竹前栄司，袖井林二郎編，悠思社，1992，217–92.
家永三郎『一歴史学者の歩み：教科書裁判にいたるまで』三省堂，1967.
______.「極東裁判についての試論」,『戦争と教育をめぐって』法政大学出版局，1973，3–22.
______.「極東裁判をどう考えるべきか」,『歴史と責任』中央大学出版部，1979，101–113.
______.「十五年戦争とパール判決書」,『戦争と教育をめぐって』法政大学出版局，1973，23–43.
______.「ふたたびパール判決について：マイニア教授に答える」,『歴史と責任』中央大学出版会，1979，114–126.
______.『戦争責任』岩波書店，1985.
______.『太平洋戦争』岩波書店，2002.
家永三郎・高嶋伸欣『教科書裁判はつづく』岩波書店，1998.
家永教科書訴訟弁護団編『家永教科書裁判：32年にわたる弁護団活動の総括』日本評論社，1998.
池田佑編『秘録：大東亜戦史：6・原爆，国内，東京裁判編』富士書苑，1954.
伊香俊哉「中国国民政府の日本戦犯処罰方針の展開」『現代歴史学と南京事件』吉田裕・笠原十九司編，柏書房，2006，94–124.
______.「戦略爆撃から原爆へ：拡大する『軍事目標主義』の虚妄」『岩波講座アジア太平洋戦争 5. 戦場の諸相』岩波書店，2006，271–298.
石田勇治他編『中国河北省における三光作戦：虐殺の村・北疃村』大月書店，2003.
______. 石田勇治編集・翻訳，笠原十九司・吉田裕編集協力『資料ドイツ外交官の見た南京事件』大月書店，2001.
井上清「法の論理と歴史の論理」『歴史評論』第3巻，第6号（1948年）：1–13.
______.『天皇の戦争責任』現代評論社，1975，岩波書店，1991.
______.『昭和天皇の戦争責任』明石書店，1989.
入江啓四郎「東京判決の要領とその小解」『法律時報』第21巻，第2号（1949年）：12，29–45.
岩川隆『孤島の土となるとも：BC級戦犯裁判』講談社，1995.
牛村圭『「文明の裁き」をこえて：対日戦犯裁判読解の試み』中央公論新社，2000.
______.『「戦争責任」論の真実：戦後日本の知的怠慢を断ず』PHP研究所，2006.
内田力蔵「極東裁判の法理論的意義：主として英米法学の立場から」『潮流』（1948年9月）：22–30.

内海愛子『朝鮮人 BC 級戦犯の記録』勁草書房，1982.
______.「戦時性暴力と東京裁判」『日本軍性奴隷制を裁く 2000 年女性国際戦犯法廷の記録』バウネットジャパン編，第 1 巻，緑風出版，2002，58–102.
内海愛子，韓国・朝鮮人 BC 級戦犯を支える会編『死刑台から見えた二つの国：韓国・朝鮮人 BC 級戦犯の証言・文泰福，洪鐘黙』梨の木舎，1992.
幼方直吉「東京裁判をめぐる諸論点：「人道に対する罪」と時効」『思想』第 719 号（1984 年 5 月）：101–112.
江口圭一『十五年戦争小史』青木書店，1986，新版 1991.
大沼保昭『戦争責任論序説：「平和に対する罪」の形成過程におけるイデオロギー性と拘束性』東京大学出版会，1975.
______.『東京裁判から戦後責任の思想へ』増補版，有信堂高文社，1987，第 3 版 1993，第 4 版 1997.
______.「東京裁判，戦争責任，戦後責任」『思想』第 719 号（1984 年 5 月）：70–100.
大沼保昭・保阪正康・内海愛子・吉田裕「連続討論戦後責任：第 1 回，東京裁判と戦争責任」『世界』第 709 号（2003 年 1 月）：277–91.
岡部牧夫『十五年戦争史論：原因と結果と責任と』青木書店，1999.
奥原敏雄「東京裁判における共同謀議理論」全 3 回『国士舘大学政経論叢』第 5 号（1966 年 9 月）：155–92；第 7 号（1968 年 1 月）：387–413；第 12 号（1970 年 6 月）：181–204.
______.「紹介：*Victors' Justice—The Tokyo War Crimes Trial*」『国士舘大学政経論叢』第 18 号（1973 年 6 月）：349–63.
小野寺利隆「戦争責任と戦後補償：よりよい未来を築きあげるために」『法と民主主義』第 284 号（2003 年 12 年）：3–7.
戒能通孝「法廷技術」『戒能通孝著作集 第 3 巻：裁判』潮見俊隆編・解説，日本評論社，1977，3–116.
______.「極東裁判」『日本資本主義講座 1』岩波書店，1953，385–96.
______.「極東裁判：その後」『戒能通孝著作集 第 3 巻：裁判』塩見利隆編・解説，日本評論社，1977，275–84.
______.「戦争裁判の法律理論」『歴史評論』第 3 巻，第 6 号（1948 年）：13–24.
戒能通孝・丸山眞男・高野雄一・辻清明・鵜飼信成「座談会：東京裁判の事実と法理」『法律時報』第 21 巻，第 2 号（1949 年）：12–28.
梶居住広「東京裁判における「BC 級犯罪」追及」『立命館法学学生論集』第 42 号（1996 年）：492–531.
笠原十九司「中国戦線における日本軍の性犯罪：河北省，山西省の事例」『季刊戦争責任研究』第 13 号（1996 年秋）：2–11.
______.『南京事件』岩波書店，1997.
______.『南京事件と三光作戦：未来に生かす戦争の記憶』大月書店，1999.
______.『南京事件論争史：日本人は史実をどう認識してきたか』平凡社，2007.
______.「日本軍の残虐行為と性犯罪：山西省盂県の事例」『季刊戦争責任研究』第 17 号（1997 年秋）：38–50.
上坂冬子『巣鴨プリズン 13 号鉄扉』PHP 研究所，2004.

菊池謙治『日本を衰亡に導く「東京裁判史観」』全貌社，1991.
木戸幸一『木戸幸一日記』全2巻，東京大学出版会，1966.
木村宏一郎『忘れられた戦争責任：カーニコバル島事件と台湾人軍属』青木書店，2001.
教科書検定訴訟を支援する全国連絡会編『家永教科書裁判のすべて：32年の運動とこれから』民衆社，1998.
清瀬一郎『秘録：東京裁判』読売新聞社，1967.
具島兼三郎「東京裁判の歴史的意義」『歴史評論』第3巻，第6号（1948年）：25-32.
_____.『奔流：わたしの歩いた道』九州大学出版会，1981.
児島襄『東京裁判』上下．中央公論社，1982.
佐治暁人「東京裁判における東条尋問の裏面：『極東国際軍事裁判弁護人塩原時三郎氏からの聴取書』より」『季刊戦争責任研究』第56号（2007年夏）：81-83.
澤登佳人・澤登俊雄・庭山英雄『刑事訴訟法史：刑事訴訟法講義』風媒社，1968.
重光葵「被告席の回想：キーナンの印象」『文藝春秋』（1952年5月）：60-61.
シソンズ，D. C. S.「オーストラリアによる戦争犯罪調査と裁判：天皇免責に至る過程」小菅信子訳，『岩波講座　近代日本と植民地8：アジアの冷戦と脱植民地化』浅田喬二他編，岩波書店，1993，291-314（初版1995，第二版2005）.
島内龍起『東京裁判』日本評論社，1984.
上法快男『東京裁判と東条英機』芙蓉書房，1983.
菅原裕『東京裁判の正体』復刻版，国書刊行会〔発売〕，2002.
杉原達『中国人強制連行』岩波書店，2002.
鈴木千恵子「南京大虐殺をめぐる動向と課題」『季刊戦争責任研究』第46号（2004年冬）：30-37.
住谷雄幸「戦争犯罪裁判論，戦争責任論の動向：文献紹介を中心に」『思想』第719号（1984年5月）：123-31.
宗志勇「終戦前後に於ける中国の対日政策」『史苑』第52巻，第1号（1993年12月）：63-80.
高橋幸春『悔恨の島ミンダナオ』講談社，1994.
高柳賢三『極東裁判と国際法』有斐閣，1948.
_____.「極東判決の法律論」『法律タイムズ』第3巻，第2，3号（1949年）：1-11.
_____.「東京判決の波紋」『法律タイムズ』第3巻，第5号（1949年）：44-51.
武田清子『天皇観の相剋：1945年前後』岩波書店，1978，1993，2001.
竹前栄治「象徴天皇制への軌跡」『中央公論』（1975年3月）：195-214.
滝川政次郎『東京裁判を裁く』全2巻，東和社，1952，1953.
田中正明編『パール博士述，真理の裁き，日本無罪論』太平洋出版社，1952.
_____.『パール博士のことば：東京裁判後・来日されたときのエピソード』下中記念財団，1995.
_____.『パール博士の日本無罪論』慧文社，1963.
田畑茂二郎「東京裁判の法理」『世界』第42号（1949年6月）：12-20.
団藤重光「戦争犯罪の理論的解剖」『刑法の近代的展開』，弘文堂，1948，159-84.
中国帰還者連絡会編『三光：焼きつくし，殺しつくし，奪いつくす』光文社，1957；『新編　三光』光文社，1982；『完全版・三光』晩聲社，1984.

______.『侵略：中国における日本戦犯の告白』新読書社，1958，2002.
中国人戦争被害賠償請求事件弁護団編『砂上の障壁：中国人戦後補償裁判 10 年の軌跡』日本評論社，2005.
常石敬一編訳『標的イシイ：七三一部隊と米軍諜報活動』大月書店，1984.
東京裁判研究会編『共同研究：パル判決書』全 2 巻，東京裁判刊行会，1966；講談社学術文庫，1984.
______.『東条英機宣誓供述書』洋洋社，1948.
東京裁判ハンドブック編集委員会編『東京裁判ハンドブック』青木書店，1989.
戸谷由麻「東京裁判における戦争犯罪訴追と判決：南京事件と性奴隷制に対する国家指導者責任を中心に」『現代歴史学と南京事件』笠原十九司・吉田裕編，柏書房，2006，125–63.
戸塚悦郎『日本が知らない戦争責任：国連の人権活動と日本軍「慰安婦」問題』現代人文社，1999.
豊田隈雄『戦争裁判余録』泰生社，1986.
内藤雅雄「M・K・ガーンディーと日本人：日中戦争をめぐって」『アジア・アフリカ言語文化研究』63 号，2002.
永井均「フィリピンと東京裁判：代表検事の検察活動を中心として」『史苑』第 57 巻，第 2 号（1997 年 3 月）：43–67.
中島岳志『中村屋のボース：インド独立運動と近代日本のアジア主義』白水社，2005.
______.『パール判事：東京裁判批判と絶対平和主義』白水社，2007.
中村政則『戦後史と象徴天皇』岩波書店，1992.
中根眞太郎『聴け！日本無罪の叫び：戦後五十年決議と被告・村山富市』日本出版放送企画（星雲社），1995.
南京事件調査研究会編・訳『南京事件資料集』全 2 巻，青木書店，1992.
日本の戦争史料センター研究事務局編「東京裁判で裁かれた日本軍「慰安婦」制度」『季刊戦争責任研究』第 56 号（2007 年夏）：11–17.
野添憲治『花岡事件と中国人：大隊長耿諄の蜂起』三一書房，1997.
______.『花岡事件の人たち．中国人強制連行の記録』評論社，1975.
______.『聞き書き花岡事件』無明舎，1982.
パール，ラーダビノード『平和の宣言』田中正明編，東西文明社，1953.
______.「パル判事大いに語る！」『文藝春秋』（1952 年 12 月）：100–108.
______.『全訳日本無罪論：極東国際軍事裁判印度代表判事 R・パール述』日本書房，1952.
______.「アジア民族主義の思想的基礎：崩壊する世界文明の再建のために」『改造』（1953 年 3 月）：94–103.
パール下中記念館建設委員会編「パール下中記念館」（パンフレット）平凡社，1975.
バウネットジャパン編『日本軍性奴隷制 2000 年女性国際戦犯法廷の記録』全 6 巻，緑風出版，2002.
林博史『裁かれた戦争犯罪：イギリスの対日戦犯裁判』岩波書店，1998.
______.「BC 級裁判：イギリスは何を裁いたか」『日本軍性奴隷制を裁く 2000 年女性国際戦犯法廷の記録』バウネットジャパン編，第 1 巻，緑風出版，2002，104–122.

______.『BC 級戦犯裁判』岩波書店，2005.
______.「連合国戦争犯罪政策の形成：連合国戦争犯罪委員会と英米」『自然・人間・社会』第 36・37 号，2004 年 1 月・7 月.
______.「オーストラリアの対日戦犯政策の展開（上）（下）」『季刊戦争責任研究』，第 43, 44 号（2004 年春［78-83］・夏［35-43］）
______.『シンガポール華僑粛清』高文研，2007.
林房雄『大東亜戦争肯定論』番町書房，1964.
東野真編，粟屋憲太郎・吉田裕解説『昭和天皇二つの「独白録」』日本放送出版協会，1998.
日暮吉延「極東国際軍事裁判所構成国の条件：インド裁判官任命問題をめぐって」『国際政治』第 95 号（1990 年 10 月）：151-66.
______.「パル判決再考：東京裁判における別個意見の国際環境」『日本近代史の再構築』伊藤敬編，山川出版社，1993，384-411.
______.『東京裁判の国際関係：国際政治における権力と規範』木鐸社，2002.
ファーネス，ジョージ・A.「東京裁判の舞台裏：秘録」『文藝春秋』（1952 年 5 月）：50-59.
ファン・プールヘースト，L.『東京裁判とオランダ』水島治郎・塚原東吾訳，粟屋憲太郎解説，みすず書房，1997.
ヴォートリン，ミニー『南京事件の日々：ミニー・ヴォートリンの日記』大月書店，1999.
冨士信夫『私の見た東京裁判』全 2 巻，講談社，1988.
藤田久一『戦争犯罪とは何か』岩波書店，1995.
______.「東京裁判の今日的意味」『法律時報』第 61 巻，第 9 号（1989 年）：24-30.
藤原彰「『三光作戦』と北支那方面軍」全 2 回『季刊戦争責任研究』第 21-22 号（1998 年夏・秋）：21-29（20 号），68-75（21 号）.
______.「海南島における日本海軍の『三光作戦』」『季刊戦争責任研究』第 24 号（1999 年夏）：46-54.
細谷千博・安藤仁介・大沼保昭編『東京裁判を問う：国際シンポジウム』講談社，1984.
洞富雄編『日中戦争南京大虐殺事件資料集』全 2 巻，青木書店，1985.
本多勝一『南京への道』朝日新聞社，1987.
丸山眞男『現代政治の思想と行動』未來社，1964.
水島朝穂『未来創造としての「戦後補償」：「過去の清算」を越えて』現代人文社，2003.
森村誠一『悪魔の飽食』光文社，1981.
山田朗『昭和天皇の軍事思想と戦略』校倉書房，2002.
山極晃「研究ノート—中華民国政府の『日本人主要戦犯名簿』について：天皇の戦犯指名問題を中心に」『横浜市立大学論集』第 41 巻，第 1-3 号（1990 年）：179-191.
横田喜三郎「世界の審判：自衛論を粉砕」『新聞資料に見る東京裁判，BC 級裁判，第 1 巻：東京裁判』永井均，内海愛子編，現代資料出版，2000，346.
______.『戦争犯罪論』増訂版，有斐閣，1949.
______.「東京判決と自衛論」『法律時報』第 21 巻，第 2 号（1949 年）：5-12.
横浜弁護士会 BC 級戦犯横浜裁判調査研究特別委員会『法廷の星条旗：BC 級戦犯横浜裁判の記録』日本評論社，2004.

吉田裕「敗戦前後における公文書の焼却と隠匿」同著『現代歴史学と戦争責任』青木書店，1997，127-41.
______.「極東国際軍事裁判と戦争責任問題」同著『現代歴史学と戦争責任』青木書店，1997，142-78.
______.「南京事件論争と国際法」『現代歴史学と南京事件』吉田裕・笠原十九司編，柏書房，2006，68-93.
______.『日本人の戦争観：戦後史のなかの変容』岩波書店，1995.
______.『昭和天皇の終戦史』岩波書店，1992.
吉見義明『従軍慰安婦』岩波書店，1995.
______.『毒ガス戦と日本軍』岩波書店，2004.
______編『従軍慰安婦資料集』大月書店，1992.
吉見義明・林博史編『共同研究：日本軍慰安婦』大月書店，1995.
ラーベ，ジョン『南京の真実：The Diary of John Rabe』平野卿子訳，講談社，1997.
レーリンク，B. V. A.「東京裁判の現代史的意義」『中央公論』（1983 年 8 月）：190-93.

英語文献

刊行資料集

Materials on the Trial of Former Servicemen of the Japanese Army Charged with Manufacturing and Employing Bacteriological Weapons. Moscow: Foreign Language Publishing House, 1950.
All India Reporter: Calcutta Section. 34 vols. Nagpur, 1914-1947.
Calcutta Weekly Notes. 69 vols. Calcutta: Eastern Book Company, 1896-1965.
The Department of State Bulletin, vol.13, nos. 314-340 (July 1-December 31, 1945).
Documents on Australian Foreign Policy, 1937-1949. 16 vols. Canberra: Australian Government Publishing Service, 1975-2001.
Documents on New Zealand External Relations, Vol. II. The Surrender and Occupation of Japan. New Zealand: P.D. Hasselberg, Government Printer, 1982.
Foreign Relations of the United States. U.S. Department of State. Washington D.C.: U.S. Government Printing Office.
The Tokyo Judgment: The International Military Tribunal for the Far East (I.M.T.F.E), 29 April 1946-12 November 1948. 2 vols., ed. B.V.A. Röling and C.F. Ruter. Amsterdam: APA-University Press, 1977.
International Military Tribunal for the Far East: Dissentient Judgment of Justice Pal. Tokyo: Kokusho kankōkai, 1999.
The Law of War: A Documentary History. 2vols., ed. Leon Friedman with a Forward by Telford Taylor. New York: Random House, 1972.
The Trial of German Major War Criminals by the International Military Tribunal Sitting at Nuremberg, Germany, Commencing 20th November, 1945. Buffalo, New York: William S. Hein & Co. Inc., 2001.

Trials of War Criminals before the Nuernberg Military Tribunals under Control Council Law No. 10. 15 vols. Buffalo, New York: William S. Hein & Co., Inc., 1997.

The Tokyo War Crimes Trial, 22 vols. annot., comp., and ed. R. John Pritchard and Sonia Magbanua Zaide. New York and London: Garland, 1981.

The Tokyo War Crimes Trial: Index and Guide, 5 vols. annot., comp., and ed. R. John Pritchard and Sonia Magbanua Zaide. New York and London: Garland, 1985.

研究書・概説書・論文

Bass, Gary Jonathan. *Stay the Hand of Vengeance: The Politics of War Crimes Tribunals*. Princeton and Oxford: Princeton University Press, 2000.

Bergerud, Eric. *Touched with Fire: The Land War in the South Pacific*. New York: Penguin Books, 1996.

Bix, Herbert P. *Hirohito and the Making of Modern Japan*. New York: Harper Collins, 2000.〔邦訳：『昭和天皇』講談社学術文庫，上 2005，下 2006〕

Bose, Sugata, and Ayesha Jalal. *Modern South Asia: History, Culture, and Political Economy*. New York: Routledge, 2001.

Brackman, Arnold C. *The Other Nuremberg: The Untold Story of the Tokyo War Crimes Trials*. New York: William Morrow and Company, 1987.〔邦訳：『東京裁判：もう一つのニュルンベルク』日暮吉延訳，時事通信社，1991〕

Bradsher, Greg. *World War II Japanese Records: History of Their Capture, Exploitation, and Disposition*. 未刊行.

Bradsher, Greg, et al. *Researching Japanese War Crimes Records: Introductory Essays*. Washington, DC: National Archives and Records Administration for the Nazi War Crimes and Japanese Imperial Government Records Interagency Working Group, 2006.

Brook, Timothy. "The Tokyo Judgment and the Rape of Nanking," *The Journal of Asian Studies* 60, no. 3 (August 2001): 673–700.

Broomfield, J.M. *Elite Conflict in A Plural Society: Twentieth-Century Bengal*. Berkeley and Los Angeles: University of California Press, 1968.

Buruma, Ian. *The Wages of Guilt: Memories of War in Germany and Japan*. London: Phoenix, 2002.〔邦訳：『戦争の記憶：日本人とドイツ人』石井信平訳，TBS ブリタニカ，1994；筑摩書房，2003〕

Cassese, Antonio, Paola Gaeta, and John R.W.D. Jones, ed. *The Rome Statute of The International Criminal Court: A Commentary*. 2 vols. Oxford and New York: Oxford University Press, 2002.

Chang, Iris. *The Rape of Nanking: The Forgotten Holocaust of World War II*. New York: Basic Books, 1997. marr.

Chatterji, Joya. *Bengal Divided: Hindu Communalism and Partition, 1932–1947*. Cambridge: Cambridge University Press, 1994.

Cohen, David, "Beyond Nuremberg: Individual Responsibility for War Crimes." In *Human Rights in Political Transitions: Gettysburg to Bosnia*, ed. Carla Hesse and Robert

Post. New York: Zone Books, 1999, 53-92.

______. "Bureaucracy, Justice, and Collective Responsibility in the World War II War Crimes Trials," *Rechtshistorisches Journal* 18. Frankfurt am Main: Löwenklau Gesellschaft e.V., 1999: 313-42.

Dallaire, Roméo. *Shake Hands with the Devil: The Failure of Humanity in Rwanda*. Toronto: Random House Canada, 2003.

Daws, Gavan. *Prisoners of the Japanese: POWs of World War II in the Pacific*. New York: W. Morrow, 1994.

Des Forges, Alison. *Leave None To Tell the Story: Genocide in Rwanda*. 2nd edition. New York, Washington, London, Brussels: Human Rights Watch. 1999.

Douglas, Lawrence. *The Memory of Judgment: Making Law and History in the Trials of the Holocaust*. New Haven and London: Yale University Press, 2000.

Dower, John W. *Embracing Defeat: Japan in the Wake of World War II*. New York: W.W. Norton, 1999.〔邦訳：『敗北を抱きしめて』三浦陽一他訳，全2巻，岩波書店，2001〕

Drea, Edward, and others. *Researching Japanese War Crimes Records: Introductory Essays*. Washington, DC: National Archives and Records Administration for the Nazi War Crimes and Japanese Imperial Government Records Interagency Working Group, 2006.

Duus, Peter. "Remembering the Empire: Postwar interpretations of the Greater East Asia Coprosperity Sphere." *The Woodrow Wilson Center, Asian Program, Occasional Paper*, no. 54 (March 1993).

Eichelberger, Robert L. *Jungle Road to Tokyo*, London: Odham Press, 1951.

Gordon, Leonard A. *Bengal: The Nationalist Movement 1876-1940*. New York & London: Columbia University Press, 1974.

Gourevitch, Philip. *We Wish To Inform You That Tomorrow We Will Be Killed With Our Families: Stories from Rwanda*. New York: Picador USA, 1998.

Gutman, Roy, and David Rieff, ed. *Crimes of War: What the Public Should Know*. New York and London: W.W. Norton, 1999.

Hankey, Maurice Pascal Alers, Baron, *Politics, Trials and Errors*. Chicago: Henry Regnery Company, 1950.〔邦訳：『戦犯裁判の錯誤』長谷川才次訳，時事通信社，1952〕

Harries, Meirion, and Susie Harries. *Sheathing the Sword: The Demilitarization of Postwar Japan*. New York: Macmillan, 1987.

Harris, Sheldon H. *Factories of Death: Japanese Biological Warfare 1932-45 and the American Cover-up*. London and New York: Routledge, 1994.

Horwitz, Solis. "The Tokyo Trial." *International Conciliation*, no. 465 (November 1950): 473-584.

Institute of International Studies Library, comp. *Bibliography on the International Military Tribunal for the Far East (Tokyo)*. University of California, October 1964.

Jones, Dorothy V. *Toward a Just World: The Critical Years in the Search for International Justice*. Chicago and London: University of Chicago Press, 2002.

Kopelman, Elizabeth. "Ideology and International Law: The Dissent of the Indian Justice at the Tokyo War Crimes Trial." *New York University Journal of International Law and Politics* 28, no. 2 (1991): 373-494.

Lael, Richard L. *The Yamashita Precedent: War Crimes and Command Responsibility*. Wilmington, Delaware: Scholarly Resources Inc., 1982.

Lee, Roy S, ed. *The International Criminal Court: The Making of the Rome Statute. Issues, Negotiations, Results*. The Hague, London, and Boston: Kluwer Law International, 1999.

Lewis, John R., comp. *Uncertain Judgment: A Bibliography of War Crimes Trials*. Santa Barbara, California, and Oxford, UK: ABC-Clio, 1979.

MacArthur, Douglas. *Reminiscences*. New York: McGraw Hill, 1964.〔邦訳：『マッカーサー回想記』津島一夫訳，全 2 巻，朝日新聞社，1964〕

Maga, Tim. *Judgment at Tokyo: The Japanese War Crimes Trials*. Lexington, Kentucky: University Press of Kentucky, 2001.

Minear, Richard H. "In Defense of Radha Binod Pal." *The Japan Interpreter* 11 (Winter 1977): 263-71.〔邦訳：「パール判決の意義：家永教授への反論」『みすず』1975 年 11 月号〕

______. *Victors' Justice: The Tokyo War Crimes Trial*. Ann Arbor, Michigan: Princeton University Press, 2001.〔邦訳：『東京裁判：勝者の裁き』安藤仁介訳，福村出版，1985〕

Nandy, Ashis. "The Other Within: The Strange Case of Radhabinod Pal's Judgment on Culpability." *New Literary History: A Journal of Theory and Interpretation* 23, no. 1 (Winter 1992): 45-67.

Neier, Aryeh. *War Crimes: Brutality, Genocide, Terror, and the Struggle for Justice*. New York: Random House, 1998.

Neuffer, Elizabeth. *The Key to My Neighbor's House: Seeking Justice in Bosnia and Rwanda*. New York: Picador USA, 2001.

Oppenheim, L. *International Law: A Treatise, Vol. II: Disputes, War and Neutrality*. 7th edition, ed. Hersh Lauterpacht. London and New York: Longmans, Green and Co., 1952.

Oppler, Alfred C. *Legal Reform in Occupied Japan: A Participant Looks Back*. Princeton: Princeton University Press, 1976.

Pal, Radhabinod. *Crimes in International Relations*. Calcutta: University of Calcutta, 1955.

______. *The Hindu Philosophy of Law*. Calcutta, n. d.

______. *The History of Hindu Law in the Vedic Age and the Post-Vedic Times Down to the Institutes of Manu*. Calcutta, 1959.

______. *In Defense of Japan's Case*. 2 vols., ed. Nakamura Akira. Tokyo: Kenkyusha, 1976.

Piccigallo, Philip R. *The Japanese on Trial: Allied War Crimes Operations in the East, 1945-1951*. Austin and London: University of Texas Press, 1979.

Powell, John. "A Hidden Chapter in History." *Bulletin of the Atomic Scientists* 37, no. 8 (October 1981): 44-53.

______. “Japan’s Germ Warfare: The U.S. Cover-Up of A War Crime.” *Bulletin of Concerned Asian Scholars* 12, no. 4 (October-December 1980): 2–17.

Pritchard, R. John. “An Overview of the Historical Importance of the Tokyo War Trial.” *Nissan Occasional Paper Series*, no. 5 (1987): 1–51.

Reel, A. Frank. *The Case of General Yamashita*. Chicago: University of Chicago Press, 1949.〔邦訳：『山下裁判』下島連訳，全2巻，日本教文社，1952〕

Robertson, Geoffrey. *Crimes against Humanity: The Struggle for Global Justice*. New York: The New Press, 1999.

Röling, B.V.A., and Antonio Cassese. *The Tokyo Trial and Beyond: Reflections of a Peacemonger*. Cambridge: Polity Press, 1993.〔邦訳：『レーリンク判事の東京裁判』小菅信子訳，新曜社，1996〕

Schabas, William A. *An Introduction to the International Criminal Court*. Second edition, Cambridge, UK: Cambridge University Press, 2004.

______. *The UN International Criminal Tribunals: The Former Yugoslavia, Rwanda and Sierra Leone*. Cambridge, UK: Cambridge University Press, 2006.

Sissons, D.C. “The Australian War Crimes Trials and Investigations (1942–51).” n. d. U. C. Berkeley War Crimes Studies Center Website.

Stanton, John. “Canada and War Crimes: Judgment at Tokyo.” *International Journal* 55 no. 3 (Summer 2000): 376–400.

Takaki, Ronald. *Strangers from A Different Shore: A History of Asian Americans*. Boston: Little, Brown, 1989.

Takeda, Kayoko. “Sociopolitical Aspects of Interpreting at the International Military Tribunal for the Far East (1946–1948).” Doctoral Dissertation. Universitat Rovira i Virgili & Monterey Institute of International Studies, 2007.

Takemoto Tadao and Ohara Yasuo. *The Alleged “Nanking Massacre”: Japan’s Rebuttal to China’s Forged Claims*. Tokyo: Meiseisha, 2000.

Tanaka, Yuki. *Hidden Horrors: Japanese War Crimes in World War II*. Boulder, Colorado and Oxford: Westview Press, 1996.〔邦訳：『知られざる戦争犯罪：日本軍はオーストラリア人に何をしたか』田中利幸訳，大月書店，1993〕

Taylor, Telford. *The Anatomy of the Nuremberg Trials: A Personal Memoir*. New York: Alfred A. Knoph, 1992.

______. *Final Report to the Secretary of the Army on the Nuernberg War Crimes Trials under Control Council Law No. 10*. Buffalo, New York: William S. Hein & Co., Inc. 1997

Trotter, Ann. “New Zealanders and the International Military Tribunal for the Far East.” *The New Zealand Journal of History* 23, no. 2 (October 1989): 142–56.

Truman, Harry S. *Memoirs by Harry S. Truman*. 2 vols. New York: Doubleday & Company, Inc., 1955.〔邦訳：『トルーマン回顧録』加瀬俊一監修，堀江芳孝訳，恒文社，1966〕

United Nations War Crimes Commission, ed. *History of the United Nations War Crimes Commission and the Development of the Laws of War*. London: His Majesty’s Station-

ery Office, 1948.

______. *Law Reports of Trials of War Criminals*. 15 vols. Selected and prepared by the United Nations War Crimes Commission. Buffalo, New York: William S. Hein &Co., Inc. 1997.

Van Poelgeest, L. "The Netherlands and the Tokyo Tribunal." *Japan Forum* 4, no. 1 (April 1992): 81–90.

Welch, Jeanie M., comp. *The Tokyo Trial: A Bibliographic Guide to English-Language Sources*. Westport, Connecticut and London: Greenwood Press, 2002. 〔邦訳：『東京裁判：英文文献・研究ガイド』粟屋憲太郎監修，高取由紀訳，現代史料出版，2005〕

Werrell, Kenneth P. *Blankets of Fire: U.S. Bombers over Japan during World War II*. Washington & London: Smithsonian Institises Press, 1996.

Yamamoto, Masahiro. *Nanking: Anatomy of an Atrocity*. Westport, Connecticut, and London: Praeger, 2000.

Yang, Daqing. "The Malleable and the Contested: The Nanjing Massacre in Postwar China and Japan." In *Perilous Memories: The Asia-Pacific War(s)*, ed. T. Fujitani, Geoffrey M. White, and Lisa Yoneyama. Durham and London: Duke University Press, 2001, 50–86.

Yoshida, Takashi. *The Making of the "Rape of Nanking": History and Memory in Japan, China, and the United States*. Oxford, England: Oxford University Press, 2006.

Zhang, Kaiyuan, ed. *Eyewitnesses to Massacre: American Missionaries Bear Witness to Japanese Atrocities in Nanjing*. Armonk, New York: M.E. Sharpe, 2001.

注

序章　なぜ今東京裁判か

（1）　米国公文書館に収蔵される日本の戦争犯罪関係資料については，包括的なガイドが近年まとめられ，オンラインで読めるようになっている．National Archives, Nazi War Crimes and Japanese Imperial Government Records Interagency Working Group（IWG）ウェブサイト．おなじガイドは本のかたちでも出版されている．Bradsher, *Researching Japanese War Crimes Records*．オーストラリアの公文書にかんするガイドもオンラインで入手できる．Sissons, "The Australian War Crimes Trials and Investigations（1942-51）," U.C. Berkeley War Crimes Studies Center ウェブサイト．

（2）　BC 級裁判の全貌については，岩川『孤島の土となるとも』と林博史『BC 級戦犯裁判』が参考になる．英文では Piccigallo, *Japanese on Trial* が有用．

（3）　ポツダム宣言全文（日英両方）は，"The World and Japan" Database Project のウェブサイトに掲載．

（4）　児島『東京裁判』上巻，111-12.

（5）　Taylor, *Anatomy of the Nuremberg Trials*, 61.

（6）　島内『東京裁判』21-56.

（7）　当時の一般市民の関心と報道状況を知るうえでは，『新聞資料にみる東京裁判・BC 級裁判』，朝日新聞法廷記者団編『東京裁判』，池田『秘録』などが参考になる．

（8）　東京裁判の通訳については，つぎの博士論文が参考になる．Takeda, "Sociopolitical Aspects of Interpreting at the International Military Tribunal for the Far East."

（9）　『判決書』7.

（10）　"War Crimes Investigation in Australia," in A1838/1, 1550/1, *NAA*; Sissons, "The Australian War Crimes Trials and Investigations,（1942-51）" U.C. Berkeley War Crimes Studies Center ウェブサイト．オーストラリアの戦犯調査について，日本語では，シソンズ「オーストラリアによる戦争犯罪調査と裁判」や，林博史「オーストラリアの対日戦犯政策の展開」にくわしい．

（11）　*Transcripts*, vol. 1, 92-98. "Webb to the Secretary of the Department of External Affairs"（December 13, 1945）, A1066/4, H45/590/3, *NAA*; "Webb to Mansfield"（January 6, 1946）, A6238/2, 3. *NAA*.

（12）　Robertson, *Crimes against Humanity*; "Sierra Leone Judge Bias Claims"（March 10, 2004）, BBC News, World Edition ウェブサイト．Accessed March 20, 2004; "Special Court for Sierra Leone: Justice Geoffrey Robertson to Remain on Appeals Chamber But Won't Hear RUF Cases"（March 13, 2004）, Sierra Leone Live News ウェブサイト．Accessed March 20, 2004; "War Crimes Tribunal Bars Its Judge," Global Policy Forum, http://www.globalpolicy.org/intljustice/tribunals/sierra/2004/0315bars.htm. Accessed January 10, 2007; Schabas, *UN International Criminal Tribunals*, 417.

（13）　ウェッブの判事ぶりについてよりきびしい判断をくだした研究書もある．Harries,

Sheathing the Sword, 166–72; Pritchard, "An Overview," 17–20; Stanton, "Canada and War Crimes," 392–93; Trotter, "New Zealanders," 148–51. 日暮『東京裁判の国際関係』411–434.

(14) ハラニーニョの別個意見全文は以下に記載. *Tokyo Judgment*, vol. 1, 497–515.

(15) 第二次大戦以前の戦争犯罪と国際法について, おもに以下の本を参考にした. Taylor, *Anatomy of the Nuremberg Trials*, 3–20; Bass, *Stay the Hand of Vengeance*, 37–146; United Nations War Crimes Commission, ed., *History*, 1–86.

(16) 国際検察局自身の記録によると, 検察局スタッフの人数は合計 509 人で, うち 277 人は連合国諸国出身（このうち弁護士は 72 人), 残り 232 人は日本人だった. 弁護団は合計で 404 人, うち 46 人は連合国出身（アメリカ人弁護人 25 名をふくむ), 残り 358 人は日本人（弁護人 79 人をふくむ). *TKK*, vol. 5, 322.

(17) "The Acting Secretary of State to the Chargé in the Soviet Union（Kennan)" (January 19, 1946), *FRUS*, 1946, vol. 8, 391.

(18) ただし, ソ連代表判事は判決に賛同しながらも一部別個意見も提出している.

(19) 伊香俊哉が中国のおこなった戦犯裁判について, やはり同様の概念をもちいている. 伊香「中国国民政府」115.

(20) ビルマとインドネシア（ジャワ）出身の検察補佐官についてはあまりよく知られていない. ビルマ代表は 1946 年 6 月上旬に到着し, イギリス検察官を補佐した. *DNZ*, 1596. インドネシア代表は戦時下における日本語の新聞や宣伝用映画の翻訳をするためオランダ人検察チームに参画した. ファン・プールヘースト『東京裁判とオランダ』53–54.

(21) これらの国際合意文書については, "The World and Japan" Database Project のウェブサイトに掲載されているものを参考にした.

(22) 東京裁判ハンドブック編集委員会編『東京裁判ハンドブック』102. ロナルド・タカキによると, 戦時中アメリカ政府は在米朝鮮人を「敵国人」, ときには「日本人」とみなしたという. Takaki, *Strangers from a Different Shore*, 365–66. 朝鮮人 BC 級戦犯については研究がすすんでいる. 上坂『巣鴨プリズン 13 号鉄扉』260–311；内海他編『死刑台から見えた二つの国』; 内海『朝鮮人 BC 級戦犯の記録』など.

(23) "The Report on Comfort Women by International Commission of Jurists"（1994）by Ustinia Dolgopol and Snehal Paranjape, International Commission of Jurists, Geneva, Switzerland; "Coomaraswamy Report to United Nations"（1996）by Radhika Coomaraswamy, Special Rapporteur, the Economic and Social Council, the United Nations; "McDougall Report to UN Commission on Human Rights"（August 1998）by Gay J. McDougall, Special Rapporteur, the Economic and Social Council, the United Nations など. 慰安婦問題を調査した主要な国際レポートは, つぎのウェブサイトで手に入る. Digital Museum: The Comfort Women Issue and the Asian Women's Fund. 近年の慰安婦問題にかんする国際的動向については, 戸塚『日本が知らない戦争責任』, バウネットジャパン『日本軍性奴隷制を裁く』などを参考にした.

(24) 女性国際戦犯法廷の詳細については, バウネットジャパン編『日本軍性奴隷制を裁く』を参照.

第1章　ニュルンベルクから東京へ

（1） Taylor, *Anatomy of the Nuremberg Trials*, 21–42.
（2） Ibid., 37–38.
（3） Ibid., 47–77.
（4） "Establishment of the State-War-Navy Coordinating Committee" (November 29, 1944), in *FRUS*, 1944, vol. 1, 1466–70; "State-War-Navy Coordinating Subcommittee for the Far East, The Apprehension and Punishment of War Criminals" (March 5 and August 9, 1945), T1205 (microfilm)/Reel # 1/ RG 353, *NARA*.
（5） "Report by the State-War-Navy Coordinating Subcommittee for the Far East" (September 12, 1945), in *FRUS*, 1945, vol. 6, 926–36.
（6） Ibid., 929.
（7） Ibid., 933–34.
（8） Ibid., 932.
（9） 児島『東京裁判』上巻，131.
（10） "Report by the State-War-Navy Coordinating Subcommittee for the Far East" (September 12, 1945), in *FRUS*, 1945, vol. 6, 932–33；東京裁判ハンドブック編集委員会編『東京裁判ハンドブック』84.
（11） "Report by the State-War-Navy Coordinating Subcommittee for the Far East" (September 12, 1945), in *FRUS*, 1945, vol. 6, 930–36.
（12） Taylor, *Anatomy of the Nuremberg Trials*, 56–77.
（13） "The Assistant Secretary of War (McCloy) to the Acting Secretary of State (Acheson)" (September 7, 1945), in *FRUS*, 1945, vol. 6, 922.
（14） "The Under Secretary of State (Acheson) to the Director of the Office of Far Eastern Affairs (Ballantine)" (September 6, 1945), in *FRUS*, 1945, vol. 6, 921.
（15） Ibid.
（16） "Report by the State-War-Navy Coordinating Subcommittee for the Far East" (September 12, 1945), in *FRUS*, 1945, vol. 6, 934.
（17） "Commander in Chief Army Forces Pacific Advance, Tokyo, Japan [MacArthur], to the War Department" (October 7 and November 12, 1945), File: ASW 000.5/ Box 2/ Entry 180/ RG 107, *NARA*.
（18） "Advanced Echelon, General Headquarters, Army Forces Pacific, Tokyo, Japan (MacArthur), to the War Department" (October 31, 1945), File: ASW 000.5/ Box 2/ Entry 180/ RG 107, *NARA*.
（19） "John J. McCloy to MacArthur" (November 19, 1945), File: ASW 000.5/ Box 2/ Entry 180/ RG 107, *NARA*.
（20） "The British Embassy to the Department of State" (December 12, 1945), in *FRUS*, 1945, vol. 6, 982.
（21） "The French Embassy to the Department of State" (December 6, 1945), in *FRUS*, 1945, vol. 6, 981. ソ連の回答についてはつぎを参照. *FRUS*, 1946, vol. 8, 388–92,

397-99, 401-5, 409-10, 417-18.

(22) オーストラリア政府の指名で第一にあがったのは，連合国戦争犯罪委員会の会長ライト卿で，第二がウェッブだった．"The Australian Legation, Washington, to the Department of External Affairs" (November 29, 1945), A1066/4, H45/590/3, *NAA*.

(23) "The Department of External Affairs to the Australian Legation, Washington" (December 4, 1945), A1066/4, H45/590/3, *NAA*.

(24) "General Orders, No. 7: Appointment of Members of the International Military Tribunal for the Far East" (February 15, 1946), *TSM*, vol. 3, 64. "The New Zealand Member, International Military Tribunal for the Far East, to the Acting Prime Minister" (February 7, 1946), in *DNZ*, 1520. ニュージーランド代表判事の指名については，Trotter, "New Zealanders" (142-43) を参照.

(25) "The British Embassy to the Department of State" (December 12, 1945), in *FRUS*, 1945, vol. 6, 983.

(26) "The Secretary General of the Far Eastern Commission (Johnson) to the Secretary of State" (April 4, 1946), in *FRUS*, 1946, vol. 8, 423-28.

(27) "The Acting Secretary of State to Certain American Diplomatic and Consular Officers" (April 26, 1946), in *FRUS*, 1946, vol. 8, 430.

(28) 東京裁判所憲章は『戦争犯罪関係法令集』第1巻に掲載（日英両文)，11-33, 37-72．憲章文の作成を担当したのは，ジョセフ・キーナンの率いるアメリカ検察チームのメンバーで，連合軍総司令官マッカーサーの法律顧問としてこの任務を負った.

(29) 東京裁判ではニュルンベルク裁判の先例にしたがい，上告はない.

(30) 東京裁判所憲章は，当初は判事の数を5人から9人としていたが，インドとフィリピンの参加を決めた極東委員会はこの数を6人から11人に増やした.

(31) 児島によると，ウェッブを薦めたのはマッカーサーの補佐官――コートニー・ウィットニーとジョージ・アチソン――だったというが，真相はよくわからない．児島『東京裁判』上巻，109.

(32) "The New Zealand Member, International Military Tribunal for the Far East to the Prime Minister" (March 11, 1946), in *DNZ*, 1532, Footnote 3.

(33) Ibid.

(34) "Webb to Evatt" (March 5, 1946), in *DA*, vol. 9, 166.

(35) "The New Zealand Member, International Military Tribunal for the Far East to the Prime Minister" (March 11, 1946), in *DNZ*, 1531.

(36) "The New Zealand Associate Prosecutor, International Military Tribunal for the Far East, to the Deputy Secretary of External Affairs" (March 11, 1946), in *DNZ*, 1533. Trotter, "New Zealanders," 147.

(37) Ibid. (March 11, 1946), in *DNZ*, 1533.

(38) "The New Zealand Associate Prosecutor, International Military Tribunal for the Far East, to the Secretary of External Affairs" (June 17, 1946), in *DNZ*, 1599, 1600.

(39) キーナン不在をめぐる参与検察官の不満は，国際検察局の内部文書などからひしひしと伝わってくる．たとえば，つぎの数文書をあわせて読んでみると，キーナンが開廷まえに中国へ行く前後の緊張関係がわかる．"The New Zealand Associate Prose-

cutor, International Military Tribunal for the Far East, to the Deputy Secretary of External Affairs" (March 26, 1946, and, April 4, 1946), in *DNZ*, 1544, 1551; "Memorandum for Mr. Keenan" (March 25, 1946), in *TSM*, vol. 4, 64-69.

(40) "The New Zealand Associate Prosecutor, International Military Tribunal for the Far East, to the Secretary of External Affairs" (June 17, 1946), in *DNZ*, 1598-99.

(41) Ibid. (June 25, 1946), in *DNZ*, 1603.

(42) Ibid. (July 15, 1946), in *DNZ*, 1622.

(43) Ibid. (June 25, 1946), in *DNZ*, 1603.

(44) "The New Zealand Associate Prosecutor, International Military Tribunal for the Far East, to the Deputy Secretary of External Affairs" (March 25, 1947), in *DNZ*, 1665.

(45) Ibid. (May 9, 1947), in *DNZ*, 1670.

(46) Ibid. (July 2, 1947), in *DNZ*, 1684.

(47) Ibid. (October 31, 1947), in *DNZ*, 1698.

(48) *Transcripts*, vol. 15, 36533-35.

(49) "Keenan to Maurice Fay, United States District Attorney, Washington" (August 18, 1947), in *TKK*, vol. 4, 95.

(50) 「元極東国際軍事裁判弁護人，塩原時三郎からの聴取書第一回」井上忠雄資料，偕行文庫，靖国神社．同資料は佐治「東京裁判における東条尋問の裏面」に一部掲載．

(51) "The Associate of the New Zealand member, International Military Tribunal for the Far East, to the Secretary of External Affairs" (January 9, 1948), in *DNZ*, 1701, footnote 3.

(52) Ibid., 1700-1701.

(53) 東条被告が法廷に提出した宣誓供述書は，裁判当時に出版されている．東京裁判研究会編『東条英機宣誓供述書』．日本人の東条観については，吉田『日本人の戦争観』38-42を参照．当時の主要な新聞で，東条の供述に批判的なものもある．上法『東京裁判と東条英機』61-62．近年放映された『プライド：運命の瞬間』では，東条がキーナンを論破するのに成功したようすが描かれている．

(54) *Transcripts*, vol. 13, 31331.

(55) "The New Zealand Associate Prosecutor, International Military Tribunal for the Far East, to the Deputy Secretary of External Affairs" (October 31, 1947), in *DNZ*, 1698.

(56) ビドルとパーカーの任命については，Taylor, *Anatomy of the Nuremberg Trials* (94-95) を参照．

(57) "The New Zealand Associate Prosecutor, International Military Tribunal for the Far East, to the Secretary of External Affairs" (July 9, 1946), in *DNZ*, 1618. ヒギンズの辞退について，異なる説明もある．Brackman, *Other Nuremberg*, 117.

(58) 東京裁判以前のマンスフィールドについては，以下を参照にした．File: "Australian War Crimes Commission: 1. Trial Regulations; 2. National Security (Inquiry) Regulations; 3. Board of Enquiry Constitution," A6238/2, 6, *NAA*; File: "War Crimes Australian Account of Investigations for the Commission," A1838, 1550/1, *NAA*; File: "Australian War Crimes Commission: Mr. Justice Mansfield," A6238, 3, *NAA*.

(59) "Alan J. Mansfield to Sir William Webb" (December 14, 1945), A6238/2, 3, *NAA*;

File: "War Crimes Exhibition London," A1067, UN46/WC/2, *NAA*. 提案のあった極東の戦争犯罪展示会は，マンスフィールドが国際検察局に参加するため東京に行ってしまったこともあってか，けっきょく実現しなかったようだ．

第2章　裕仁天皇の起訴をめぐって

(1)　山田『昭和天皇の軍事思想と戦略』参照．

(2)　トルーマンのマッカーサー観については，その回顧録にくわしい．邦訳あり(『トルーマン回顧録』[1966年])．

(3)　武田著『天皇観の相剋』は，連合国が天皇と天皇制を戦後どのようにとりあつかおうとしたかを探究した草分けの本だが，天皇起訴についての連合国の方針については本書と異なる結論にいたっている．

(4)　ポツダム宣言の和文は，"The World and Japan" Database Projectのウェブサイトに掲載．

(5)　ヤルタ会談において，ソ連はドイツ降伏後の三カ月以内に対日戦参加を約束，その見返りに樺太，千島列島取得と満州に対するソ連主権を英米に認めさせていた．

(6)　"The Minister in Sweden (Johnson) to the Secretary of State" (August 10, 1945), in *FRUS*, 1945, vol. 6, 625. 日本政府の返答の原文（英語）は，*The Department of State Bulletin*, vol. 13, nos. 314-340 (July 1-December 31, 1945), p. 205を参照．

(7)　伊香「戦略爆撃から原爆へ」293.

(8)　"Memorandum by Mr. Benjamin V. Cohen, Special Assistant to the Secretary of State" (August 10, 1945), in *FRUS*, 1945, vol. 6, 625.

(9)　Truman, *Memoirs*, vol. 1, 428.

(10)　Ibid.

(11)　"The Secretary of State to the Ambassador in the United Kingdom (Winant)" (August 10, 1945), in *FRUS*, 1945, vol. 6, 626. 日本語訳には『資料日本占領1・天皇制』376を一部参照した．

(12)　Ibid.;『資料日本占領1・天皇制』377.

(13)　"The Ambassador in the United Kingdom (Winant) to the Secretary of State" (August 11, 1945), in *FRUS*, 1945, vol. 6, 628-29.

(14)　"The Secretary of State to the Swiss Chargé (Grässi)" (August 11, 1945), in *FRUS*, 1945, vol. 6, 632.『資料日本占領1・天皇制』376. 傍点は筆者による加筆．

(15)　オーストラリアの南太平洋における軍事貢献については以下を参考にした．Bergerud, *Touched with Fire*.

(16)　終戦のころにオーストラリアが英国政府に抱いていた不信感はオーストラリアの外交文書(刊行資料)からよく伝わってくる．*DA*, vol. 8, 258, 267-70, 280, 283-86, 289, 291-96, 299-301, 303-5, 308-9, 312-16, 319, 329-32, 334-36.

(17)　"Commonwealth Government to Addison" (August 11, 1945), in *DA*, vol. 8, 323.

(18)　Ibid., 322.

(19)　"Attlee to Chifley" (August 12, 1945), in *DA*, vol. 8, 329-30.

(20)　"Commonwealth Government to Addison" (August 12, 1945), in *DA*, vol. 8, 330.

(21)　"Addison to Commonwealth Government" (August 17, 1945), in *DA*, vol. 8, 350.
(22)　Ibid.
(23)　"Report by the State-War-Navy Coordinating Subcommittee for the Far East" (September 12, 1945), in *FRUS*, 1945, vol. 6, 936.
(24)　"State-War-Navy Coordinating Subcommittee for the Far East, Minutes of Meeting" (August 21, 1945), T1198 (microfilm)/ RG 353, *NARA*. 傍点は筆者による加筆.
(25)　"State-War-Navy Coordinating Committee: Treatment of the Person of Hirohito, Emperor or Japan" (October 26, 1945), T1205 (microfilm)/ Reel # 6/ RG 353, *NARA*. 傍点は筆者による加筆.
(26)　Ibid.
(27)　連合国戦争犯罪委員会参加の亡命政府はベルギー，チェコスロヴァキア，フランス，ギリシャ，ルクセンブルク，オランダ，ノルウェー，ポーランド，ユーゴスラヴィアで，ほか六つの参加国はオーストラリア，イギリス，カナダ，中華民国，インド，アメリカだった. 連合国戦争犯罪委員会史は, United Nations War Crimes Commission, ed., *History* を参照. 日本語の概説資料は林博史「連合国戦争犯罪政策の形成」を参照.
(28)　オーストラリア代表による裕仁天皇指名案については，米国外交文書（刊行資料）を利用されたい. *FRUS*, 1945, vol. 6, 907-9, 924-26; *FRUS*, 1946, vol. 8, 384, 386-87, 392, 400-401, 411-12, 415, 421.
(29)　"The Ambassador in the United Kingdom (Winant) to the Secretary of State" (January 10, 1046), *FRUS*, 1946, vol. 8, 386-87; "Memorandum Prepared by Australian National Office in Support of Charges Made in Australian List No.1, Particularly the Charges against Hirohito," in *TSM*, vol. 2, 402-31.
(30)　"Memorandum Prepared by Australian National Office in Support of Charges Made in Australian List No.1, Particularly the Charges against Hirohito," in *TSM*, vol. 2, 408-25; "Alan J. Mansfield to Sir William Webb" (January 4, 1946), A6238/2, 3, *NAA*.
(31)　"Joint Chiefs of Staff. Australian First List of Major Japanese War Criminals" (April 30, 1946), LM54 (microfilm)/ Reel # 7/ RG 353, *NARA*.
(32)　"Transcript of Seventh Meeting of the Far Eastern Commission" (April 3, 1946), File: "F.E.C. Verbatim Transcript of Meetings 1-10"/ Box 1/ Entry 1067/ RG 43, *NARA*.
(33)　Ibid.
(34)　竹前「象徴天皇制への軌跡」；武田『天皇観の相剋』207-301；粟屋『東京裁判論』197-203；粟屋・NHK『NHKスペシャル』127-43；日暮『東京裁判の国際関係』173-80；中村『戦後史と象徴天皇』110など.
(35)　"The New Zealand Associate Prosecutor, International Military Tribunal for the Far East, to the Deputy Secretary of External Affairs" (April 9, 1946), in *DNZ*, 1554.
(36)　"Joint Chiefs of Staff. Australian First List of Major War Criminals" (April 30, 1946), LM 54 (microfilm)/ Reel # 7/ RG 353, *NARA*.
(37)　MacArthur, *Reminiscences*, 288.

(38) "General of the Army Douglas MacArthur to the Chief of Staff, United States Army (Eisenhower)" (January 25, 1946), in *FRUS*, 1946, vol. 8, 395-97.

(39) "Joint Chiefs of Staff. Australian First List of Major Japanese War Criminal. Report by the Joint Civil Affairs Committee" (June 4, 1946), File: "740.00116PW/5-146—6-3046"/ Box 3642/ Entry 205H/ RG 59, *NARA*.

(40) "State-War-Navy Coordinating Committee. Corrigendum to SWNCC 57/15. Australian First List of Major Japanese War Criminals" (October 11, 1946), File: "740.00116 PW/5-146—6-3046"/ Box 3642/ Entry 205H/ RG 59, *NARA*; "State-War-Navy Coordinating Committee. Decision Amending SWNCC 57/13. Australian First List of Major Japanese War Criminals" (October 22, 1946), T1205 (microfilm)/ Reel# 1/ RG 353, *NARA*.

(41) "The Counsellor, New Zealand Legation, Washington, to the Secretary of External Affairs" (July 29, 1948), in *DNZ*, 1719-21.

(42) "Far Eastern Commission. Trial of Japanese War Criminals. Policy Decision No. 55" (February 25, 1949), File: "War Crimes——FEC-314" (Folder 1 of 2)/ Box 21/ Entry 1378/ RG 59, *NARA*.

(43) "Far Eastern Commission. Trial of Japanese War Criminals. Policy Decision No. 57" (April 7, 1949), File: "War Crimes: FEC-314" (Folder 1 of 2)/ Box 21/ Entry 1378/ RG 59, *NARA*.

(44) "USSR Overseas & Far East Service. 'Japs Indicted on Germ Warfare Charges'" (December 27, 1949), File: "War Crimes: Emperor (Japanese)"/ Box 23/ Entry 1371/ RG 59, *NARA*. ハバロフスク裁判の記録は，当時すぐに出版されている．『細菌戦用兵器ノ準備及ビ使用ノ廉デ起訴サレタル元日本軍軍人ノ事件ニ関スル公判書類』．英文では，*Materials on the Trial of Former Servicemen of the Japanese Army Charged with Manufacturing and Employing Bacteriological Weapons*.

(45) "London (Holmes) to the Secretary of State" (February 10, 1950), File: "War Crimes: Emperor (Japanese)"/ Box 23/ Entry 1371/ RG 59, *NARA*.

(46) "No Trial Likely for Hirohito" (February 3, 1950), あるオーストラリア系新聞からの切り抜き．"U.S. Rejects Proposal to Try Hirohito: Emphatic 'No' to Russians" (February 3, 1950), *Daily Telegraph*, A1838/280, 3103/1/3/1, Part 1, *NAA*.

(47) 七三一部隊については刊行物が多い．本書で参考にしたのは，Harris, *Factories of Death*; Powell, "Hidden Chapter in History"; Powell, "Japan's Germ Warfare"；常石編訳『標的イシイ』など．

(48) "The Australian Embassy (Washington) to the Department of External Affairs" (February 3, 1950), A1838/280, 3103/1/3/1, Part 1, *NAA*.

(49) "Soviet Note Requesting New War Crimes Trials" (February 8, 1950), File: "War Criminals (International Military Tribunal)/ Box 20/ Entry 1084/ RG 43, *NARA*. 強調（傍点部分）は原文にふくまれている．

(50) 武田『天皇観の相剋』319.

(51) 中華人民共和国は，1956年に独自の管轄下で戦犯裁判を開いている．東京裁判ハンドブック編集委員会『東京裁判ハンドブック』128-130；新井「中華人民共和国

の戦犯裁判」.

(52)　林博史「オーストラリアの対日戦犯政策の展開」(上), 81.

(53)　コミンズカーの言説はつぎのとおり. "Mr. Comyns-Carr informs me confidentially that the Emperor was not included as a defendant in the trials as result of majority decision of prosecutors acting on instructions from their Government. Technically he might still be included in subsequent trials if any but this is most improbable." "UK Liaison Mission in Japan to FO" (June 24, 1946), LCO2/2983. 英国立公文書館所蔵. この資料は林博史氏がお分けくださった.

第3章　東条その他の主要戦犯容疑者

(1)　*FRUS*, 1945, vol. 6, 941-42, 944, 952-53, 961-74, 976-78, 985-86. 主要戦犯容疑者リストについては, 東京裁判ハンドブック編集委員会編『東京裁判ハンドブック』200-203を参照.

(2)　"Report by Mr. Robert A. Fearey, of the Office of the Political Adviser in Japan" (November 26, 1945), in *FRUS*, 1945, vol. 6, 974.

(3)　粟屋「東京裁判の被告はこうして選ばれた」95.

(4)　Horwitz, "The Tokyo Trial," 496.

(5)　Ibid.

(6)　起訴状全文は *Transcripts* (vol. 1) に掲載.

(7)　"Comyns-Carr to Keenan" (February 25, 1946), in *TSM*, vol. 3, 160-63.

(8)　Ibid., 161-62.

(9)　"Notes Taken at Conference on Subject of Objectives of Trial, etc." (February 26, 1946), in *TSM*, vol. 3, 169.

(10)　"Confidential Memorandum to Mr. Keenan from Mr. Higgins re General Policy" (February 27, 1946), in *TSM*, vol. 3, 173-74.

(11)　"Notes of the Meeting of All Staff" (March 2, 1946), in *TSM*, vol. 4, 139.

(12)　Ibid., 141.

(13)　Ibid., 140-41.

(14)　ニュルンベルク継続裁判については Taylor, *Final Report* を参照.

(15)　粟屋「東京裁判への道」『朝日ジャーナル』27巻15号.

(16)　"Report by the Former New Zealand Associate Prosecutor on the Proceedings of the International Military Tribunal for the Far East" (January 29, 1948), "The New Zealand Associate Prosecutor, International Military Tribunal for the Far East, to the Deputy Secretary of External Affairs" (June 25, 1947), in *DNZ*, 1706 and 1678.

(17)　"SCAP (MacArthur) to Joint Chiefs of Staff" (May 12, 1947), File: 010.2/ Box 1416/ Entry 1289/ RG 331, *NARA*.

(18)　Ibid.

(19)　Ibid.

(20)　"The War Department to Commander-in-Chief Far East (MacArthur)" (June 19, 1947), File: 010.2/Box 1416/ Entry 1289/ RG 331, *NARA*.

(21) "The War Department (Keenan) to Commander-in-Chief Far East (for Frank Tavenner, IPS)" (June 19, 1947), File: 010.2/Box 1416/ Entry 1289/ RG 331, *NARA*.
(22) "The New Zealand Associate Prosecutor, International Military Tribunal for the Far East, to the Deputy Secretary of External Affairs" (June 25, 1947), in *DNZ*, 1678.
(23) Ibid., 1679.
(24) "Class 'A' Suspects to be Tried Soon, Keenan Declares" (August 13, 1947), *The Nippon Times*, File 010.2/Box 1416/ Entry 1289/ RG 331, *NARA*.
(25) "The British Commonwealth Sub-Area, Tokyo, to the Minister of External Affairs" (August 14, 1947), in *DNZ*, 1687.
(26) "SCAP (MacArthur) to the War Department (pass to Draper)" (October 28, 1947), File: 010.2/Box 1416/ Entry 1289/ RG 331, *NARA*.
(27) "Commander-in-Chief Far East (MacArthur) to the Department of the Army" (January 1948), File: 010.2/Box 1416/ Entry 1289/ RG 331.
(28) "Alva C. Carpenter, Chief, Legal Section, to the Supreme Commander for the Allied Powers (MacArthur). Trial of Class A Suspects on B and C Charges" (September 25, 1948), File: 010.2/Box 1416/ Entry 1289/ RG 331, *NARA*.
(29) "The Legal Section to SCAP (MacArthur). Interim Report and Recommendations concerning 19 Former Class A War Crimes Suspects," (April 16, 1948), File: "Class A Japanese War Crimes at Sugamo"/ Box 1414/ Entry 1294/ RG 331, *NARA*.
(30) "Alva C. Carpenter, Chief, Legal Section, to the Supreme Commander for the Allied Powers. Trial of Class A Suspects on B and C Charges" (September 25, 1948), File: 010.2/ Box 1416/ Entry 1289/ RG 331, *NARA*.
(31) "The Secretary of the Army (Royall) to MacArthur" (September 17, 1948), File: "War Crimes: Far East (Minor)/ Box 23/ Entry 1371/ RG 59, *NARA*.
(32) Ibid.
(33) "Alva C. Carpenter, Chief, Legal Section, to the Supreme Commander for the Allied Powers. Trial of Class A Suspects on B and C Charges" (September 25, 1948), File: 010.2/ Box 1416/ Entry 1289/ RG 331, *NARA*.
(34) "The Legal Section to the Diplomatic Section. Appointment of Judges for War Crimes Trials" (October 23, 1948), File: 010.2A/ Box 1416/ Entry 1289/ RG 331, *NARA*.
(35) "The Legal Section to the Chief of Staff. Invitation to Recommend War Crimes Judges" (October 27, 1948), File: 010.2A/ Box 1416/ Entry 1289/ RG 331, *NARA*.
(36) "The Diplomatic Section to the Legal Section. UK Participation in War Crimes Trials" (November 4, 1948), File: 010.2A/ Box 1416/ Entry 1289/ RG 331, *NARA*; "The Legal Section to the Diplomatic Section. Participation in Trial of Adm. Toyoda and Lt. Gen. Tamura" (January 12, 1949), File 010.2A/ Box 1416/ Entry 1289/ RG 331, *NARA*.
(37) "SCAP Tokyo, Japan (MacArthur), to the Department of the Army" (December 4, 1948), File: "War Crimes: Far East (Minor)/ Box 23/ Entry 1371/ RG 59, *NARA*.

第4章　戦争史をどのように語るか

（1）Gutman and Rieff, eds., *Crimes of War*, 109.
（2）これらの文書の全文については国連のウェブサイトに掲載されているものを参考にした.
（3）Lee, ed., *International Criminal Court*, 81–85; Cassese, Gaeta, and Jones, eds., *Rome Statute*, vol. 1, 427–41; Schabas, *Introduction to the International Criminal Court*, 31–34.
（4）不戦条約の全文（和英両方）は，"The World and Japan" Database Project のウェブサイトに掲載.
（5）同上．なお，ハーグ条約，パリ条約などの全文は *Law of War*（vol. 1, 204–50, 469–71）や Avalon Project のウェブサイト他にも掲載.
（6）『戦争犯罪関係法令集』第1巻，16.
（7）ただしニュルンベルク裁判の起訴状では，共同謀議の訴因は通例の戦争犯罪と人道に対する罪も内包するかたちになっている.
（8）Cassese, Gaeta, and Jones, eds., *Rome Statute*, vol. 1, 428–29.
（9）『戦争犯罪関係法令集』第1巻，42. 傍点は筆者による加筆.
（10）Court Exhibit 255: "Allied Post-War Interrogation of Mutō Akira," in *Transcripts*, vol. 2, 3436–39.
（11）"The Indictment," in *Transcripts*, vol. 1.
（12）滝川『東京裁判を裁く』上巻，144；清瀬『秘録』86–89；児島『東京裁判』上巻，130–31 など.
（13）細谷他編『東京裁判を問う』164. 補足語は原文にふくまれているもの.
（14）『判決書』12–13.
（15）高柳『極東裁判と国際法』27–63.
（16）『判決書』10.
（17）前掲書，9; *Nuremberg Judgment*, 38.
（18）前掲書，10，傍点は原文にふくまれている；*Nuremberg Judgment*, 39.
（19）*Nuremberg Judgment*, 39.
（20）Ibid.『判決書』9–10.
（21）Ibid., 40.
（22）『戦争犯罪裁判関係法令集』第1巻，18. これらふたつの条項に呼応する規定が第六条に統合したかたちで示されている．同書，44.
（23）*Nuremberg Judgment*, 41.
（24）ニュルンベルク継続裁判もニュルンベルク国際裁判の判定を全面的に支持する判決をだしている．とくに，諸官庁裁判でよりくわしい法律論が展開されている．*TWC*, vol. 14, 317–23.
（25）『判決書』294.
（26）細谷他編『東京裁判を問う』103.
（27）東京裁判研究会編『共同研究』上巻，202. 傍点部分は原文にふくまれるもの.

(28) Minear, *Victors' Justice*, 129-130.
(29) 奥原「東京裁判における共同謀議理論（三）完」190-191.
(30) *Nuremberg Judgment*, 43.
(31) 『判決書』135.
(32) 前掲書，143.
(33) 前掲書，144.
(34) 前掲書，143.
(35) 前掲書，144.
(36) 前掲書，144.
(37) 前掲書，214.
(38) 前掲書，217.
(39) 前掲書，217.
(40) 枢軸国にのみ遂行された戦争に訴追が限定されていることは，ニュルンベルク・東京両裁判の憲章（それぞれ第6条と第5条参照）に示されている．『戦争犯罪裁判関係法令集』第1巻，16，42.
(41) 『判決書』228. 弁護側は仏領インドシナについて，相互合意にもとづく軍事占領であるという主張を根拠に戦争犯罪にかんする起訴内容も反駁しようと試みている．"Testimony by Captain Fernand Gabrillagues, French Army Delegate for War Crimes in Indo-China", in *Transcripts*, vol. 6, 15424-72.
(42) *Nuremberg Judgment*, 13. 傍点は筆者による加筆．Taylor, *Anatomy of the Nuremberg Trials*, 575-77.
(43) *TWC*, vol. 14, 333. Taylor, *Final Report*, 222-23. 傍点は筆者による加筆.
(44) フィリピンにかんする訴因は対米戦にかんする訴因に内包されるという理由から裁判所は却下した．タイ関係の訴因は，戦時中タイ政府はむしろ日本の戦争に協力していたと判明したため，これも却下している．『判決書』256-57.
(45) 前掲書，254. ハーグ条約の欠点について Oppenheim, *International Law*（290-95）で論じられている．
(46) 『判決書』254; *Tokyo Judgment*, vol. 1, 379.
(47) 日暮『東京裁判の国際関係』457.
(48) 『判決書』255.
(49) 江口『十五年戦争小史』4，アジアに対する日本の戦争責任を問う民衆法廷準備会編『問い直す東京裁判』6，岡部『十五年戦争史論』14-35，60-61など参照.

第5章　戦争犯罪に対する指導者責任

(1) 『判決書』13.
(2) 条約については，Avalon Project ウェブサイト参照.
(3) 『速記録』第6巻，406.
(4) 前掲書，第8巻，106.
(5) 『判決書』285. 傍点は原文にふくまれる．
(6) ニュルンベルク法廷の見解については以下を参照．*Nuremberg Judgment*, 64-65;

the Krupp Case (*U.S.* v. *Alfried Krupp von Bohlen und Halbach*), *TWC*, vol. 9, part 2, 1340–41; the High Command Case (*U.S.* v. *Wilhelm von Leeb et al.*), *TWC*, vol. 11, 532–42.

(7) 人道に対する罪の発展については，United Nations War Crimes Commission, ed., *History* (188–220) を参考にした.

(8) Gutman and Rieff, eds., *Crimes of War*, 107–8.

(9) *Nuremberg Judgment*, 64–65. Douglas, *Memory of Judgment*; Taylor, *Anatomy of the Nuremberg Trials*, 21–77.

(10) ただし，東京裁判所は仏領インドシナでの残虐行為に「人道に対する罪」の概念が適用されるべきかは考慮したようだ. *Transcripts*, vol. 7, 15424–472.

(11) 「許す」という言葉をどのように解釈するかは山下奉文の米国軍事裁判（1945年10–12月）で大きな争点となった. United Nations War Crimes Commission, ed., *Law Reports of Trials of War Criminals*, vol. 4, 1–96; Reel, *Case of General Yamashita;* Lael, *Yamashita Precedent*; Cohen, "Beyond Nuremberg." オランダ代表判事のレーリンクは「許す」の表現の意味を別個意見で論じている. *Tokyo Judgment*, vol. 2, 1063–64.

(12) "The Indictment," in *Transcripts*, vol. 1. 傍点は筆者による加筆.

(13) *Transcripts*., vol. 16, 40111.

(14) Ibid., 40112.

(15) 指揮官責任についての法理は複雑で，筆者はそれをくわしく論じるためのじゅうぶんな専門知識をもちあわせていない. 近年の国際刑事裁判でこの法理は大きく発展をとげているので，具体的な法理論に興味のある読者は，各種概説書ならびにハーグ・アルシャ法廷がくだしてきた判決書などを参考にしていただきたい. 判決書は，International Criminal Tribunal for the Former Yugoslavia と International Criminal Tribunal for Rwanda のウェブサイトで読める.

(16) *Transcripts*, vol. 16. 40112–113.

(17) 吉田「敗戦前後における公文書の焼却と隠匿」; Bradsher, *Researching Japanese War Crimes Records*, 9. 敗戦当時の公文書破壊問題にかんするよりくわしい研究は近く刊行が予定されている Bradsher, *World War II Japanese Records* を参考にしていただきたい.

(18) 『速記録』，第4巻，24. 書証番号2000.

(19) 前掲書，28. 書証番号2011.

(20) 吉見『従軍慰安婦』5. 慰安婦問題関係資料として，吉見・林博史編『共同研究』，バウネットジャパン編『日本軍性奴隷制を裁く』なども参考にしていただきたい.

(21) 杉原『中国人強制連行』15–53

(22) *Transcripts*, vol. 6, 12861.

(23) *Transcripts*, vol. 5, 12378–379. 書証番号1355.

(24) これらBC級裁判資料が東京法廷でどのように利用されたかは第六章でとりあげる. なお，米国が主催したBC級裁判で横浜裁判を中心とした概説書につぎのような刊行物がある.『GHQ日本占領史　第5巻：BC級戦争犯罪裁判』，横浜弁護士会『法廷の星条旗』. オーストラリアの裁判については，林博史「オーストラリアの対日戦犯政策の展開」，シソンズ「オーストラリアによる戦争犯罪調査と裁判」がくわし

い．シソンズは，オーストラリア公文書館所蔵の文書について，くわしい概説論文も書いている．Sissons, "The Australian War Crimes Trials and Investigations," U.C. Berkeley War Crimes Studies Center ウエブサイト．

(25) ファン・プールヘースト『東京裁判とオランダ』43-45.

(26) 粟屋「東京裁判への道」『朝日ジャーナル』.

(27) ワイルドの証言はつぎの部分に記載．*Transcripts*, vol. 3, 5350-497, 5504-846. 東京法廷で歴史的証言をおえた直後ワイルドは飛行機事故で不慮の死を遂げている．

(28) リード＝コリンズ，リンジャー，リーンヘール，ガブリラグの証言はそれぞれつぎの部分に記載．*Transcripts*, vol. 6, 13528-553, 13554-604, 13733-780; vol. 7, 15424-472.

(29) "Letter from W. F. Webb to Judge Alan J. Mansfield"（October 20, 1945), A6238/2, 3, *NAA*; "Testimony by Lt. Col. Albert Ernest Coates, Australian Army Medical Corps," *Transcripts*, vol. 5, 11403-526; Daws, *Prisoners of the Japanese*, 198-201.

(30) "Letter from Alan J. Mansfield to W. F. Webb"（September 27, 1945), A 6238/2, 3, *NAA*; "Testimony by Lt. John Charles Van Nooten, Australian Imperial Forces," *Transcripts*, vol. 6, 13943-14051.

(31) 地獄船については，Daws, *Prisoners of the Japanese*（273-300）にくわしい．

(32) "Introduction to Volume III," in *The Tokyo War Crimes Trial: Index and Guide*, vol. 3, i.

(33) "The New Zealand Associate Prosecutor, International Military Tribunal for the Far East, to the Deputy Secretary of External Affairs"（December 2, 1946), in *DNZ*, 1650.

(34) "Memorandum from Justice Mansfield to Chief of Counsel（Keenan）.（B）and（C）Offences"（November 5, 1946), A1067/1, UN46/WC/15, *NAA*.

(35) "Memorandum from Chief of Counsel（Keenan）to Justice Mansfield.（B）and（C）Offences"（November 6, 1946), and, "Memorandum from Justice Mansfield to Chief of Counsel（Keenan). Class B and C Offences"（November 7, 1946), A1067/1, UN46/WC/15, *NAA*.

(36) "The New Zealand Associate Prosecutor, International Military Tribunal for the Far East, to the Deputy Secretary of External Affairs"（December 2, 1946), in *DNZ*, 1650.

(37) ファン・プールヘースト『東京裁判とオランダ』, 65-66.

(38) 「概要」使用にかんする公判中の議論は以下を参照．*Transcripts*, vol. 5, 11417-424, 11457-458, 11528.

第6章　南京事件と泰緬「死」の鉄道

(1) 明治以来，日本陸海軍に適用された刑法によると，戦場で略奪や強姦の罪をおかした兵士は，懲役7年から死罪までの刑に処されるとの規定がある．この規定は，陸海軍両刑法に共通する第八六条から第八八条にふくまれている．具体的な規定は，つぎのとおり．「第八十六条：戦地又は帝国軍の占領地に於て住民の財物を掠奪したる

者は一年以上の有期懲役に処す．前項の罪を犯すに当り婦女を強姦したるときは無期又は七年以上の懲役に処す．／第八十七条：戦場に於て戦死者又は戦傷病者の衣服其の他の財物を褫奪［ちだつ］したる者は一年以上の有期懲役に処す．／第八十八条：前二条の罪を犯す者人を傷したるときは無期又は七年以上の懲役に処し死に致したるときは死刑または無期懲役に処す．」「刑法」116–17，126–27，『大六法全書』．傍点は筆者による加筆．これらの規則にかかわらず，日中戦争勃発当時から軍紀・風紀のいちじるしく乱れていることを知り憂慮した軍当局は，軍律会議を開くなどして犯罪者の処罰にあたったのだが，すでに恒常化した問題の解決につながらなかった．関係資料については，『十五年戦争極秘資料集』第5巻，8–39を参考にした．

（2）　南京事件の同時代的記録についてはさまざまな刊行物がある．たとえば，洞編『日中戦争南京大虐殺資料集』，南京事件調査研究会編・訳『南京事件資料集』，ラーベ『南京の真実』，ヴォートリン『南京事件の日々』，石田他編『資料ドイツ外交官の見た南京事件』．英文でも，Zhang, ed. *Eyewitnesses to Massacre* など多数ある．

（3）　*Transcripts*, vol. 2, 4594. 書証番号 329.

（4）　Ibid., 2599–602.

（5）　Ibid., 2603–7. 伍長徳は，のちにジャーナリストの本多勝一が中国で聞き取り調査をしたとき，よりくわしい証言をしている．本多『南京への道』199–205，252–53.

（6）　*Transcripts*, vol. 2, pp. 2624–75.

（7）　Ibid., 2661.

（8）　Ibid., 2595. 日本語訳は，『速記録』第1巻，393. ウェッブの発言を，同時の通訳者が完全に訳しきらなかったため，通訳モニターの訂正がすぐ入っている．それでも，つぎのようにやや不完全な訳のままでウェッブの発言が公判記録に残っている．〈ウェッブ裁判長：左様であります，決して強姦であるとか，人を殺すと云う風なことは正当な報復手段として用いることは出来ないのであります，どうか今まで行われて居るような方向に従って反対尋問を続けて戴きたいのであります［伊丹モニター：訂正，戴くと云うことは全然意味をなさないのであります.］〉

（9）　Ibid., 2597.『速記録』第1巻，394.

（10）　Ibid., 3918–19.

（11）　笠原「中国戦線における日本軍の性犯罪」，笠原「日本軍の残虐行為と性犯罪」，笠原『南京事件と三光作戦』，石田他編『中国河北省における三光作戦』など．

（12）　*Transcripts*, vol. 2, 3935, 3940–43.

（13）　菅原『東京裁判の正体』143–44.

（14）　滝川『東京裁判を裁く』下巻，114.

（15）　『速記録』第4巻，264

（16）　『速記録』第1巻，556.

（17）　戦後に展開された南京大虐殺にかんする議論については，鈴木「南京大虐殺をめぐる動向と課題」と笠原『南京事件論争史』を参照．英文では Yang, "The Malleable and the Contested"; Yoshida, *Making of the "Rape of Nanking"* などがある．南京事件否定論者たちのあいだでは英語圏での出版活動もさかんである．たとえば，Takemoto and Ohara, *Alleged "Nanking Massacre"* がある．

（18）　『速記録』第5巻，119. 戦時下のゲリラ戦闘員の適用法については，ニュルンベ

ルク継続裁判でも議論されている．たとえば，人質裁判，*TWC*, vol. 11, 1243–47 と，軍司令官裁判，*TWC*, vol. 11, 529–32 に関係する議論がみられる．

(19) 児島『東京裁判』下巻，81，84.

(20) 弁護側の南京事件全般についての反証の公判記録はおもに以下に記載．*Transcripts*, vol. 9, 21431–474, 21559–581, 21885–948.

(21) *Transcripts*, vol. 14, 33822.

(22) Ibid., 33850.

(23) Ibid., vol. 2, 3453–54; vol. 9, 21925.

(24)『速記録』第7巻，612.

(25) 前掲書，624. 傍点は筆者による加筆.

(26) 前掲書，616.

(27) 前掲.

(28) 戒能「極東裁判」393. 後半部分の傍点は筆者による加筆．松井の証言は，つぎの刊行物でもくわしく分析されている．丸山『現代政治の思想と行動』88–130；牛村『[文明の裁き］をこえて』42–70. 英文刊行物では，Yamamoto, *Nanking*, 210–17 でも論じられている．

(29) *TWC*, vol. 11, 1271–72. 占領地における指揮官責任を考察した例としては，ニュルンベルク継続裁判の軍司令官裁判も参考になる．*TWC*, vol. 11, 542–49. 傍点は筆者による加筆.

(30) 東京裁判所のくだした指揮官責任の基準は，『判決書』10–12 を参照．オランダ代表のレーリンク判事は，すこし異なる指揮官責任論を別個反対意見で展開している．*Tokyo Judgment*, vol. 2, 1063–64.

(31)『判決書』305.

(32) 松井の事例が言及されている今日の国際刑事裁判の一例としては，つぎを参照．"III. Applicable Law: G. Individual Criminal Responsibility Under Article 7 (3)," in *Mucic et al.*（*IT-96-21*）*"Celebici" Judgment*（November 16, 1998）．この判決書全文は，国連のウェブサイト（International Criminal Tribunal for the Former Yugoslavia）に掲載されている．

(33)『判決書』306.

(34) 前掲書，306, 314.

(35) *Transcripts*, vol. 12, 29969–997. 広田とその他幾人かの被告は証人台に立たなかった.

(36)『速記録』第7巻，11.

(37)『判決書』11.

(38) 前掲書，300–301. オランダ代表判事レーリンクは，広田の有罪判決に反対する意見を提出している．*Tokyo Judgment*, vol. 2, 1125–27.

(39) 戒能「法廷技術」21.

(40) *Nuremberg Judgment*, 88–90, 130.

(41) *Tokyo Judgment*, vol. 1, 477–78. レーリンク判事も，ウェッブと同様の点を意見書で論じている．*Tokyo Judgment*, vol. 2, 1060.

(42) ルワンダのジェノサイドにかんする出版は，今ではたいへん多いが，早くから出

版されたもののうち優れた分析と記述としては，つぎの書をご覧いただきたい．Des Forges, *Leave None To Tell the Story*; Dallaire, *Shake Hands with the Devil*; Neuffer, *Key to My Neighbor's House*; Gourevitch, *We Wish To Inform You That Tomorrow We Will Be Killed With Our Families*.

(43)　"6. Law: 6.5. Violations of Common Article 3 and Additional Protocol II (Article 4 of the Statute)," in *Prosecutor versus Jean-Paul Akayesu, Case No. ICTR-96-4-T: Judgment* (September 2, 1998). この判決文は国連のウェブサイト (International Criminal Tribunal for Rwanda) に掲載されている．歴史家のティモシー・ブルックは広田・松井判決に否定的で，これらの有罪判決はむしろ「今日の戦犯裁判では認められないだろう」と論じている．Brook, "The Tokyo Judgment and the Rape of Nanking," 696.

(44)　泰緬鉄道については，Daws, *Prisoners of the Japanese* (183–251) にくわしい．

(45)　林博史『裁かれた戦争犯罪』154.

(46)　『速記録』第 8 巻，208. 傍点は筆者による加筆.

(47)　前掲.

(48)　『判決書』312.

(49)　『速記録』第 3 巻，812. 書証番号 1960.

(50)　前掲．傍点は筆者による加筆．書証番号 1962.

(51)　前掲書，819. 書証番号 1969.

(52)　『速記録』第 4 巻，4. 書証番号 1980D.

(53)　前掲書，6–7. 書証番号 1981B.

(54)　『判決書』313.

(55)　『速記録』第 8 巻，617.

(56)　前掲書，618.

(57)　『判決書』308–9.

(58)　前掲書，309.

(59)　Taylor, *Final Report*, 214.

(60)　*TWC*, vol. 14, 354.

(61)　Cohen, "Bureaucracy, Justice, and Collective Responsibility," 329; *TWC*, vol. 14, 497–98. 傍点は筆者による加筆.

(62)　ヨーロッパの戦犯裁判では，時間の経過とともに量刑が軽くなる傾向があったという．ヴァイツゼッカーに対する処罰が軽かったのは，一部このことにも起因しているだろう．ニュルンベルクでの量刑については Taylor, *Final Report* (92) を参考にした.

(63)　ニュルンベルク諸判決のくわしい分析は，Cohen, "Beyond Nuremberg"; Cohen, "Bureaucracy, Justice, and Collective Responsibility" を参照.

第 7 章　日本軍残虐行為の記録

(1)　"The Indictment," in *Transcripts*, vol. 1.

(2)　*Transcripts*, vol. 2, 4609.

(3)　Ibid., 4610.

(4) 東京裁判の訴追努力では「性奴隷」あるいは「性奴隷制」という言葉はつかわれておらず，むしろ「強制売春」という言い回しが一般的だった．性奴隷という用語はむしろ，1990年代以降，バルカン紛争やルワンダで生じた性暴力や慰安婦問題の調査をつうじて，しだいに定義づけらるようになったと理解したほうがよい．
(5) 南京以外での日本軍による性暴力にかんする言及のいくつかは，限定的ながら以下の頁に記録されている．Ibid., 2622, 4612–13, 4615, 4638, 4642, 4647.
(6) Ibid., 4653. 書証番号353.
(7) Ibid., 3774–75.
(8) Ibid., 4618–29. 花岡事件については野添憲治の著書にくわしい．野添『花岡事件と中国人』『花岡事件の人たち』『聞き書き花岡事件』.
(9) *Transcripts*, vol. 2, 3892.
(10) 山下裁判の要約については以下を参照．United Nations War Crimes Commission, ed., *Law Reports of Trials of War Criminals*, vol. 4, 1–96.
(11) 東京裁判ハンドブック編集委員会編『東京裁判ハンドブック』107.
(12) *Transcripts*, vol. 6, 12597–599. 書証番号1450．Daws, *Prisoners of the Japanese*, 60–90.
(13) Ibid., 12578–591, 12610–667, 12672–724, 12738–775.
(14) 永井均は，ロペスが被告の直接責任を立証するに足る証拠文書を提出しなかったことを失策とみている．永井「フィリピンと東京裁判」58.
(15) 『速記録』第3巻，476. 書証番号1446．括弧は原文にふくまれる．
(16) 前掲．書証番号1447.
(17) 前掲書，458. 書証番号1387．市川崑監督の映画『野火』(大岡昇平原作) に，フィリピンにおける日本兵士による人肉食が題材としてとりあげられている．高橋『悔恨の島ミンダナオ』は，フィリピン南部における同様の諸事件を追跡研究している．
(18) 前掲書，509. 書証番号1459.
(19) "Memorandum from Mansfield to Keenan, Class B and C Offences," (October 2, 1946), in *TKK*, vol. 3, 168.
(20) *Transcripts*, vol. 7, 15204–279. パラワン事件は，フィリピン奪回のさいに第8軍を指揮したアイケルバーガー中将の回想録にも言及されている．Eichelberger, *Jungle Road to Tokyo*, 210.
(21) グアム軍事裁判が英語でおこなわれたため，すべての公判記録は英語で残っている．そのため，日本名が東京裁判向けにあらためて音訳された場合，それが正しい漢字にかならずしも訳されていない．ここでは，岩川『孤島の土となるとも』(122) を参考にして，名前でわかるところは文中に記した．
(22) 『速記録』第4巻，80. 書証番号2056.
(23) 前掲書，81.
(24) 父島で起きた一連の人肉食事件にかんする訴追努力は，岩川『孤島の土となるとも』の162–65にくわしい．
(25) 「アジアの不在」論については，以下を参照．大沼『東京裁判から戦後責任の思想へ』9，19，29–31. 林博史の研究から，英国のBC級法廷ではアジア関係の残虐事件がかなりとりあげられたことがわかっている．『裁かれた戦争犯罪』111–12，293.

林『BC級戦犯裁判』76-82．また，デーヴィッド・シソンズの研究データから，294件のオーストラリア裁判中128件は，中国人，インドネシア人，インド人，その他南太平洋島人に対する日本軍残虐行為をあつかったことがわかる．シソンズ「オーストラリアによる戦争犯罪調査と裁判」293．岩川『孤島の土となるとも』でも，連合国各国がそれぞれの政治的理由から，むしろアジア人関係の戦犯問題に積極的にとりくんだことが指摘されている．

(26) シンガポールの華僑虐殺の全体像については，林博史『シンガポール華僑粛清』が参考になる．

(27) *Transcripts*, vol. 3, 5610–81. 書証番号476.

(28) 林博史『裁かれた戦争犯罪』209–227.

(29) *Transcripts*, vol. 6, 13454–476.

(30) Daws, *Prisoners of the Japanese*, 326–27; Yuki Tanaka, *Hidden Horrors*, 45–74.

(31) *Transcripts*, vol. 6, 13344–403, 13420–425.

(32) "Trial of Lieutenant-General Baba Masao," in United Nations War Crimes Commission, ed. *Law Reports of Trials of War Criminals*, vol. 5, 56–61.

(33) *Transcripts*, vol. 3, 5442–45.

(34) *Transcripts*, vol. 6, 13090–93. 書証番号1577．タキン・サによる供述書は長文で，公判中はその一部のみが読まれた．そのため，ここで言及した「売春婦」にかんする記述は，速記録ではなくて供述書そのものを読みこまないと見えてこない．Court Exhibit 1577: "Affidavit of Thakin Sa," in "International Military Tribunal for the Far East, Documents Presented in Evidence," *AWM* 83 Series.

(35) *Transcripts*, vol. 6, 13090; Court Exhibits 1576: "Affidavit by R. E. Peterson," in "International Military Tribunal for the Far East, Documents Presented in Evidence," *AWM* 83 Series.

(36) *Transcripts*, vol. 6, 12968–971; Court Exhibit 1540: "Affidavit by Lt. Col. E.L. St. J. Couch," and Court Exhibit 1541: "Report by Lt. Col. A.M. Sturrock, British Army, President of No. 4 War Crimes Court, Rangoon," in "International Military Tribunal for the Far East, Documents Presented in Evidence," *AWM* 83 Series.

(37) カラゴン村大虐殺については，林博史『裁かれた戦争犯罪』(253–62) にくわしい記述がある．

(38) 『速記録』第3巻，608–11．書証番号1659–65.

(39) *Transcripts*, vol. 6, 13322–331; Court Exhibit 1659–A: "Excerpts received from the Report by Captain M. J. Dickson (British Army)," in "International Military Tribunal for the Far East, Documents Presented in Evidence," *AWM* 83 Series. 傍点は筆者による加筆.

(40) *Transcripts*, vol. 6, 13189–190; Court Exhibit 1614: "Excerpts from the Declaration by Mohamed Hussain," in "International Military Tribunal for the Far East, Documents Presented in Evidence," *AWM* 83 Series. アンダマン・ニコバル諸島の日本軍占領と食料難にともなう軍暴力については，木村『忘れられた戦争責任』(43–81) にくわしい．

(41) 『速記録』第3巻，768．書証番号1884–A.

(42) 前掲書，765. 書証番号 1873.

(43) 前掲書，761. 書証番号 1850. 傍点は筆者による加筆.

(44) 前掲書，732-33.

(45) 前掲書，766. 書証番号 1850-A. 軍医名は，速記録にカタカナで表記されていたのでそのままにした．原文の日記には漢字で表記してあっただろうが，国際検察局が収集した文書は米軍の南太平洋翻訳課によってすでに英訳されており，法廷で通訳がそれをさらに日本語に訳しもどさなければならず，カタカナの利用を余儀なくされたと考えられる.

(46) 前掲書，675. 書証番号 1721.

(47) 前掲書，707. 書証番号 1778.

(48) 日蘭補償問題については　ファン・プールヘースト『東京裁判とオランダ』155-99 を参照.

(49) *Transcripts*, vol. 6, 13528-553, 13733-780.

(50) そのほかには，「平和に対する罪」の段階でもうひとつ映像資料が証拠としてつかわれた.

(51) 記録映画，*Nippon Presents* のナレーションの部分は，『速記録』第 3 巻，684-89 に記載.

(52) *Transcripts*, vol. 6, 13526-528, 13651-652, 13841-842, 13843. Court Exhibit 1701: "Statement by S. Hayashi"; Court Exhibit 1702: "Report by Capt. J. F. Heybroek, Royal Netherlands Indies Army"; Court Exhibit 1725A: "Excerpts from the Affidavit by Mrs. J. Beelman"; Court Exhibit 1792-A: "Excerpts from the Affidavit by Luis Antonio Nunes Rodreigues"; Court Exhibit 1794: "Statement by Lt. S. Ohara, Japanese Army," in "International Military Tribunal for the Far East, Documents Presented in Evidence," *AWM* 83 Series.

(53) 『速記録』第 3 巻，649. 書証番号 1702. 英文の概要では "The terrible measures regarding enforced prostitution are described in the report of the investigator Captain J.F. HEYBROEK"（つまり，「強制売春に関係するひどい処置についての記述」云々）と書いてあり，語調がすこしばかりきびしく書かれているが，日本語訳ではそれが失われている．*Transcripts*, vol. 6, 13527.

(54) Court Exhibit 1702: "Report by Capt. J. F. Heybroek, Royal Netherlands Indies Army," in "International Military Tribunal for the Far East, Documents Presented in Evidence," *AWM* 83 Series. 日本語訳については日本の戦争資料センター研究事務局編「東京裁判で裁かれた日本軍『慰安婦』制度」（13-14）に掲載されているものを利用した.

(55) 東京裁判における性奴隷の訴追については，つぎを参照．日本の戦争資料センター研究事務局編「東京裁判で裁かれた日本軍『慰安婦』制度」，戸谷「東京裁判における戦争犯罪訴追と判決」. "Reference Materials of the Press Conference on Japanese Military Sexual Slavery ("Comfort Women"), 17 April 2007 at the Foreign Correspondents' Club of Japan", the Center for Research and Documentation on Japan's War Responsibility ウェブサイト.

(56) Gutman and Rieff, eds., *Crimes of War*, 323-24; Neier, *War Crimes*, 181-82.

(57)　『速記録』第3巻，676.
(58)　前掲．書証番号1726.
(59)　前掲書，677．書証番号1733.
(60)　前掲書，677．書証番号1734.
(61)　前掲書，677–78.
(62)　前掲書，678．書証番号1736.
(63)　『速記録』第4巻，134．書証番号2120.
(64)　高柳賢三『極東裁判と国際法』71．傍点は筆者による加筆.
(65)　第二次大戦直後に開かれた戦犯裁判で指揮官責任を問う場合，その基準は「知っていた，あるいは知っていたはずだった」(knew, or should have known) という点を立証できればよかったようだが，今日の国際刑事裁判では「知っていた，あるいは知り得た」(knew, or had reason to know) がより一般的な基準のようだ．東京裁判所の意見は，『判決書』10–12に論じてある.
(66)　『判決書』258．日本語訳版では印刷上のまちがいで「残虐行為はただ一つしかあり得ない．すなわち」の部分がくりかえし表記してあるので，その部分は引用に省略した.
(67)　デーヴィッド・コーヘンは，この部分の東京判決が山下判決に拠っている点を指摘し，「この言い回しは山下に対する軍法会議の評決をほぼ字句どおり繰り返している」とのべている．Cohen, “Beyond Nuremberg,” 76.
(68)　ただし，中国戦線における毒ガスの使用については法廷で立証努力がなかった．この問題について，米国による政治的介入があったという見方が今ではほぼ定着している．吉見『毒ガス戦と日本軍』参照.
(69)　『判決書』273.
(70)　前掲書，275–76.
(71)　前掲書，263．英語の原文では，「こうして募集された婦女子に，日本軍の為に醜業を強制した」の部分は “They forced the women thus recruited into prostitution with Japanese troops.” と書かれている．*Tokyo Judgment*, vol. 1, 392–93.
(72)　『判決書』304.
(73)　前掲書，298, 302.
(74)　前掲書，306–07.
(75)　前掲書，312–13.
(76)　前掲書，305.
(77)　前掲書，299.
(78)　『速記録』第5巻，317–18.
(79)　三光作戦については以下の刊行物を参考にした．笠原『南京事件と三光作戦』，石田他『中国河北省における三光作戦』，藤原「『三光作戦』と北支那方面軍」，藤原「海南島における日本海軍の『三光作戦』」，中国帰還者連絡会編『三光：焼きつくし，殺しつくし，奪いつくす』．同書は2002年に『侵略：中国における日本戦犯の告白』の題で再出版されている.
(80)　レーリンク判事は，畑の「知識」が明確に立証されなかったことを指摘し多数派意見の判定に賛成しなかった．*Tokyo Judgment*, vol. 2, 1120.

第8章　初期の裁判研究家たち

（1）　団藤「戦争犯罪の理論的解剖」164-65. 傍点は筆者による加筆.
（2）　前掲論文，172-73. 傍点は筆者による加筆.
（3）　前掲論文，180-81.
（4）　前掲論文，183.
（5）　前掲論文，184-85.
（6）　朝日新聞社『現代日本朝日人物辞典』1731-32；家永『太平洋戦争』187.
（7）　横田『戦争犯罪論』3.
（8）　前掲書，5.
（9）　前掲書，6.
（10）　戒能「戦争裁判の法律理論」18.
（11）　前掲論文，14.
（12）　前掲論文，21.
（13）　前掲論文，21.
（14）　前掲論文，23-24.
（15）　具島『奔流』.
（16）　具島「東京裁判の歴史的意義」27.
（17）　前掲論文，28.
（18）　前掲論文，29-30.
（19）　前掲論文，31.
（20）　井上「法の論理と歴史の論理」4.
（21）　前掲論文，5.
（22）　前掲.
（23）　前掲論文，6-7.
（24）　前掲論文，7.
（25）　前掲.
（26）　前掲論文，8-9. 傍点部分は原文にふくまれている.
（27）　前掲論文，9.
（28）　前掲.
（29）　傍線は筆者による加筆.
（30）　近年に天皇の責任問題をくわしく調べたものの代表的な研究書としては，山田朗による『昭和天皇の軍事思想と戦略』があげられる.
（31）　*Tokyo Judgment*, vol. 1, 496.
（32）　Ibid., 478
（33）　Ibid.
（34）　"W. F. Webb to Major General Myron C. Cramer: Your Draft of the Pacific War" (September 15, 1948), M1417/1, 26, *NAA*. この資料は，デーヴィッド・コーヘン氏がお分けくださった.
（35）　内田「極東裁判の法理論的意義」24. 占領期の法制改革については Oppler, *Legal*

Reform in Occupied Japan にくわしい.
(36)　前掲論文，29-30.
(37)　前掲論文，29.
(38)　戒能他「東京裁判の事実と法理」，28. 19 世紀末から第二次大戦にかけて発達した国際平和機関については，Jones, *Toward a Just World* で論じられている.
(39)　田畑「東京裁判の法理」18.
(40)　前掲論文，20.
(41)　高柳「極東判決の法律論」1.
(42)　前掲論文，10-11.
(43)　高柳「東京判決の波紋」50-51.
(44)　横田『戦争犯罪論』297-98.
(45)　入江「東京判決の要領とその小解」39-40.
(46)　戒能「極東裁判：その後」276.
(47)　前掲論文，278.
(48)　重光「被告席の回想」61. 清瀬『秘録』183-87.
(49)　戒能「極東裁判：その後」280.
(50)　前掲論文，280-81.
(51)　前掲論文，282. 傍点は原文にふくまれる.
(52)　前掲論文，283.
(53)　前掲論文，284.

第 9 章　パル判事の反対意見とその波紋

(1)　東京裁判研究会編『パル判決書』上巻，303-392.
(2)　前掲書，上巻，500. "*Bona fide belief*" は，東京裁判研究会編『パル判決書』では「「善意の」所信」となっているが，意味がやや不明瞭に思われたので，ここでは筆者の訳を当てた. *DJ*, 123.
(3)　前掲書，上巻，501-20.
(4)　前掲書，下巻，640.
(5)　前掲書，下巻，566.
(6)　前掲書，下巻，645.
(7)　*DJ*, 117. 東京裁判研究会編の日本語訳では「まったくの日和見主義」(前掲書，上巻，485) となっているが，原文により忠実な日本語訳と思われる言い回しをここに記載した.
(8)　*TWC*, vol. 4, 464.
(9)　*Nuremberg Judgment*, 65.
(10)　東京裁判研究会編『パル判決書』下巻，618.
(11)　前掲書，660.
(12)　そのほかパル判事を論じた刊行物は，東京裁判研究会『共同研究』；日暮「極東国際軍事裁判所構成国の条件」；日暮『パル判決再考』；牛村『「文明の裁き」をこえて』181-207；牛村『「戦争責任」論の真実』135-181，などがある. 朝日新聞の特集

「歴史と向き合う」は，本のかたちにまとめられ出版されている．朝日新聞取材班『戦争責任と追悼：歴史と向き合う 1』，87–118. 英文でもパル反対意見書を論じたものがいくつかある．Brook, "The Tokyo Judgment and the Rape of Nanking"; Dower, *Embracing Defeat*, chapter 15; Kopelman, "Ideology and International Law"; Minear, *Victors' Justice*; Nandy, "The Other Within" など．

(13) 中島『パール判事』166–77.

(14) 前掲書，303–4.

(15) 前掲書，11.

(16) 前掲書，14，278，297.

(17) もう 1 冊戦後に出版した本で *Crimes in International Relations*（『国際関係上の犯罪』1955 年）があるが，これは基本的に東京裁判で提出した反対意見の抜粋を本にしたもの．

(18) Nandy, "The Other Within."

(19) All India Reporter, *Calcutta Section*（1941–1943）; *Calcutta Weekly Notes*（1941–1943）.

(20) 内藤「M・K・ガーンディーと日本人」127–28；中島『パール判事』187；豊田『戦争裁判余録』242–43；日暮『東京裁判の国際関係』443–46. インド判事指名の経緯にかんする政府関係文書はインド国立公文書館で現在公開されており（筆者自身が 2001 年に閲覧を要請したときは非公開だった），NHK スペシャル『パール判事は何を問いかけたのか』ではじめて国内でも紹介されている．File No. 27-W/46, Year: 1946［Total Pages: 1–143］, "Indian Representation on Courts to Try Far Eastern War Criminals."

(21) ベンガルでの独立運動について，参考文献として利用したのは以下のとおり．Gordon, *Bengal*; Chatterji, *Bengal Divided*; Broomfield, *Elite Conflict in A Plural Society*; Bose and Jalal, *Modern South Asia*; 中島『中村屋のボース』.

(22) 筆者は 2001 年，カルカッタでパル判事の子息と令嬢数名に会って話を聞いたが，スバース・チャンドラ・ボースやその他同時代のベンガル人独立運動家と，パル判事が個人的に交際があったとは思わない，とのべていた．

(23) 田中正明『パール博士のことば』17.

(24) 朝日新聞社編『現代日本朝日人物辞典』824; *Transcripts*, vol. 13, 32689–698.

(25) 田中正明『パール博士のことば』21.

(26) 講演の記録は，田中正明『パール博士のことば』（31–32）と旧弁護人の菅原裕の回想録『東京裁判の正体』（158–60）に掲載されているものを参考にした．

(27) 牛村『「戦争責任」論の真実』145；中島『パール判事』84；Harries, *Sheathing the Sword*, 149. 欠席率の低かったのはレーリンクとマクドーガル判事（14 日）.

(28) 田中正明『パール博士のことば』31–32.

(29) 前掲書，33–34.

(30) 前掲書，34–35.

(31) 前掲書，18.

(32) 前掲書，41.

(33) この事件にかんする読売新聞の記事は，田中正明ののちの出版『パール博士の日

本無罪論』に複製がふくまれている．中島『パール判事』283–85.

(34)　この毎日新聞の記事は，家永三郎の論文「十五年戦争とパール判決書」の冒頭（23）に引用されている．

(35)　粟屋『東京裁判論』182. サンフランシスコ条約全文は "The World and Japan" Database Project のウェブサイトを参照．

(36)　外務省プレスリリース「「国際刑事裁判所（ICC）に関するローマ規程」の加入書の寄託について」，外務省ウェブサイトより．
http://www.mofa.go.jp/mofaj/press/release/h19/7/1174498_808.html. Accessed on January 30, 2008.

(37)　パール・下中記念館建設委員会『パール・下中記念館』（パンフレット）；中島『パール判事』10.

(38)　今日までつづくパルの政治的影響力については，仲根『聴け！日本無罪の叫び』（128–33）や，菊池『日本を衰亡に導く「東京裁判史観」』（29）など保守層の刊行物からも読みとることができる．

(39)　滝川『東京裁判を裁く』上巻，4（序章）．

(40)　菅原『東京裁判の正体』34–49.

(41)　清瀬『秘録』42.

(42)　島内『東京裁判』279–96. この本の一部は島内『東京裁判弁護雑録』にふくまれている．島内は東京裁判終了後，東京「継続」裁判のひとつの豊田裁判で弁護をつづけ，さらにオーストラリアのマヌス島で開かれた戦犯裁判（1950–51 年）でも弁護人をつとめた．

(43)　前掲書，284.

(44)　法務省は 1955 年から極東で開催された戦犯裁判の全資料を収集しはじめ，1973 年にレポートをまとめている．『戦争裁判記録関係資料目録』，『戦争犯罪裁判外資料』．これらは国立公文書館に保管されているが，いまのところ非公開．そのほかに法務省の収集した資料で刊行されているものには，『戦争犯罪関係法令集』全 3 巻，1963–67 年がある．

(45)　『パル判決書』は，そののち版を重ね，1997 年には第 15 版におよんでいる．

(46)　*DJ*, iii–iv.

(47)　Ibid., vi.

(48)　Ibid., vi–vii.

(49)　東京裁判研究会編『パル判決書』下巻，560.

(50)　前掲書，下巻，565–66. この訳はやや形式ばってぎこちないが，原文の英語の文体を忠実に反映しているので，そのまま訳文を引用した．

(51)　主要な英語圏での刊行物はつぎのとおり．Hankey, *Politics, Trials and Errors*; Horwitz, "The Tokyo Trial"; Piccigallo, *Japanese on Trial*; Harries, *Sheathing the Sword*; Pritchard, "An Overview"; Brackman, *Other Nuremberg*; Trotter, "New Zealanders"; Kopelman, "Ideology and International Law"; Van Poelgeest, "The Netherlands and the Tokyo Tribunal"; Röling and Cassese, *Tokyo Trial and Beyond*; Cohen, "Beyond Nuremberg"; Dower, *Embracing Defeat*; Bix, *Hirohito*; Stanton, "Canada and War Crimes"; Brook, "The Tokyo Judgment and the Rape of Nanking"; Maga, *Judg-*

ment at Tokyo; Buruma, *Wages of Guilt*. 英語文献目録は，Institute of International Studies Library, *Bibliography on the International Military Tribunal for the Far East*; Lewis, *Uncertain Judgment*; Welch, *Tokyo Trial* などが参考になる．

(52) Minear, *Victors' Justice*, 148.

(53) Ibid., 34-73.

(54) Ibid., 86.

(55) Ibid., 134.

(56) 奥原「紹介」362.

(57) 前掲論文，363.

(58) 前掲論文，361-62.

(59) Minear, *Victors' Justice*, x-xi.

(60) Ibid., 177.

(61) Ibid., 177-78.

(62) 家永裁判にかんする刊行物は多いが，家永教科書訴訟弁護団編『家永教科書裁判』; 教科書検定訴訟を支援する全国連絡会編『家永教科書裁判のすべて』; 家永・高嶋『教科書裁判はつづく』などが全体像をつかむのに参考になるだろう．第1回めの訴訟にいたるまでの家永については家永『一歴史学者の歩み』が参考になる．

(63) 家永「十五年戦争とパール判決書」24.

(64) 林房雄『大東亜戦争肯定論』; Duus, "Remembering the Empire".

(65) 家永「十五年戦争とパール判決書」24.

(66) 前掲論文，30.

(67) 東京裁判研究会編『パル判決書』上巻，31.

(68) 前掲書，722.

(69) 家永「十五年戦争とパール判決書」33-34.

(70) 東京裁判研究会編『パル判決書』上巻，693-94.

(71) 家永「極東裁判をどう考えるべきか」112. この逆説性は内藤正雄も指摘している．内藤「M・K・ガーンディーと日本人」.

(72) この論文は *Japan Interpreter* に英文（"In Defense of Radha Binod Pal"）で掲載された．ここでは英文の論文を分析した．

(73) Minear, "In Defense of Radha Binod Pal," 267, 269.

(74) 家永「ふたたびパール判決について」118-19.

(75) 前掲，120.

(76) 江口『十五年戦争小史』4. 傍点は筆者による加筆.

(77) 家永『太平洋戦争』457. 傍点は筆者による加筆.

(78) 中島『パール判事』98. 傍点は筆者による加筆.

終章　勝者の裁きを越えて

(1) おもな刊行物は，米国の国立公文書館に所蔵される膨大な国際検察局内部文書の一部をまとめたもので，『東京裁判資料：木戸幸一尋問調書』(1987年)，『東京裁判資料：田中隆吉尋問調書』(1994年)，『国際検察局（IPS）尋問調書』全52巻（1993

年)，『東京裁判への道』全 5 巻 (1999 年)，『東京裁判と国際検察局』全 5 巻 (2000 年) がある．

(2) たとえば，朝日新聞法廷記者団編『東京裁判』全 3 巻，児島襄『東京裁判』全 2 巻，冨士信夫『私の見た東京裁判』全 2 巻，そして前章で論じた研究書，論文がある．また，1991 年には東京裁判のレポーターだったアーノルド・ブラックマンによる本が邦訳で出版されている (『東京裁判：もう一つのニュルンベルク』)．

(3) 粟屋「東京裁判への道」『朝日ジャーナル』第 26 巻，第 43 号．

(4) 粟屋・NHK 取材班『東京裁判への道』215.

(5) 前掲書，216.

(6) 前掲書，215. 粟屋『東京裁判論』157–58.

(7) 粟屋・NHK 取材班『東京裁判への道』; 粟屋『東京裁判論』197–203；粟屋「東京裁判」; 東野編『昭和天皇二つの「独白録」』.

(8) 粟屋・NHK 取材班『東京裁判への道』212.

(9) *TWC*, vol. 3, 970–71.

(10) Taylor, *Final Report*, 65. 傍点は筆者による加筆.

(11) *TWC*, vol. 4, 467. 傍点は筆者による加筆.

(12) 軍事戦略としての空爆 (原爆をふくむ) の起源と，対日戦におけるその意味あいについては Werrell, *Blankets of Fire* にくわしい．伊香「戦略爆撃から原爆へ」の論も参考にされたい．

(13) 大沼がはやくから刊行した東京裁判に関係する研究書に『戦争責任論序説』がある．

(14) 大沼『東京裁判から戦後責任の思想へ』8.

(15) アジアに対する日本の戦争責任を問う民衆法廷準備会編『時効なき戦争責任』42–43，49；アジア民衆法廷準備会編『問い直す東京裁判』13.

(16) 大沼他「連続討論戦後責任」282.

(17) 前掲論文，283.

(18) 粟屋「占領，被占領」199.

(19) 荒「東京裁判，戦争責任論の源流」，住谷「戦争犯罪裁判論，戦争責任論の動向」，大沼「東京裁判，戦争責任，戦後責任」，粟屋「戦争犯罪裁判と現代史研究」.

(20) 粟屋「戦争犯罪裁判と現代史研究」18.

(21) レーリンク「東京裁判の現代史的意義」192. 幼方直吉はレーリンクの発言を引用し，東京裁判でアジア人がないがしろにされていたことを示すひとつの証拠とみなしている．幼方「東京裁判をめぐる諸論点」104.

(22) 吉田『昭和天皇の終戦史』173–74.

(23) 東京裁判と国際関係の先行研究は多いが，主要なものとしては，粟屋による一連の研究論文；永井「フィリピンと東京裁判」; 日暮「極東国際軍事裁判所構成国の条件」; 日暮「パル判決再考」; ファン・プールヘースト『東京裁判とオランダ』; 宗「終戦前後に於ける中国の対日政策」; 山極「研究ノート」; Trotter, “New Zealanders”; Stanton, “Canada and War Crimes” などがある．

(24) 日暮『東京裁判の国際関係』12，26，627.

(25) 吉田「極東国際軍事裁判と戦争責任問題」144–45，147–48.

(26) 水島『未来創造としての「戦後補償」』；中国人戦争被害賠償請求事件弁護団編『砂上の障壁』；小野寺「戦争責任と戦後補償」など参照.

(27) Cassese, Gaeta, and Jones, eds., *Rome Statute*, vol. 1, 427–28; Taylor, *Anatomy of the Nuremberg Trials*, 637.

(28) ローマ規程の原文は，ローマ規程にかんするウェブサイトに掲載.

(29) なお，BC 級裁判関係の資料収集は国内で長く関心をあつめており，早い例では1950 年代から 60 年代にかけて，法務省が裁判記録文書を組織的に収集する努力を図った．集められた資料は，現在国立公文書館に所蔵されており，審査済みの資料は閲覧，複写できるようになっている．同省は，戦犯裁判の法令集もまとめて出版している．80 年代に入ると，茶園義男が編集した『BC 級戦犯関係資料集』が刊行されている．BC 級戦犯裁判の文献目録としては，住谷雄幸「戦争犯罪裁判論，戦争責任論の動向」が参考になるが，1984 年以降に刊行されたものはこの資料のリストにあがっていないので，近年出版されたものについては，林博史『BC 級戦犯裁判』の巻末などを参考にするとよい．国外の裁判資料については，オーストラリア公文書館が近年，同国が開催した裁判関係資料をすべてデジタル化し，オンラインでだれでも簡単に読めるようにするという画期的な作業をすすめてきた．また，米国のカリフォルニア大学バークレー校の戦争犯罪研究所（War Crimes Studies Center, University of California at Berkeley）では，極東・ヨーロッパ両地域でおこなわれたすべての裁判関係資料を収集するプロジェクトをすすめており，英語圏における戦犯裁判研究の中心地に成長しつつある．同研究所で収集できている裁判資料については，研究員が分析作業をはじめており，一件一件の概要がまとめてオンラインで読めるようになっている．

著者・編訳者略歴

（とたに・ゆま）

東京生まれ．2005年カリフォルニア大学バークレー校で博士号取得（歴史学専攻）．現在 ハワイ大学マノア校歴史学部教授，スタンフォード大学フーバー研究所客員研究員．著書 *Justice in Asia and the Pacific Region, 1945–1952: Allied War Crimes Prosecutions*（邦訳『不確かな正義―BC級戦犯裁判の軌跡』岩波書店，2015）．

戸谷由麻

東京裁判

第二次大戦後の法と正義の追求

2008年 8月22日 初 版第1刷発行
2018年 5月17日 新装版第1刷発行

発行所 株式会社 みすず書房
〒113-0033 東京都文京区本郷2丁目20-7
電話 03-3814-0131(営業) 03-3815-9181(編集)
www.msz.co.jp

本文印刷所 平文社
扉・表紙・カバー印刷所 リヒトプランニング
製本所 誠製本

ISBN 978-4-622-08712-0
[とうきょうさいばん]